제2판 21세기 회사법 개정의 논리

– 2008년 법무부 상법개정작업 기초실무 자료(기업재무편) –

제2판 21세기 회사법 개정의 논리

-2008년 법무부 상법개정작업 기초실무 자료(기업재무편)-

| 김건식 | 송옥렬 | 안수현 | 윤영신 | 정순섭 | 최문희 | 한기정 |

小花

집필진

김건식(서울대 법대 교수)
송옥렬(서울대 법대 교수)
안수현(한국외대 법대 교수)
윤영신(중앙대 법대 교수)
정순섭(서울대 법대 교수)
최문희(강원대 법대 교수)
한기정(서울대 법대 교수)
* 가나다 순

| CONTENTS |

제2판 머리말

초판을 출간한 지 1년 남짓 만에 제2판을 내놓게 되었다. 상법개정의 기록을 남긴다는 차원에서 발간한 초판이 회사법 전공자와 실무자는 물론이고 사법시험을 준비하는 수험생들의 관심 덕분에 바로 품절이 되었기 때문이다. 뜻밖의 호응에 고무된 연구팀을 대표하여 독자들께 감사를 드리는 바이다.

법무부가 2007년 마련한 상법개정안은 재계와 시민단체가 일부 사항에 관하여 대립하는 바람에 입법에 이르지 못한 채 폐기되었다. 2008년 법무부는 종전 상법개정안을 일부 수정한 새 개정안을 발표하였다(2008. 5. 27. 입법예고). 초판은 2007년 개정안을 토대로 완성된 것이었기 때문에 새 개정안이 발표된 마당에 수정 없이 재판을 찍을 수는 없었다. 그리하여 제2판에서는 2007년 상법개정안과 2008년 상법개정안의 차이를 최대한 반영하고 2008년 개정안 중 변경된 부분에 대한 검토를 병행하였다. 대표적인 예로는 2007년 상법개정안에서는 자기주식 처분을 신주발행으로 구성하였지만, 2008년 상법개정안에서는 이 부분을 삭제하고 주주의 신주인수권에 관한 규정을 준용하지 않기로 한 것과 의결권 제한에 관한 종류주식을 둘 수 있도록 한 것을 들 수 있다.

제2판에서는 '상장회사에 관한 특례규정'을 다룬 제12장을 추가하였다. 주지하듯이 증권거래법이 담고 있던 상장회사에 관한 특례규정은 상법상 일반규정과의 부조화로 인하여 회사의 실무운영에 적잖은 혼선을 야기하였다. 증권거래법을 대체하는 입법으로 2007년 제정된 '자본시장과 금융투자업에 관한 법률'에서 종전 특례규정이 배제됨으로써 이러한 혼선을 원천적으로 해소할 여지가 생겼다. 한편 2008년 상법개정안은 종전에 증권거래법에 포함되어 있던 특례규정 중 회사지배구조에 관한 것들을 새로이 포섭하고 있다. 나머지 회사재무 분야의 특례규정은 기획재정부가 따로 법률안을 마련하여 입법을 추진하였다가 이후 금융위원회가 '자본시장과 금융투자업에 관한 법률'의 개정안을 추진하면서 재무특례사항을 동 개정안에 이관하여 규정하기로 하였다. 제12장에서는 이들 특례규정에 관한 법률안을 검토하고 개선방안을 제시하였다. 제2판은 2008년 6월 10일 현재의 법률안을 기초로 한 것임을 밝혀 둔다.

바쁜 일정에도 불구하고 새 개정안의 검토에 기꺼이 참여한 연구팀에게 감사의 뜻을 전한다. 또한 초판을 내자마자 바로 개정 작업을 맡아 준 소화출판사 관계자들께 깊이 감사드린다.

2008년 8월 20일

연구팀을 대표하여

김건식

제1부

외국의 입법 동향

서론

김건식

최근 영국, 독일, 프랑스, 이탈리아, 호주, 일본 등 선진국에서는 회사법의 지각변동이라고 할 만한 변화가 진행중이다. 특히 법제 면에서 우리와 가장 밀접한 관련이 있는 이웃 일본의 회사법 변화는 괄목할 만하다. 일반적으로 신중한 입법으로 유명한 일본도 회사법만은 지난 10년간 무수한 개정을 통하여 거의 환골탈태의 수준으로 바뀌었다. 마침내 2005년에는 회사법을 상법전에서 분리하여 별도의 법전으로 독립시켰다.

이러한 회사법의 변화는 상대적으로 각국의 고유한 기업문화에 영향을 덜 받는 회사재무(corporate finance)의 분야에서 특히 두드러지지만 회사지배(corporate governance)의 분야도 변화의 흐름을 맞고 있다. 사외이사와 감사위원회의 확산은 그 대표적인 예라고 할 수 있다. 각국의 회사법 변화는 국가에 따라 다소의 차이를 보이고 있지만 비교법의 관점에서 보면 한마디로 각국 회사법이 미국 회사법에 접근하는—나아가 수렴하는—현상이라고 평가할 수 있을 것이다. 이러한 회사법의 미국법화는 일본이 가장 앞서 있고 그 뒤를 독일, 영국 등이 따르고 있는 상태이다. 이제 과거와 같은 대륙법과 영미법 사이의 구분은 한층 의미를 잃고 있다.

이처럼 회사법 분야에서 미국법이 압도적인 영향력을 발휘하고 있는 현상의 배후에는 미국의 자본과 자본시장이 타의 추종을 불허할 정도로 비중이 높아지고 있는 현실이 자리 잡고 있다. 회사법의 미국법화는 자본시장의 세계화가 급속히 진전되고 있는 상황에서 자국의 자본시장 경쟁력을 높이기 위한 각국 정부의 노력이 작용한 결과로도 풀이할 수 있을 것이다.

회사법의 미국법화와 아울러 회사법의 정치화도 진행되고 있다. 과거 회사법은 상법학자와 일부 법조인의 관심사항에 불과하였다. 회사법의 무기력함은 이미 널리 알려져 있지만 그러한 사정을 바꿔 보려는 노력은 별로 없었다. 그러나 회사법이 자본시장을 뒷받침하는 중요한 기둥이라는 인식이 확산됨에 따라 정부는 회사법의 실효성에 대해 관심을 갖기에 이르렀다. 기업의 활동에 대한 회사법의 영향력이 커질수록 회사법에 대한 기업의 관심도 커질 수밖에 없다. 자본주의 사회에서 기업의 관심은 다시 정부와 언론의 관심을 촉발하는 것이 당연하다. 우리나라에서도 이제 과거와 같이 회사법 개정작업을 상법학자 몇 명이 조용히 수행하는 단계는 지나간 것으로 보인다.

회사법의 변화를 다른 각도에서 보면 오랫동안 법률가들의 사고를 지배해 온 회사법에 대한 종래의 틀이 근본적으로 방향전환되고 있는 것으로 평가할 수 있다. 이러한 회사법의 방향전환을 한마디로 요약하자면 기능적 관점의 부각이라고 할 수 있다. 이번 개정상법에서 추진하는 무의결권보통주를 비롯한 의결권제한주식의 도입, 자기주식취득의 완화, 소수 주식의 강제매매 등은 모두 종래의 경직된 회사법 논리에 의하면 수용하기 어려운 제도라고 할 수 있다. 이러한 기능주의적 사고의 밑바닥에는 법경제학적 분석이 깔려 있다. 최근 각국 회사법의 변화는 지난 30년간 전통적인 회사법의 여러 개념과 법리들을 기능적으로 재검토한 법경제학적 연구성과에 힘입은 것이라고 할 수 있다.

전 세계적으로 진행중인 회사법의 변화는 대체로 다음과 같은 특징을 지니고 있다. 첫째, 채권자 이익보다는 주주이익의 보호가 강조되고 있다. 특히 채권자 보호를 다소 희생하더라도 회사의 기동성 있고 유연한 결정을 도모하고 있다. 따라서 채권자 보호가 회사법 외에서 제대로 이루어질 수 있도록 관심을 기울일 필요가 있다. 둘째, 회사 참여자들이 자신의 처지에 맞는 규범을 자율적으로 선택할 수 있도록 강행규정을 최소화하고 선택지를 늘리고 있다.[1] 이처럼 회사의 선택의 폭이 넓어짐에 따라 남용의 여지 또한 커지는 것은 물론이다. 셋째, 회사의 의사결정과 관련해서 주주총회에 비하여 이사회의 비중이 점점 커지고 있다. 만약 이사회의 독립성과 전문성이 제대로 갖춰지지 않는 경우에는 주주이익이 무시될 가능성이 크다. 넷째, 규제의 시점과 관련해서는 사전적 규제보다 사후적 규제에 보다 치중하고 있다. 사후규제는 회사의 자발적이고 창의적인 행동을 저해하지 않고 문제된 행동만을 사후적으로 규제한다는 점에서 효율적이다. 사후규제에서는 법원의 역할이 훨씬 중요해진다. 만약 어떤 이유로든 회사소송이 제대로 작동할 수 없다면 사후규제는 오히려 폐해가 더 클 수도 있을 것이다.

전체적으로 회사법의 변화는 회사 운영의 유연성, 기동성을 강화하는 방향으로 진행되고

1 이러한 경향에 관한 최근의 연구로서는 Gerard Hertig & Joseph A. McCaherry, A Legal Options Approach to EC Company Law(2006)(SSRN에서 구할 수 있다).

있다. 그러한 변화로 인하여 경영자(내지 지배주주)에 의한 권한남용의 여지가 한층 커진 것도 사실이다. 경영자의 월권은 사외이사가 주도하는 이사회나 감사위원회 같은 회사기관이 사전에 방지할 수 있다면 이상적일 것이다. 다른 한편으로 경영권시장이나 금융시장과 같은 시장의 압력이 제대로 작동한다면 경영자의 사익추구가 억제될 것이다. 경영자의 재량남용에 대한 보다 직접적인 견제수단은 역시 소송이라고 할 수 있다. 따라서 회사법의 유연성과 기동성을 제고하는 노력과 아울러 앞으로는 회사기관, 시장, 소송이 제대로 작동할 수 있도록 관심을 기울일 필요가 있을 것이다.

어느 나라의 회사법이나 회사의 기관에 대해서는 비교적 상세하게 규정하고 있지만 소송을 뒷받침하는 충실의무에 대해서는 아주 간단하게 규정하고 있을 뿐이다. 실제로 소송이 실효성을 발휘하도록 하기 위해서 회사법이 할 수 있는 역할은 제한되고 있다. 시장의 작동과 관련하여 회사법 규정의 역할은 소송의 경우보다 미미하다. 따라서 각국 회사법의 면모를 제대로 파악하기 위해서는 회사법의 규정에 못지않게 회사법이 실제 기능하는 모습에 주목할 필요가 있을 것이다. 그러나 아쉽지만 이 작업은 앞으로의 과제로 미룰 수밖에 없었음을 밝혀 둔다.

제1장

미국의 회사법 개정 동향

안수현

I. 미국 회사법제의 체계 및 특징

미국의 경우 회사법제의 발전 추이와 그 내용을 상세히 파악하는 일은 그리 쉽지 않다. 미국은 각 주마다 별도의 회사법을 마련해 두고 있기 때문이다.

그러나 회사법의 법원이라고 할 때는 대체로 다음과 같은 체계로 설명할 수 있다. 우선, 기본적으로 주 회사법과 판례를 들 수 있다. 각 주마다 마련하고 있는 회사법과 여기에 각 주별로 판례법 내지 보통법이 회사법을 해석할 뿐 아니라 중요한 법원칙을 만들어 내고 있다.

이에 더하여 연방증권법도 매우 중요한 회사법 법원이 된다. 여기에 공개회사주식이 거래되는 주식시장 역시 회사들이 준수해야 할 규정들을 제정하고 있다. 최근 갈수록 연방증권법과 거래소 규정의 규범력과 역할이 강화되는 경향이 있어 주목할 필요가 있다.

이 외에 독립된 법조단체들도 회사법의 입법과 판례형성에 상당한 영향력을 미치고 있다. 대표적으로 미국법조협회(American Law Institute, A. L. I)가 만든 "회사지배구조의 원칙 : 분석과 권고(Principles of Corporate Governance : Analysis and Recommendations)"를 들 수 있다. 이 지침은 주로 회사지배구조 이슈에 초점을 맞추어 제언하고 있다.

모범회사법(MBCA)은 미국변호사협회의 산물로서, 주 회사법의 발전에 상당한 영향을 미치고 있다. 본래 모범회사법은 주마다 서로 다른 회사법제를 일원화하는 것을 목적으로 한 것은 아니다. 이보다는 서로 다른 법제를 허용하면서 한편으로 중요 이슈들에 관한 최근의 논의를 반영하여 최신화와 표준화를 유도하는 것을 목적으로 하고 있다.[1] 그 때문에 이러한 성격을 반영하여 항상 개정이 진행중일 수밖에 없다. 현재 과반수가 넘는 주들이 모범회사법(MBCA)을 회사법에 채용한 것으로 알려져 있다.

그런데 이들 법원들은 발전시기와 그 내용들을 보면 각각 특징이 있다. 무엇보다도 이들 법원들의 발전은 특히 기업의 스캔들 역사와 상당히 밀접한 관계가 있다. 20세기 들어 각 주들이 감세정책을 쓰면서 앞 다퉈 자기 주에 기업을 유치하는 경쟁에 돌입함에 따라 각 주의 회사법에서는 기업과 경영자에 대한 많은 제한을 풀고 대신 권한을 넓게 부여하기 시작하였다. 이는 결국 기업 스캔들로 이어졌다. 이처럼 각 주에서는 이른바 자유주의적인 입장을 채택하는 경향을 띠고 있는 것에 비해 연방 차원에서는 여전히 회사와 경영자의 권한남용 가능성에 주의를 기울였다. 이후 1929년 주식시장 폭락과 동 시기에 투자자들의 손해를 야기한 사기사건들이 다수 발생함으로써 투자자 보호를 위해 연방증권법이 제정되기에 이르렀다. 그렇지만 20세기까지 회사 내부의 운영을 규율하는 법은 기본적으로 주 회사법이었고 이에 대해서 의심을 하지 않았다. 그러나 이후 2001년과 2002년 대규모 기업 스캔들이 연이어 터지면서 결국 주주 보호를 위해 2002년에 Sarbanes-Oxley법이 제정되기에 이르렀고 이에 대해서는 기존의 주 회사법을 대체하려는 연방의 시도라는 비판과 우려가 적지 않다.

이하에서는 20세기 들어 미국의 회사법 발전에 지대한 영향을 미치고 있는 주요 입법의 개정 동향을 중심으로 개관하기로 한다. 이를 위해 현재 주 회사법의 발전에 상당한 영향력을 미치고 있는 델라웨어일반회사법과 모범회사법, 그리고 특히 기업의 지배구조에 많은 변화를 예고한 연방법 차원의 Sarbanes-Oxley법 및 실무에서 그 영향력이 갈수록 증대되고 있는 증권거래소의 규정 등을 중심으로 살펴보기로 한다.

II. 델라웨어일반회사법의 최근 개정 동향과 주요 내용

1. 델라웨어일반회사법의 의의와 특징

델라웨어일반회사법이 회사법의 발전에 상당한 영향을 미친 점에는 의심의 여지가 없다. 수십 년 동안 델라웨어 주는 미국 Fortune지가 선정한 500대 기업 및 뉴욕거래소에 상장된 기

1 Arthur R. Pinto & Douglas M. Branson, Understanding Corporate Law, 2nd ed. (LexisNexis), 2004, at. 4.

업 중 반수 이상의 기업들이 회사 설립지로 선택한 곳이라는 점과, 다른 기업들의 재설립지로 80% 이상이 델라웨어 주를 선택하고 있다는 점은 이를 반영하고 있다.

그러나 실제 델라웨어일반회사법을 모델로 입법에 반영한 주는 그리 많지 않다.[2] 이 점에서 반수 이상의 주가 모범회사법을 채택하고 있는 것과는 대조적이다.

그렇다고 델라웨어일반회사법의 영향이 적다고는 할 수 없다. 실제로 델라웨어 일반회사법은 이하에서 설명될 모범회사법과 상호간에 영향을 주고받고 있으며, 최초로 이사의 책임제한 내지 면책을 입법화할 정도로 중요한 입법을 주도하기도 했기 때문이다.

여기에 회사분쟁을 신속히 처리하며 전문성을 가진 것으로 정평이 나 있는 형평법원인 Chancery court의 선도적인 판결들도 델라웨어회사법제의 명성을 높이는 데 기여하고 있다.

미국에서 다수 기업의 설립근거법으로 알려진 델라웨어일반회사법과 그 운용 메커니즘에 대한 평가가 매우 극단을 달리고 있음은[3] 이러한 델라웨어 주 특유의 운용을 반영한 것이라 할 것이다.

2. 최근 개정의 주요 내용

(1) 2001년

2001년 개정에서는 정보통신기술의 발달을 반영하는 것을 목적으로 1개 조문의 신설과 12개 조문의 개정이 이루어졌다. 대부분이 발전된 정보통신기술을 이사회 결의 및 주주총회 결의와 이를 위한 통지에 이용하도록 하기 위함에 있다.

대표적으로 전자적 의사표시를 확대하여 인정하고 있는데, 종래 위임장에 한해서만 전자적 의사표시에 관한 규정을 마련했던 것을 확대하여 모든 회사행위시에 전자적 의사표시(electronic transmission)를 할 수 있음을 명문화하였다(232조 c항). 이로 인해 다양한 영역에서 변화가 이루어졌는데, 우선 이사가 사임의 의사표시를 하는 경우 전자적 의사표시로도 가능하게 되었고(141조 b항, f항) 이사회 회의의 방식이 종래 다자간 전화회의와 이에 유사한 장치로 제한되었던 것에서 다자간 전화회의 외에도 기타 정보전달장치를 허용하는 것으로 확대되었다(141조 i항). 그러나 인터넷을 통한 채팅방은 허용되지 않는다. 다음으로 주주총회의 개최

2 캔자스, 오클라호마, 네바다, 푸에르토리코만이 명백히 델라웨어일반회사법을 모델로 하고 있을 뿐이다.

3 즉 한편에서 델라웨어회사법제에 대하여 "회사법제의 밑바닥으로의 경쟁을 낳았다(race to the bottom)"라는 비판적인 평가가 있는 반면, 한편에서는 끊임없이 발전하는 기업환경 속에서 도전받게 되는 여러 가지 문제들에 대하여 탄력적으로 대응할 수 있게 함으로써 "우수한 법제로의 경쟁(race to the top)"을 유도하고 있다는 평가로서 양 극단의 대립된 견해가 존재하고 있다.

와 관련해서 물리적 개최 없이 원거리 의사소통(remote communication)을 허용하였다(211조). 또한 이러한 의사소통을 주주총회의 물리적 개최 및 의결권 행사로 인정할지에 대한 재량권을 전적으로 이사회에 부여하였다. 아울러 종래 주주총회 개최지에서 접근 가능하고 입수할 수 있도록 한 주주 명단을 인터넷 네트워크상에 게시하는 것으로 대체할 수 있게 하였다. 그러나 이 경우에는 반드시 주주에게만 이러한 정보가 입수되도록 할 합리적인 조치를 취하여야 한다. 다만 주주의 주소나 연락처는 기재하지 않아도 무방하다(219조 a항). 주주총회 개최에 관한 통지에서도 전자적 의사표시에 의한 의결권행사가 가능하다는 점과 행사방식을 기재하도록 하였다(222조). 그 밖에 회사 서류를 보관하는 것과 관련해서도 일체의 정보저장장치를 이용할 수 있음을 명시하였다(224조).

(2) 2002년

2002년에 개정된 내용으로 주요한 것에는 이사는 자연이어야 한다는 점을 명시한 규정(141조 b항)과 무기명주식은 발행할 수 없게 한 점(158조), 그리고 각 주주에게 보내야 하는 서류의 경우 거주지가 같은 주주에게는 그중 일인에게 한 부만 보내는 것을 허용하는 규정이 포함된다. 그 외 주주가 임시주총을 요구한 후 개최까지의 기간산정에 관한 규정(312조 1항)과 기타 규정 간의 정합성을 고려한 기술적인 성격의 개정이 함께 이루어졌다(263조 b항, 311조, 395조 등 참조).[4]

(3) 2003년

2003년에 개정된 내용 중 주요한 것으로는 다음과 같은 것이 있다. 우선 델라웨어회사가 관련된 사안 중 형평법원의 관할을 받는 대상범위를 확대한 점과 정관 또는 부속정관 등에 달리 제한이 없는 한 이사회는 위원회를 둘 수 있음을 명확히 한 규정을 들 수 있다. 아울러 146조를 신설하여 회사는 이사회 결의와 상관없이 주주총회의 결의를 거칠 수 있음을 허용하였다. 또한 220조를 개정하여 의결권신탁 내지 명의주주를 통해 주식을 보유하는 실질주주에게도 장부열람권을 확대하였으며, 일정한 조건 하에서 자회사의 장부와 계산서류도 열람권에 포함됨을 명시하였다. 아울러 이사의 장부열람은 이사 지위와 관련하여 적절한 것으로 간주되는 규정을 마련하였다(220조 d항).

4 자세한 내용은 www.legis.state.de.us의 Senate Bill 참조.

(4) 2004년

2004년에 개정된 규정들 중에는 성격상 기술적인 것들이 많은데, 이 중 실무에서 중요한 개정으로 소개되는 것으로 다음과 같은 것들이 있다. 우선, 정관의 기재사항 중의 하나로 정관의 각 규정은 당해 증서 이외에 확인 가능한 사실(회사행동 포함)에 좌우된다는 내용이 추가된 부분이다(102조 d항). 또한 위원회가 이사의 선임과 해임을 추천할 수 있음을 명확히 하였다(141조 c항 2호). 동법 141조 c항은 이사회가 위원회를 둘 수 있음을 규정하고 있으며 2호는 법에서 원칙적으로 이사회만이 할 수 있는 행위로 정한 것 외에 이사회가 할 수 있는 모든 행위를 위원회가 할 수 있다는 점을 규정한 조항이다. 여기에 이사의 선임과 해임도 위원회가 할 수 있음을 분명히 하였다. 다음으로 회사가 신주 발행시 교부받을 대가의 유형에 대한 제한이 폐지되었다(152조). 따라서 종래 현금, 자산, 노무로 제한된 것에서 무형재산이나 기타 편익 내지 이들의 조합을 주식의 대가로 받을 수 있게 되었다. 이에 상응하여 증권과 관련한 옵션과 권리발행의 대가도 반드시 현금이나 재산일 필요가 없음을 명확히 하였다(157조 a항, b항, d항). 이 외에 델라웨어회사의 경우 파산시 파산법원이 내린 정관 변경 내지 자산양도 등의 명령을 이행하기 위해서는 반드시 이사회 및 주주의 동의를 얻어야 하는데, 303조는 이러한 행위들에 대해 주주나 이사회의 동의를 얻지 않아도 됨을 명시하고 있다. 그리고 이번 개정에서 동법 303조가 해산과 조직개편 등의 파산절차에도 적용됨을 명문화하였다.

(5) 2005년

2005년에 개정된 내용 중 주요한 것으로는 다음과 같은 것을 들 수 있다. 우선 델라웨어 주의 공개회사로 하여금 전자증권의 형태로만 주식을 발행할 수 있게 하였으며(158조), 정관에 규정을 두어 이사의 시차임기제를 폐지하는 것과 함께 일부 이사에게 특수 의결권을 부여하는 것을 허용하였으며(141조 d항), 델라웨어 주에서 설립된 법인이 아닌 경우 델라웨어 주 회사로 전환할 수 있게 하였으며(265조), 회사의 재산과 자산의 개념에 100% 자회사의 재산과 자산을 포함하는 것으로 명확히 함으로써 회사가 자회사에게 실질적으로 자산 일체를 매각하는 경우 주주총회 결의를 거치지 않음을 명문화하였다(271조). 이 외 외국회사의 국내 회사화에 관한 규정을 손질하였다(388조).[5]

5 자세한 내용은 Franklin Balotti, Recent Developments in Delaware Corporation Law, ALI-ABA Course of Study Materials, SLO46 ALI-ABA 27 (2005), (www. lexis.com).

(6) 2006년

2006년에 개정된 사항은 동년 8월부터 효력이 발생하는 규정과 2007년 1월에 발효하는 두 부분으로 나뉜다. 전자에 속하는 개정사항 중 주요한 것으로 다음과 같은 것이 있다. 이에는 회사 상호와 관련하여 상호예약제도의 인정(102조 e항)과 이사회 구성원의 사임시 그 효력발효에 관한 규정을 신설하여 당해 사임일 또는 장래의 일자에 효력이 발생하도록 한 것을 들 수 있다. 이와 함께 사임의 조건이 재선임을 위한 충분한 표(다수결)를 받지 못한 경우에는 사임을 번복할 수 없도록 하였다(141조 b항). 또한 이사회를 종류화하는 규정(141조 d항)을 개정하여 종류화한 후 임기는 이사회 종류화의 효력이 발효한 날로부터 개시되는 것으로 하였다. 이 외 회사 행위에 필요한 이사회 결의요건에 관한 규정을 개정하여 주주에 의해 채택된 부속정관에 의해 이사선임을 위한 요건을 명문화한 경우 이를 다시 이사회 결의로 수정하거나 삭제하지 못하게 하였다(216조). 한편 2007년 1월에 발효하는 것에는 동법 132조와 312조의 개정이 해당된다. 우선, 132조의 규정은 델라웨어회사로 하여금 반드시 델라웨어 주에 명의개서대리인을 설치하고 유지하도록 하는 규정인데, 이에 명의개서인이 될 자의 범위를 확대하는 규정과 명의개서대리인의 자격과 의무에 관한 규정을 추가하였으며 이 외에 명의개서에 관한 규칙제정권과 위반시 제재권이 Secretary of State에 있음을 명시하는 등 명의개서대리인제도와 관련하여 다수의 규정을 마련하였다. 312조는 정관의 복원에 관한 규정으로 동법의 다른 규정들과의 정합성 측면을 고려한 기술적인 변화가 일부 행해졌다.

III. 모범회사법(MBCA)의 개정 동향과 주요 내용

1. 모범회사법의 의의와 특징

주 회사법의 입법과 주 법원의 판결에 중요한 영향을 미치고 있는 것으로 모범회사법(MBCA)을 꼽을 수 있다. 특히 자금조달과 관련한 규정들은 주 회사법을 선도하고 있다는 평가를 받고 있다.[6] 예컨대 1950년대 회계에서 사용되는 이익잉여금(earned surplus)이라는 개념을 도입하여 당시 회계제도에 맞추어 배당제도를 정비한 점과 액면주식제도를 폐지한 점, 그

6 Julie A Barnett, Noel Manalo, Kristin Pickett, Enayat Qasimi, Michael W. Siri, Michael F. Smith, Wendy A. Webb, The MBCA and State Corporation Law—A Tabular Comparison of Selected Financial Provisions, 56 Bus. Law. 69, at 70.

리고 주식의 발행대가 유형에 대한 제한의 폐지와 같은 선도적인 조치를 취한 바 있다.

반면에 지배구조와 관련한 규제에서는 그렇지 못하다는 평가를 받고 있다. 이는 대부분의 규정이 대규모 기업의 로펌 변호사들에 의해 고안되었으며 내용면에서도 일관되게 친 경영자라는 평가를 받고 있는 것과 무관하지 않다. 대표적으로 1984년 개정모범회사법(RMBCA)에서는 회사 경영자에 대한 실체적 규제를 거의 모두 제거하면서 충실의무(fiduciary duty)만이 가장 효과적인 규제방안이라고 제시하여 지극히 친 경영자를 위한 규범이라는 비판을 받은 바 있다.[7]

그렇다고 지배구조에 관한 규정들이 손질되지 않은 것은 아니다. 모범회사법에서도 지배구조와 관련한 규정들이 꾸준히 개정되어 왔다. 이하에서는 이들 주요 개정내용들을 개괄적으로 설명하기로 한다.

2. 모범회사법의 주요 개정내용

(1) 초기단계 : 1950~1980년

모범회사법은 1946년에 시작되어 1950년에 처음으로 공표되었다. 이후 눈에 띄는 개정이 1967년과 1979년에 행해진 바 있고, 후에 소폭의 개정만 몇 차례 더 행해졌다. 1967년과 1979년의 개정은 이사의 보상이 주된 내용이었다.[8]

(2) 1980년대

1950년에 모범회사법이 정식으로 발표된 이후 많은 크고 작은 개정이 있었으나, 1980년대

7 총 70명의 변호사가 참여한 작업의 결과로 알려져 있으나 대부분 대기업과 거래하는 대규모 로펌 소속 변호사들이었으며, 개정안의 내용과 방향을 좌지우지한 위원회의 구성도 대부분 대규모 로펌의 변호사로 되어 있어 다양한 이해관계자의 수요를 반영하지 못하였다는 비난을 받았다. 그러한 비난이 있음을 시사하는 글로는 우선, Robert W. Hamilton, Reflections of A Reporter, 63 Tex. L. Rev. 1455 (1985), at 1458 ; Branson, Counter Trends in Corporation Law : Model Business Corporation Act Revision, British Company Law Reform and Principles of Corporate Governance & Structure, 68 Minn. L. Rev. 53, at 56-72 (1988).

8 1979년 개정된 내용에는 이사의 책임감면과 비용선급에 관한 규정, 이사라는 지위로 인해 제기된 소에서 방어를 위하여 초래된 비용의 보상, 대표소송을 처리하기 위하여 사용한 비용의 선급, 법원 명령에 의한 면책 및 면책의 기준제시, 독립이사로 구성된 면책위원회 설치 등이 포함된다. 1979 MBCA §5, 이에 관해서는 Committee on Corporate Law, American Bar Association, Changes in the Model Business Corporation Act affecting Indemnification of Corporate Personnel, 34 Bus. Law. 1595 (1979).

만큼 동법이 근본적인 변화를 맞이한 적은 없었다.

우선, 1980년 개정시에는 재무와 관련한 규정에 상당한 변화가 있었다. 대표적으로 액면주식제도가 폐지되었다. 또한 주식의 발행대가를 유연화하였으며, 표시자본과 금고주 개념을 폐지하였다.[9]

이후 1984년 개정모범회사법(RMBCA)은 체제를 비롯하여 내용면에서도 근본적인 변화를 가져왔다. 그 같은 개정의 주된 이유는 회사지배구조 관련 이슈들에 대한 그간의 관심을 반영하면서 아울러 회사법원칙으로 오랫동안 인정되어 온 것에 대한 비판적인 검토를 수용하기 위한 것이었다. 우선, 회사지배와 관련한 이슈로서 i) 이사의 의무에 관하여 최초로 명문의 규정을 두었으며[10] 이와 함께 면책에 관한 규정도 개정하였다. 또한 ii) 주식매수청구권을 행사할 수 있는 경우와 그 절차에 대해 상세한 규정을 두었으며 iii) 대표소송절차에 관한 규정을 정비하여 소송을 제기할 수 있는 자는 문제된 거래 당시의 주주일 것과 소 제기시 이유와 이사회에 대한 소 제기가 거절되었음을 제시하도록 하였다.[11] 이와 함께 회사법원칙으로 오랫동안 인정해 온 것들에 대해서도 근본적인 수정을 가했다. 대표적으로 배당과 자기주식의 취득을 분배(distribution)라는 개념 하에 포괄하여 통일적으로 규제하였다. 이와 관련하여 개정모범회사법에서는 표시자본제도를 폐기하였으며 아울러 잉여금(surplus), 이익잉여금(earned surplus), 자본잉여금(capital surplus), 순자산(net assets)의 정의규정을 삭제하였다(구법 2조 i항~m항). 즉 개정법에서는 분배가능재원을 직접 규정하지 않고 대신 분배기준으로서 형평법상의 지급불능기준과 새로운 대차대조표기준을 규정하였다.[12] 이에 따라 관련된 많은 규정들이 삭제되었다. 그 밖에도 국내외 회사의 신고의무의 부담을 감소하는 규정과 회사 운영에 법원이 개입할 수 있는 경우를 규정하였다. 이에 의해 법원은 일정한 경우 주주총회의 개최를 명할 수 있으며 회사 내지 10% 이상의 주주가 원하는 경우 이사를 해임할 수 있다.[13]

9 Elliott Godstein, Revision of the Model Business Corporation Act, 63 Tex. L. Rev. 1471 (1985) at 1478. 35 Bus. Law. 1471, at 1478.

10 즉 회사의 사업과 운영은 이사회에 의해서(by a board of directors)가 아니라 이사회의 지휘 하에서(under the direction of a board of directors) 행해짐을 명확히 하고 있다. §8.01 참조. 개정모범사업회사법상의 이사의 의무에 관한 상세한 설명은 Thomas A 'dAmbrosio, The Duty of Care and the Duty of Loyalty in the Revised Model Business Corporation Act, 40 Vand. L. Rev. 663 (1987), at 665 이하 참조.

11 §7.40, 상세한 내용은 Elliott Godstein, 앞의 논문, 1478면

12 자세한 내용은 42 Bus. Law. 259.

13 그 밖에도 여러 가지 규정들이 신설되었는데, 이에 대해서는 Elliott Godstein, 앞의 논문, 1471면.

(3) 1990년대

1990년대는 주로 지배구조와 관련한 규정들이 꾸준히 개정 대상이 되었다. 그러한 배경에는 1980년 중반기 이후부터 급격히 증가한 M&A 여파로 인해 이사의 책임에 대한 관심의 증대와 이사 · 임원의 책임보험(D&O)의 가입건수 및 보험료의 증대가 크게 자리 잡고 있다. 무엇보다도 델라웨어 대법원이 판결한 Smith v. Van Gorkom[14]사건과 이후 몇몇의 유사한 판결들로 인하여 이사들이 자신이 질 책임에 대해 불안을 느끼기 시작하였기 때문이다. 이사들은 소송에 직면할 경우 금전적인 문제뿐 아니라 사회적 명성과 시간 손실 그리고 다른 활동에 대한 지장을 우려하였고, 그 결과 공개회사의 이사들은 임기 전에 사임하거나 임기 후 재선임을 고사하는 등 실무에서 많은 부작용이 나타나기 시작하였다. 이 때문에 주 감독기구와 연방 증권규제기관, 거래소, 학계 등은 이러한 부작용을 해소하는 입법적 조치를 고안하지 않을 수 없게 되었는데, 그 결과 각 주마다 취해진 것이 이사의 책임제한 내지 면책규정을 마련하는 것이었다.

개정모범회사법도 이러한 움직임을 반영하여 1990년 개정에서는 정관에 정함을 두는 경우 일정한 예외 사항을 제외하고는 이사의 책임을 감면할 수 있다는 규정을 마련하였다.[15] 다만 이러한 감면은 임원의 경우에는 적용되지 않는 것으로 하였다. 반면에 이사는 외부이사든 내부이사든 구별하지 않고 감면조항이 적용된다.

이후 1994년 개정에서는 8장의 subchapter E와 기타 규정을 개정하였다. 이는 이사면책 관련 규정의 개정과 비용선급 규정에 관한 것으로, 주된 내용은 이사에 대한 보상을 확대하는 것이었다. 이러한 보상은 임원에 대해서도 동일하게 적용된다.[16]

1996년 개정에서는 7장의 subchapters A와 B를 손질하는 것으로 주주총회의 개최와 의결권행사에 관한 규정을 수정하는 것이 주된 골자였다.[17] 그 내용은 의장의 권한에 관한 규정을 수정하여 의장에게 회의 진행의 규칙제정권과 진행권을 부여하고 있으며,[18] 이 외 전자적 방법에 의해 의결권대리행사자를 선임하는 것을 인정하였다.[19]

14 488 A. 2d 858 (Del. 1985).

15 1990년 개정모범회사법 §2.02 (b). 이에 대한 상세 설명은, Committee on Corporate Law, Changes in the Revised Model Business Corporation Act-Amendment Pertaining to the Liability fo Directors, 45 Bus. Law. 695 (1990), at 699-700.

16 상세한 내용은 Committee on Corporate Laws, Changes in the Model Business Corporation Act-Amendments Pertaining to Indemnification and Advance for Expenses, 49 Bus. Law. 741 (1994).

17 자세한 내용은 Committee on Corporate Law, Changes in the Model Business Corporation Act-Amendments Pertaining to Shareholder Meetings and Voting, 51 Bus. Law. 209 (1995).

18 §7.08 (b), (c).

19 §7.22.

1997년 개정에서는 전자적 형태의 의사전달방식과 문서의 전자적 신고 및 기록장치들의 계속된 발전을 의식하여 전자적 수단을 이용해 신고할 수 있다는 명문의 규정과 이용에 관한 사항을 마련하였다.[20]

1998년 개정에서는 그간 지속적으로 발전해 온 이사의 의무와 책임에 관한 논의들을 반영하여 새로운 규정을 신설하였다.[21] 대표적으로 주의의무와 관련한 기준으로 종래 신중인(prudent man) 기준을 제시하였던 것을 동일 지위에 있는 자(a person in a like position) 기준으로 문구가 수정되었다. 또한 종래 8. 30조에서 행위기준을 정하고 있었지만 이를 위반한 경우 바로 책임을 물을 수 있는 것은 아니었다. 그러나 위반한 경우 바로 책임을 물을 수 있다는 오해가 법원에 만연해 있는 점을 인식하고 이 같은 오해를 야기하는 문구를 삭제하였다.[22] 아울러 책임을 완화하는 규정으로 이사의 책임을 평가하는 기준을 신설하는 규정을 마련하였다(8. 31조).

1999년 개정에서는 지난 수년간 개정을 위해 실무작업반에서 검토해 온 이슈들을 반영하는 작업이 이루어졌다. 주된 내용은 의결권행사규칙을 정비하여 실질상 경제적으로 동일한 효과를 갖는 또는 중요한 효과를 미치는 거래에 대해서 의결권행사규칙을 통일하여 주주의 승인을 요하는 것으로 하였다. 대표적으로 거래와 관련한 주식의 발행, 정관의 변경, 합병, 주식교환, 재산의 구입과 처분, 해산의 경우가 이에 해당된다. 이 외 주식매수청구권[23]과 조직변경에 관한 규정, 주주의 조사권, 이사와 임원의 행위에 관한 규정들도 손질되었다.[24]

20 §1.20 filing requirements, §1.23 Effective Time and Date of Document, §1.24 Correcting Filed Document, §1.25 Filing Duty of Secretary of State, §1.27 Evidentiary Effect of Copy of Filed Document, §1. 29 Penalty for Signing False Document, §1.40 Act Definitions, §1.41 Notice 등이 개정되었다. 상세한 내용은 Committee on Corporate Laws, Changes in the Model Business Corporation Act-Amendments Pertaining to Electric Filings, 52 Bus. Law. 991 (1997) 참조.

21 §8.30 이사의 행동기준, §8.31 이사의 책임기준(신설), §8.33 위법배당에 대한 이사의 책임 등이 손질되어 개정안이 발표되었다. 상세한 내용은 Committee on Corporate Law, Changes in the Model Business Corporation Act-Amendments Pertaining to Electronic Filings/Standards of Conduct and Standards of Liability for Directors, Report, 53 Bus. Law. 157 (1997) ; Committee on Corporate Laws, Changes in the Model Business Corporation Act Pertaining to the Standards of Conduct and Standards of Liability for Directors-Final Adoption, 53 Bus. Law. 813 (1998).

22 森本 滋, 比較會社法研究, 21世紀の會社法制を摸索して, 商事法務(2003), 22면 이하.

23 상세내용은 Committee on Corporate Laws, Proposed Changes in the Model Business Corporation Act-Appraisal Rights, 54 Bus. Law. 209 (1998).

24 상세내용은 Committee on Corporate Laws, Changes in the Model Business Corporation Act Pertaining to the Standards of Conduct for Officer : Inspection Rights and Notices-Final Adoption, 54 Bus. Law. 1229 (1999) ; Committee on Corporate Laws, Changes in the Model Business Corporation Act-Amendments Pertaining to Directors and Officers, 55

주식매수청구권에 관해서는 개정 전에는 공정가격의 결정방법이 법원의 재량에 맡겨져 있던 데 비해 개정 후에는 공정가격은 '주식매수청구권이 행사된 경우 동일 사업에서 일반적으로 사용되는 평가 개념과 방법'을 사용하여 결정하는 것으로 변경되었다〔13. 01조 (4)항〕. 주주가 공개주식을 매수할 수 있는 경우에는 주식매수청구권이 인정되지 않는데 (이른바 시장의 예외), 이번 개정에서는 이해관계자에 의한 합병 내지 주식교환이 이루어지는 경우에는 주식매수청구권을 인정하였다. 회사의 조직변경과 관련해서는[25] 거래로 인해 주식 등을 발행하는 경우 자금조달이 아닌 경우 또는 주식의 의결권력의 20%를 초과하는 주식이 증가하는 경우에는 주식의 발행에 관해 주주의 승인을 받을 것을 요하고 있다(6. 21조 f항). 주주의 조사권과 관련해서는 자료의 복사에 대해 회사의 주주 및 그 대리인에 대하여 합리적인 비용청구를 인정하였다(16. 03조). 그리고 새로 16. 05조를 신설하여 이사의 감시의무의 일환으로서 조사권의 범위를 규정하였다.[26] 이사와 임원의 권한과 관련한 규정은 회사마다 이사회의 기능이 각각 다를 것임을 고려하여 관련 문구를 수정하였으며 이사회 설치에 관하여 유연한 태도를 취하였다. 즉 모든 회사는 이사회를 설치하도록 하되, 주주의 합의가 있는 경우 이사회를 설치하지 않을 수 있게 하였다. 다만 회사지분이 거래되는 경우와 주주 수가 50인을 넘은 경우에는 그렇지 않다.[27]

(4) 2000년대

2000년 개정에서는 14장 subchapter A 임의해산에 초점을 맞추어 이에 관한 규정들을 손질하였다.[28] 이에 속하는 것으로는 우선, i) 청산배당을 6. 40조에서 규정하고 있는 분배제한의 사유에서 제외한 것과 ii) 하자 있는 물품판매에 따른 배상청구권(우발적 채무가 된다)의 행사기간이 해산의 공고일로부터 5년에서 3년으로 단축되며, iii) 14. 08조를 추가하여 회사의 해산 전에 이사가 우발적 채무에 직면할 것에 대비하여 미리 공탁금을 법원에 마련해 두는 절차를

Bus. law. 1247 (2000).

25 상세내용에 대해서는 Committee on Corporate Laws, Changes In the Model Business Corporation Act—Fundamental Changes, 54 Bus. Law. 685 (1999) 참조.

26 森本 滋, 앞의 책, 23면.

27 자세한 내용은 Committee on Corporate Laws, Changes in the Model Business Corporation Act Pertaining to Directors and Officers, 54 Bus. Law. 1233(1999) ; Committee on Corporate Laws, Changes in the Model Business Corporation Act-Amendments Pertaining to Directors and Officers, 55 Bus. Law. 1247 (2000).

28 상세내용은 Committee on Corporate Law, Changes in the Model Business Corporation Act-Dissolution, 55 Bus. Law. 1227 (2000).

마련하였으며, iv) 마지막으로 14. 09조를 신설하여 해산회사의 이사의 책임을 명확히 하고 이의항변과 구상과 손실전보에 관한 규정을 마련하였다. 즉 채권자가 해산통지를 받고도 이의를 제기하지 않거나 배상청구권자가 해산 공고일로부터 3년 후에 청구한 경우에는 해산회사의 이사는 책임을 지지 않는다.

2001년 개정에서는 주식 관련 부분들이 손질되었다.[29] 특히 객관적으로 확인할 수 있는 외부 사실에 좌우되는 조건을 가진 수종의 주식을 발행할 수 있게 허용되었다(6. 01조 d항). 예컨대 배당률이 외부의 지수(Index)에 따라 달라지는 것이 가능해졌다. 또한 정관에 정함이 있는 한 같은 종류의 주식이라도 조건이 다른 주식을 발행할 수 있게 되었다(6. 01조 e항). 예컨대 변동우선주(variable rate)[30] 내지 입찰 유형(auction rate)의 우선주의 발행이 가능해졌다. 아울러 주식옵션에 관한 규정을 최신화하고 명확히 하였다(6. 24조). 즉 옵션을 발행하기로 한 이사회의 승인은 옵션의 기초 대상인 주식 내지 옵션이 행사될 경우 교부하기로 하는 증권의 발행에 대한 승인으로 보는 것이다. 그 외 shareholders rights plan의 하나로서 권리, 옵션, 워런트를 발행하는 것도 허용하는 규정을 신설하였다(6. 24조 b항).

2002년 개정에서는 9장을 신설하여 간편한 절차에 의해 국내의 영리회사가 다른 사업형태 또는 외국의 영리회사 · 비영리회사로 전환할 수 있게 하였으며(subchpater 9B), 영리회사가 국내 · 외의 비영리회사 내지 다른 사업형태로 전환하는 것을 인정하였다(subchapter 9C). 특히 9장에서는 외국의 영리 · 비영리회사, 국내외의 기타 사업형태들이 국내회사가 되는 절차를 정하고 있다(subchapter 9D).[31]

2003년에는 2002년에 발생한 대규모 기업 스캔들로 인해 관련 제도들을 정비하는 차원에서 이사와 임원의 역할과 책임에 관한 규정들이 개정되었다. 예컨대 이사와 임원에 대하여 이사회 및 위원회에 중요한 회사 정보를 공시할 의무가 있음을 신설하였으며, 아울러 독립이사의 개념이 상황에 따라 달리 쓰이고 있는 점을 고려하여 자격이사(qualified directors)의 정의에 관한 규정이 도입되었다. 또한 회사기회에 관한 규정을 subchapter G(8. 70조)에 신설하였다.

2005년 개정에서는 다음과 같은 변화가 있었다. i) 우선, 공개회사에 관한 정의규정을 마련하였으며, ii) 비용에 관한 정의규정을 마련하였다. iii) 아울러 동일 장소에 주거하는 주주의 경우 통지나 보고서 송부는 1부만 하여도 송부의무를 다한 것으로 보는 규정을 추가하였으며

29 자세한 내용은 Committee on Corporate Laws, Changes in the Model Business Corporation Act Pertaining to Shares and References in Documents to Extrinsic Facts, 57 Bus. Law. 355 (2001).

30 예컨대 배당률을 런던 은행간 금리 등 외부 지표에 연동하기로 정한 주식을 말한다.

31 The Committee on Corporate Law, Report : Changes in the Model Business Corporation Act—Proposed Amendments Relating to Domestications and Conversion, 56 Bus. Law. 1633 (2001).

iv) 사전에 통지가 없어도 총회 개최시 가결될 수 있을 정도의 동의를 받으면 주주총회 결의를 거친 것으로 보는 규정을 정관에 두는 것을 허용하였다. v) 그 밖에 회사 정리인 내지 커스터디언을 주주 행동에 의해 선임하는 것을 허용하였다. 그 이유는 이사간에 반목이 있는 경우 회사에 치명적인 손해를 끼칠 수 있고 지배력을 가진 자 내지 이사들이 사기적으로 행동하여 손해를 야기할 수 있음을 우려하여 이에 대응할 수 있도록 조치를 마련한 것이다. vi) 마지막으로 주주에 의한 해산을 제한하였다.[32]

IV. Sarbanes-Oxley Act[33]의 입법배경과 주요 내용

1. 입법 전후의 상황 및 변화

전통적으로 회사 내부적 사안(즉 주주와 경영자 간의 관계에 관한 사안)에 대해서는 주 회사법의 규율사항으로 여겨왔으며 연방 차원에서의 입법은 소극적인 태도를 띠어 왔다.

이러한 내부적 사안과는 달리 회사와 자본시장 간의 관계에 대해서는 주로 연방법 차원에서 규제하는 경향을 보여 왔다. 이 같은 입장을 보여 주는 대표적인 예로 임원 보수와 관련하여 1990년까지 지속적으로 문제로 지적되어 왔지만 공시사항으로 규제하는 데 그치고 회사지배구조까지 규제하는 것은 입법적으로 고려 대상이 되지 않았다.

그러나 2002년 엔론, 월드컴을 비롯한 일련의 기업 스캔들의 발생은 무엇보다도 회사지배구조와 관련한 입법적 조치를 마련하는 역할을 기존의 주법에서 연방법, 거래소 그리고 법원으로 이동시키는 변화를 가져왔다.[34] 입법적인 차원에서 보면 연방법 차원에서 회사행위에

32 ABA, Model Business Corporation Act, Official Text with Official Comment and Statutory Cross References Revisited through June 2005, xxxvii- xxxviii (2005).

33 동법에 대한 상세한 소개와 우리법과의 비교에 대해서는 안수현, 회계제도개혁법의 입법현황과 실무상 몇 가지 고려점—미국 Sarbanes-Oxley Act와의 비교를 통하여, 증권법연구 제4권 2호, 한국증권법학회(2004) 참조 ; 미국에서 이 법의 제정효과를 정책적인 면에서 평가하고 향후 지배구조법제를 설계하는 데 있어 시사점을 찾고자 시도한 글로는 우선, Robert Charles Clark, Corporate Governance Changes in the Wake of the Sarbanes-Oxley Act : A Morality Tale for Policymakers Too, Discussion Paper No. 525 (September, 2005) Harvard Law School(http://ssrn.com/abstract=808244 ; http://www.law.harvard.edu/ programs/olin-center).

34 회사 경영자의 재량권을 제한하는 데 있어 연방정부를 비롯하여 거래소와 사법부가 적극적인 움직임을 보이고 있는 경향을 회사법의 진화 내지 진화 그 이상이라고 보는 견해도 있다. 이러한 움직임에 대한 주들의 반발과 주법의 향후 과제를 시사하는 글로는 Mark J. Loewenstein, The Quiet Transformation of Corporate Law, 57 SMU L. Rev. 353 (2004), at 354 참조.

직접 규제하는 방식을 띠기 시작한 것이다.[35]

2. 입법의 배경과 특징

Fortune 지 10대 기업에 포함되는 거대기업들이 분식회계로 붕괴되었던 원인을 놓고 여러 가지 주장이 대두되었지만, 그중에서도 Paul Sarbanes 의원이 한 주장—즉 i) 회계자치의 결여, ii) 감사인과 직원의 구분 모호, iii) 최고경영자의 책임과 책무의 결여 등[36]— 이 공감을 받아 Sarbanes 의원이 발의하여 입법 후 공포된 것이 바로 Sarbanes-Oxley법이다.

이 법에서는 기업지배구조에 핵심적인 집단, 즉 기업의 임원, 이사, 회계사, 변호사, 감독기관의 행위를 종합적으로 규율하고 있다. 조문만도 총 57개에 달하고, 담고 있는 내용 또한 i) 공적 기구인 회계감독위원회의 설치 및 회계부정에 대한 집행 · 제재의 강화, ii) 감사인의 독립성 강화, iii) 기업의 책임 강화, iv) 재무정보 공시 강화, v) 애널리스트의 이해상충 방지 강화, vi) SEC 재원과 관리, vii) 연구 및 보고, viii) 형사책임, ix) 화이트칼라 범죄처벌, x) 법인세, xi) 기업사기에 대한 책임 강화 등 폭넓게 종합적으로 규율하고 있다.

3. 주요 내용

(1) 기업 · 임원의 책임 강화

1) 최고경영자/최고재무책임자 인증제도

Sarbanes-Oxley법 302조에서는 사업보고서 및 분기보고서를 제출하는 기업들의 최고책임자(CEO), 최고재무책임자(CFO) 등에 대하여 다음 사항을 인증하도록 하고 있다. 즉 i) 제출한 보고서를 검토하였다는 사실, ii) 제출된 보고서 또는 재무제표에 중요한 사실의 왜곡표시나 중요 사실의 표시누락이 없다는 사실, iii) 재무제표 및 보고서에 포함된 재무정보와 경영성과

35 종래 주법의 관할에 속한다고 여기고 있던 경영자의 의무와 책임에 관한 규정을 다수 연방법 차원에서 마련하여 규제하게 된 것이다. 예컨대 CEO와 CFO의 회사신고서류에 대한 인증요구와 이사 및 임원에 대한 회사의 대여금지, 그리고 이들에게 지급된 보너스와 이익의 몰수규정 등이 해당된다. 이외 SEC는 주주에게 이사 추천권을 부여하는 안을 제시한 바 있다[Proposed Rule : Security Holder Director Nominations, Rel. Nos. 34-48626, IC-26206, 69 Fed. Reb. 60, 784 (Oct. 14, 2003)].

36 U. S. Senate Comm. of Banking, Housing and Urban Affairs, Remarks of Sen. Sarbanes : Economic Impact of Corporate Irresponsibility (July 8, 2002), at http://www.banking.senate.gov/ pre102/0708corp.htm(Nov. 8, 2002).

를 중요성의 관점에서 적정하게 표시하고 있다는 사실, iv) 서명하는 자가 내부통제와 관련하여 책임을 지고 있다는 사실, v) 감사인과 감사위원회에 내부통제상의 중요한 약점과 경영진 또는 내부통제에 중요한 역할을 담당하는 종업원이 개입된 모든 사기사건이 보고되었다는 사실, vi) 내부통제상 중요한 결함이나 약점에 대한 시정조치 등 평가일 이후 내부통제에 중대한 영향을 줄 수 있는 요인이 있었는지 여부, 그리고 있다면 그러한 요인의 유형과 중요도 등에 대하여 인증할 것을 요구하고 있다.

2) 임원의 책임 강화

Sarbanes-Oxley법 304조에서는 최고경영자와 최고재무담당 임원에게 지급한 성과보너스와 이익의 몰수에 관하여 규정하고 있다. 즉 부적절한 행위로 인해 증권법이 규정하는 재무보고요건을 중요하게 위반한 경우 최고경영자와 최고재무담당 임원은 재무서류를 최초로 공시하거나 SEC에 제출한 날 중 빠른 것을 기준으로 12개월 동안 기업으로부터 수령한 보너스 내지 기타 인센티브 또는 주식에 기초한 보상 일체 및 같은 기간 발행인의 증권을 처분함으로써 발생한 실현이익의 일체를 회사에 반환할 의무를 부담한다.

아울러 임직원의 주식거래를 엄격히 제한하고 있으며(동법 306조), 402조에서는 임원에 대한 회사의 금전대여를 원칙적으로 금지하였다. 다만 주택개량비, 주택설계를 위한 대출, 소비자 신용대출(consumer credit), 신용한도 증대(open-end credit plans), 신용카드한도 부여(charge cards), 투자은행의 경우 자사 직원의 증권매입 · 매매를 위한 자금대여 등은 제외된다. 이러한 예외도 통상 영업중에 하는 소비자 신용사업(consumer credit business)의 영위로 제3자에게 제공하는 경우보다 더 유리한 조건으로 하는 것은 허용되지 않고 시장과 같은 조건으로 이루어진 경우에만 인정된다.[37]

3) 감사위원회의 역할 강화

Sarbanes-Oxley법으로 인하여 야기되는 가장 큰 변화 중의 하나는 상장회사의 경우 감사위원회의 역할을 새롭게 강화하였다는 점이다. 즉 Sarbanes-Oxley법 301조 (m)항에서는 감사위원회로 하여금 감사인에 대한 선임 · 보상 · 감독 등에 대하여 1차적인 책임을 지도록 하고 있다. 또한 감사위원회의 구성에 대해서도 규정을 두어 감사위원회는 전원 독립한 이사로 구

37 이들 규정은 엔론사와 월드컴사의 경우 임원들의 모럴해저드가 특히 심각하다고 보았기 때문에 취해진 조치들이다. 이러한 모럴해저드가 회계부정을 유발하는 중요한 요인의 하나라고 보았기 때문이다.

성되도록 하였다. 그 외 감사위원회로 하여금 고충처리에 관한 절차를 수립하도록 하고 있다. 즉 i) 회계, 내부회계통제, 감사에 관한 불만을 접수하고, 보관 및 기록하고 조사하는 절차 창설 및 유지, ii) 의심스러운 회계나 감사문제와 관련하여 직원이 제출한 기밀 · 익명의 제보를 받도록 하는 절차의 수립 등이 그것이다.[38]

(2) 기업의 공시 강화

1) 주식소유상황에 대한 보고의무 강화

Sarbanes-Oxley법 403조에서는 회사의 이사, 임원, 10%를 초과한 주주의 경우 지주비율 등 소유상황에 변화가 있는 경우 2일 이내에 전자공시하도록 하고 있으며, 발행자는 공시 후 당일 영업시간 만료 전에 자사 웹사이트에 해당 내용을 공시하여야 한다.[39]

2) 부외거래, 특수관계인과의 거래 관련 공시의무 강화

동법 401조에서는 SEC로 하여금 정기보고서에 시정하는 조치, 중요한 부외거래, 발행자의 재무상황 및 영업결과에 중대한 영향을 미칠 수 있는 특수관계인 이외의 자와의 관계 등이 신속하게 공시될 수 있는 방안을 공표하도록 하고 있다.

3) 내부통제에 대한 경영진의 공시의무 강화

특히 동법 404조에서는 내부통제에 대한 경영진의 보고서를 사업보고서에 포함하도록 하고 있으며, 이러한 보고서에는 i) 재무보고를 위한 적절한 내부통제구조와 절차를 설정하고 유지하는 데 있어서의 경영진의 책임을 기술하고, ii) 최근 회계연도 말 현재 재무보고를 위한 내부통제구조와 절차의 효율성에 대한 평가를 포함하도록 하였다.[40]

38 이러한 의무를 수행함에 있어서 감사위원회로 하여금 외부 전문가의 자문을 받을 권한이 있으며 그 비용은 회사가 부담하도록 하고 있다.

39 이처럼 소유상황에 관한 정보공개시점을 앞당긴 것은 최근 갈수록 기업회계 스캔들이 빠르게 진행되는 것을 고려한 것이다.

40 이러한 아이디어는 경영자의 인증제도와 함께 이미 SEC가 1979년과 1988년에 규칙개정안에서 발표한 바 있었다. 그러나 1979년에 그러한 보고서의 제출은 회사비용을 증대한다는 비판을 받아 철회되었다. 그러다 1988년 다시 한 번 SEC가 제안하였으나 유보된 채로 끝났다. 내부통제에 관한 보고서 제출에 관한 SEC의 시도에 대해서는 Committee on Law and Accounting, Management Reports on Internal Control : A Legal

4) 윤리 관련 공시의무 부과

아울러 회사는 동법 406조와 407조에 의거하여 내부통제, 윤리규정, 재무정보 작성과 관련하여 재무전문가의 참여 등이 있는지 여부에 관하여 공시하여야 하며, 특히 재무책임자에게 SEC가 발한 윤리규정을 고수할 의무가 과해지고 있다. 발행인이 이러한 윤리절차를 변경하거나 포기한 경우 이러한 사실을 즉각 공시하도록 하고 있다. 또한 발행인이 최고재무책임자에 대한 윤리규정을 마련하고 있는지 여부 및 감사위원회에 재무전문가를 포함하고 있는지 여부를 공시하여야 한다.

(3) 감사인의 독립성 제고

1) 감사업무와 비감사업무(컨설팅) 동시제공 금지[41]

Sarbanes-Oxley법 201조 (g)항에서는 회계법인이 발행인에 대한 회계감사와 동시에 피감기업에 대한 컨설팅 업무 중 다음의 업무를 제공하는 것을 금지하고 있다. 즉 i) 장부기장, ii) 재무정보 시스템 설계 및 수행, iii) 평가업무, iv) 계리업무, v) 내부감사업무, vi) 경영관리 또는 인력자원관리, vii) 브로커 · 딜러 · 투자자문, 투자은행 서비스, vii) 감사와 무관한 법률자문 · 전문가 서비스, viii) 기타 회계감독위원회가 정한 업무를 제공할 수 없다. 다만 예외적으로 감사업무와 동시에 비감사업무를 제공하는 경우를 인정하고 있는데 이 경우에도 위 (g)항에서 열거한 비감사업무는 하지 못하게 되어 있다. 동조 (h)항에서는 (g)항에서 열거한 사항 이외의 비감사서비스의 경우, 피감기업의 감사위원회의 동의를 미리 받은 경우에 한하여 할 수 있도록 하고 있다.[42]

Perspective, Business Lawyer(1994), 참조. 1979년 SEC 개정안에 대해서는 Statement of Management on Internal Control, Exchange Act Release No.15, 772 (1979 Transfer Binder) Fed. Sec. L. Rep(CCH), Statements of Management on Internal Accounting Control, Exchange Act Release No. 16, 877, 20 SEC Doc.(CCH) 310 (June 6, 1980) 참조.

41 이러한 규정이 들어간 것은 엔론사의 회계 스캔들이 기본적으로 감사와 비감사 서비스를 동시에 함으로써 피감기업과 회계감사인의 뿌리 깊은 유착관계가 생긴 것과 무관하지 않다고 인식하였기 때문이다. 또한 감사서비스와 비감사서비스를 동시에 할 경우 발생할 수 있는 피감기업의 회계법인에 대한 암묵적인 회계분식에 대한 압력을 불식시키려는 의도에서 기인한 것이다.

42 이처럼 Sarbanes-Oxley법은 감사와 비감사업무 간에 분명한 선을 긋고 있다. 다만 예외적으로 감사위원회에서 승인한 경우 감사서비스와 동시에 할 수 있게 하고 있어 융통성 있게 처리하려고는 하고 있다. 특히 감사위원회의 승인을 받은 경우를 예외로 하고 있는 배경에는 감사위원회의 조치가 증권시장에서 해당 회사의 주가에 여하간 영향을 미친다고 보기 때문이다. 즉 시장에 공시될 경우 주가에 어떻든 영향을 미친다고 본 것이다. 따라서 감사서비스와 그렇지 않은 비감사서비스 간의 엄격한 구분을 피하고자 하는 노력이 시장에서 평가를 받고 이러

2) 감사위원회에 보고 · 사전승인

Sarbanes-Oxley법 202조에서는 감사업무는 물론 비감사업무와 관련하여 계약하는 경우 사전에 감사위원회의 승인을 받도록 하고 있으며 비감사업무에 대하여 사업보고서에 공시하도록 하고 있다. 다만 이러한 공시를 하지 않아도 되는 예외적 사유를 인정하고 있는데, 즉 i) 발행인에게 제공하는 컨설팅 업무가 감사보수의 5% 미만에 해당하고, ii) 발행인이 감사계약 당시 이런 서비스를 비감사서비스로 인식하지 않은 경우, 그리고 iii) 이러한 서비스가 발행인의 감사위원회에 즉시 보고된 후, 감사위원회 내지 동 위원회의 위임을 받은 1인 이상의 감사위원으로부터 감사완료 이전에 승인을 받은 경우가 해당된다.

동법 204조 (k)항에서는 발행인에게 감사서비스를 제공하는 경우 회계법인은 감사위원회에 다음 사항을 보고하여야 한다.[43] 즉 i) 이용되고 있는 모든 중요한 회계정책과 관행, ii) 회사의 경영진과 논의된 일반적으로 인정되는 회계원칙범위에 있는 재무정보의 대체적 회계처리방법, 대체적 공시 및 회계처리의 결과, 그리고 회계법인이 선호하는 회계처리, iii) 기타 경영자 확인서, 수정 전 오류처리계획 등 회계법인과 회사의 경영진 간에 서면으로 이루어진 중요교신자료가 이에 해당된다.

3) 감사법인 파트너의 교체의무

Sarbanes-Oxley법 203조에서는 감사 파트너의 교체의무를 규정하고 있다. 즉 감사의 주된 파트너 또는 심리에 책임을 지고 있는 감사 파트너는 발행인에게 과거 5개 사업연도 기간중 매년 감사서비스를 제공한 경우 더 이상 당해 회계법인이 발행인에게 감사서비스를 제공할 수 없도록 하고 있다. 이는 피감기업과 회계법인 간의 유착관계를 제거하려는 데 그 목적이 있다.

(4) 감사인의 책임 강화

1) 감독기관의 제재 및 조사권 강화

Sarbanes-Oxley법 101조 이하에서는 회계법인 감독기구인 회계감독위원회(Public Company

한 평가가 가장 효과적인 규제가 된다고 보기 때문이다. 결국 회계기업과 증권발행기업 간의 관계는 시장의 반응으로 규율하려고 하고 있음을 알 수 있다.

43 이러한 조치는 기업이 사용하는 회계원칙에 대하여 단순히 용인할 수 없도록 감사위원회가 감시할 수 있게 의사소통기회를 확대하고 감사절차에 관여하게 함으로써 감사의 효율성을 증진시키고자 한 것이다.

Accounting Oversight Board)의 설치에 관하여 규정하고 있으며 동 위원회로 하여금 회계법인과 그 관련자에 대하여 조사와 징계를 할 수 있게 하고 있다.

2) 내부통제보고서 평가

Sarbanes-Oxley법 404조에서는 경영진으로 하여금 사업보고서에 내부통제보고서를 포함하도록 규정하고 있다. 보고내용으로는 i) 재무보고를 위한 적절한 내부통제구조와 절차를 마련하고 유지하는 데 있어 경영진의 책임을 기술하고, ii) 최근 회계연도 말 현재 재무보고를 위한 발행인의 내부통제조직과 절차의 효율성에 대한 평가를 포함한다.

아울러 회계법인으로 하여금 경영자의 내부통제 평가와 관련하여 경영진이 제출한 내부통제보고서를 심사하고 이에 대하여 보고하도록 하고 있다(동법 동조 (b)항). 이와 관련하여 동법 103조에서는 회계법인의 의무를 규정하고 있다. 즉 회계법인은 모든 감사보고서에 404조 (b)항에 의한 발행인의 내부통제구조와 절차에 대한 감사인의 테스트 범위를 설명하고 감사보고서(또는 별도 보고서)에 감사인이 테스트에서 발견한 사항과 발행인의 내부통제구조와 절차에 대한 평가, 내부통제의 중요한 취약점 및 테스트 결과 중대한 해태로 판단되는 사항을 포함하여 보고서를 작성하여야 한다.

3) 회계기록 보관의무

Sarbanes-Oxley법 103조 (a)항 (2)에서 회계법인은 감사보고서의 결론을 충분히 뒷받침할 수 있는 자세한 내용의 감사조서와 기타 관련 정보를 최소 7년간 관리 · 유지하도록 하고 있다.

아울러 형사책임에 관해서도 동법 802조에서 정하고 있는데, 즉 누구든지 고의로 서류를 변경, 파괴, 훼손, 은닉, 허위기재하는 경우에는 벌금 또는 최고 20년의 징역 또는 양벌을 부과할 수 있게 하고 있다. 또한 고의로 감사기록을 보관하지 않거나 훼손한 경우 또는 고의로 SEC가 공포한 기록 보관규정을 위반한 경우 벌금 또는 최고 10년까지 징역 또는 병과할 수 있도록 하고 있다. 경영자의 내부통제보고서와 회계법인의 평가보고서도 기록 보관의무사항에 해당된다.

V. 증권거래소의 지배구조 관련 조치

주식시장에 주식이나 증권이 상장된 기업의 경우 자율규제기관인 증권거래소가 정한 규정을 준수하지 않으면 안 된다. 특히 NYSE와 NASDAQ 증권거래소는 오랫동안 상장요건으로서 회사지배구조와 관련한 기준들을 마련해 왔다. 이 중 가장 최근의 조치이면서 주목받는 새로운 규정으로 2003년 상장규정을 들 수 있다(NYSE Listed Company Manual 303A2(b)(i)).

특히 새로 만들어진 규정 중 주목할 만한 것으로는 대표적으로 독립이사의 개념과 그에 관한 규정들을 들 수 있다.[44] 이 규정에 의하면 i) 상장회사에 대하여 이사회에서 독립이사가 과반수를 차지할 것을 요구하고 있으며, ii) 독립이사의 경우 적어도 1년에 1회 비공개 위원회회의를 하여야 하며, iii) 이사후보추천위원회를 설치할 것과 iv) 감사위원회와 보수위원회의 경우 모두 독립이사로 구성할 것을 요구하고 있다. 또한 각각에 있어서 독립이사의 개념을 충족할 것을 명시하고 있다. 예컨대, 최근 3년간 당해 회사에 직원이었거나, 이사로서의 보수 외에 다른 것으로 10만 달러를 초과하여 받은 경우에는 독립이사의 요건을 충족하지 못한다고 규정하고 있다.

또한 주가연계보수에 대해서는 주주총회의 승인을 받을 것을 요구하고 있다.[45] 다만 다음의 경우에는 면제된다. 즉, i) 주식매수선택권 등 주가연계보수에 대하여 회사 내 독립한 보수위원회의 승인을 받은 경우 또는 독립한 이사들 대다수의 승인을 받은 경우 및 ii) SEC에 면제사유를 문서로 보고한 경우에는 주주총회의 동의를 요하지 않는 것으로 하고 있다. 면제사유와 함께 예외사유도 인정하고 있는데, 이에는 새로 인력을 스카우트하는 경우와 지속적인 재직을 유인하기 위하여 부여하는 경우 또는 M&A와 관련하여 주식연계형 보수계획이 변경되는 등[46]이 인정되고 있다. 이 중 재직유인을 위하여 지급한 경우에는 지체 없이 공시하도록 하고 있다.

44 NYSE와 NASDAQ의 지배구조규정에 관한 상세내용을 잘 정리한 글로는 우선, John T. Bostelman & Sullivan & Cromwell LLP, New NYSE and NASDAQ Governance Rules—The Board of Directors, 1416 PLI/Corp 37 (2004).

45 SEC Release No. 34-48108 ; File Nos. SR-NYSE-2002-46 ; SR-NASD-2002-140 (June 30, 2003) ; NASD Manual Online, at http://cchwallstreet.com/NASD ; AMEX Constitution and Rules, at http://wallstreet.cch.com/AmericanStockExchangeAmEX/ ; 이들에 관한 내용은 Roger C. Siske, Executive Compensation : The Shifting Paradigm, American Law Institute-American Bar Association Continuing Legal Education ALI-ABA Course of Study, SK014 ALI-ABA 1331 (2004), at 1343. 참조.

46 NYSE, Listed Company Manual, Sec.312.03(c).

VI. 시사점 – 결론에 갈음하여 –

앞서 살펴보았듯이 미국에서 회사의 행위 및 이들을 규율하는 각주의 회사법제에 막강한 영향을 미치는 모범회사법과 델라웨어일반회사법은 거의 매년 개정을 하고 있다. 이는 그만큼 기업환경이 빠른 속도로 변화하고 있기 때문에 이에 대응하는 제도정비가 필요하다는 것을 여실히 보여 주고 있다.

한편, 회사지배구조분야와 관련해서는 종래 이 부분에서는 소극적이었던 연방차원의 입법이 직접 규제하거나 거래소 등 자율규제기관을 통한 간접적인 규제를 활용하는 등의 방법으로 적극적으로 개선하고자 하는 움직임을 보이고 있다.

여기에 기업금융 분야는 이미 일찍부터 어느 나라보다도 자본제도의 폐지 및 다양한 종류의 자금조달수단의 인정 등 여러 분야에서 획기적인 변화를 선도하고 있다. 그럼에도 불구하고 미국의 회사법제는 주법이건 연방법이건 변화에 누구보다도 앞장선 선도적인 입법이 되기 위하여 기업의 수요와 실무를 반영하여 끊임없이 정비하고 있다. 이 점은 우리에게 많은 시사점을 준다.

그런데 이러한 법제정비는 단시간에 이루어질 수 있는 것이 아니다. 더구나 매년 회사법제를 정비한다는 것은 쉽지 않은 일이다. 기업실무와 소송경험을 통해 개선이 필요한 부분들이 지속적으로 제안되고 이렇게 제안된 부분들이 전문가의 경험과 지식을 통해 입법에 적시에 반영되는 시스템이 갖추어지지 않는 한 언제나 실무보다 뒤처진 법제가 되게 마련이기 때문이다. 미국의 회사법제가 끊임없이 정비되고 있는 모습은 바로 전문가의 지원 하에 이러한 시스템이 잘 마련되어 있음을 보여 주는 것이기도 하다. 우리에게는 입법 방향이나 내용 자체뿐 아니라 법조단체와 실무자 그리고 학계의 참여가 뒷받침된 전문화된 입법 시스템의 구비 또한 시사점이 크다고 할 것이다.

제2장

일본의 회사법 개정 동향

송옥렬

I. 일본 회사법의 역사와 신회사법

일본은 메이지유신 시대에 독일인에 의하여 상법의 초안이 마련되었기 때문에 전통적인 대륙법의 전통을 유지하여 오다가, 제2차 세계대전 이후 맥아더 정부시기에 급속하게 미국적 요소가 유입되었다. 예를 들어 1950년 개정을 통하여 수권주식제도와 이사회제도가 도입되고, 주주권이 강화된 것 등이 이러한 미국의 영향이라고 할 수 있다. 이처럼 대륙법의 전통 위에 다소의 미국식 제도가 첨가되면서 현재의 회사법의 근간이 형성되었다. 이렇게 형성된 일본의 회사법 질서는 그 이후 큰 변화가 없었다. 물론 주식양도제한 및 의결권 불통일행사의 도입이 이루어진 1966년 개정, 감사제도의 대폭 수정이 이루어진 1974년 개정, 주식단위의 변경, 주주총회 활성화, 신주인수권부사채의 도입 등이 이루어진 1981년 개정 등과 같이 수 차례 계속적인 개정이 있었으나, 일본 회사법의 기본적인 골격에는 변화가 없었다. 1990년대 이전 일본의 회사법은 아직 전통적인 회사법으로 분류될 수 있었고, 그래서 우리나라 상법과도 거의 차이가 없었다.

1. 1990년대의 회사법 개정

그러다가 1990년대부터 회사법의 근본적인 구조에 변화를 가져오는 개정이 차례로 이루어지면서, 일본 회사법은 과거와 매우 다른 모습을 가지게 된다. 특히 중요한 개정만 보더라도 1993년, 1994년, 1997년, 1999년, 2000년, 2001년에 걸쳐 다양하게 이루어졌다. 이러한 개정은 미국의 영향을 받아 기업지배구조의 강화 및 자본조달수단의 다양화라는 관점에서 이루어진 것임을 부인할 수는 없겠으나, 구체적으로 보면 단순히 미국의 제도를 도입한 것이라기보다는 그 가운데에서도 일본만의 독자적 색채를 많이 가미한 것으로 평가되고 있다. 그동안의 중요한 개정내용을 요약하면 다음과 같다.

① 먼저 1993년 개정에서는 대표소송과 감사제도, 사채제도의 개혁이 중점적으로 이루어졌다. 대표소송을 통한 주주감시기능을 활성화하기 위하여, 주주대표소송의 소송물가액을 95만엔으로 보고, 대표소송의 수수료를 청구금액에 상관없이 일률적으로 8,200엔으로 하였다. 대표소송에서 승소한 주주가 회사에 대하여 소송에서 지출한 비용의 지급을 청구할 수 있게 된 것도 이 개정에 의한 것이다. 이러한 대표소송제도의 개혁 이후 일본의 대표소송은 비약적으로 증가하게 된다. 또한 일본은 이사회제도를 도입하고 있기는 하지만, 경영진의 감시를 주로 감사제도를 통해 달성하려는 모습을 보인다. 이러한 맥락에서 주식회사의 감사제도를 강화하기 위한 개정이 이루어진다. 감사의 임기를 종래의 2년에서 3년으로 연장하고, 대회사에 있어서는 감사를 3인 이상으로 하고, 사외감사를 강제함과 동시에 감사회를 법제화하였다. 그리고 사채발행한도의 규제 폐지, 사채관리회사의 권한 및 의무의 명확화, 사채권자집회에 관한 규정의 정비, 담보부사채신탁법에 관한 관련 개정 등 사채법이 전면적으로 개정되었다.

② 1994년 개정은 자기주식취득에 대한 규제를 완화하기 위한 것이었다. 그러나 자기주식취득의 일반적인 허용으로 가지는 못하고, 예외적인 사유를 더 추가하는 것에 그쳤다는 한계가 있다. 예를 들어 이사 또는 사용인에게 양도하기 위한 경우, 임시주주총회 결의에 기하여 주식을 임의소각하기 위한 경우, 주식양도제한이 있는 회사가 주식의 상속인으로부터 주식을 취득하기 위한 경우 등이 추가된 예외사유들이다. 1994년 개정은 이처럼 큰 의미를 가지기는 어려우나, 이후 자기주식취득이 계속적인 개정을 통하여 2001년 완전한 해금으로 이어지는 주춧돌이 되었다는 점에서 큰 의미가 있다고 하겠다.

③ 1997년 개정에서는 이사 및 사용인에 대한 인센티브 보수로서 스톡옵션제도가 도입되었고, 공개회사에 있어서 이사회 결의에 기하여 주식을 임의소각할 수 있는 길을 열어 주었다. 임의소각은 상법이 아니라 「주식 소각의 절차에 관한 상법의 특례에 관한 법률」이라고 하는 특별법에 의하여 인정되었던 것이 특이하다. 이러한 스톡옵션제도 및 임의소각제도는 바로 이어서 우리나라에서도 도입된 바 있다. 종래부터 현안이었던 합병절차의 간소화 및 합리화

도 어느 정도 이루어졌다.

④ 이어 1999년과 2000년에는 주로 기업의 구조조정과 관련된 제도가 도입되었다. 1999년 개정에서는 기업의 구조조정의 편의를 위하여 주식교환제도와 주식이전제도가 신설되었고, 친 회사 주주의 자회사에 관한 정보수집권을 정비하였다. 나아가 금융산업에 대해서는 시가 회계제도를 도입하였다. 2000년 개정에서는 회사분할제도가 신설되었다. 그 이외에 간이영업양도가 인정되고, 스톡옵션제도가 개선되었으며, 자회사의 계산에 의한 이익공여를 금지하는 규정이 신설되었다.

2. 2000년대 회사법 개정

이어 일본은 2001년에 들어 모두 세 차례에 걸쳐 상법을 개정하게 된다. 앞서 설명한 개정이 주로 부분적인 내용의 수정에 불과한 것에 비하여, 2001년 개정은 일반적으로 일본 회사법의 기초를 변경시키는 개혁이라고 평가되고 있다. 먼저 6월 개정에서는 자기주식취득이 완전히 허용되는 근본적인 개정이 이루어졌다. 자기주식의 취득 및 보유에 있어서 목적, 수량, 보유기간 등에 관한 규제가 폐지되었고, 임의적 이익소각은 결국 잉여금을 가지고 자기주식을 취득하여 소각하면 그만이기 때문에 자기주식제도와 통합, 운영되는 것으로 하였다. 따라서 임의소각을 규정하고 있던 위 「주식 소각의 절차에 관한 상법의 특례에 관한 법률」은 폐지되었다. 주식의 단위에 대한 법제가 근본적으로 개정되는데, 단위주제도의 폐지, 단원주제도의 신설, 단주제도의 개정, 액면주식의 폐지, 법정준비금제도의 개정, 공모증자절차의 완화 등 일본 주식제도의 기본틀을 변경하는 개혁이 이루어졌다.

이어 11월에도 주식양도제한회사에 있어서 수권주식수에 관한 제한을 폐지하고, 특히 종류주식에 관한 사항을 개정하였다. 종류주식의 정관기재사항의 완화, 의결권제한주식의 도입, 강제전환조항부주식의 도입 등이 그 주된 내용이었다. 특히 신주예약권도 11월 개정에서 신설되었는데, 이에 따라 종래의 콜옵션에 관한 규정을 통일적으로 정비하였다. 이처럼 11월에도 역시 주식제도의 근간이 바뀌는 개정이 계속적으로 이어졌다. 또한 회사관계의 각종 서류의 전자화를 인정하는 법제의 정비가 이루어졌다.

이어 12월에는 감사의 임기를 4년으로 연장하고, 대회사에 있어서 사외감사의 자격요건을 엄격화하고 반수 이상을 요구하는 등 감사제도를 보다 강화하였다. 그리고 이사와 감사의 회사에 대한 책임의 경우, 일정한 요건 및 한도 내에서 그 경감을 인정하는 제도를 도입하였다. 이처럼 2001년에 이루어진 개혁, 특히 6월과 11월에 이루어진 개혁은 자기주식의 해금, 액면주식의 폐지, 종류주의 다양화, 신주예약권의 도입 등과 같이 주로 주식제도의 개선을 도모하기 위한 것이었으며, 이러한 개정을 계기로 일본의 주식제도는 그 이전의 제도와 달라졌다.

이후 일본의 회사법은 2002년부터 2004년까지 매년 부분적인 개정을 거치다가 드디어 2005년에 이른바 단일법인 「회사법」으로 제정되면서 완전히 탈바꿈을 하게 된다. 흔히 학계에서는 「신회사법」이라고 부르는 이 회사법은 우선 종래 상법의 일부로 존재하던 회사법을 단일법전으로 독립시켰다는 의미가 크다. 이로써 미국, 영국, 프랑스, 독일, 일본 등 모든 선진국에서는 회사법과 상법이 서로 분리되어 있다는 점은 시사하는 바가 크다. 실제로 대부분의 국가에서 상법은 회사법보다는 오히려 민법에 더 가까운 것으로 이해되고 있다. 뿐만 아니라, 「신회사법」은 일본의 회사법체계를 근본적인 관점에서 전반적으로 수정하고 있다는 점에 특징이 있다. 이 글에서는 이러한 회사법의 전체 구조와 핵심적인 개정사항을 살펴보고, 우리나라의 입법과 관련하여 그 의미를 생각해 보기로 한다.

3. 회사법의 현대화와 신회사법의 제정

(1) 제정경과

일본은 1990년대부터 이루어진 회사법의 계속적 개혁을 '회사법의 현대화' 라는 이름으로 마무리짓고자 2002년 2월 13일 법제심의회 회사법부회를 설치하여 9월부터 심의를 개시하였다. 그 회장은 동경대학의 에가시라 겐지로(江頭憲治郎) 교수였는데, 이후 이 법제심의회는 회사법 개혁의 중심적 역할을 하게 된다. 1년여에 걸친 논의 끝에 2003년 10월 22일에는 "회사법제 현대화에 관한 요강시안"이 제출되었고, 이후 2004년에 이에 대한 각계의 의견을 조회하는 절차를 거치게 된다.[1] 여기서 제출된 의견을 참고하여 법제심의회에서는 2004년 12월 8일 "회사법제 현대화에 관한 요강"의 형태로 보고하였고, 이는 2005년 2월 9일 법무성에서 확정되었다.[2] 이후 회사법의 제정은 급속도로 이루어져 법안이 만들어져 드디어 2005년 6월 29일에 국회를 통과하여, 7월 26일 공포되었다. 회사법의 시행은 2006년 5월부터이며, 합병 등 대가의 유연화 부분은 이보다 1년 연기되었다.

(2) 신회사법의 형식적 측면

회사법에는 종래의 상법으로부터 회사법을 독립시키면서 많은 형식적 개선을 이룩하였다고 평가된다. 먼저 가타카나로 된 문어체를 현대의 언어환경에 맞게 고치고, 유한회사법, 상

1 각계 의견의 정리는 2004년 商事法務 제1688-제1693호에 수록되어 있다.

2 요강의 내용에 관한 자세한 해설은 2005년 商事法務 제1721-제1729호에 수록되어 있다.

법특례법에 산재되어 있던 규정들을 회사법에 통합하여 명실상부한 기본법으로 태어났다. 이러한 과정에서 기존에 널리 사용되던 법률용어의 상당수가 변경되었다. 이 가운데 우리의 관심을 끄는 것으로는, 예를 들어 취득청구권부주식(2조 18호), 취득조항부주식(2조 19호) 등과 같이 주식과 관련된 새로운 용어도 있고, 단순히 용어가 변경된 경우도 있다. 종전의 자본은 '자본금'(450조 1항)으로, 종전의 영업은 '사업'(467조 1항 1호)으로 변경된 것과 같이 특별한 언급이 없이 변경되었는데, 이 부분은 향후 그 실질적 의미에 변경이 있는 것인지 논의가 필요할 것이다.

조문의 스타일도 많은 변화를 가져왔다. 종래 상법에서는 법조문을 준용하는 방식의 규정이 많았으나, 이번 회사법에서는 법조문을 준용하는 방식보다는 직접 그 내용을 서술하는 방식을 채택하여 다소 중복되더라도 쉽게 이해할 수 있도록 배려하였다. 그러나 종전에는 법에서 다루던 내용을 법무성령에서 정하도록 하는 경우가 많아, 실제로는 그 구체적인 모습은 법무성령까지 보아야 알 수 있는 경우가 많아졌다. 특히 실질적인 사항까지 법무성령에 위임한 경우가 많은 것이 특징이다. 예를 들어, 주식 상호보유에서 '실질적 지배 가능성'(308조 1항)의 개념이라든가, 위법한 잉여금의 배당에 있어서 책임을 지는 자의 범위(462조 1항) 등이 그 좋은 예이다.

회사법의 형식적 측면에서 가장 중요한 것은 회사법의 체계를 변경하였다는 것이다. 이러한 체계의 변경은 형식적인 것에 그친다고 평가할 수도 있겠으나, 회사법을 바라보는 시각을 반영한다는 점에서 매우 중요한 변화라고 볼 수도 있다. 체계의 변화라는 관점에서 주목할 것은 주식회사, 그 가운데서도 주식의 양도제한이 있는 소규모 폐쇄회사를 회사법의 기본틀로 삼았다는 것이다.

먼저 회사법에서는 주식회사를 기본적인 회사형태로 이해하여, 이에 관한 규정을 총칙 다음 바로 제2편에 위치시키고 있다. 종전의 합명회사와 합자회사를 포함하는 지분회사에 관한 규정은 제3편에서 다루고 있기 때문에, 종전에 상법이 취하던 방식, 즉 인적회사에 관한 규정을 주식회사에서 준용하는 방식에서 벗어날 수 있게 된 것이다. 실제로 물적 회사가 대부분인 우리나라의 경우 참조할 필요가 있을 것으로 생각된다. 제4편 사채, 제5편 조직변경, 합병, 회사분할, 주식교환, 주식이전 등의 규정은 주식회사와 지분회사에 모두 적용되는 것이기 때문에 따로 독립적으로 규정하였으며, 또한 회사소송에 관한 것은 모아서 제7편 잡칙의 제2장으로 독립시켰다. 이처럼 전체적인 조문을 다시 재정비하였다는 것은 대단한 작업이라 아니할 수 없다. 일본에서도 1899년 상법이 제정된 이래 회사법의 체계가 바뀐 적은 한 번도 없었다. 그 이유는 물론 체계가 재편성되면 조문번호가 변경되기 때문에 종전의 모든 자료를 참조할 수 없어 이를 피한 것이다. 조문번호에 변동이 있었던 개정은 1938년에 유일하게 있었으나, 당시에도 체계상의 변화는 없었다. 따라서 신회사법은 일본에서도 상법이 제정된 이래 가장 최대의 변경이라고 할 수 있다.

체계상의 가장 큰 특징으로 소규모 폐쇄회사를 회사의 기본형식으로 삼았다는 것을 들 수 있다. 종래 주식회사법은 상장회사와 같은 대규모 회사를 염두에 두면서 주식의 양도제한이 있는 소규모 회사는 예외적인 형태로 다루는 방식을 취하였다. 그러나 이번 회사법에서는 이러한 발상을 전환하여, 비공개적 회사에 관한 규정을 기본원칙으로 하고, 그 위에 특수한 조직을 둔 회사의 예외를 차례로 인정하는 방식으로 규정하였다. 그리고 여기서 소규모 폐쇄회사에 관한 기본틀은 주로 종래 유한회사법에 있던 조항을 가져왔다. 예를 들어, 제2편 제4장 기관의 경우, 먼저 종래 유한회사에 적용되던 규정을 가져오고, 다음으로 이사회설치회사, 감사설치회사, 감사회설치회사, 회계감사인설치회사, 위원회설치회사 등으로 순차적으로 예외조항을 덧붙이는 방식으로 규정하고 있다. 이처럼 종래 유한회사법을 없애면서, 유한회사를 주식회사의 가장 기본적인 형태로 보는 식으로 개정한 것이기는 하지만, 이에 대해서는 이미 비판의 목소리도 있다. 실제로 유한회사가 일본에는 상당히 넓게 이용되고 있었을 뿐만 아니라, 이렇게 통합하는 과정에서 회사법이 너무 복잡해져 버렸다는 것이다. 따라서 과연 이렇게 할 실익이 있었는지는 의문이다.

이처럼 비공개회사가 기본이 되고 상장회사 같은 대규모 회사는 예외로 규정되어 있기 때문에, 공개회사에 대한 규정을 파악하기 위해서는 매우 힘들게 법전을 들여다보아야 한다. 예를 들어, '모집주식의 발행 등' 을 보면, 모집사항의 결정은 주주총회의 특별결의에 의한다는 것이 가장 먼저 규정되어 있지만(199조 1항, 309조 2항 5호), 공개회사에 있어서는 이사회의 결의에 의한다는 특칙을 두고 있는(201조 1항) 식이다. 따라서 정확한 제도를 파악하기 위해서는 매우 신중해야 한다.

(3) 실질적 개정

신회사법은 물론 형식적인 면에서 정비가 이루어졌다는 점에 큰 의미를 찾을 수 있지만, 그에 못지않게 실질적인 내용도 많이 개정되었다. 회사법에서 개정된 주요 내용은 다음과 같다.

① 먼저 회사를 보다 쉽게 이용할 수 있도록 제도를 개선한 부분이 있다. 주식회사와 유한회사를 통합하였다거나 설립시 최저자본금제도를 폐지하고, 사후설립에 관하여 검사인의 조사를 폐지하는 등의 개선이 있었다.

② 회사 경영의 기동성 및 유연성을 높이기 위한 부분이 매우 강조되었다. 먼저 조직재편에 있어서는 흡수합병 등의 경우에 대가의 유연화가 이루어졌고, 간이조직재편에 대해서 요건이 완화되었다. 이에 더하여 약식조직재편에 관한 규정이 신설되었다. 자본조달과 관련하여 주식 및 사채와 관련된 부분은 아주 많은 자유화가 이루어졌는데, 특정 종류주식에 대해서만 양

도를 제한하는 것도 허용되었고, 회사에 대한 금전채권의 현물출자에 대해서 일정한 경우 검사인의 조사를 면제하고, 종류주주총회의 결의를 요하는 경우를 명확화하고, 단주제도를 폐지하였으며, 신주예약권의 취득대가로서 주식의 교부를 허용하고, 대표이사에게 사채의 발행조건에 관한 결정권한을 위임할 수 있도록 허용하고, 사채관리자의 권한과 책임을 강화하고, 사채권 불발행제도를 도입하였다.

③ 주주에 대한 이익의 반환방법을 합리화하였는데, 주주에 대한 배당과 자기주식의 유상취득을 모두 잉여금의 분배라는 개념으로 통일적으로 정비하여 재원규제만을 두고, 위원회설치회사 이외의 회사에 있어서는 일정 요건을 충족하면 이사회의 결의로 잉여금을 배분할 수 있도록 하였다.

④ 기업지배구조의 개선을 위하여 다양한 조치를 두었는데, 주식교환 등의 경우에 대표소송의 원고적격이 계속 유지되는 것을 명문으로 규정하여 종래 이중대표소송에 관한 문제를 입법적으로 해결하였고, 회사의 부제소이유의 통지의무를 부과하였으며, 대회사에 있어서 이사회에 내부통제 시스템의 구축의무를 명시하고, 회계참여제도를 신설하였으며, 회계감사인의 임의설치범위를 확대하였다.

⑤ 마지막으로 미국에서의 LLC 제도를 도입하여 합동회사를 신설하였다.

이러한 다양한 제도적 개혁은 결국 회사 경영의 투명성 확보와 자본조달의 유연성 보장이라는 두 가지 축으로 설명할 수 있을 것이며, 1990년대부터 계속되어 온 일본의 회사법 현대화의 노력 중 하나로 이해할 수 있을 것이다. 개정사항은 일본 회사법 전반에 걸쳐 있으므로 이를 모두 보는 것은 무리이고, 이하에서는 이번 신회사법에서 두드러지게 나타난 몇 가지 특징을 중심으로 간단히 살펴보기로 한다.

II. 일본 회사법의 특수성 : 몇 가지 사례[3]

1. 합동회사

당사자간의 자유로운 합의에 의하여 유연하게 조직할 수 있으면서 채권자와의 관계에 있어서는 유한책임을 누릴 수 있는 사업형태에 관한 수요는 어디에나 존재한다. 종래 일본에서도 이러한 소규모 사업에 적합한 것은 유한회사 형태와 합명회사 또는 합자회사 형태가 있었다.

3 이하 신회사법의 내용은 Jurist 2005년 8월호 특집, 神田秀樹, 会社法 제8판 (2006), 2006년 3월의 동경대학 방문면담 등의 내용 가운데 발췌하여 요약한 것이다.

그러나 유한회사는 어디까지나 물적 회사이기 때문에 많은 규정들이 투자자의 보호라는 관점에서 강행규정의 성격을 띠어 조직의 유연성이 떨어진다는 문제가 있었다. 합명회사 또는 합자회사는 대부분의 규정이 임의규정이었으나 대신 무한책임사원이 존재하여야 하는 제한이 있다. 따라서 신회사법에서는 사원 전원의 유한책임이 확보되면서도, 그 내부관계는 마치 인적 회사와 같이 조합적 규율방식에 의하여 유연하게 운영될 수 있는 형태로 '합동회사'를 마련하였다.

합동회사는 미국의 LLC 제도를 도입한 것으로서, 조직의 운영은 조합적으로 운영할 수 있도록 하고 있다. 예를 들어 정관에 특별한 정함이 없는 한, 정관변경은 모든 사원의 동의에 의해서만 가능하고(637조) 기타 중요한 사항도 원칙적으로 모든 사원의 동의에 의해서 결정한다. 그러나 이러한 결의요건은 어디까지나 임의규정이기 때문에 정관자치에 의하여 결의요건을 완화하는 것도 가능하다. 다수결의 원칙에 의하거나 아니면 대표사원에게 일임하는 형태의 정관규정도 유효하다고 본다. 이러한 조합적 접근은 사원의 입사 및 지분의 양도에 있어서도 그대로 나타는데, 역시 원칙적으로 모든 사원의 동의에 의해서만 입사 및 지분의 양도가 가능하다(604조 2항, 637조, 585조 1항). 이처럼 사원은 지분을 양도함으로써 투자를 회수할 수는 없으나, 대신 퇴사의 자유가 보장되어 있기 때문에(606조 3항) 이러한 방식으로 투자를 회수할 수 있다.

합동회사는 이처럼 내부관계는 조합적 접근을 통하여 유연하게 규율되고 있으나, 채권자와의 관계에 있어서는 주식회사에서의 자본충실과 비슷한 규제를 받는다. 예를 들어 합동회사의 출자목적은 금전 기타의 재산에 한하고(576조 1항 6호), 노무출자는 인정되지 않는다. 또한 합동회사에 있어서도 그 출자는 전액납입주의를 취한다(578조). 이러한 규제는 결국 사원의 유한책임이 인정되기 때문에 회사의 채권자를 보호하기 위해서 회사의 자본을 충실하게 유지하기 위한 것으로 이해할 수 있다.

이처럼 회사법에서는 소규모 사업에 유용한 합동회사를 인정하고 있으면서, 이를 주식회사와 다른 형태의 '지분회사'의 하나로 규정하고 있다. 그런데 합동회사의 문제는 세법상으로는 법인격을 부인할 수 없기 때문에 미국법상의 조합과세(partnership taxation)가 이루어질 수 없다는 것에 있다. 이러한 문제 제기로 인하여 일본에서는 미국의 LLP 제도를 바탕으로 한 '유한책임사업조합'이 2005년에 도입되었다. 유한책임사업조합은 「유한책임사업조합에 관한 법률」에 따라 합동회사와 마찬가지로 구성원이 유한책임을 누리지만, 여기서 나아가 법인격까지도 부정되는 형태이다. 또한 종래의 유한회사는, 비록 유한회사법이 폐지되기는 하였으나, 회사법에서 '이사회비설치회사'라고 하여 기본적인 회사형태로 유지되고 있다. 따라서 현재 일본에서는 조합적 성격을 가지는 소규모 회사의 형태로는 회사법이 규정하는 주식회사의 기본형태인 이사회비설치회사, 새로 입법된 합동회사, 그리고 법인격이 부인되는 유한책임사업조합이 존재한다. 합동회사의 성격을 이해하기 위해서는 이상 세 가지 형태의 조직을 비교해 볼 필요가 있다.

먼저 ① 이사회비설치회사는 주식회사이기 때문에 최소한의 기관 구성의 의무가 있다. 예를 들어 주주총회와 이사는 반드시 두어야 하며(326조 1항), 이에 대한 절차규정도 두어야 한다. 이에 비하여 합동회사는 기관 구성이 완전히 자유이다. 업무집행사원을 선임할 수도 있지만(591조), 사원의 합의에 의하여 경영하는 것도 가능하다(590조).

② 기관 구성의 유연성이라는 측면에서 합동회사는 이사회비설치회사와 달리 법인을 업무집행사원으로 둘 수도 있다(598조).

③ 이사회비설치회사라고 하더라도 규모가 커져서 대회사가 되면 회계감사인이나 감사를 둘 의무가 부과되는데(328조, 327조 3항), 합동회사의 경우에는 규모가 커지더라도 이러한 의무가 없다.

④ 이사회비설치회사의 경우에는 결산공고의무가 부과되는 것에 비하여(440조), 합동회사에는 이러한 의무가 없다.

⑤ 합동회사에서는 퇴사의 자유가 인정된다. 이사회비설치회사의 경우에도 이러한 퇴사는 취득청구권부주식(종래의 상환주식)을 이용하면 가능하지만, 이 경우 잉여금의 한도에서만 반환이 가능하다는 제한이 있다(166조 1항).

⑥ 합동회사에서는 업무집행사원의 책임을 감면하는 것이 매우 자유롭다. 공서양속에 반하지 않는 한 정관자치에 의하여 업무집행사원의 책임을 감면할 수 있다.

유한책임사업조합은 구성원이 유한책임을 누리면서도, 합동회사에 비하여 조합과세를 받는다는 특혜가 존재한다. 따라서 법적 형식은 회사가 아니라 민법상의 조합이 되고, 그 결과 다음과 같이 조직법상으로는 다소 유연성이 떨어지도록 설계하였다.

① 유한책임사업조합에 대해서는 강한 '공동사업성'이 요구된다. 복수의 구성원이 존재하여야 하고(유한책임사업조합법 37조 1호), 모든 구성원이 업무집행에 참여하여야 하며(유한책임사업조합법 13조 1항, 2항), 특히 중요한 재산의 처분 및 양수, 다액의 차입 등과 같이 중요한 의사결정에 있어서는 모든 조합원의 동의가 반드시 필요하다(유한책임사업조합법 12조 1항, 2항).

② 유한책임사업조합과 합동회사 모두 업무집행자는 제3자에 대하여 책임을 지는 규정이 있다. 합동회사의 경우에는 단순히 업무집행자의 책임에 불과하고, 이것이 사원의 유한책임에 아무런 영향을 미치지 않으나, 유한책임사업조합의 경우에는 모든 구성원이 업무집행에 참여하여야 한다는 점과 관련하여 결국 대외적으로 무한책임을 지는 결과가 된다. 따라서 과세상의 장점을 누리기 위해서 일정 부분 유한책임을 포기하는 것이 된다.

③ 합동회사는 주식회사로 조직변경이 가능하지만, 유한책임사업조합은 주식회사로 조직변경을 할 수 없다.

2. 구조의 복잡성

(1) 주식회사의 구분

일본 회사법은 모두 979조나 되는 방대한 규모를 자랑하고 있지만, 사실 너무 복잡해서 변호사나 법학교수조차도 그 정확한 구조를 이해하기 어렵게 되어 있다. 먼저 회사법은 다양한 방법으로 주식회사를 구분하여 서로 다른 규정을 두고 있다.

우선 규모에 따라 '대회사' 라는 개념을 두고 있다(2조 6호). 대회사는 최종사업연도의 대차대조표상의 자본금의 액이 5억 엔 이상이거나 또는 부채의 합계액이 200억 엔 이상인 주식회사를 말한다. 이러한 대회사에 대해서는 주로 기관 구성에 있어서 회계감사인에 의한 감사가 강제되는 등 보다 엄격한 규제가 따른다. 그리고 주식양도제한이 있는가에 따라 '공개회사' 라는 개념을 설정하고 있다(2조 5호). 일본 회사법에서 말하는 공개회사는 주식의 소유가 분산되어 있는가와는 전혀 상관이 없는 매우 기술적인 개념으로서, '모든 종류의 주식에 대해서 양도제한이 있는 주식회사 이외의 주식회사' 를 공개회사로 정의한다. 따라서 일부 종류의 주식에 대해서만 양도제한이 있는 회사도 공개회사에 포함된다. 이처럼 상장회사와는 별개의 개념으로서 대회사와 공개회사의 개념을 채용하고 있기 때문에 회사법의 규정이 복잡해지는 것은 피할 수 없고, 이러한 입법방식에 대해서는 비판의 목소리도 높다.

(2) 기관 구성의 복잡성

회사법에서 주주총회에 관한 개정은 유한회사를 주식회사법에 받아들인 것으로부터 발생하는 개정 부분이 많고, 그 이외에 특별한 개정사항은 없다. 다시 말해서, 이사회설치회사(2조 7호)에 대한 규제는 종래 상법의 규제를 거의 그대로 가져왔고, 이사회를 설치하지 않은 회사에 관한 규제는 물론 크게 달라졌지만 이러한 새로운 규정은 유한회사를 주식회사에 흡수한 것에 기인한다는 것이다. 이러한 의미에서 회사법의 주주총회에 관한 규제는 개정 전 유한회사법과 상법의 규제를 기본적으로 유지하고 있다고 보면 된다. 이처럼 회사법은 유한회사와 주식회사를 하나로 통합하면서, 기관 구성에 있어서도 원칙적으로 법에서는 최소한의 기관을 둘 것만을 규정하고, 그 외에는 각각의 회사가 이사회, 감사회, 회계참여, 회계감사인 등과 같은 기관을 임의적으로 선택할 수 있도록 하고 있다. 그러나 이 부분은 결과적으로 회사법에서 가장 복잡한 제도가 되어 많은 비판을 받고 있다.

회사법 326조 내지 328조에 따르면 회사의 기관 구성은 다음의 원칙에 의하여 이루어진다. ① 모든 주식회사는 주식회사와 이사를 두어야 한다. ② 공개회사(모든 종류의 주식에 대하여 양

	非大會社	大會社
비공개회사	이사 이사+감사 이사+감사+회계감사인 이사회+회계참여 이사회+감사 이사회+감사회 이사회+감사+회계감사인 이사회+감사회+회계감사인 이사회+위원회 등+회계감사인	이사+감사+회계감사인 이사회+감사+회계감사인 이사회+감사회+회계감사인 이사회+위원회 등+회계감사인
공개회사	이사회+감사 이사회+감사회 이사회+감사+회계감사인 이사회+감사회+회계감사인 이사회+위원회 등+회계감사인	이사회+감사회+회계감사인 이사회+위원회 등+회계감사인

도제한이 두어진 회사 이외의 회사를 말하므로, 일부 주식에 대해서 양도제한이 있더라도 공개회사에 해당한다)는 이사회를 두어야 한다(327조 1항 1호). ③ 이사회가 설치된 경우(임의설치도 포함한다)에는 감사(감사회를 포함한다) 또는 위원회와 집행임원을 두어야 한다(327조 2항, 328조 1항). 다만 예외적으로 대회사 이외의 전부 주식양도제한회사에서 회계참여를 두고 있는 경우에는 그러하지 아니하다(327조 2항 단서). 여기서 감사(감사회를 포함한다)와 위원회 및 집행임원 두 가지를 모두 설치할 수는 없으며(327조 4항), 위원회설치회사 이외의 대회사가 공개회사인 경우에는 감사회를 설치하여야 한다(328조 1항). ④ 이사회를 설치하지 않은 회사는 감사회, 위원회와 집행임원을 둘 수 없다(327조 1항 참조). ⑤ 대회사는 회계감사인을 두어야 한다(327조 5항, 328조 1항, 2항). ⑥ 회사가 회계감사인을 두기 위해서는 반드시 감사(감사회를 포함한다) 또는 위원회와 집행임원을 두어야 한다(327조 3항, 5항).

이러한 기관 구성의 제약조건을 고려하면 다음과 같이 기관을 구성할 수 있다. 여기서 대회사인지 여부는 회사의 규모에 의한 것이고, 공개회사인지 여부는 주식 전부에 대하여 양도제한이 있는지 여부에 의한 것임을 주의해야 한다.

(3) 감사제도의 복잡성

일본 회사법에서 회계감사 또는 업무감사와 관련되는 임원은 감사, 감사회, 회계감사인, 회계참여, 감사위원회 등 다섯 가지나 되고, 이는 회사의 규모와 종류에 따라 설치가 강제되는 경우도 있다. 위원회설치회사 이외의 대회사로서 공개회사는 감사 대신 감사회를 반드시 두어야 하고(328조 1항), 대회사와 위원회설치회사는 회계감사인을 두어야 한다(328조 2항). 위원회설치회사는 원래 2002년 상법 개정에서 도입된 제도인데, 이사회와 회계감사인을 둔 회사는 정관에 의하여 위원회설치회사로 전환할 수 있는데(326조 2항), 이렇게 되면 감사회를 둘 필요는 없지만 회계감사인은 두어야 한다. 따라서 위원회설치회사에는 회계감사인과 감사위원회가 감사와 관련된 업무를 수행하게 되는 것이다. 이러한 특징은 2조의 정의규정만 보아도 쉽게 알 수 있다. 2조에서는 8호부터 12호에 걸쳐, 회계참여설치회사, 감사설치회사, 감사회설치회사, 회계감사인설치회사, 위원회설치회사 등으로 회사를 구분하고 있다.

언뜻 보기에도 대단히 복잡해 보이는 이 제도는 매우 복잡한 과정을 거쳐 오늘에 이르렀다.[4] 상법은 당초 대표이사의 직무집행을 감독하는 역할을 감사에게 기대하였으나, 1950년 미국 회사법의 요소인 이사회제도가 도입되면서, 대표이사의 업무집행을 감독하는 것은 이사회의 역할로 넘어갔다. 그 결과 감사의 역할은 회계감사로 축소되었다. 그러나 이사회의 감독기능이 기대한 바와는 달리 그렇게 잘 이루어지지 않았고, 또 증권거래법에 의하여 일정한 법인에 대해서는 회계법인에 의한 외부감사가 강제되면서 이러한 회사에 대해서는 감사의 역할과 외부감사의 역할이 서로 중복되고 있다는 문제가 발생하였다. 이에 1974년 상법 개정을 통해 감사제도를 대대적으로 개정하였는데, 일반적 제도로서 상법에서는 감사에게 회계감사 및 대표이사의 업무집행까지 감독하는 많은 권한을 부여하고, 동시에 감사에 관한 특례법을 제정하여, 대회사에 대해서는 회계법인에 의한 외부감사를 강제하면서 회계감사를 감사의 업무범위에서 제외하는 한편, 소회사에 대해서는 감사의 권한을 회계감사에만 국한시키는 방식으로 회귀하였다. 이처럼 회사에 따라 감사의 역할이 서로 구분되었는데, 이후 대회사에 대해서는 복수감사제도가 실시되고, 1993년에는 3인 이상의 감사의 설치가 강제되는 것으로 발전하였다. 이 가운데 1인은 사외감사일 것이 요구되었으며, 여기에서 감사회제도가 도입되었다. 2001년 12월 개정에서는 대회사 사외감사의 수를 과반수 이상으로 증가하여 감사제도를 강화하였다. 이처럼 감사제도를 강화하는 과정에서, 회사에 따라 서로 감사의 역할이 달라져야 한다는 점까지 고려한 결과, 오늘날의 복잡한 감사제도를 갖추게 되었다.

3. 회계참여

회사법에서는 종래의 감사제도에 추가하여 '회계참여' 제도를 신설하였다. 회계참여는 계산서류를 작성하고(374조 1항), 필요한 경우에는 이사회나 주주총회에 출석하여 의견을 진술

4 이하의 설명은 神田秀樹, 앞의 책, 149면.

하는(376조 1항, 377조) 자를 말한다. 회계참여제도는 원래 회사법 현대화 요강에는 없었던 제도인데 회사법을 제정하면서 신설되었다. 회계참여에 선임될 수 있는 자는 공인회계사 · 감사법인이나 또는 세무사 · 세무법인에 한한다(333조 1항).

회계참여는 위에서 설명한 소회사에 대한 감사의 권한과 관련되는 문제이다. 앞서 설명한 바와 같이 소회사에 있어서 감사는 원래 회계감사의 역할만 하도록 되어 있었다. 그런데 감사가 회계감사권한만을 가지고 있는 상황에서, 실제로 소회사에 있는 감사는 회계지식이 없는 자들이 많았고, 그렇다면 이러한 회사에서는 차라리 감사를 없애고 회계지식이 있는 사람이 회계 관련 업무만을 보조 또는 감독하는 것이 어떠한가 하는 문제의식에서 회계참여제도가 만들어진 것이다. 일본에서는 예전부터 간이회계감사를 도입하여야 한다는 견해가 많았다. 치밀하지는 않지만 전문적인 사람이 간단한 검사를 하는 간이회계감사를 통해서 사회적 비용을 줄이면서 실효적인 수준의 감사가 이루어질 수 있다는 것이었다. 그런데 간이회계감사는 일본에서 많은 논의가 이루어졌음에도 불구하고, 회계사와 세무사 간의 업무영역의 문제 때문에 도입되지 않았었다. 세무사가 회계감사에 참여하는 문제가 발생하기 때문이다. 그런데 회계참여는 사실 업무영역의 측면에서는 간이회계감사와 큰 차이가 없음에도 불구하고 공인회계사회에서 아무런 반대가 없어 도입이 성사되었다.

이러한 회계참여에 대한 평가는 다양하다. 비판적인 학자들은 회계참여는 종래의 회계감사 업무에만 종사하는 것이 아니라 이사의 업무집행에 함께 참여한다는 점이 문제라고 지적하고 있다.

그러나 이에 대하여 보다 긍정적인 시각도 많다. 특히 회계참여로 인하여 중소기업의 공시가 보다 실효적이 될 것이라는 기대를 가지는 경우도 많다. 회계참여가 서류를 보존하고, 주주나 채권자가 열람할 수 있다는 점에서(378조 참조) 공시가 좀 더 충실해질 수 있다는 것이다. 주주나 채권자는 회사에 가지 않고 회계참여에게 가서 회사의 자료를 열람할 수 있기 때문에 은행과 같은 거대한 채권자뿐만 아니라 소액주주나 일반 채권자들도 그 계산서류를 볼 수 있다는 장점이 있다. 다른 한 가지 긍정적인 측면은 회계참여에게 책임이 부과되고 있기 때문에, 중소기업에서 완전히 허위의 서류는 작성되지 않을 것이라는 기대도 있다.

4. 일본 회사법에서의 자본제도

(1) 최저자본금제도의 폐지

회사법에서는 최저자본금제도를 폐지하였다. 따라서 자본금이 0원인 경우도 이론적으로는 존재할 수 있다. 원래 요강시안에서는 최저자본금제도의 기능으로, ① 설립시 납입되어야 할 금전 등의 하한에 관한 규제, ② 잉여금 분배시 회사에 유보되어야 할 순자산액의 하한의 규제, ③ 자본의 액으로 표시될 수 있는 하한의 규제를 들고, 각각에 대하여 재검토를 하였다.

①에 대해서는 당시 유한회사 기준인 300만 엔으로 하는 안, 이보다 낮추는 안, 아예 없애는 안, 이렇게 세 가지 가운데 그 하한을 없애는 안을 채택하였다. 그러나 ②에 대해서는 주식회사의 순자산가액이 300만 엔 미만으로 떨어지는 경우에는 잉여금의 배당을 할 수 없다는 규정(458조)을 두어 종래의 정신을 유지하고 있다. ③에 대해서는 하한규제를 두지 않았다.

이처럼 458조의 예외만을 남겨두고 최저자본금제도를 완전히 폐지한 것은 회사 설립의 활성화를 위한 것이다. 일본에서는 1990년대 후반의 경기침체 속에서 창업을 지원해야 한다는 정책과제가 있었고, 특히 벤처산업을 육성하기 위해서 불필요한 규제를 폐지해야 한다는 업계의 요구가 많았다. 이미 2002년에 개정된 신사업창출촉진법에 따라 일정한 조건을 갖춘 주식회사 또는 유한회사는 상법 및 유한회사법의 규정에도 불구하고 설립으로부터 5년간 최저자본금제도의 적용을 면제받을 수 있었다. 이러한 특별법의 내용을 회사법에서 받아들인 것이다. 물론 회사법에서 여전히 자본금제도는 존속하고 있기 때문에 회사법이 자본금을 통한 채권자 보호를 포기했다고 보기는 힘들다. 다만 자본금의 금액에 대한 규제를 없앴다는 것은 그 역할의 한계를 인식한 것이라고 이해할 수 있다.

(2) 액면주식의 폐지

비슷한 맥락에서 일본에서는 이미 2001년 개정 이래 액면주식을 인정하지 않는다. 그 이전에는 상법에서 액면주식과 무액면주식을 모두 인정하고 있었다. 회사는 정관에서 특별한 제한을 두지 않는 한 양자를 모두 발행할 수 있었는데, 이 경우 두 주식은 서로 다른 형태가 아니라 사실은 같은 주식으로 이해하고 있었다. 왜냐하면 액면이란 회사의 자본금을 정하는 수단에 불과하였고 주식의 가치와는 아무런 상관이 없기 때문이다. 주식의 가치는 기업의 가치를 전체 발행주식 수로 나눈 것이므로, 액면주식이든 무액면주식이든 모두 1주는 동일한 가치를 가지고 시장에서 거래되었다. 이처럼 '액면'의 의미가 거의 없었기 때문에, 어느 회사가 양자를 모두 발행하는 것이 허용된 것이었다.

그러나 액면을 기준으로 하여 자본금을 결정해야 할 아무런 이론적인 근거가 없기 때문에 결국 액면제도는 2001년에 폐지되었다. 무액면주식만을 발행할 수 있게 되었으므로, 자본금의 산정에 있어서도 실제로 회사에 납입된 주금액 전체를 자본금으로 하는 원칙을 채택하였다(445조 1항, 계산규칙 74조 1항). 다만 실제로 납입된 금액의 2분의 1까지는 자본금으로 계상하지 않을 수 있고, 이 경우에는 자본금을 제외한 나머지 금액은 자본잉여금으로 계상하여야 한다(445조 2항, 3항).

5. 종류주식의 다양화

주식의 다양화는 일본 회사법이 2001년 이후 가장 혁신적으로 단행하고 있는 개혁의 방향이라고 할 수 있다. 그 결과 신회사법에서는 107조와 108조에 걸쳐서 매우 다양한 주식의 형태를 인정하고 있다.

먼저 107조 1항은 모든 주식의 내용으로서 특별한 정함을 둘 수 있다고 규정하고 있다. 구체적으로는 주식의 양도제한을 둘 수 있으며(2조 17호), 주주가 취득청구권, 즉 콜옵션을 가지는 취득청구권부주식을 둘 수 있고(2조 18호), 마지막으로 회사가 강제적으로 주식을 상환할 수 있는 취득조항부주식을 둘 수 있다(2조 19호). 물론 이러한 형태의 주식은 신회사법에서 새로 규정된 것은 아니고, 2001년 상법 개정의 결과를 이어받은 것이다. 일본에서는 이미 2001년 상법 개정을 통하여 회사가 전환권을 가지는 경우도 인정하고 있었는데, 당시에는 주주가 전환권을 가지는 종래의 전환주식을 '전환예약권부주식' 으로, 새로이 회사가 전환권을 가지는 전환주식을 '강제전환조항부주식' 으로 불렀다. 그런데 상환권과 전환권을 주주와 회사가 모두 가질 수 있는 상황에서는, 상환주식과 전환주식의 차이는 결국 회사가 우선주를 취득하면서 그 대가로 무엇을 주는지에 관한 것밖에는 없게 된다. 따라서 종래의 상환주식과 전환주식을 통합하여, 누가 콜옵션을 행사하는가를 가지고 새로운 개념을 만든 것이다. 주주가 옵션을 가지는 경우를 취득청구권부주식이라고 하는데(2조 18호), 회사가 취득의 대가로 현금을 교부하면 상환주식의 상환처럼 되는 것이고, 취득의 대가로 다른 종류주식을 교부하면 2001년 개정상법상의 '전환예약권부주식' 이 되는 것이다. 마찬가지로 회사가 옵션을 가지는 경우를 취득조항부주식이라고 하는데(2조 19호), 회사가 현금을 대가로 지급하면 상환주식의 상환이 되지만, 다른 종류주식을 교부하면 결국 회사가 우선주를 다른 종류주식으로 강제로 전환시키는 것이므로 2001년 개정상법에서 말하는 '강제전환조항부주식' 이 되는 것이다.

이처럼 전체 주식에 대해서 특별한 정함을 하는 경우 이외에, 따로 권리의 내용이 다른 종류주식을 발행하는 것도 가능한데, 108조는 다음의 사항에 대하여 매우 다양한 종류주식을 인정하고 있다. ① 잉여금의 배당, ② 잔여재산의 분배, ③ 주주총회에서 의결권을 행사할 수 있는 사항(의결권제한종류주식), ④ 양도제한종류주식, ⑤ 취득청구권부종류주식, ⑥ 취득조항부종류주식, ⑦ 주주총회 결의에 기하여 전부 강제로 취득할 수 있는 주식(전부취득조항부종류주식), ⑧ 정관에 기하여 종류주주총회의 승인에 관한 사항(거부권부종류주식), ⑨ 이사 또는 감사의 선임에 대하여 종류주주총회에서의 승인에 관한 사항(선 · 해임종류주식, 다만 위원회설치회사와 공개회사에는 둘 수 없다). 이처럼 종류주식 가운데는 회사의 의결권에 대하여 서로 다른 정함을 하는 종류주식이 다수 들어간 것이 신회사법 제정의 큰 의미라고 할 수 있다. 이러한 부분에 대하여 실무에서 어떠한 수요가 있었는지는 확실하지 않고 또 그 부작용도 어느 정도 존재할 것으로 보인다. 향후 운용 방향을 주시할 부분이다.

특히 회사법은 유한회사를 주식회사로 편입하는 과정에서 일종의 차등의결권을 만들어 낼 수 있도록 규정하고 있기도 하다. 회사법 308조는 주주는 주주총회에서 주식 1주에 대하여 1개의 의결권을 가진다(다만 단원주의 경우에는 1단원에 1의결권을 가진다)고 하고 있으므로 여전히 일본 회사법에서도 1주 1의결권이 원칙이라고 보아야 한다. 종래에는 단원주를 이용하여 차등의결권을 만들어 낼 수 있었을 뿐이다. 그런데 공개회사가 아닌 회사에 있어서는 주주총회의 의결권에 대하여 주주마다 다른 취급을 하는 취지를 정관에서 정할 수 있기 때문에(309조 4항, 특수결의), 이 경우 이러한 주식은 내용이 다른 주식으로 본다(109조 2항, 3항). 이를 강학상 '속인적 종류주식'이라고 하는데, 유한회사를 주식회사에 편입시키면서 주주간 계약을 정관에 반영할 수 있도록 배려한 것으로 이해된다.

III. 결어 : 일본 회사법의 발전 방향

이상에서 2005년에 이루어진 일본의 회사법 제정을 중심으로 하여 일본 회사법의 특징적인 내용들을 간단히 살펴보았다. 합병대가의 유연화 등 미처 살펴보지 못한 부분도 다수 있으나, 지면의 제약상 보다 자세한 분석은 다음 기회로 미루기로 한다. 일본 회사법은 기업의 투명성 강화를 위해서 복잡한 감사제도를 두면서, 한편으로는 실무에서의 요구를 받아들여 다양한 자본조달수단을 제공하고 있다. 그 과정에서 자기주식과 배당을 통합하여 잉여금의 배분이라는 개념으로 통일하여 재원규제만을 두고 있다든지, 주식에 대한 콜옵션의 구조를 논리적으로 정리하여 제도를 정비한다든지 하는 것들은 회사법의 합리성을 제고시켰다는 평가를 받을 만하다. 그러나 종류주식을 다양화하면서 여전히 열거주의의 방식을 취하고 있다는 점이라든가, 회사의 구분을 불필요하게 복잡하게 하여 전체적으로 기관의 구조를 정확하게 이해할 수 없도록 한 점, 그리고 비록 정관자치를 원칙으로 삼았으나 여전히 회사법을 규제적인 강행규정의 관점에서 파악하고 있다는 점은 일본법의 한계로 볼 수 있다. 그럼에도 불구하고 실무에서의 다양한 요구를 수용하기 위해서 1990년대 이래 거의 매년 회사법을 개정해 온 노력은 실로 높게 평가받아야 할 것이다. 특히 법구조가 비슷한 우리나라의 입장에서는 일본의 이러한 개혁이 시사하는 바가 매우 크다고 하겠다.

제3장

EU의 회사법 현대화 동향[1]

윤영신

I. 서론

현재 경제의 세계화가 진행됨에 따라 기업의 효율성 및 경쟁력 제고는 세계 각국의 지상과제가 되어 가고 있다. 기업의 경쟁력 제고를 위해서는 여러 가지 기반이 갖추어져야 하는데, 투자자의 신뢰에 기초한 자본시장의 발전 및 유연한 회사법 및 회사지배구조 등은 이의 전제조건 중의 하나라고 할 수 있을 것이다. 최근 미국 및 유럽 및 일본 등 선진국에서는 이러한 전제조건들을 충족시키기 위해 변화의 속도 및 범위에서 유례가 없는 역동적 움직임이 회사법 분야에서 이루어지고 있다. 이러한 세계적 변화압력 외에도 유럽공동체의 회사법은 기본적으로 1960년대와 1970년대에 성립되어 이후 큰 변화가 없었기 때문에 최근의 사업환경에 맞지 않는다는 점이 문제가 되었다. 이러한 요인에 힘입어 유럽공동체에서는 현재 회사법 현대화 실행계획(action plan)이 단계별로 추진되고 있는 상황이다.

이 글에서는 유럽공동체의 회사법 개정 동향과 그 시사점에 대해 살펴보기로 한다. 회사에 관한 규율의 전반을 살펴보기 위해서는 좁은 의미에서의 회사법에 국한하지 않고 금융시장이

1 이 글은 윤영신, "EU 회사법 현대화 동향 및 우리나라 회사법 개정에의 시사점," 법학연구 제16권 1호, 충남대학교 법학연구소(2005. 12)를 축약 및 일부 보충한 것이다.

나 회사지배권시장 등과 같이 연관된 분야에서의 규율도 아울러 고찰할 필요가 있다. 이런 점에서 EU 차원에서 금융 서비스 정책목표를 확립하고 2005년도까지 역내 금융시장통합의 틀을 세우기 위하여 유럽공동체위원회(European Commission, 이하 공동체위원회라고 약함)가 1999년 발표한 금융서비스실행계획(The Financial Services Action Plan of 1999)[2]과 이에 따른 입법조치들이[3] 중요한 의미를 가지지만, 이 글에서는 지면의 제약상 회사법에 한정하여 고찰하기로 한다.

II. EU 회사법 현대화의 경과

1. 역내 시장에서 법률 간소화 계획

우선 1998년 공동체위원회는 "역내 시장에서 법률 간소화 계획[(Simpler Legislation on the Internal Market(SLIM) Initiatives)]"을 추진하였는바, 이 계획의 4단계 작업으로서 회사법간소화 작업단(Company Law SLIM Working Group)이 구성되어 1999년 9월 제1지침 및 제2지침에서 간소화가 가능한 부분에 대해 개정을 권고한 보고서를 제출하였다.[4] 이 보고서에서는 법정자본금제도가 유지되어야 할 것인가에 대한 이론적 논의는 하지 않고 제2지침에서 실무상 가장

2 Communication from the Commission—Implementing the framework for financial markets : action plan[COM(1999) 0232 of 11/05/1999].

3 i) 국제회계기준적용규칙(Regulation 1606/200/EC of the European Parliament and of the Council of July 2002 on the application of international Accounting standards, OJ L 243/1, 11/09/2002). ii) 내부자거래와 시세조종 지침(Directive 2003/6/EC of the European Parliament and of the Council of 28 January 2003 on insider dealing and market manipulation(market abuse), OJ L 96/16, 4/12/2003. iii) 사업설명서 지침 Directive 2003/71/EC of the European Parliament and of the Council of 4 November 2003 on the prospectus to be published when securities are offered to the public or admitted to trading and amending Directive 2001/34/EC, OJ L 345/64, 31/12/2003. iv) 공개매수지침(Directive 2004/25/EC of the European Parliamnet and of the Council of 21 April 2004 on takeover bids, LJ L 142/12, 30/04/2004. v) 투명성 지침(Directive 2004/109/EC of the European Parliament and of the Council of 15 December 2004 on the harmonization of transparency requirements in relation to information about issuers whose securities are admitted to trading on a regulated market and amending Directive 2001/34/EC, OJ L 390/38, 31/12/2004.

4 Recommendation by the Company Law SLIM Working Group on the Simplification of the First and Second Company Law Directives, 1999. 9(http://europa.eu.int/comm/internal_market/company/ docs/official/6037en.pdf).

부담스럽게 느끼고 있는 몇 가지 제도에 한정하여 개정방안을 제시하였다.[5]

2. EU 회사법 현대화를 위한 고위 회사법전문가위원회 보고서

SLIM 사업은 검토범위에 있어서 한계가 있었기 때문에 공동체위원회는 EU에서의 '회사법 현대화 및 기업지배구조 개선'을 위하여 2001년 9월 고위회사법전문가위원회(High Level Group of Company Law Experts, 이하 High Level Group)를 구성하여 회사법 전반에 관한 광범위한 검토를 하도록 하였고, High Level Group은 2002년 11월 최종보고서를 제출하였다.[6]

3. EU의 회사법 현대화 실행계획

High Level Group 보고서에 기초하여 공동체위원회는 2003년 5월 "EU 회사법현대화와 회사지배구조 개선 실행계획(European Commission Action Plan on Modernising Company Law and Enhancing Corporate Governance in the European Union)"을 발표하였다.[7] 실행계획은 2003~2005년의 단기, 2006~2008년의 중기, 2009년 이후의 장기계획으로 우선순위를 명확히 하여 발표되었고, 이 계획을 이행하기 위하여 기존의 지침과 규칙의 제·개정 등의 입법조치 및 권고가 행하여지고 있다.

III. EU 회사법 현대화의 추진내용

EU 회사법 현대화 실행계획은 회사지배구조에 대한 공시 강화, 주주의 권리 강화, 이사회의 현대화, 회원국의 회사지배구조 개선의 조화, 법정자본제도, 기업집단, 회사의 구조변경 및

5 이 보고서에서는 액면미달발행, 자기주식취득제한의 완화, 신주인수권의 규제 완화, 현물출자의 규제 완화가 제안되었다.

6 Report of the High Level Group of Company Law Experts on a Modern Regulatory Framework for Company Law in Europe. 이 보고서는 High Level Group의 위원장인 Japp Winter의 이름을 따서 Winter 보고서라고 불리기도 한다(http://europa.eu.int/comm/internal_market/en/company/company/index.htm).

7 Communication from the Commission to the Council and the European Parliament—Modernising Company Law and Enhancing Corporate Governance in the European Union—A Plan to Move Forward 〔COM(2003)284 of 21/05/2003〕 (http://europa.eu.int/eur-lex/lex/LexUriServ/ site/en/com/2003/com2003_0284en01.pdf).

EU 차원의 새로운 기업조직에 대해 입법 방향을 제시하고 있다. 이하에서는 크게 회사지배구조에 관한 사항과 기타로 구분하여 그 내용 및 실행계획에 따른 입법조치에 대해 살펴보기로 한다.

1. 회사지배구조

(1) 회원국의 회사지배구조의 조화(co-ordinating) 노력

회사지배구조(corporate governance)는 여러 가지로 정의될 수 있을 것이나, 일반적으로 회사가 운영되고 통제되는(directed and controlled) 체제라고 이해되고 있다. 최근 회사 스캔들에 따라 전 세계적으로 가장 논쟁이 되고 있는 분야이다.

EU에서 회원국은 각국마다 서로 다른 회사지배구조를 가지고 있는데 이러한 차이점은 회사와 투자자에게 불확실성과 비용을 발생시켜 EU 시장통합에서 장애가 될 수 있다. 공동체위원회는 EU가 회원국의 회사지배구조 개선 노력을 회사법, 증권법, 상장규정, 모범규준(code) 또는 기타 방법으로 조화시켜야 한다는 점에 대해 High Level Group과 의견을 같이 하였다.

이 중 모범규준은 상장회사를 대상으로 하는 것인데, 강행성을 가지고 있지는 않지만 모범규준의 내용을 따르지 않을 경우에는 그 이유를 설명하도록 함으로써 준수를 유도하는 것이다. 이와 같은 규제방식을 '준수 또는 설명(comply or explain)'이라고 하는데, 회사의 선택을 강제하지 않으면서 투자자에게 정보를 제공하여 판단하도록 한다는 점에서 유연성을 가지고 있다. 현재 각 회원국 차원에서 회사지배구조규준이 채택되어 있는 경우가 많지만, 그렇지 않은 경우도 있으므로 공동체위원회는 실행계획에서 회원국에 회사지배구조규준 채택을 촉구하였다.

여기에서 더 나아가 회사지배구조의 조화를 위해 EU 차원의 공통된 규준을 제정할 것인가가 문제되었다.[8] 공동체위원회는 High Level Group의 의견에 따라 EU 차원의 회사지배구조

8 공동체위원회가 Weil, Gotshal & Manges LLP에 위촉하여 수행한 각국 회사지배구조에 관한 광범위한 비교법적 연구의 결과 2002년 3월 발간된 보고서. Comparative Study of the Corporate Governance Codes Relevant to the European Union and its Member States(http://ec.europa.eu/ internal_market/company/docs/corpgov/corp gov codes rpt part1_en.pdf)에서는 유럽 단일의 회사지배구조규준을 만드는 데 시간과 노력을 들여서는 안 되고 국경을 초월한 의결권행사와 주주가 회사의 지배구조를 평가할 수 있는 능력에 장애가 되는 규제들을 제거하는 것이 더 바람직하다고 결론을 내렸고, High Level Group에서도 EU 차원의 회사지배구조규준은 필요하지 않다는 결론을 확인하였다.

규준은 필요하지 않고 회사지배구조에 대한 공시를 강화하는 것을 제안하였다. 이와 같은 결론은 i) 회원국의 회사법과 증권규제는 상당한 차이를 보이고 있지만, 회사지배구조규준은 이미 상당히 수렴하고 있다는 점, ii) 다수의 발행회사들이 주로 국내 시장에서 활동을 하고 다른 회원국에서 사업을 하는 경우에도 규준이 유사한 경우가 많으므로 크게 문제가 되고 있지 않고, 설령 준칙의 규정이 다른 경우에도 '준수 또는 설명' 원칙이 만족할 만한 해결책이 되고 있다는 판단 및 유럽 차원의 회사지배구조규준 채택의 한계가 존재한다는 사실, 즉 i) 회사지배구조규준은 일정 부분 각 회원국의 국내 회사법에 기초하여 작성될 수밖에 없는데 각 국가의 회사법이 서로 상이함에 따라 핵심적인 회사지배구조원칙에 대해 투자자에게 충분한 정보를 제공하지 못할 것이고, ii) 규준은 여러 가지 선택지를 제공하거나 추상적인 원칙을 규정할 수밖에 없으므로 회사지배구조 개선에 실질적으로 기여를 할 수도 없을 것이라는 점을 고려하여 내려졌다.[9]

(2) 회사지배구조 관련 공시 강화

1) 연차 회사지배구조 보고서(annual corporate governance statement)

앞서 언급한 바와 같이 공동체위원회는 유럽 차원의 회사지배구조규준의 채택보다는 회사지배구조에 대한 공시를 강화하는 방향이 타당하다는 생각에 따라 실행계획에서 회원국은 상장회사가[10] 연차보고서 및 연차회계서류(annual report and accounts)에 회사의 지배구조와 실무의 핵심요소에 대해 일관되고 설명적인 보고를 포함시키도록 하여야 한다고 제안하였다.[11] 이러한 계획에 따라 공동체위원회는 2004년 10월 27일 제4지침 및 제7지침을 개정하는

9 일부 회원국에서의 새로운 정책 채택 및 회원국 확대 등으로 준칙들이 수렴하고 있는 방향이 바뀔 수도 있고 이러한 기준은 회원국에서 일관되게 시행되어야 한다는 점을 고려하여 공동체위원회는 정기적으로 유럽회사지배구조에 관한 고위급 토론회(high level meetings of the European Corporate Governance Forum)를 통해 각 국가의 준칙의 조화와 수렴을 장려하였다. 이러한 토론회의 참석자는 회원국 대표, 유럽규제당국자〔Committee of European Securities Regulators(CESR) 포함〕, 발행회사, 투자자, 기타 시장참여자, 학자 등이다.

10 상장회사란 증권이 Directive 2004/39/EC of the European Parliament and of the Council of 21 April 2004 on markets in financial instruments amending Council Directives 85/611/EEC and 93/6/EEC and Directive 2000/12/EC of the European Parliament and of the Council and repealing Council Directive 93/22/EEC(OJ L 145, 30/04/2004)의 제4(1)(14)에서 정의하고 있는 규제시장에서 거래될 수 있도록 승인된 회사를 의미한다.

11 Action Plan, para. 3.1.1.

지침안[12]을 발표하였고, 2005년 12월 15일 유럽의회에서 승인되었다.[13]

지침안에 의하면 회사지배구조 보고서에 기재되어야 할 사항은

① i) 회사가 적용을 받아야 하는 회사지배구조규준, ii) 회사가 자발적으로 적용받기로 한 회사지배구조규준이 있는 경우에는 그 규준, iii) 회원국 법에 의해 강제되는 범위를 넘어서 회사지배구조 실무에 관한 모든 관련된 정보,

② 회사가 위의 ①의 i) 또는 ii)에 언급한 규준에 따르지 아니하는 경우에는 어떠한 부분을 준수하지 아니하였는가와 그 이유,

③ 회사의 재무보고절차와 관련한 내부통제와 위험관리체제에 대한 기술,

④ 회원국 법률이나 규칙에 의해 주주총회의 운영과 핵심권한 및 주주의 권리와 그 행사방법에 관한 정보가 제공되지 않았다면 그러한 정보,

⑤ 회사의 관리 · 경영 · 감독기구와 그 위원회의 구성 및 운영이다.

지침안에서는 ③에 대해서는 법정 회계감사인에 의한 감사를 받아야 함을 명시하였다.[14]

2) 기관투자자의 역할에 관한 정보 공시

공동체위원회는 실행계획에서 기관투자자에게 i) 투자정책과 투자한 회사에서의 의결권행사 정책에 대해 공시하고, ii) 실질주주가 청구하는 경우 당해 실질주주의 권리가 특정 사안에서 어떻게 행사되었는가를 공시하여야 하여야 한다는 의견을 표명하였다. 위원회는 기관투자

12 Proposal for a Directive of the European Parliament and of the Council amending Council Directives 78/660/EEC and 83/349/EEC Concerning the Annual Accounts of Certain Types of Companies And Consolidated Accounts〔COM(2004) 725 of 7/10/2004〕, (http://europa.eu.int/eur-lex/lex/LexUriServ/site/en/com/2004/com2004 0725en01.pdf). 이 지침안은 회사지배구조보고서에 대해서만 다루는 것이 아니라, 이 글의 뒤에서 언급할 이사회 구성원의 연대책임(collective responsibility), 그룹구조에서 특수관계인과의 거래의 투명성 제고 및 부외거래(off-balance sheet arrangement) 공시의 확대에 대해서도 함께 규율하고 있다.

13 European Parliament Legislative Resolution on the Proposal for a Directive of the European Parliament and of the Council amending Council Directives 78/660/EEC and 83/349/EEC Concerning the Annual Accounts of Certain Types of Companies And Consolidated Accounts〔COM(2004)0725-C6-0164/2004-2004/0250(CO)〕, P6_TA-PROV (2005)0518(Dec. 15, 2005).

14 이 요건은 미국의 Sarbanes-Oxley Act와 유사하지만, 내부통제구조와 절차의 효율성에 대한 평가를 하지 않아도 되고 회계감사인이 이에 대해 보고할 것을 요구하고 있지 않다는 점에서 훨씬 완화되어 있다〔Luca Enriques and Matto Gatti, EC Reforms of Corporate Governance and Capital Markets Law : Do They Tackle Insiders' Opprotunism?(June 20, 2006). Available at SSRN ; http://ssrn.com/abstract=886345, p.30〕.

가 회사지배구조에서 중요한 역할을 함을 인정하였으나 이러한 역할을 촉진하는 것은 기존 법률(보험회사, 연금, 뮤추얼펀드 및 다른 투자펀드 등에 관한 법률)을 광범위하게 수정하여야 하고, 더 중요하게는 국경을 초월하는 의결권행사에 관한 문제가 해결되어야만 충분한 효과를 거둘 수 있으리라는 점에서 중기과제로서 추진하기로 하였다.

High Level Group은 더 나아가 기관투자자에게 의결권행사를 강제해야 할 것인가를 토의하였으나 공동체위원회는 기관투자가 정의가 어렵다는 문제 외에도 현재 독일 은행의 의결권 행사가 보여 주는 것처럼 기본적으로 경영진을 지지하는 방향으로 의결권이 행사될 것이라는 점을 이유로 이러한 의견을 택하지 아니하였다.

(3) 주주의 권리 강화

1) 주주의 정보 접근 용이화 및 주주총회에의 적극적 참여

주주의 참여는 효율적인 회사지배구조 구축에 필수적이다. 최근에는 국경을 초월하는 주식소유가 점점 증가하고 있는 데 반하여[15] 이러한 주주들이 권리를 행사할 수 있는 법적 구조는 이를 따라가고 있지 못한 형편이므로 공동체위원회는 이러한 장애를 완화시킬 것을 강조하였다.

주주의 권리 강화를 위해서는 주주가 권리행사를 하기 전에 적절히 정보를 수령할 수 있어야 하고 주주총회에서의 질문권, 주주제안권, 궐석투표, 전자적 수단을 통한 주주총회의 참석 등 실질적으로 권리행사가 가능한 절차 및 방법이 제공되어야 한다. 주주의 정보에의 접근권 문제에 대해서는 이미 유통시장 공시에 대해 규정하고 있는 투명성 지침(Transparency Directive)에서[16] 규정하고 있다. 투명성 지침 17조에 의하면 발행회사는 주주가 권리를 행사하는 데 필요한 설비 및 정보를 이용할 수 있도록 하여야 한다. 그러나 이는 발행회사의 home 회원국에서의 이용에 대한 규정이므로, 비거주자인 주주가 정보에 접근하는 데 있어서의 어려움을 해결하지 못하였다. 또한 투명성 지침은 공시하여야 할 정보에 초점을 맞추어 규율하고 있을 뿐이고 주주의 의결권행사절차 및 방식에 대해서는 규정하고 있지 않다.

15 EU 상장회사 주식의 3분의 1을 비거주자가 소유하고 있다고 한다(IP/06/10 Brussels, 10 January 2006).

16 Directive 2004/109/EC of the European Parliament and of the Council of 15 December 2004 on the harmonisation of transparency requirements in relation to information about issuers whose securities are admitted to trading on a regulated market and amending Directive 2001/34/EC(OJ L 390, 31/12/2004). 투명성 지침은 Financial Services Action Plan에 따라 채택된 지침이다.

이러한 한계를 뛰어넘어 공동체 전 지역의 주주에게 주주권행사를 할 수 있는 기회를 강화하기 위하여 공동체위원회는 2006년 1월 15일 회원국의 상장회사 주주의 의결권행사에 관한 것으로서 투명성 지침(Directive 2004/109/EC)을 개정하는 지침안을 제안하였다.[17] 국경을 초월하는 의결권행사에서 장애로는 주주총회 전에 주주명부 폐쇄(block shares)를 하는 것, 주주총회에 관한 정보에의 접근이 어렵고 지연되는 점, 의결권행사 자체의 어려움, 특히 위임장을 통한 의결권행사의 어려움이 지적되었다. 이에 따라 지침안에서는 다음과 같이 규정하고 있다. i) 주주총회는 최소한 30일 이전에 통지되어야 한다. 통지에는 주주총회와 관련된 정보가 기재되어야 하고, 발행회사는 위의 기간 이전에 웹사이트에 주주총회 소집통지 및 통신 또는 위임장에 의한 의결권행사시 사용되는 서식 등을 게시해야 한다. ii) 일부 회원국에서 주주제안권(right to add items to the agenda of general meetings and to table draft resolutions)을 행사할 수 있는 기준을 너무 높게 설정하고 있으므로 이를 시정하기 위하여 기준의 최고한도(발행주식 총수의 5% 또는 액면 총액이 1천만 유로 중 낮은 기준을 초과하면 안 된다)를 설정하였다. iii) 주주명부 폐쇄를 금지하고 기준일제도를 이용할 수 있도록 하였다. 이 경우 기준일은 총회일 이전 30일을 넘지 않는 범위 내에서 회원국이 정한다. iv) 전자적 수단에 의한 참여에 대한 모든 장애는 제거되어야 한다. 다만, 주주의 신원과 전자통신의 안전을 위한 요건은 목적과 제한이 비례적인 한 장애로 보지 않는다. v) 주주는 총회에서 질문을 할 수 있어야 하고, 답변의무가 없다면 질문권 자체가 실효가 없을 것이므로 발행회사는 총회의 질서를 유지하고 발행회사의 사업적 비밀의 보호를 위한 경우를 제외하고는 답변을 하여야 한다. 다만, 관련 정보를 예를 들어 웹사이트 상에 게시된 자주 제기되는 질문(frequently asked questions)난 등을 통하여 쉽게 얻을 수 있는 경우에는 답변할 필요가 없다. 국경을 초월하는 의결권행사의 경우에는 최소한 우편을 통하여 질문을 할 수 있어야 하고, 전자적 수단을 사용하는 것에 장애를 두어서는 안 된다. 모든 답변은 발행회사의 웹사이트에 게시하는 등 모든 주주가 접근할 수 있어야 한다. vi) 일부 회원국에서는 의결권행사의 대리인을 주주나 친족 등으로 제한하는 경우가 있는바, 이러한 제한을 폐지하기 위하여 의결권행사의 위임장을 수여받을 수 있는 자의 자격을 제한할 수 없다. 다만 회원국은 대리인이 이익충돌이 있는 경우에는 의결권행사 지시(formal voting instruction)에 따라서만 의결권의 대리행사를 하도록 제한할 수 있다. 원활한 총회의 진행을 위해 주주는 보유주식 전체에 대해서만 의결권행사를 위임할 수 있도록 하였다. 그러나 대리인

17 Proposal for a Directive of the European Parliament and of the Council on the exercise of voting rights by shareholders of companies having their registered office in a Member State and whose shares are admitted to trading on a registered market and amending Directive 2004/109/EC 〔COM(2005) 0685 of 05/01/2006〕.

은 수인의 주주로부터 위임을 받을 수 있다. vii) 대리인의 선임과 의결권행사 지시에는 주주와 대리인의 신원을 확인하기 위한 요건 외에 형식적 요건을 부과해서는 아니 된다. 대리인의 선임은 주주와 대리인의 신원확인요건을 충족시키는 경우 전자적 수단에 의해 할 수도 있다. viii) 상장회사의 모든 주주는 신원확인을 조건으로 우편으로 투표할 수 있어야 한다. 회원국은 신원확인에 필요한 요건 외에 전자적 수단에 의한 투표를 방해하는 요건이나 제한을 금지하여야 한다. ix) 총회일로부터 15일 이내에 주주총회의 각 결의에서의 투표에 대해 인터넷 사이트에 게시하여야 한다. 투표의 결과에 대한 게시는 최소한 투표에 참여한 주식수 및 찬반 투표수를 포함하여야 한다.

2) 주주 민주주의

자본과 지분의 비례문제는 경제학적으로 논쟁이 있는 문제이다. High Level Group은 복수의결권제도가 없었다면 공개매수가 성공하였으리라고 생각되는 경우에는 이러한 복수 및 다수의결권제도를 파기해야 한다고 권고하였고, 기관투자자들은 대개 1주 1의결권제도를 선호하고 있다.[18]

공동체위원회는 1주 1의결권원칙의 확립이 중장기적으로 바람직하다는 논거가 강하다고 보고 있고, 회원국의 회사지배구조준칙에 대한 비교법적 연구에서도 보면, 많은 경우 약간의 융통성을 인정하기도 하지만 1주 1의결권제도를 채택하는 경향이 있는 것을 알 수 있다는 점을 강조하였다. 그럼에도 불구하고 1주 1의결권의 강제는 논쟁이 있는 문제이므로 공동체위원회는 단기에서 중기계획으로 이러한 접근방법에 대한 연구를 수행하기로 하였다.

그러나 복수의결권제도의 금지에 대해서는 법학계 및 경영학계에서 반대가 많다. 그 주된 논거는 첫째, 복수의결권제도를 채택한 회사는 자금조달비용이 증가하는 등의 시장에서의 적절한 평가 및 제재가 가능할 것이다. 둘째, 1주 1의결권의 강제는 주식공모를 감소시키고 피라미드구조나 주식의 상호보유와 같이 더욱 비효율적인 제도로 전환하도록 만들 것이라는 점이다. 이러한 점을 고려할 때 현 단계에서는 구속력이 없는 권고를 하게 될 가능성이 높아 보인다.[19]

18 다수의결권 주식이 일반적인 스칸디나비아 국가, 특히 스웨덴에서 이 같은 현상이 극적으로 나타났다. Wallenberg 가문의 기업집단에 속하는 Ericsson AB, Stcokholm의 A종류주식은 1주에 1,000의결권을 가지고 있었다. 그러나 2005년 8월 31일 주주총회에서 10의결권을 가지는 것으로 변경하는 결의를 하였다. A종류주주가 현물배상을 받는 것이 전제가 되었다.

19 Enriques & Matti, 앞의 논문, 35면.

(4) 이사회의 현대화

1) 이사회의 구성

가) 이사회 체제의 선택

High Level Group은 적어도 상장회사는 일원적 이사회 체제(one-tier board structure)와 이원적 이사회 체제(two-tier board structure) 간에 선택을 할 수 있도록 권고하였다. 현재 프랑스와 이탈리아의 입법태도를 모범으로 한 것이라고 할 수 있다. 공동체위원회는 상장회사의 선택권을 확장한다는 생각은 환영하였지만 회원국 국내법을 EU의 규칙이나 지침에 맞추기 위해서는 많은 연구가 필요하다는 이유에서 이를 중기적 과제로 추진할 것을 결정하였다.

나) 비업무집행 또는 감독이사 및 위원회의 역할 조장

공동체위원회는 상장회사의 이사회에 독립적인 비업무집행이사를 참여시키고 이들의 역할을 강화하는 것이 시장에 대한 신뢰회복을 위해 핵심적인 것이라고 판단하였다. 이에 따라 단기계획으로서 업무집행이사 및 비업무집행이사의 이사회에의 균형 있는 참여를 조장하고, 이사회 내에서의 위원회의 구성 및 역할과 이사의 독립성에 관한 기준을 제시하고, 이사들의 의무이행을 위해서는 이사들이 적절한 지식 및 경험을 갖추고 시간을 투입할 필요가 있음을 강조하는 권고(recommendation)를 채택하기로 하였고, 그 결과 2005년 2월 15일 상장회사의 비업무집행이사의 역할에 대한 권고가 발표되어,[20] 다음과 같은 내용을 회원국에 권고하고 있다.

a) 이사회의 구성에 대해서는 회원국 국내법체계에 차이가 있다는 점을 고려하여 독립적인 이사의 비율을 공동체 차원에서 구체적으로 결정하는 것은 피하였지만, 이익충돌상황을 적절히 다루기 위해서는 이사회에 충분한 숫자의 독립적인 비업무집행이사가[21] 포함되도록 하여야 한다.

b) 이사회에 의한 객관적 감독을 보장하기 위하여 일원적 이사회에서 이사회 의장과 CEO의 겸직을 금지하고, CEO의 퇴임 직후 이사회 의장이 될 수 없도록 하는 것을 원칙으로 하되,

20 Commission Recommendation of 15 February 2005 on the role of non-executive or supervisory directors of listed companies and on the committees of the (supervisory) board(OJ L 052 of 5/02/2005).

21 회원국은 영국 등과 같이 일원적 이사회 체제를 채택하고 있는 국가도 있지만 독일 등과 같이 경영이사회와 감독이사회(감사회라고도 지칭된다)의 이원적 체제를 채택하고 있는 국가도 있다. 이에 따라 권고에서는 비업무집행이사(일원적 이사회의 경우)와 감독이사(이원적 이사회의 경우) 용어를 병기하고 있지만, 이 글에서는 단순한 서술을 위해서 비업무집행이사 용어만 사용하기로 하였다. 따라서 이 글에서 비업무집행이사라는 용어는 감독이사회에서의 감독이사를 지칭하는 것이기도 한다.

겸직이나 퇴임 직후 취임을 허용하려는 경우에는 안전장치에 대한 정보가 제공되도록 할 필요가 있다

c) 이사회는 매년 이사회의 업무수행에 대해 평가를 하여야 하고, 최소한 연 1회 회사지배구조 및 실무에 관한 공시의 일환으로서 이사회의 내부조직과 정보에 관해 적절한 정보를 제공하여야 한다. 또한 이사회는 주주가 회사의 업무 및 전략, 위험관리, 이익충돌 등에 관해 적절한 정보를 제공받도록 확보하여야 하고 이사의 주주에 대한 정보제공 등 이사의 역할을 명확하게 확정할 것을 권고하였다.

d) 이사회는 충분한 숫자의 독립적 비업무집행이사가 이익충돌의 위험성이 높은 분야에서 핵심적 역할을 할 수 있게 구성되어야 하는바, 이를 위해서는 이사회 내에 이사추천위원회, 보수위원회와 감사위원회를 설치하는 것을 원칙으로 한다. 그러나 반드시 위의 세 가지 위원회를 분리하여 두어야 하는 것은 아니고 회사의 사정에 따라 위원회의 기능을 통합하는 것도 가능하고, 이사회의 규모가 작은 경우에는 위원회의 기능을 전체 이사회에서 담당하는 것도 가능하다.

e) 각 위원회의 구성 및 역할에 관해서는 제1부속서(Annex I)에서 규정하고 있는바, 위원회는 통상 3인 이상으로 구성되어야 하고, 이사회의 규모가 작은 경우에는 예외적으로 2인으로 구성될 수 있다. 위원회의 독립성을 확보하기 위하여 이사추천위원회는 과반수가 독립적인 비업무집행이사로 구성되어야 하고, 보수위원회와 감사위원회는 전원 비업무집행이사로 구성되어야 하고 최소한 과반수가 독립성을 가지고 있어야 한다. 회사는 독립적인 전문가의 자문을 구하는 것을 포함하여 위원회가 의무를 이행하기에 충분한 자원을 제공하여야 한다. 또한 위원회의 독립성을 유지하기 위하여 위원회 구성원 이외의 이사는 위원회가 원하는 경우에만 위원회 회의에 참석할 수 있다. 위원회에 위임된 사항은 최소한 연 1회 공시되어야 하고, 위원회의 구성 및 위원의 수, 회의와 출석 여부, 주요 활동에 대한 위원회의 보고서를 공시하여야 한다. 특히 감사위원회는 감사절차의 독립성이 확보되었다는 점을 확인하고 이러한 결론에 이르게 된 과정을 간단하게 설명하여야 한다.

f) 제1부속서에서는 각 위원회의 최소한의 역할에 대해서도 규정하고 있다. 이사추천위원회는 이사의 후보를 추천하고, 이사회의 구조, 규모, 구성과 성과에 대해 정기적으로 평가하여 이사회에 개선을 제안하고, 개별적 이사의 기술과 지식과 경험을 정기적으로 평가하여 이사회에 보고하고, 승계계획에 관한 문제들을 검토하여야 한다. 그 외에도 이사추천위원회는 이사회의 고위임원(senior management) 선임정책을 검토하여야 한다.

보수위원회는 업무집행이사에 대한 보수정책에 대한 제안을 하여야 한다. 이 경우 보수는 고정보수뿐 아니라 성과연동보수, 연금, 퇴직위로금 등 모든 형태의 보상을 포함한다. 성과연동보수계획에 대해서는 관련 목표와 평가기준을 같이 권고하여야 한다. 또한 업무집행이사의

개별적인 보수와 적절한 보수계약형태를 제안하고, 회사가 보수 관련 항목의 공시에 관한 규정을 준수하는가에 대한 이사회의 감독을 보조하여야 한다. 고위임원은 이사회에서 정의하는데, 이러한 고위임원의 보수에 대해서도 권고 및 감독을 하여야 한다. 스톡옵션이나 기타 이사, 임원 또는 종업원에게 부여되는 주식에 기초한 성과보수에 대해서는 부여 여부에 대한 일반정책에 대해 토론 및 제안을 하여야 하고, 연차보고서상에 이에 대해 기재된 사항을 검토하고 주식인수선택권과 주식매수선택권 부여 중 어느 쪽이 타당한가에 대한 의견과 그러한 의견을 형성하게 된 근거를 구체적으로 기재하여 제시하여야 한다.

g) 감사위원회는 회사의 내부정책과 절차, 외부감사인에 대해서 검토를 한다. 회사의 내부정책과 절차에 대해서는 이사회를 보조하여, i) 회사가 제공하는 재무정보의 진실성, 특히 회사 및 기업집단이 사용하는 회계방법의 관련성과 일관성을 검토하고, ii) 최소한 연 1회 내부통제와 위험관리 시스템을 검토하며, iii) 내부회계감독부서의 책임자의 선임과 그 부서의 예산에 대해 권고하고 이러한 부서가 발견한 사항과 권고에 대한 경영진의 반응을 감독하는 등 내부회계감독의 효율성을 담보한다. 외부감사인에 관해서는 i) 이사회에 외부감사인의 선임, 해임과 계약의 조건에 대해 권고하고, ii) 외부감사인의 독립성과 객관성에 대해 특히 외부감사법인이 감사 파트너의 순환에 관해 적용되는 지침을 준수하는가와 회사가 지급하는 수수료의 수준과 기타 법상 규제요건 준수에 주목하여 감독하며, iii) 외부회계감사인이 제공하는 비회계감사 서비스를 유럽공동체위원회 권고 2002/590/EC[22]에 따라 금지되는 것, 감사위원회 검토 후 제공 가능한 것, 감사위원회 검토 없이 제공될 수 있는 것으로 구분하여 명시하는 정책을 수립하는 등 비회계감사 서비스를 감독하고, iv) 외부감사의 효율성과 외부감사인의 권고사항에 대한 경영진의 반응을 검토하고, v) 외부감사인의 사임을 유발한 문제에 대해 조사하여 필요한 조치에 대해 권고하여야 한다.

h) 비업무집행이사는 적절한 지식과 경험 등을 가지고 있어야 하는바, 이사 선임 제안이 있는 경우 이사회에서의 역할에 비추어 후보자의 적격성에 대한 공시가 이루어져야 하고 적격성이 계속 유지되는가를 판단하기 위하여 이사회는 이사회의 구성과 개별 이사의 특정한 적격성에 대한 정보가 매년 공시되어야 한다.

i) 각 이사는 임무를 수행하기에 충분한 시간과 주의를 투입하여야 하고 따라서 의무이행이 가능한 범위 내로 다른 회사의 이사의 직을 수행하는 것과 같이 여타 직업적 책임을 제한하여야 한다. 이사 선임이 제안된 경우 후보자의 다른 중요한 직업적 책무에 대해 공시가 이루어져야 한다. 매년 이사회는 이사들의 직업적 책무에 대한 자료를 수집하여 연차보고서에서 공

22 LJ L 191, 19. 7. 2002, 22면.

시하여야 한다.

j) 이사는 회사 또는 지배주주 또는 경영진과 사업상, 가족적 또는 기타 관계가 없는 경우에만 독립적인 것으로 본다. 독립성을 평가하는 기준은 제2부속서(Annex II)를 참조하여 회원국 차원에서 채택되어야 한다. 독립성 여부는 기본적으로 이사회가 판단하는데, 각 회원국에서 채택된 독립성 기준을 모두 충족시키는 경우에도 이사회는 특정한 사정을 고려하여 독립적이지 않다는 판단을 내릴 수 있고 그 반대의 경우도 가능하다. 이사의 독립성에 대해 이사회가 내린 결론에 대해서는 적절한 정보가 제공되어야 한다. 비업무집행이사가 추천된 경우 이사회는 독립성 여부에 대해 공시하여야 한다. 독립성 기준을 충족시키지 못한 경우에도 이사회가 당해 이사가 독립적이라는 판단을 내린 경우에는 그 이유를 공시하여야 한다. 회사는 매년 이사들의 독립성 여부에 대해 공시하여야 한다.

k) 제2부속서에서는 이사가 독립성을 결여한 경우로서 다음을 열거하고 있다.

i) 과거 5년 이내에 당해 회사 또는 관련 회사(associated company)의 업무집행이사였던 경우.

ii) 과거 3년 이내에 당해 회사 또는 관련 회사의 종업원이었던 경우.

iii) 당해 회사 또는 관련 회사로부터 비업무집행이사의 수수료 외에 상당한 추가적 보수(significant additional remuneration)를 받거나 받아 온 경우(주식옵션이나 기타 성과연동보수제도에 참여 등 포함).

iv) 어떠한 방식이건 지배주주(지배는 제7지침에서 정의되어 있음)이거나 이를 대표하는 경우.

v) 과거 1년간 당해 회사 또는 관련 회사와 중대한 사업상의 관계(a significant business relationship)가 있는 경우. 사업상 관계는 상당한 용역이나 서비스의 제공자(재무, 법무, 자문 또는 컨설팅 서비스 포함), 중대한 고객, 당해 회사 또는 그 그룹으로부터 상당한 출연을 받는 조직을 포함한다.

vi) 과거 3년간 당해 회사 또는 관련 회사의 외부감사를 맡은 위부감사인의 종업원이나 이사였던 경우.

vii) 당해 회사 또는 관련 회사의 이사가 비업무집행이사인 회사의 업무집행 또는 managing director인 경우 및 기타 당해 회사의 업무집행이사와 다른 회사나 조직을 통하여 중대한 연결관계를 가지고 있는 경우.

viii) 3기 이상 비업무집행이사인 경우(회원국 법에 단기의 임기를 정하고 있는 경우에는 12년 이상).

ix) managing director나 상기의 관계에 있는 자와 가까운 친족관계인 경우.

2) 이사의 보수

이사의 보수제도의 남용은 미국에서 심각한 문제가 되어 왔고 유럽에서도 최근 많은 문제가 제기되었다.[23] 공동체위원회는 High Level Group의 제안을 받아들였으나, 각국의 서로 다른 회사지배구조의 전통과 실무를 고려할 수 있도록 하기 위하여 이 또한 권고의 형식을 채택하기로 하여 2004년 12월 14일 상장회사 이사의 적절한 보수체계수립에 관한 권고를 발표하였다.[24·25] 보수에 관한 권고의 내용은 다음과 같다.

a) 상장회사는 다음 해의 이사의 보수에 대한 정책을 공시하여야 한다. 공시는 고정적인 보수와 가변적 보수로 분리하여 이루어져야 하고, 성과보수의 산정기준과 연간 상여금계획과 비현금성 이익(benefit)의 기준도 공시되어야 하며, 보수계약정책에 대해서도 설명해야 한다. 여기에는 계약에 따른 통지기간과 퇴직위로금(termination payments)에 대한 정보도 포함되어야 한다. 다만, 회사는 상업적으로 민감한 정보는 공시하지 않을 수 있다.

b) 주주가 이사의 보수정책에 대해 의견을 표명하고 토론을 할 수 있도록 하기 위해서 이를 정기주주총회의 안건으로 상정하여 결의를 하도록 하였다. 결의는 권고적 효력을 가지는 것으로 할 수도 있다. 반면 이사가 주식을 받거나 주식옵션 또는 기타 주식을 취득할 수 있는 권리를 받거나 주가에 연계하여 보수를 받는 계획 및 이러한 계획의 중요한 변경은 주주총회의 사전승인을 받도록 하였다.

c) 여기에서 더 나아가 개별 이사의 보수를 공시할 것도 권고되었다. 이사 전원에 대한 보수정책의 공시가 효율적이라는 점에 대해서는 이론이 없었지만,[26] 개별 이사별 보수공시에 대해서는 의견이 대립되었다. 개별적 공시는 주주에게 필요한 정보가 아니고 질시를 불러일으키고 일반적으로 보수를 상승시키기 때문에 오히려 유해하다는 주장도 제기되었으나 공동체

23 최근 Vodafone이 독일의 Mannesmann을 인수하면서 퇴임하는 경영이사회 의장에게 거액의 보수를 지급한 것이 논란이 되었다. 현행 독일법상은 1인 주주가 대표소송을 통해 이에 대하여 다툴 수 있는 방법이 없어서 검찰이 보수위원회 구성원을 회사자산의 횡령(embezzlement) 혐의로 기소하였으나, 법원이 기각을 하고 검찰이 다시 항소를 하였다. 이 사건에서 아이러니는 위원회의 위원이었던 Deutsche Bank의 chairman of the management와 전직 독일 Trade Union Association 의장도 모두 기소되었다는 점이다. 노동조합이 퇴직위로금(severance payment) 지급에 동의했다는 사실은 근로자의 공동결정에 의한 감독의 실효성에 의구심을 갖는 계기가 되었다.

24 Recommendation, 14, 12, 2004, O.J.E.U. L 385/55 Commission Recommendation of 14 December 2004 fostering an appropriate regime for the remuneration of directors of listed companies.

25 권고에서는 High Level Group 제안 중 회계에 관한 사항은 다루지 않았는데, 이는 IAS/IFRS가 최근 이러한 방향으로 변경되어서 EU 회계법이 이를 따르게 되기 때문이다.

26 영국의 Director's Remuneration Report Regulations 2002.

위원회는 각 이사의 보수공시가 바람직하다는 결론을 내리고, 개별 이사가 지급받은 봉급, 동일한 그룹의 기업에서 받는 보수나 이익, 이익참여 또는 상여금, 이사의 지위 이외에서 서비스 제공이 허용된 경우에는 이에 대한 보수, 퇴직위로금, 비현금성 이익 및 주식옵션이나 주식의 수 및 행사나 지급된 옵션이나 주식의 수 및 행사가액 등과 미행사옵션이나 미지급주식의 수 및 행사가액 등과 퇴직연금의 급여액이나 기여금액, 기타 이사에 대한 대출, 선급 또는 보증에 대한 상세한 정보를 공시할 것을 권고하였다.

3) 재무제표 등에 대한 이사의 책임

이사회 구성원의 책임에 관해 유럽대륙 국가들의 일반적 원칙은 미국과 달리 재무제표에 대해서 연대책임(collective responsibility)을 지는 것이다. 유럽위원회는 실행계획에서 재무제표(financial statements)와 중요한 비재무적 보고서(위에서 언급한 연차 회사지배구조 보고서를 포함하여)가 지침의 요건대로 공시되도록 확보하기 위하여 이에 대하여 이사회 구성원이 적어도 회사에 대해서는 연대책임을 부담함을 EU법으로서 확인하여야 한다는 방침을 밝혔다. 이러한 계획에 따라 2005년 12월 15일 유럽의회에서 승인된 제4지침 및 제7지침을 개정하는 지침안에서[27] 연차회계서류와 연차보고서의 승인에 대한 이사들의 연대책임을 규정하였다. 이러한 지침안은 회원국이 이사가 주주나 기타 이해관계자에 대해서까지도 연대책임을 부담하는 것으로 책임을 확장하는 것을 금지하는 것은 아니다.

High Level Group은 이사의 책임을 강화하기 위해 위의 사항 외에 몇 가지를 더 권고하였다. i) 일정 비율 이상의 주식을 가지고 있는 주주가 회사의 업무(affairs)에 대한 조사의 승인을 법원이나 행정당국에 청구할 수 있는 특별조사권, ii) 회사가 부채상환을 할 수 없음을 예견할 수 있는 상황에서 회사의 갱생과 부채의 변제 또는 청산을 할 것인지를 결정하지 않은 경우 이사가 개인적으로 책임을 지는 부당거래원칙(wrongful trading rule)의 개발, iii) 투자자에게 오해를 유발하는 재무제표와 비재무적 보고서와 기타 이사의 비행에 대한 제재로서 이사의 자격박탈(directors' disqualification)제도의 강제가 그것이다. 공동체위원회는 이러한 권고를 지지하였지만 이의 실행은 좀 더 분석을 요한다는 이유에서 이에 대한 지침안은 중기과제로 검토하기로 하였다.

27 European Parliament Legislative Resolution on the Proposal for a Directive of the European Parliament and of the Council amending Council Directives 78/660/EEC and 83/349/EEC Concerning the Annual Accounts of Certain Types of Companies And Consolidated Accounts〔COM(2004)0725-C6-0164/2004-2004/0250(CO)〕, P6_TA-PROV(2005) 0518(Dec. 15, 2005).

2. 회사지배구조 이외의 분야

(1) 자본제도

1976년 12월 13일 공동체이사회(council)가 채택한 제2침에서는 공개유한책임회사(public limited liability company)의 법정자본제도에 관한 엄격한 규율을 하고 있다. 경제학자, 비교법학자 및 영미법계 국가에서 이에 대해 강도 높은 비판을 하고 있는 데 반하여, 독일의 전통적인 법조인들은 현재의 지침을 옹호하고 있다.

High Level Group은 1999년 SLIM 작업단의[28] 법정자본제도 간소화 제안의 타당성을 확인하고 이를 더 보충한 의견(SLIM-Plus)을 제시하였다. 공동체위원회는 단기적으로는 법정자본제도에 관한 제2지침을 개정하고 중장기적으로는 법정자본제도 폐지에 대하여 검토할 것을 밝혔다.

이러한 계획에 따라 공동체위원회는 2004년 10월 29일 제2지침 개정안을 제출하였고[29] 이는 2006년 중에 채택될 예정이다.[30] 제2지침 개정안은 현물출자에 대한 가액평가 완화, 자기주식제한 완화, 회사의 주식취득을 위한 금융지원제한 완화, 신주인수권 배제절차 완화, 자본감소에서 채권자 보호규제 완화, 다수파 주주의 소수 주주 축출권(squeeze-out)과 소수 주주의 주식매도권(sell-out) 도입을 주된 내용으로 하고 있다. 축출과 매도권리와 신주인수권배제절차 완화는 주식이 규제시장(regulated market)에서 거래되는 공개유한책임회사에만 적용되는 것이다.

High Level Group은 법정자본제도가 아니라 지급불능을 기준으로 하는 것과 같은 대안에 의할 때 주주와 채권자 보호가 더욱 효율적으로 이루어질 수도 있다는 의견을 제시하였는바, 공동체위원회는 법정자본제도의 폐기를 위해서는 대안적 체제의 내용과 주주 및 제3자 보호의 능력에 대한 연구가 필요하다고 하면서 중기적으로 법정자본제도에 대한 대안의 타당성에 대한 연구를 기획하였다. 이 연구는 2005년 말부터 시작하여 8~12개월 이내에 마무리를 할

28 SLIM Group이 다룬 논점들은 다음과 같다 : 일정한 경우 현물출자에 대한 전문가에 의한 검사요건 폐지, 무액면주식의 도입, 주식의 소각에 관한 규칙 간소화, 자기주식취득규칙 간소화, 재정적 원조 금지범위 축소, 신주인수권에 관한 규칙 간소화.

29 Proposals for a Directive of the European Parliament and of the Council amending Council Directive 77/91/EEC as Regards the Formation of Public Limited Liability Companies and the Maintenance and Alteration of Their Capital 〔COM(2004)730 of 29/10/2004〕(http://europa.eu.int/scadplus/leg/en/lvb/l26004.htm).

30 Enriques & Matti, 위의 논문, 32면.

예정이다. 이 연구의 결과에 기초하여 위원회는 제2지침에 의한 자본유지원칙 대신 선택적으로 채택할 수 있는 제도를 제안할 것인가를 결정할 것이다.

(2) 기업집단에 대한 규율

High Level Group은 회원국에서 흔히 볼 수 있는 기업집단(group)은 적법한 사업수행방식임을 확인하였지만, 주주와 채권자의 이익을 침해할 수 있는 요소가 있다는 점을 지적하였다. 기업집단에 대해 규율하고자 하는 시도는 과거에도 존재하였다. 독일의 콘체른법을 기초로 기업집단에 대한 규율을 전면적으로 조화시키려고 하는 방향의 제9지침의 안이[31] 제시된 바 있으나, 법적으로 너무 복잡하고 경제적으로 부담이 크고 융통성이 없었기 때문에 각국의 동의를 얻지 못하였다. 공동체위원회는 제9지침안을 부활시켜서 기업집단의 문제를 다루는 자족적인 법체계를 창출시킬 필요는 없다는 점은 재차 확인하였지만, 일부 분야에 대한 규율을 통해서 기업집단에서의 주주와 채권자 보호목적을 달성할 필요성을 인정하였다.

공동체위원회는 실행계획에서 단기적으로 i) 금융기업집단인가 여부를 불문하고 모든 기업집단에서 기업집단의 구조 및 기업집단 소속 기업간의 관계에 대해 공시를 확장하고 중기적으로, ii) 기업집단 전체의 이익과 개별적 회사의 이익이 충돌하는 경우에 통일적인 기업집단의 정책을 채택하여 실시하는 것을 허용함에 있어서 적용되어야 할 기본원칙을 모색하고, iii) 남용적인 피라미드에 대한 규율 여부에 대해 검토할 것을 표명하였다.

31 가장 최근에 제안된 안은 1984년에 위원회가 발표한 A draft "Ninth Company Law Directive on the Conduct of Groups containing a Public Limited Company as a Subsidiary"이다. 이 지침안의 요약설명문(explanatory memorandum)에 의하면 이 지침안은 기업집단이 기업집단의 운영과 관련된 이해관계자의 이익을 보호하면서도 건전하게 운영될 수 있는 틀을 제공하는 것을 목적으로 하였다. 이 지침안에서는 주식보유에 대한 통지 및 공시 규정은 모든 공개유한책임회사(PLC)에 적용되지만, 그 외는 공개유한책임회사가 다른 기업(그 자체가 공개유한책임회사일 수도 있지만, 자연인이나 기타 법인일 수도 있다)의 자회사인 경우에만 적용된다. 이 안의 주요 내용은 다음과 같다. a) 회원국이 '지배계약(control contracts)'을 규정하여야 하는 '자기업(subsidiary undertaking)'의 정의, b) 공개유한책임회사에서의 주식보유의 공시, c) 모기업의 공개유한책임회사인 자기업에 대한 행위에 관한 규정(공개유한책임회사인 자기업의 행위 및 부채에 대한 모기업의 행위 포함)(section 4), d) 모기업이 공개유한책임회사와 '지배계약'(section 5)을 체결하거나 또는 "수직적 기업집단(vertical group)을 형성하는 일방적 선언"을 한 경우 적용되는 구체적 규정으로서, section 4에 규정된 것과 유사한 안정장치를 포함하는 외에 몇 가지 추가적 사항(공개유한책임회사인 자기업의 감독이사회의 노동자 대표가 모기업의 지시를 거부할 권리). 이 지침안에 대한 입법의견 조회결과 이와 같은 광범위한 그룹 법체제를 지지하는 견해가 많지 않았다. 이러한 체제는 많은 회원국이 익숙하지 않았고 기업에서는 너무 부담스럽고 융통성이 없는 것이라고 비판하였다. 결과적으로 위원회는 지침을 제안하지 않기로 결정하였다.

1) 재무 및 비재무정보의 공시

기업집단의 구조 및 기업집단의 내부관계에 대한 정보의 공시는 기업집단이 여러 가지 차원의 주주 및 채권자의 이익과 양립하여 기능하기 위한 전제조건이다. 이러한 정보공시는 이미 제7지침의 연결결산서류에 대한 규율에서 이루어지고 있다. 그러나 제7지침은 관련 기업(affiliated undertakings)과의 거래에 대해서만 공시하도록 되어 있는바, 공정하고 진실한 재무상황을 파악하기에는 충분하지 못하므로 공시범위를 확대할 필요성이 지적되었다. 이에 따라 공동체위원회는 제4지침과 제7지침을 수정하는 지침안을 제출하여 IAS에서 정의하고 있는 특수관계인(related party)과의 거래에 대해 공시할 것을 제안하였다. 위에서 언급한 것처럼 IAS는 이미 2005년 1월부터 상장회사에 적용되도록 되어 있으므로, 제4지침 및 제7지침을 수정하는 지침안은 특수관계인과의 거래에 대한 공시의무를 비상장회사에까지 확대시켰다는 점에서 의의가 있다. 다만, 이러한 공시 강화는 비상장회사에는 부담이 될 수 있으므로 소규모 비상장회사에 대한 적용면제와 통상적인 상업적 조건(normal commercial conditions)에 의하여 이루어진 거래이고 중요한(material) 거래가 아닌 경우에는 공시를 하지 않을 수 있도록 하는 조치를 강구하였다.

또한 제4지침과 제7지침을 수정하는 지침안에서는 부외거래(off-balance sheet arrangements)에 대한 공시도 강화하고 있다. 현재 회계지침상에서 부외거래에 대한 공시요건이 충분히 정밀하지 않다고 비판되고 있는데, 예를 들어 특수목적조직(Special Purpose Entities, SPE)은 자회사인 경우에만 대차대조표에 기재되고 있지만 많은 경우 SPE를 자회사에 해당되지 않도록 조직함으로써 공시의무를 회피할 수 있다. 이러한 점을 보완하기 위하여 공동체위원회는 부외거래에 대한 정보가 회사의 재무상황을 평가하는 데 중요하고 도움이 되는 경우에는 재무제표의 주석에 공시할 것을 제안하였다.

이 외에도 이미 언급한 바와 같이 상장회사에 대해서 연차보고서에 지배구조에 관한 공시를 하도록 하는 내용도 기업집단의 투명성 강화에 기여하게 될 것이다.

2) 기업집단정책의 실행

기업집단에서는 기업집단 전체의 이익과 개별 회사의 이익이 충돌하는 경우가 있다. 이러한 경우 기업집단에 속하는 회사간에는 한 회사에게 불이익한 결정을 하는 것이 기업 그룹 전체의 차원에서 더 큰 이익을 가져오는 경우도 있다. 공동체위원회는 이러한 점을 고려하여 기업집단 전체 차원에서 조정이 된 정책을 채택하여 실행할 수 있는 규정체계가 회원국에서 제공되어야 할 것이지만, 기업집단에 속하는 회사의 채권자가 효율적으로 보호되고 주주의 부담과 이익이 장기간에 걸쳐 균형을 이룰 수 있다는 것이 전제가 되어야 한다고 하였다.[32] 공동체위원회는 이러한 취지의 기본구조 제시지침(framework directive)을 중기적으로 검토하여 제안하기로 하였다.

3) 피라미드

High Level Group에 의하면 피라미드는 지주회사의 연속으로서 광범위한 소수 주주의 존재로 인하여 소액의 투자를 한 자가 궁극적 지배를 하는 구조를 의미한다. 이러한 구조는 투명성 결여로 인해 문제가 발생할 수 있으므로, High Level Group은 자산의 전부 또는 주요 부분이 다른 상장회사의 주식으로 구성되어 있는 회사를 남용적 피라미드로 정의하고, 회원국은 남용적 피라미드에 속하는 회사의 상장을 금지하도록 할 것을 권고하였다. 다만 그러한 회사를 상장시키는 경제적 가치가 명백히 입증되는 경우에는 예외로 하는 것으로 하였다. 공동체위원회는 남용적 피라미드의 위험에 대한 검토를 통해 규제를 해야 할 것인지 여부를 중기적 과제로 검토하기로 하였다.

(3) 회사의 구조조정 및 이전

유럽 시장의 통합은 국경을 초월하는 사업의 증가를 수반하게 되었다. 이에 따라 외국 회사와의 합병이나 회사의 본거지(seat)를 다른 회원국으로 이전할 필요성도 증가하게 되었지만, 회원국의 법제도의 차이로 인하여 원활한 구조조정이 이루어지지 못하는 어려움이 발생하였다.

1) 국제합병

일부 회원국에서는 현재 국경을 초월하여 다른 회원국의 회사와 합병하는 것이 불가능한 것이 아니지만, 네덜란드, 스웨덴, 아일랜드, 그리스, 독일, 핀란드, 덴마크, 오스트리아와 같은 국가에서는 국제합병이 금지되고 있다. 따라서 이러한 금지를 우회하기 위해서는 기존 회사를 청산하고 새로운 회사를 설립하는 방식이 이용되었다. 이러한 시간과 비용의 낭비를 방지

32 독일에서는 회사법에 콘체른 관계의 규정을 두고 친회사와 자회사 간에 계약을 체결하여 자회사의 이익이 기업집단에 종속하는 것을 인정하면서 자회사의 주주에 대하여 일정한 보상을 할 것을 규정하고 있다. 프랑스에서는 형법의 판례 중에 자회사와 친회사의 경영자가 개별 기업이 아니라 전체를 위하여 행위한 경우에는 배임 등의 죄를 면책하는 원칙이 형성되어 있다〔海外情報, 商事法務 No.1629(2002. 5. 25), 57면〕.

하기 위하여 공동체위원회는 실행계획에 국제합병에 관한 지침을 제정하기로 하였고, 2005년 10월에 유한책임회사의 국경을 초월한 합병에 관한 지침이 채택되었다.[33]

국제합병에 관한 지침안은 최초로 1984년에 제안되었으나 노동자의 경영참여제도에 대한 이견 때문에 채택되지 못한 전력이 있었다. 금번에 채택된 지침에서는 노동자의 경영참여에 관해서는 유럽주식회사의 규정을 준용하기로 하였는바, 원칙적으로 합병의 결과 성립된 회사에 적용되는 회원국법에 의해 규율되지만, 합병당사회사 중 한 회사는 노동자의 경영참여제도의 적용을 받고 합병의 결과 성립된 회사의 본점이 노동자의 경영참여에 대한 규정을 두지 않은 경우에는 새로이 성립된 회사는 노동자들과 노동자의 경영참여제도 여부의 존부에 대해 협상을 하고, 협상이 결렬된 경우에는 합병당사회사들 중 노동자의 경영참여를 최고 수준으로 보장하는 회원국의 법이 적용된다.

2) 회사의 등록사무소의 이전

당해 기업의 상황에 가장 적절한 적용법을 선택함으로써 시장상황에 대처할 수 있도록 하기 위해서는 기업의 본거지를 자유롭게 이전할 수 있어야 할 것이다. 유럽재판소(Court of Justice)는 남용이 없는 한, 영업활동의 전부 또는 주된 부분을 다른 회원국에서 영위하면서 특정회원국의 법적용을 받는 것을 유일한 목적으로 특정회원국에서 회사를 설립하는 것이 가능하다는 입장을 보여 왔다.[34] 그러나 특정회원국의 법에 근거하여 설립한 회사의 본거지의 이전에 관계된 문제는 개업의 자유에 관한 규정만으로 해결될 수 없었다. 등록사무소를 이전함으로써 개업의 자유에 관한 권리를 행사함에는 host 회원국의 법에 따른 법인격을 취득하고, 청산을 하지 않아도 된다는 것이 전제가 되어야 한다. 공동체위원회는 2004년 2월 26일 유한책임회사의 등록사무실의 초국경 이전에 관한 제14지침안의 가안에 대한 입법의견조회를 실시하였다.

33 Directive 2005/56/EC of the European Parliament and of the Council of 26 October 2005 on Cross-border mergers of limited liability companies(OJ L 310, 25/11/2005). http://europa.eu.int/eur-lex/lex/LexUriServ/site/en/oj/2005/l_310/l_31020051125en00010009.pdf. 이 지침은 위원회가 2003년 11월에 제안하여(IP/03/1564) 2004년 11월에 이사회의 정치적 합의를 얻어내고(IP/04/1405) 2005년 5월에 의회에서 채택되었고(IP/05/551) 2005년 9월에 위원회에서 공식적으로 채택되어 이사회와 의회의 서명을 10월 26일에 얻었다.

34 Cases 79/85 Segers, C-212/97 Centros, C-1767/01 Inspire Art.

3) 제3지침 및 제6지침의 간소화

High Level Group은 기업구조조정과 관련하여 제3지침(공개유한책임회사의 합병)과 제6지침(공개유한책임회사의 분할)의 간소화를 권고하였는바, 공동체위원회는 적절한 안정장치가 확보되는 것을 전제로 해서 절차의 간소화에 찬성하였다. 다만, 급박한 필요성이 없다는 이유로 이를 중기과제로 추진하기로 하였다.

(4) 유럽사회사(The European Private Company)

공동체위원회는 2001년 10월 채택된 유럽주식회사(SE)가 업계의 기대, 특히 중소기업(SMEs)의 기대를 충족시키지 못한다는 점에 주목하고, 국제적으로 활동하는 중소기업의 수요를 충족시키기 위하여 유럽 차원에서의 새로운 회사형태인 유럽사회사(European Private Company, EPC)의 도입에 대해 검토하기로 하였다. 원래 High Level Group은 국제합병에 관한 제10지침을 채택하는 것이 우선적이고, 이 지침이 EPC의 목적의 일부를 달성할 수 있을 것으로 기대하였다. 이에 따라 EPC 도입의 이점과 이와 관련된 문제점을 파악하는 검토를 제10지침이 채택되고 난 이후에 중기적으로 시행할 것을 권고하였다. 그러나 공동체위원회는 제10지침의 채택경과와 상관없이 단기과제로 EPC에 대한 타당성 검토를 하고 그 결과에 따라 중기과제로서 EPC 법령을 제안하기로 하였다.

(5) 기타

EU에서는 회사형태 이외의 다른 형식의 단체들(legal forms)도 국경을 초월하여 활동을 용이하게 할 수 있도록 하기 위하여 각종 단체에 관한 유럽 차원의 규율을 검토하고 있다. 2003년 7월에는 European Cooperative Society(Societas Coorperativa Europaea, SCE)에 관한 규칙이 채택되었고, Statue of the European Mutual Society 및 노동자의 공동결정에 관한 지침[35]이 채택되었다. 그 외에도 European Association과 European Foundation에 대한 규칙도 검토되고 있다.

또한 위원회는 공정한 경쟁을 유지하고 회사가 사기나 테러 기타 범죄활동에 이용되는 것을 방지하기 위하여 유한책임을 지는 모든 단체에 대하여 공시를 강화하기로 하였다.[36]

35 OJ L 207/1 및 207/25.

36 제1지침의 공시규정[회사가 일정한 서류를 등록관(register)에게 제출해야 하고 이해관계인이 사본을 청구할 수 있다]은 유한책임회사에만 적용되고, 회사 이외의 다른 기업형태에는 적용되지 않는다.

다만 그 범위와 어떠한 방식으로 제안을 할 것인가에 대해 검토가 필요하고 다른 우선과제가 많다는 점을 고려하여 이를 중기과제로 추진하기로 하였다.

Ⅳ. 결론

현재 회사법 분야는 세계화에 따라 나날이 심화되어 가는 경쟁에 대처하기 위해 기업의 효율성과 경쟁력을 제고하기 위한 노력이 경주되고 있다. 이와 아울러 미국의 엔론 사건이나 월드콤 사건 등과 이탈리아의 파말라 사건 등의 회사의 재무 관련 스캔들은 기업의 효율성과 경쟁력을 제고하는 데 있어서 회사지배의 투명성의 중요성을 다시 한 번 인식하는 계기가 되었고, 투명한 회사지배는 효율적인 자본시장과 나아가 시장경제의 전제라는 점이 강조되었다. 이러한 인식에 힘입어 유럽에서도 그동안 정체상태에 빠져 있던 EU 회원국 법의 조화는 새로운 동력을 얻게 되어 EU 회사법 현대화 계획이 진행되고 있다. 우리나라에서도 이와 같은 흐름 속에서 회사법의 현대화를 고민해야 할 것이다.

EU 회사법 현대화 계획에서 찾아볼 수 있는 특징 중 하나는 회사의 행위에 대한 직접적이고 사전적인 규제보다는 공시를 강화하고 모범규준에 의해 규율하는 등 hard law에서 soft law로의 전환이라고 할 수 있다. 이러한 규율방식은 보다 유연한 회사법을 통하여 회사의 활동반경을 넓히면서도 동시에 투자자나 시장에 의한 감독이 가능하도록 하는 기반을 제공하는 방법이 될 수도 있을 것이다. 법정자본제도를 완화 내지 폐지하는 반면에 회사지배구조 및 기관투자자의 의결권행사에 대한 공시 강화, 특수관계인과 거래와 부외거래 등에 대한 공시 강화 등에 의한 기업집단의 규율은 이러한 흐름의 예라고 볼 수 있을 것이다. EU 차원의 논의는 아니지만 이사의 보수에 대한 주주총회의 결의에 대해 권고적 효력만을 인정하고 있는 영국의 회사법은 이 점에서 매우 흥미롭다.

또한 주주에 의한 감독과 이사회를 통한 감독의 실효성을 높이기 위한 각종 장치들에도 주목할 필요가 있다. 주주의 의결권행사가 용이하도록 전자적 수단에 의한 주주총회소집통지라든가 의결권행사를 가능하도록 하는 것, 주주명부폐쇄의 금지, 의결권행사의 대리인 자격제한 금지, 의결권대리행사에 있어서 형식적 요건을 부가함으로써 대리행사를 어렵게 만드는 것의 금지 등을 우리나라 회사법 개정에서도 고려해야 할 것이다. 또한 이사회 및 위원회의 구성 및 구체적 역할에 대한 공동체위원회의 권고는 우리나라에서도 지침이 될 수 있을 것이다. 복수의결권 주식을 인정할 것인가, 1주 1의결권원칙을 강제할 것인가와 기업집단에 대한 규율에 관해 앞으로 EU에서 어떠한 결론을 내리게 될 것인가도 관심을 가지고 지켜볼 필요가 있을 것이다.

제4장

영국의 회사법 개정 동향

윤영신

I. 서론

영국 회사법의 주요 원칙은 1884년의 주식합자회사법(Joint Stock Companies Act 1884)과 1855년 유한책임법(The Limited Liability Act of 1855)에 의하여 기본적 구조를 갖추게 되었다. 여기서부터 회사 스캔들이나 기타 문제가 발생할 때마다 이에 대처하기 위한 개정이 이루어졌다. 대개 20년 간격으로 회사법 개정에 대해 검토할 위원회가 임명되고, 이러한 위원회의 제안에 따라 개정법(amending act)을 통하여 기존 조항을 수정 · 변경하거나 새로운 내용의 조항을 추가하다가 이러한 부분적 개정이 집적되면 이를 통합(consolidation)한 법을 만드는 방식이다. 이러한 통합은 1908년, 1929년, 1948년에 이루어졌는데, 가장 최근의 통합 버전은 1985년 회사법으로서 이것이 현재까지 회사법에 관해 가장 기본적인 법원이 되고 있다.

이러한 과정에서 회사법은 회사법 개정검토위원회의 제안의 수용, 영국이 EC에 가입함에 따라 EC 지침을 반영하기 위한 개정, 1986년 도산법(Insolvency Act 1986), 1986년 금융서비스법(Financial Services Act 1986)에 따른 일부 회사법규정의 폐지, 1989년 회사법 등 개정사항이 추가되면서 점점 더 일관성을 상실하고 복잡하여 이해하기 어려운 법이 되어 버렸다. 더구나 보다 근본적으로 영국의 회사법은 빅토리아 여왕시대의 문장과 개념을 사용하여 현대적 수요를 충족시키지 못하는 시대에 뒤떨어진 입법이라는 한계가 있었다. 또한 캐나다, 호주, 남아

프리카공화국, 뉴질랜드, 홍콩 등 영국법을 모델로 하고 있던 영연방 국가들에서 연속적 회사법 개정이 이루어졌다는 점은 영국 회사법이 글로벌경제시대에 경쟁력을 상실할 수 있다는 위기감을 불러일으키게 되었다. 이에 따라 영국 정부는 회사법에 대한 근본적인 개정검토를 하게 되었다.

II. 회사법 개정의 개관

1. 「경쟁력 있는 경제를 위한 현대적 회사법」(1998. 3)

영국의 통상산업부(Department of Trade and Industry, DTI)는 의견조회문서[1](consultation document) 「경쟁력 있는 경제를 위한 현대적 회사법」(1998. 3)[2]을 발표하여 회사법에 대한 근본적 개정검토(Company Law Review)를 하기로 하였다. 회사법 개정검토는 "핵심회사법(Core company Law)[3]에 한정하여 검토를 하고, 현재의 복잡하고 시대에 뒤처지고 누더기식의 회사법 대신 21세기를 위한 현대적인 법을 비전문가도 이해할 수 있는 표현으로 만드는 것을 목적으로 하였다. 이러한 계획은 영국에서 압도적인 환영을 받았다.[4]

회사법 개정검토작업의 진행을 위해 DTI는 개정검토위원회(A Steering Group)와 구체적 작업을 담당할 실무작업팀(Working Groups)을 구성하고 준비작업에 다방면의 의견을 반영하기 위해 자문위원회(Consultative Committe)를 두었다.

1 command paper는 의회제출문서(Parliamentary paper)로서 실제로는 장관이 제출하지만 형식적으로는 "여왕 폐하의 명령에 따라(Command of Her Majesty)" 제출된다는 것에서 유래한 명칭이다. command paper의 주제는 주요 정책제안(White Paper)과 의견조회문서(Green Papers), 조약과 같은 외교문서, 위원회보고서에 대한 정부의 답변, 주요 조사위원회의 보고서나 정부부서의 보고서나 검토의견이다.

2 Department of Trade and Industry, Modern Company Law for a Competitive Economy(1998. 3)〔URN 98/1242〕. Available at http://www.dti.gov.uk/files/file23283.pdf?pubpdfdload=98%2F1242.

3 '핵심회사법(core company law)'이란 명확한 정의가 존재하는 개념은 아니고, 회사법 개정검토팀위에서 1986년 도산법(Insolvency Act 1986)을 제외하기 위해 사용한 개념이다.

4 Jonathan Rickford, A History of the Company Law Review, The Reform of United Kingdom Company Law(ed. by John de Lacy), Cavendish Publishing Limited(London, 2002), 10-11면.

2. 개정검토위원회의 검토작업

(1) 「전략적 구상」(1992. 2) 의견조회 문서

개정검토위원회는 1998년 6월 처음 회동하여 개정검토위원회와 실무작업팀에서 검토해야 할 분야와 개정작업에서의 준거를 정한 후, 이에 따른 작업결과 1999년 2월 "경쟁력 있는 경제를 위한 현대적 회사법—전략적 구상"[5]을 발표하였다.

검토작업의 준거는 회사법을 간소화하여 이용자의 접근성을 높이는 것, 강행법규에 의한 강제와 형사처벌은 필요한 경우를 제외하고 최소화한다는 것이었다.

여기서 검토된 분야는 다음과 같다. ① 회사법 범위의 문제로서 회사의 존재목적을 주주이익의 최대화와 이해관계자의 이익중시 중 어느 쪽에 두어야 할 것인가의 문제, ② 소규모 폐쇄회사의[6] 수요에 대한 배려, ③ 회사의 설립에 관한 규율 간소화, ④ 자본유지에 관한 복잡한 규율의 간소화, ⑤ 법률과 여타 규제의 경계를 어디로 해야 할 것인가, ⑥ 영국법의 경쟁력을 포함하여 국제적 환경에서의 영국법, ⑦ 정보통신기술 발전의 회사법에의 영향, ⑧ 소규모 회사에 대한 회계 및 재무보고 면제 및 기타 회계 및 재무보고규정 및 회사 회계서류의 형식과 회계감사인의 책임.

(2) 검토작업의 구체적 진행

"전략적 구상" 의견조회문서 발표 이후 개정검토위원회는 수 차례에 걸쳐 의견조회문서를 발표하고 이에 대한 회답을 참고하여 정책 방향과 구체적 개정방안 등을 제안하였다. 개정검토위원회가 발표한 의견조회문서는 다음과 같다.

—1999년 10월에 개정검토위원회는 검토작업이 먼저 진행된 부분에 대해 의견조회를 하는 3개의 의견조회문서를 발표하였다.

· 「주주총회와 주주간의 통신」(1999. 10)[7]

5 Department of Trade and Industry, Modern Company Law For a Competitive Economy : The Strategic Framework, A Consultation Document from the Company Law Review Steering Group (1999. 2)〔URN 99/654〕. Available at http://www.dti.gov.uk/files/file23279. pdf?pubpdfdload= 99% 2F654.

6 영국에서 주식회사는 공개회사(public company)와 폐쇄회사(private company)로 나눈다. 양자를 구별하는 가장 기본적 기준은 폐쇄회사는 주식을 공모할 수 없다는 것이다.

7 Department of Trade and Commerce, Modern Company Law for a Competitive Economy : Company General Meetings and Shareholder Communication, A consultation from the Company Law Review Steering Group (1999. 10) 〔URN 99/1144〕. Available at http://www.dti.gov.uk/files/

· 「회사의 설립과 자본유지」(1999. 10)[8]

· 「외국 회사에 관한 법의 개정」(1999. 10)[9]

— 「경쟁력 있는 경제를 위한 현대적 회사법 : 전략적 구상의 발전」(2000. 3)[10]

— 「경쟁력 있는 경제를 위한 현대적 회사법 : 회사법구조의 완성」(2000. 11)[11]

3. 「최종보고서」(2001. 7)

회사법 개정검토는 2001년 7월 「경쟁력 있는 경제를 위한 현대적 회사법 : 최종보고서(2001. 7)」[12]를 제출함으로써 종결되었다. 최종보고서에는 최종 개정제안과 함께 회사법안의 일부 초안이 게재되었다.

4. 「회사법 현대화」(2002. 7) 백서

2002년 7월에는 최종보고서의 제안의 주요 부분에 관한 정부의 회답과 회사법 개정법안의 일부를 포함한 백서 「회사법 현대화」(2002. 7) 백서(white paper)가[13] 의회에 제출되었다. 통상적으로 백서는 최종적으로 확정된 정책을 제안하는 의회제출문서이지만, 「회사법 현대화」 백

file23274.pdf?pubpdfdload=99%2F1144.

8 Department of Trade and Commerce, Modern Company Law for a Competitive Economy : Company Formation and Capital Maintenance, A Consultation from the Company Law Review Steering Group (1999. 10)〔URN 99/1145〕. Available at http://www.dti.gov.uk/files/file23277.pdf?pubpdfdload=99%2F1145.

9 Department of Trade and Commerce, Modern Company Law for a Competitive Economy : Reforming the Law Concerning Overseas Companies, A consultation from the Company Law Review Steering Group (1999. 10)〔URN 99/1146〕. Available at http://www.dti.gov.uk/files/file23278.pdf?pubpdfdload=99%2F1146.

10 Department of Trade and Commerce, Modern Company Law for a Competitive Economy : Developing the Framework, A Consultation from the Company Law Review Steering Group (2000. 3)〔URN 00/656〕. Available at http://www.dti.gov.uk/bbf/co-law-reform-bill/clr-review/page25086.html.

11 Department of Trade and Commerce, Modern Company Law for a Competitive Economy : Completing the Structure, A Consultation Document from the Company Law Review Steering Group (2000. 11)〔URN 00/135〕. Available at http://www.dti.gov.uk/bbf/co-law-reform-bill/clr-review/page25080.html.

12 The Company Law Review Steering Group, Modern Company Law for a Competitive Economy : Final Report, 2 Volumes (2001.7)〔URN 01/942, 01/943〕.

13 Modernising Company Law, Cm 5553 (2002. 7).

서는 확정적인 계획을 밝힌 것이 아니라 후속의 입법의견조회를 예정하고 있다는 점에서 통상적인 백서와 차이가 있었다. 이에 따라 「회사법 현대화」 백서에 대해서는 큰 의미를 부여하지 않고 다만 회사법 개정작업을 계속적으로 진행할 것이고 회사법 개정검토가 생각보다 방대한 작업이었음을 나타낼 뿐이라고 하기도 한다.[14] 「회사법 현대화」 백서에서는 최종보고서의 내용을 거의 대부분 받아들였으나 일부는 다른 입장을 취하기도 하였고 검토를 미룬 부분도 있다.

5. 「유연성과 접근성」(2004. 5) 입법의견조회 보고서

회사법 개정작업은 회사법의 실체적 내용의 개정과 회사법조문을 현대적으로 이해하기 쉬운 용어로 재작성하는 작업으로 진행되었는데, 회사법을 경제환경 변화에 따라 최신성을 유지할 수 있도록 하는 방안으로서 회사법의 기본원칙은 법률(primary legislation)로 규정하고, 보다 구체적인 내용은 제2차적 규칙(secondary legislation)으로 규정할 것을 예정하였다. 특히 상황의 변화에 따라 계속적인 개정이 필요한 부분에 대해서는 특히 제2차적 규칙의 이용을 강조하였다. 그런데 이러한 방식은 법률에 의해 규율되어야 할 부분과 제2차적 규칙으로 규율할 부분의 구분이 명확하지 않다는 문제점이 있다.

이에 따라 DTI는 2004년 5월 "회사법—유연성과 접근성"(2004. 5) 의견조회문서를[15] 발표하여 대부분의 규율을 법률에 의하여 하지만, 법률규정사항을 후에 특수한 제2차적 입법으로 개정할 수 있도록 하는 새로운 방식을 제안하여 의견조회를 하였다.

6. 부분적 개정입법

위에서 살펴본 바와 같이 회사법 개정작업은 더디게 진행되어 갔고, 영국 정부는 작업의 완결을 기다리지 않고 회사지배구조와 관련한 일부 제안을 받아들여 기존의 방식대로 부분적 개정입법을 하였다. 이러한 입법은 회사법 개정작업의 완결시 회사법안에서 반영된다. 이러한 개정입법으로는 다음과 같은 것이 있다.

—2002년 이사의 보수 보고 규칙[16]

14 Eilis Ferran, Company Law Refrom in the United Kingdom : A Progress Report (March 2005), ECGI—Law Working Paper No. 27/2005. Available at http://ssrn.com/abstract= 644203.

15 Department of Trade and Industry, Company Law. Flexibility and Accessibility : A Consultative Document(2004. 5)〔URN 04/994〕.

16 Director's Remuneration Report Regulations 2002 (SI 2002/1986).

—2004년 회사법(회계감사, 조사 및 지역사회기업)[17]
—1985년 회사법 개정규칙(중소규모 회사의 회계 및 회계감사 면제)[18]
—1985년 회사법 개정규칙(영업 및 재무보고(OFR)와 이사보고 등)[19]

7. 「회사법 개정」(2005. 3) 백서

2005년 3월 DTI는 「회사법 개정(Company Law Reform)」(2005. 3)[20] 백서를 의회에 제출하였다. 이 백서에는 회사법 개정의 목표를 i) 회사의 설립과 확장을 용이하게 함으로써 기업활동 촉진, ii) 투자자에게 신뢰를 줌으로써 자본의 효율적 배분 촉진, iii) 주주의 참여와 기업과 투자자의 효율적 접촉을 하여 회사의 장기적 성과 제고, iv) 회사를 설립하고 운영하기에 가장 좋은 국가로서 영국의 지위 유지로 요약하고 있다. 이 백서에서는 개정방향과 아울러 300여 개의 조문안이 서술되었고, 그 이후 7월, 9월, 10월에 추가적으로 조문안이 공표되었다. 이 백서에 의하면 1985년 회사법의 3분의 2 정도가 개정된다.

8. 회사법 개정안의 의회제출 및 심의

2005년 11월 1일 885조문과 15개의 부속표(Schedule)로 이루어진 회사법 개정법안(Company Law Reform Bill)이[21] 상원에 제출되었고, 2006년 5월 24일 하원에 제출되어 2006년 7월 20일 현재 하원 위원회 절차를 종료하였다. 이 법안의 명칭은 2006년 7월 하원의 위원회 절차에서 "회사법안(Companies Bill)"으로 명칭이 변경되었다. 이와 아울러 2006년 6월 9일 공개회사의 모범정관안(Draft model articles of association for public companies)이 의견조회를 위해 발표되었다.

17 Companies(Audit, Investigations and Community Enterprise) Act 2004.
18 Companies Act 1985(Accounts of Small and Medium-sized Enterprise and Audit Exemption) (Amendment) Regulations 2004(SI 2004/16).
19 The Companies Act 1985(Operating and Financial Reviews(OFR) and Directors' Report) Regulations 2005 (SI 2005/1011).
20 Company Law Reform, Cm 6456 (2005. 3).
21 The Company Law Reform Bill [HL] Bill 34 2005-06.

III. 부분적 개정 입법

회사법 개정검토의 취지 중의 하나는 일부 개정이 계속됨으로 인한 혼란과 불명확성을 제거하겠다는 것이었지만, 전면적 회사법 개정은 워낙 방대한 작업이라 진행이 지체되자 개정이 회사법 개정검토에서 제안된 사항 중 일부는 회사법 개정법안 외에서 별도로 입법되었음은 위에서 지적하였다. 이하에서는 회사법 개정검토 중 이루어진 별도입법에 의한 개정에 대하여 살펴본다.

1. 2002년 이사의 보수보고규칙

(1) 이사의 보수공시제도의 배경

1990년대부터 이사에게 거액의 보수가 지급되는 것이 논쟁이 되어 왔고, 2000년대 초반에는 회사의 스캔들과 기술주 붕괴에도 불구하고 경영진에 대해 과도한 보수가 지급된 것에 대한 비난이 급등하였다. 이에 따라 영국 정부는 이사의 보수를 공시함으로써 이사 보수에 관한 투명성과 책임성을 강화하기 위하여 2002년 이사의 보수보고규칙(Directors' Remuneration Report Regulations 2002)을[22] 제정하였다.[23]

(2) 보수공시의 내용

2002년 이사보수 보고규칙에 따라 상장회사(quoted company)[24]는 연차보고서에서 이사의 보수를 공시하여야 한다. 이사의 보수공시의무가 상장규정상의 의무에서 법상의 의무로 전환된 것이다. 공시에는 회사의 보수정책, 보수위원회 역할 및 위원의 상세, 각 이사의 당해 연도

22 The Directors' Remuneration Report Regulation 2002 (SI 2002/1986) ; The Companies (Summary Financial Statement) Amendment Regulations 2002 (SI 2002/780).

23 Department of Trade and Industry, Directors' Remuneration : A Consultative Document (1999)〔URN99/923〕의 의견조회의 결과를 반영하여 2001년 12월에 상장회사에서 이사의 보수 공시에 대해 제안한 의견조회문서 「이사의 보수」가 발표되었다〔Department of Trade and Industry, Directors' Remuneration : A Consultative Document (2001)〕. 2002년 이사의 보수보고규칙(Director's Remuneration Report Regulations 2002)은 이 보고서의 제안에 기초하여 이루어진 개정으로서 2002년 8월부터 시행되었다.

24 주식이 영국이나 EEA 회원국에서 상장되어 있거나 NYSE, NASDAQ에서 거래되는 회사〔CA 1985 s. 262(1)〕.

보수 패키지 총액이 포함되어야 하고(1985년 회사법, ss 234B-C, 241A 및 sch. 7A), 이하 CA 1985로 표기함)보수위원회의 고려에 관한 사항, 과거 5년간 회사의 업적추이를 보여 주는 그래프, 이사의 고용계약이 포함되어야 한다. 개별 이사의 보수 패키지를 기재한 보수보고 부분은 감사를 받아야 한다(CA 1985 s 235 및 sch. 7A. Pt3).

(3) 이사의 보수에 대한 권고적 결의

또한 상장회사는 연차총회에서 보통결의로 이사의 보수보고서 승인결의를 하여야 한다(CA 1985 s. 241A). 이 결의는 각 이사의 보수가 아니라 보수보고 전체에 대하여 승인을 하는 것이고, 결의가 권고적 효력만을 가질 뿐이라는 점이 특이하다. 권고적 효력의 주총 승인결의의 효과에 대해서는 의문이 존재했으나 상업적으로 매우 큰 영향이 있을 것이라는 인식이 일반적이다. 그러나 일반주주는 관심이 없고 기관투자자는 경영진과의 충돌을 회피하려는 성향이 있어서 이러한 권한 행사가 얼마나 이루어질지에 대해 의문을 표명하는 견해도 있다.

(4) 퇴임이사의 과도한 퇴직위로금 논란

또한 법개정에까지 이르지는 않았으나 2003년 6월에는 경영이 악화된 회사에서 퇴임이사가 과도한 보수를 받는 것을 제한하는 것에 대한 의견조회문서 "실패에 대한 보상"이 공표되었다.[25] 의견조회의 결과 현 단계에서는 새로운 법이 필요하지 않다는 결론을 내렸으나, 직후에 1,500만 파운드의 퇴직보수 지급사건이 발생하여 각계의 비난을 받게 되었다. 따라서 이 문제는 정부는 개정검토에서 계속적으로 고려될 것이다.

2. 회계감사인 및 회계에 대한 감독 강화 〔2004년 회사법(회계감사, 조사 및 지역사회기업)〕

엔론 사태 이후 미국의 Sarbanes-Oxley Act의 영향으로 2004년 회사법(회계감사, 조사 및 지역사회기업)〔Companies (Audit, Investigations and Community Enterprise) Act 2004〕에 의해[26] 회계감사인 및 회계에 대한 감독을 강화하게 되었다.

25 Rewards for Failure : Directors' Remuneration Contracts, Performance and Severance : A Consultative Document (2003. 6)〔URN 03/652〕.

26 이 법은 두 부분으로 구성되어 있는데 전반부는 회계감독 강화에 관한 것이고, 후반부는 지역사회이익회사라는 전혀 별개의 주제에 대해 규정한 것이다.

이 법은 영국의 Professional Oversight Board for Accountancy(POBA)의 법적 근거 제공을 포함하여 회계감사인에 대한 제도적 감독을 강화하고, 내부고발자를 신뢰(confidence)관계 위반책임으로부터의 보호하는 것 등 회사에 대한 조사제도를 강화하였다. 또한 이사에게 ① 이사가 아는 한 회계감사인이 모르는 관련된 회계정보(audit information)가 존재하지 않고, ② 관련된 회계정보를 인지하고 회계감사인이 그 정보를 알도록 하기 위해 이사로서 필요한 모든 조치를 다 했음을 확인할 의무를 부과하였다.

3. 이사의 책임 완화〔2004년 회사법(회계감사, 조사 및 지역사회기업)〕

(1) 이사의 책임 제한 및 비용보상 논의 배경

현행 회사법상으로는 이사 및 감사의 의무위반에 대한 민사책임 면제조항은 무효이다(CA 1985 s.310). 다만 이사의 배상책임보험 가입과 민사 · 형사재판에서 승소한 경우 방어비용보상(indemnification)은 허용하고 있다. 그런데 이사의 책임 강화는 비업무집행이사와 관련하여 필요한 이사의 확보를 어렵게 할 수가 있다. DTI의 의뢰에 따라 수행한 연구에서[27] Higgs는 적어도 대기업에서는 아직까지는 잠재적 책임 가능성이 비업무집행이사직 취임 억제에는 이르지 않고 있다고 판단하였지만, 그러한 위험성이 있음은 인정하고 정부가 이사의 책임에 관한 규정, 특히 보상(indemnification)에 대한 금지에 대해 검토할 것 촉구하였다.[28] 이에 따라 DTI는 2003년 12월 이사 및 회계감사인의 책임의 완화 여부에 관한 의견조회문서를 공표하였다.[29]

(2) 비용보상

이에 대한 회답에 따라 DTI는 2004년 9월 회계감사인의 책임에 관한 규정은 개정하지 않는다는 방침을 표명하였고, 이사의 책임에 관해서는 2004년 회사법(회계감사, 조사 및 지역사회기업)〔Companies(Audit, Investigations and Community Enterprise)Act 2004〕에 의하여 ① 제3자가 제

27 Review of the Role and Effectiveness of Non-executive Directors (2003. 1)〔URN 03/636〕. Available at http://www.dti.gov.uk/files/file23012.pdf?pubpdfdload=03%2F636.

28 Equitable Life Assurance Society v. Hyman, (2002) 1 A.C. 408, H.L. 사건에서는 회사가 종전의 이사에게 30억 파운드의 배상청구를 하였는바, 이사가 소송의 대상이 될 수 있다는 사실 자체가 충격이었다.

29 Department of Trade and Industry, Director and Auditor Liability : A Consultative Document (2003. 12)〔URN 03/1638〕.

기한 소송에 대한 보상〔패소판결시의 소송비용과 배상액도 포함, 다만 형사절차에서 패소한 경우 소송비용과 형사절차에서 부과된 벌금과 금융감독당국(Financial Services Authory)과 같은 규제기관이 부과한 제재금을 제외〕을 허용하고, ② 이사의 방어 비용을 비용발생시 이사에게 지급을 허용하였다. 지급은 회사가 제기한 소송에서도 허용되었다. 그러나 이사가 패소한 경우에는 지급받은 방어비용을 반환하여야 한다. 그리고 이사의 책임에 관한 보상은 이사 보고서(director's report)에서 개시되어야 하고, 주주는 보상계약을 검사할 권리가 있다.

4. 소규모 회사의 감사 완화

최종보고서 및 「회사법 현대화」 백서에서 제안된 소규모 회사에 대한 회계감사 완화가 1985년 회사법(중소규모 회사의 회계 및 회계감사 면제)(개정)규칙[30]에 의해 실행되었다. 여기서는 매출액과 자산 총액을 각각 560만 파운드와 280만 파운드로 인상함으로써 6만 9천여 개의 회사가 회계감사의 면제를 받게 되었다.

5. 영업 및 재무보고서

(1) OFR 제출의무

OFR 제출의무는 최종보고서의 핵심적 권고사항으로서 「회사법 현대화」 백서에서도 이러한 제안을 승인하였고, 정부는 2003년 여름에 이를 규칙(regulation)에 의해 도입할 계획을 밝혔다. 이에 따라 1985년 회사법(영업 및 재무보고와 이사보고서 등)(개정)규칙 2005〔The Companies Act 1985(Operating and Financial Review and Director's Report etc.) Regulations 2005〕[31]가 통과되어 2005년 3월 22일부터 발효되게 되었다. 이에 따라 상장회사(quoted company)는 OFR의 제출의무를 부담하게 되었다.

OFR은 기존의 재무보고는 정량적인 것이라는 한계가 있다는 점에서 착안하여, 영업, 성과, 계획 및 전망, 이사가 사업의 이해를 위해 필요하다고 판단하는 정보(예를 들어 종업원, 거래처, 고객과의 관계, 환경 및 지역사회에 대한 영향, 회사의 지배구조 및 위험관리 등)를 기재하도록 한 것이다.

30 SI 2004/16.
31 SI 2005/1011.

(2) OFR 규칙의 폐지

OFR 규칙은 입법된 지 얼마 되지 않아 폐지되었다.[32] 그 이유는 EC의 「회계 현대화 지침(Account Modernization Directive)」[33]의 국내 입법화에 따라 일정 규모 이상의 회사는 이사의 보고서(directors' report)에 '경영검토(business review)'를 포함시켜야 하기 때문이다. 경영검토는 사업의 성과와 위험을 평가하기 위해 필요한 사항을 기재하여야 하고, 여기에는 필요한 경우에는 환경이나 종업원문제도 포함된다. OFR과 유사하지만 OFR이 좀 더 상세한 개시를 요구하고 회계감사인에 의한 좀 더 엄격한 감사를 받아야 한다는 점에서 회사에 부담이 될 수 있으므로 EC 기준에 따라 규율을 하기로 한 것이다.

IV. 「회사법 개정」 백서

지금까지 살펴본 바와 같이 회사법 개정작업은 장기간에 걸쳐 수많은 의견조회와 이에 대한 정부의 방침 확정을 통하여 이루어졌고, 그 과정에서 처음 검토사항의 변경이나 추가, 폐기 등의 많은 변화가 있었다. "유연성과 접근성" 의견조회문서의 Annex C에서 정부는 「회사법안」에서 다루게 될 주요 개정논점을 간략하게 정리하였다. 이 글에서는 여기서 정리된 개정논점과 기타 우리나라에 시사적인 몇 가지 논점에 대하여 「회사법 개정」 백서에서 어떠한 개정 방향을 택하기로 결정하였는가에 대하여 살펴보기로 한다.

1. 주주의 참여 제고와 장기적 투자 문화

(1) 이사[34]

1) 이사의 의무 성문법화

현재 영국에서 이사의 의무에 대해서는 제정법에 규정이 없고 판례법으로 규율되고 있다.

32 The Companies Act 1985 (Operating and Financial Review) (Repeal) Regulations 2005 (SI 2005/3442).

33 Directive 2003/51/EC of the European Parliament and of the Council of 18 June 2003 amending Directives 78/660/EEC, 83/349/EEC, 86/635/EEC and 91/674/EEC on the annual and consolidated accounts of certain types of companies, banks and other financial institutions and insurance undertakings.

34 Company Law Reform, para. 3. 3.

개정검토위원회는 이사의 의무 법리가 더욱 일관성 있고 확실하고 쉽게 찾아볼 수 있고 이해하기 쉬워야 한다는 이유로 이사의 일반적 의무를 제정법에 규정할 것을 제안하였고 「회사법 개정」 백서에서는 이를 수용하였다.

2) '진보된 주주가치(Enlightened Shareholder Value)'

이사가 주주가치 최대화를 추구하여야 할 것인지 또는 이해관계자의 총체적 이익을 추구해야 할 것인지는 회사법 개정검토에서 많은 논란이 있었던 부분이다. 백서에서는 최종보고서의 제안에 따라 이사는 주주의 이익을 위하여 회사의 성공을 추진하여야 하는데, 이는 단기적인 것뿐만 아니라 장기적 성과를 고려하여야 하고, 종업원, 공급자, 고객 등과의 관계, 높은 수준의 사업윤리 유지의 필요성, 이사들의 행위가 환경이나 지역사회에 미치는 영향 등의 요인도 고려하여야만 달성될 수 있다는 '진보된 주주가치(enlightened shareholder value)' 입장을 택하였고, 이를 이사의 일반 의무규정에 반영하기로 하였다.

최종보고서는 성문화된 이사의 의무에 1986년 도산법 214조의 부당거래규정, 즉, 회사가 도산을 회피할 합리적 전망이 없는 경우에 채권자의 손해를 최소화하기 위해 필요한 모든 조치를 취하지 못하면 도산관재인(liquidator)의 신청에 따라 이사가 책임을 져야 한다는 조항에 기초한 의무를 규정할 것을 제안하였다. 또한 회사가 도산할 가능성이 있는 경우에(likely to become insolvent) 사원의 이익을 위하여 회사의 성공을 계속 추구하는 것과 도산위험성 사이에 균형을 잡아야 하는 의무를 규정할 것인지 여부에 대한 논의를 하였다. 그러나 「회사법 현대화」 백서에서는 두 조항 모두 채택하지 않기로 결론을 내렸고 이는 「회사법 개정」 백서에서도 동일하다. 전자는 체계상 회사법에 규정하는 것이 바람직하지 않다는 이유이고, 후자는 이사가 책임을 회피하기 위하여 무조건 계속 기업을 포기할 위험성 때문이다.

3) 이사의 책임 제한 및 보상

이사의 책임법리는 2004년 회사법(회계감사, 조사 및 지역사회 기업)에 따라 제3자에 대한 배상책임은 대부분 보상이 허용되고 방어비용을 비용발생시 미리 지급할 수 있도록 되었다.[35] 이에 대한 각계의 반응은 긍정적이었고, 이에 더하여 이사의 회사에 대한 책임 중 주의의무위반으로 인한 책임은 제한할 수 있도록 하자는 의견이 있었는바, 이의 타당성에 대해 계속 검

35 위의 III. 3. 참조

토하기로 하였다.

(2) 대표소송의 성문법화[36]

현행법상 주주대표소송은 보통법에 의하여 가능하지만 제정법에 규정이 되어 있지는 않다. 「회사법 개정」 백서에서는 회사법 개정위원회의 의견에 따라 이를 성문화할 방침을 밝혔다.

(3) 회계감사인의 책임과 회계의 수준 제고[37]

현행법상 회계감사인의 책임제한 합의는 효력이 없다고 규정하고 있다(CA 1985 s 310). 따라서 회사 스캔들의 경우에 스캔들의 관계자들간의 귀책사유의 비율에 비례하지 않고 회계감사인이 '자력이 풍부한 피고(deepest pocket)' 로서 손해배상을 100% 부담할 가능성이 있다는 점이 문제되었다.[38]

이에 따라 2003년 12월에 이사 및 회계감사인의 책임에 관한 의견조회를 행하였는데, 이사의 책임제도 개정에 대해서는 합의가 이루어졌지만 회계감사인의 책임제한에 대해서는 의견이 나뉘었다. 이에 따라 2004년 회사법(회계감사, 조사 및 지역사회 기업)에서는 이사의 책임에 대한 개정을 하였지만, 회계감사인 책임제한을 허용하지 않기로 결정하였다.[39] 그러나 이에 자극을 받아 회계감사인과 고객과 투자자들이 연합하여 회계감사인의 책임제한과 회계감사의 수준을 제고하는 방안에 대한 연구를 하였고 정부는 이 의견이 타당하다고 생각하여 「회사법 개정」 백서에서는 회계감사인의 책임에 대한 개정방침을 표명하였다.

「회사법 개정」 백서는 회계감사인의 책임을 다음 세 가지 점에서 변경할 것임을 밝혔다.

① 회계감사인의 회사에 대한 책임을 회계감사인의 손해에 대한 비율적 책임을 고려하여 법원이 형평에 맞는다고 판단하는 액수로 제한하는 것을 주주가 합의할 수 있도록 한다. 회사가 사전에 배상액을 일정 액수나 회계감사료의 몇 배와 같은 일정한 액수를 산출하는 산식으로 제한하는 것은 합의할 수 없다. 회계감사인의 책임제한 합의는 매년 회계감사 전에 해야 하고 연차재무보고서에 공시되어야 한다.

② 회계감사의 질을 개선하기 위한 조치로서 회계감사계약의 공시, 주주의 회계감사인에

36 Company Law Reform, para. 3. 4.
37 Company Law Reform, para. 3. 5.
38 일련의 회사 스캔들 이후 실제로는 회계감사인의 책임에 관한 소송이 대개 화해로 해결되어서 회계감사인이 손해의 전부에 대한 배상을 한 경우는 많지 않았지만, 그러한 가능성은 계속 남아 있다.
39 위의 III. 3. 참조.

대한 질문권, 회계감사인의 사임서면의 공시, 책임회계감사인(audit lead partner)의 회계감사보고서에의 서명. 그 외에도 Institute of Chartered Accountants in England & Wales(ICAEW)와 함께 회계감사의 수준 제고와 회계감사인간 경쟁 확보를 할 수 있는 지속적인 제도를 모색할 방침을 밝혔다.

(4) 주주권 및 주주총회에 관한 규율 개선[40]

1) 웹페이지 상의 사전공시

이사는 회계서류와 이사보고서 및 감사보고서를 당해 회계연도에 관한 주주총회와 회사등록관(Registrar of Companies)에게 제출하여야 한다(CA 1985 s 241, s 244). 개정안은 상장회사에게 위 서류를 주주총회와 회사등록관에게 제출하기 전에 웹페이지에 사전공시하도록 하였다. 이 정보는 주주뿐 아니라 일반 공중도 접근할 수 있어야 한다.

2) 주주 제안의 비용

일정 비율 이상의 의결권 또는 일정 조건을 충족시키는 주주는 주주 제안과 주주총회 의안에 대한 의견을 제출할 수 있고 회사는 이를 주주들에게 통지하여야 한다(CA 1985 s 376). 회사는 이러한 조치의 비용의 예치가 되지 않는 경우에는 통지를 하지 않을 수 있다[CA 1985 s 377(1)(b)]. 개정안에서는 상장회사 주주는 회계서류가 열람 가능하게 된 후 15일 이내에 회계서류가 제출되는 주주총회에 의안을 제안할 수 있고, 의안은 회사의 비용으로 통지되도록 하였다.

3) 소수 주주의 투표결과 조사권

상장회사 주주는 일정 비율 이상의 소수 주주의 청구에 따라 투표에 대한 독립적 조사를 청구할 수 있는 권리의 신설이 제안되었다. 또한 조사보고서는 회사의 웹사이트에 공시되어야 한다.

4) 기관투자자의 의결권행사

영국의 상장회사 주식의 대다수는 기관투자자가 보유하고 있고, 기관투자자에 의한 의결권

40 Company Law Reform, para. 3. 1.

행사는 회사지배구조에 있어서 중요한 역할을 한다. 그러나 기관투자자에 관해서는 이익충돌(회사 경영자와 사업관계 등), 의결권행사 시스템의 결함 등으로 인해 적절한 경영관여가 이루어지지 못하고 있다는 우려가 존재한다. 최종보고서는 기관투자자의 권리행사의 적정성을 확보하기 위해 다음을 제안하였다. 즉 상장회사에 대해 ① 연차보고서에 주요한 금융 서비스 제공자와의 관계를 개시할 것 ② 주주총회에서 투표의 결과를 웹사이트 및 연차보고서에 개시할 것 및 ③ 주주총회에서 투표의 조사가 제안되었다. 기관투자자에 대해서는 ④ 펀드를 운영하는 기관투자자가 의결권행사내역을 고객에서 공시할 것이 제안되었다.

「회사법 현대화」 백서에서는 기관투자자의 의결권행사와 관련해서는 ②와 ③은 지지하였지만, ①은 공시의 범위가 지나치게 광범위하고 ④는 회사법에서 취급해야 할 것이 아니라는 이유로 지지하지 않았다.

「회사법 개정」 백서에서는 기관투자자의 의결권이 어떻게 행사되었는가를 공시하도록 하는 제안을 계속해서 검토하기로 하였다. 이 검토는 기관투자자위원회(Institutional Shareholder Committee)가 공표한 의결권행사원칙과 같은 대안과의 비교를 통하여 이루어져야 한다.

2. 규율의 합리화와 '소규모 회사 우선(Think Small First)' 원칙

(1) 폐쇄회사를 위한 별도의 표준정관[41]

영국 회사법의 특징은 회사의 내부관계에 대해 정관에서 광범위하게 정할 수 있다는 것이다. 1985년 회사법의 Table A는 주식회사의 표준정관(default articles)으로서, 회사가 별도의 정관을 회사등록관에 등록하지 않거나, 등록된 정관이 Table A의 내용을 배척하는 것이 아닌 이상 이것이 회사의 정관의 내용이 된다.[42] 이러한 Table A는 당초부터 현재 영국의 공개회사에 해당되는 회사를 염두에 둔 것이고, 생각할 수 있는 모든 상황을 규율하기 위해 복잡한 규정이 점차로 추가되었기 때문에 이를 정관으로 사용하는 대다수의 회사와 관계가 없는 규정이 많다. 개정안에서는 회사의 종류에 따라 다른 표준정관을 제공하기로 하였다. 폐쇄회사를 위한 간소화된 표준정관, 현재의 Table A와 유사하지만 조문과 배열을 새롭게 한 공개회사를 위한 표준정관을 제공하기로 하였다.

41 Company Law Reform, para. 4. 3.

42 표준정관은 배제하는 명백한 의사표시가 없는 이상 표준정관이 회사의 정관으로 간주된다는 점에서 우리나라의 상장회사표준정관이 견본으로서의 성질을 가지고 있는 것과 차이가 있다.

(2) 폐쇄회사의 의사결정 절차 간소화[43]

1) 연차총회 임의화

현행법상 회사는 연차총회(Annual General Meeting, AGM)를 최소한 연간 1회를 개최하도록 하고 있는데(CA 1985 s 368), 개정안은 폐쇄회사에서 모든 주주가 동의하는 경우 AGM을 생략할 수 있도록 하였다. 2002년 「회사법 현대화」 백서에서는 단독 주주가 AGM의 개최 및 회계서류의 제출과 회계감사인의 재선임을 청구할 수 있는가에 대한 검토가 촉구되었는바, 「회사법 개정」 백서에서는 간소화의 취지에 어긋난다는 판단에 따라 10%의 소수 주주권으로 하였다.

2) 서면결의 요건 완화

폐쇄회사에서는 주주총회에 참석하여 의결권을 행사할 수 있는 주주 전원의 서명이 있는 경우에 주주총회를 개최하지 않고 서면결의가 가능하였다(CA 1985 ss 381A, 381B, 381C). 개정안에서는 의결권의 단수과반수와 75%로 서면의 보통결의 및 특별결의(special resolution)가 성립할 수 있도록 하였다.

3) 전원동의원칙의 제정법화 포기

최종보고서는 보통법상의 존재하던 '전원동의원칙(unanimous consent rule)'을 성문화하고 확장할 것을 제안하였다. 회사의 권한범위에 속하는 결정은 사원 전원일치에 의한 동의가 있으면 회사법 또는 정관규정상의 요건을 위반한 경우에도 유효하다는 규정을 회사법에 둘 것을 제안하였다. 「회사법 개정」 백서에서는 제정법화는 오히려 융통성 상실로 이어질 수 있다는 우려에서 이를 제정법화하지 않았다.

(3) 폐쇄회사에서 회사 행정임원(Company Secretary) 임의화[44]

회사 행정임원이란 회사의 성질과 규모에 따라 역할이 약간 다르지만 주주총회와 이사회에 참석하여 의사록을 작성하고 통지업무를 하며 회사가 날인하는 증서에 확인서명을 하고 주식

43 Company Law Reform, para. 4. 1.
44 Company Law Reform, para. 4. 5.

양도 관련 및 주주명부, 담보권 등록부, 회사 등 기관에의 서류제출 등을 하는 회사의 임원이다.[45] 모든 회사는 회사 행정임원을 두어야 한다[CA 1985 s 283(1), (2)]. 개정안에서는 회사법 개정위원회의 권고에 따라 폐쇄회사에서는 회사 행정임원을 선임하지 않을 수 있도록 하였다.

(4) 폐쇄회사의 보고 및 회계 간소화[46]

1) 현행 회사법 제7장의 간소화

영국에서 현행 회사법의 회계, 회계감사와 재무보고에 대한 부분은 회사의 일상업무에 가장 밀접하게 관계되어 있으면서도 특히 대규모 회사에 적용되는 규정을 소규모 회사에서는 변형시켜 적용한다는 규정의 형식상 소규모 회사가 이해하기 어렵다는 문제가 제기되는 부분이다. 이에 따라 개정안에서는 기본적 입법 방향은 회사의 규모에 따라 적용되어야 할 규정을 별도로 입법을 하면서, 일부 공통적으로 적용되는 규정은 입법기술상 중복을 피하기 위하여 공통적으로 규정하는 방안을 택하였다.

2) 간략회계서류

현행 회사법상 중소규모 회사는(CA 1985 ss 11247, 247A, 248) 회사등록관에게 간략재무제표(abbreviated financial statements)를 제출할 수 있다(CA 1985 ss 246, 246A). 회사법 개정검토위원회에서는 투명성을 강화하기 위해 이러한 요건을 삭제할 것을 권고하였으나, 개정안에서는 이러한 권고에 대한 의견이 나뉨에 따라 간략재무제표제도를 유지하지만 당해 회계연도의 매출액을 공시할 것을 규정하였다.

(5) 자본유지원칙 및 기타 주식 관련 사항 개선[47]

현행 영국 회사법에서는 채권자 보호를 위해 총 94개 조문에 달하는 매우 복잡한 자본유지원칙을 두고 있는바, 개정안에서는 이를 간소화하고 유연화하였다. 영국 정부는 공개회사의 자본제도에 관해서는 EU의 제2지침에 의한 제약 때문에 개정이 자유롭지 못하였으므로, 따

45 회사 행정임원에 대한 개요는 Geffery Morse, Charseworth's Compnay Law(17th ed. 2005), pp.334-336.
46 Company Law Reform, para. 4. 10.
47 Company Law Reform, para. 4. 8.

라서 제2지침의 적용을 받지 않는 폐쇄회사에 대해서 먼저 개정을 하기로 하고, 자본유지원칙을 대폭 완화하는 방향으로의 EU 제2지침의 개정을 촉구하였다. 공개회사에 대해서도 EU의 제2지침의 제한 범위 내에서는 현재의 자본유지원칙을 합리화 또는 명확하게 하기 위한 몇 가지 개정도 제안되었다.

우선 폐쇄회사에서의 자본유지원칙 간소화 및 유연화 등에 대한 개정 내용은 다음과 같다.

① 폐쇄회사에서 자기주식취득을 위한 재정적 지원(financial assistance)을 허용하였다. 원래 자기주식취득을 위한 재정적 지원은 자본의 유지와 회사자금 유용 및 시세조종의 위험 때문에 금지되고 있었다(CA 1985 s 151). 최종보고서에서는 이러한 제한에 반대하면서 우선 EU 제2지침의 적용을 받지 않는 폐쇄회사에 대해서는 이를 폐지할 것을 제안하였다. 남용적 거래는 이사의 의무, '불법거래(wrongful trading)' 법리, '시장남용' 법리 등에 의해 통제될 수 있으므로 개정안에선 최종보고서의 제안대로 이를 폐지하기로 하였다.

② 폐쇄회사의 자본감소절차를 완화하였다. 원래 회사의 자본감소는 정관에서 규정하고 있는 경우에, 주주총회의 특별결의와 법원의 승인을 얻어서 할 수 있다(CA 1985 ss 135-137). 채권자는 일정한 경우에 이의를 할 수 있다[CA 1985 s 136(3)]. 현행법상 폐쇄회사에서는 이사의 지급가능확인서(decalration of slovency)가 있으면 배당가능이익액과 상관없이 자본을 환급하여 자기주식을 취득하거나 상환을 할 수 있도록 하였는바(CA 1985 ss 171-177), 개정안에서는 폐쇄회사의 자본감소에 이러한 제도를 도입하였다. 따라서 개정안에 의하면 폐쇄회사는 법원의 승인이나 채권자 이의절차 없이 지급가능확인서에 따라 자본감소를 할 수 있게 되었다.[48]

③ 여기에서 더 나아가 제2지침의 구속을 받지 않는 폐쇄회사에서는 신주발행에 대한 주주의 승인(회사가 신주발행결과 두 종류 이상의 주식이 존재하게 되는 경우를 제외하고)과 상환주식발행시 정관에 발행근거규정이 있어야 한다는 요건을 폐지하기로 하였다. 공개회사와 폐쇄회사 모두 상환주식의 조건과 상환을 방법을 정관에 기재하지 않아도 되도록 함으로써 주주는 이사가 결정하는 조건에 따라 상환주식의 발행을 승인할 수 있게 되었다. 대신 상환의 조건과 방법은 회사등록관(Registrar of Companies)에게 제출되어야 한다.

제2지침의 제한범위 내에서 자본유지원칙과 관련한 개정으로는 다음과 같은 것들이 있다.

① 이익배당제한규정의 적용범위를 명확히 하기 위한 개정을 하였다. 개정안에서는 양도회사에 배당가능이익이 존재하는 경우에는 장부가로 자산을 양도할 수 있음을 명확히 함으로써 그룹간 거래의 수요에 대처하였다.[49]

48 그 결과 폐쇄회사가 지급가능확인서가 있으면 자본을 환급하여 자기주식취득 및 상환을 할 수 있도록 하는 제도는 불필요하게 되어 폐지하였다.

49 Aveling Barford v. Perion Ltd. (1989) 1 W.L.R. 360 판결에서 그룹 계열사간에 자산을 시가가 아니라 장부가로 이전한 것이 보통법상의 이익배당제한규정 위반이 될 가능성이 인정되었다. 이익배당제한규정 위반의

② 수권주식수의 제한을 폐지하였다. 현행법상 회사가 발행할 수 있는 주식의 수를 기본정관에 기재하여야 하고(CA 1985 s 2(5)), 이러한 수권주식수는 한도를 인상할 수 있다. 실무상 수권자본액수는 필요한 자본액수를 훨씬 초과하는 액수로 정해지고 있으므로 이러한 제한은 실제 효용이 거의 없다. 개정안에서는 회사법 개정위원회의 권고에 따라 수권자본한도를 폐지하고, 회사가 원하는 경우에는 정관에 한도를 규정하는 것을 선택할 수 있도록 하였다.

(6) 회사법에의 접근 가능성 개선[50]

현재 영국의 회사는 대부분이 폐쇄회사인데, 영국 회사법은 대규모 공개회사를 대상으로 규정을 하고 폐쇄회사에 관해서는 그중 일정 부분의 적용을 면제하거나 별도의 규정을 두거나 하는 구조를 가지고 있다. 이에 따라 소규모 폐쇄회사는 자신에게 적용되는 회사법의 내용을 파악하기 위해서는 복잡한 공개회사에 관한 규정 전반을 먼저 알고 있어야만 한다는 부담이 있고, 소규모 폐쇄회사에게 과도한 규제가 되고 있는 규정이 많다. 「회사법 개정」 백서에서는 "최종보고서"의 제안에 따라 회사법의 출발점을 폐쇄회사에 관한 규제로 하고, 공개회사에 관해서는 필요에 따라 규정을 두기로 하였다.

3. 회사의 설립 및 운영 용이화

(1) 공개회사의 1인 설립 허용 등

① 폐쇄회사는 현행법상으로도 1인 설립이 가능하다. 개정안에서는 회사의 종류를 불문하고 1인 설립을 인정할 것을 제안하였다.

② 현행법상 정관은 기본정관(memorandum)과 통상정관(articles)으로 나뉘어져 있는데 개정안에서는 이를 정관(constitution)이라는 단일문서로 통합하여 회사등록관에게 제출할 수 있도록 하였다.

③ 회사가 회사의 목적을 한정할 것을 정하지 않는 이상 회사의 능력이나 이사의 권한은 제한되지 않도록 한다.

위험성을 피하기 위해서는 그룹 계열사간 거래에서 자산을 시가로 평가하여 양도하여야 하는바, 이는 실제적으로 비용과 시간의 지연 등 문제가 있었다. 따라서 이러한 거래가 이익배당제한규정 위반의 우려 없이 이루어질 수 있도록 하기 위한 개정이다.

50 Company Law Reform, para. 4. 1.

④ 사원은 회사정관의 특정 규정의 개정요건을 강화할 수 있다.

(2) 회사 상호와 거래공시(trading disclosure)의 개선[51]

회사의 영업상 통신 등에서 회사의 상호 등 일정 사항을 개시하도록 되어 있는 '거래상 공시(trading disclosure)' 제도를 전자통신시대에 맞추어 개정하였다.

4. 장래의 유연성 제공[52]

회사법의 기본원칙은 법률(primary legislation)로 규정하고, 보다 구체적인 내용은 제2차적 입법(secondary legislation)으로 규정하는 방안에 대한 "유연성과 접근성" 입법의견문서에 대해서는, 핵심규정과 구체적 규정을 구분하기 어렵다는 점과, 하나의 법률문제가 법과 2차적 규칙 두 군데에 분산되어 기술된다는 문제가 지적되었다. 이에 따라 「회사법 개정」 백서에서는 회사법의 내용 개정(reform)과 법조문의 재작성(restatement)을 모두 특별한 형태의 제2차적 입법에 의하기로 하였다. 이에 따라 법률의 개정 없이 회사법을 개정하는 문제는 Legislative and Regulatory Reform Bill로서 의회에서 검토되고 있다.[53]

V. 기타 영국 회사법의 규율의 특징

1. 통합모범규준(combined code)의 이용

회사지배구조에 관하여 영국에서는 1990년경부터 활발하게 논의가 되어 왔다. 이 중에서 대표적으로 Cadbury위원회, Green위원회, Hempel위원회에 의한 검토작업이 중요한데, 그 성과는 모범적 경영관행규준(Code of Best Practice) 및 회사지배구조원칙으로 정리되었다. 이들은 현재 상장규정의 부록인 통합모범규준(Combined Code)으로서 단일화되었다. 상장규정은 상장회사에 대해선 연차보고서(annual report)와 연차회계서류(annual accounts)에 통합모범규준 준수 여부에 대해 공시하도록 하고 있다. 통합모범규준은 '규정(provision)' 부분과 '원칙

51 Company Law Reform, para. 5. 2.

52 Company Law Reform, paras. 6. 1-6. 4.

53 House of Commons Research Paper(www.parliament.uk/commons/lib/research/re2006/ rp06-030.pdf).

〔principles : 주요 원칙(main principles)과 지원 원칙(supporting principles)으로 구성된다〕' 으로 구성되어 있는데, '규정' 에 관해서는 준수할 것이 강제되는 것은 아니고 규정의 내용과 다른 지배구조를 택하는 경우에는 그 이유 및 정당성에 대해 설명할 것을 요구하는 '준수 또는 설명(comply or explain)' 방식을 취하고 있고, '원칙' 에 관해서는 원칙을 어떻게 적용하고 있는가에 대해 기술하도록 하고 있다.

회사법 개정검토에서는 회사의 자율성을 보장하면서도 바람직한 지배구조가 이루어지도록 하는 방안으로서 통합모범규준의 내용을 강행법규화하지 않고 규준에 대한 '준수 또는 설명' 방식을 유지하기로 하였다.

2. 회사법에 대한 안내

또한 영국에서는 특히 소규모 회사를 중심으로 회사법에 대한 공식적 해설서 내지는 안내서가 제공되고 있다. 「회사법 개정」 백서에서는 모범정관을 사용하는 소규모 회사를 위한 해설서를 제공하기로 하였다. 뿐만 아니라 현재에도 회사등록소(Companies House)에서는 회사법의 일부 부분에 대해 비전문가도 이해할 수 있는 용어로 기술된 해설을 공간하는바, 이를 더 확장하기로 하고 웹사이트도 강화하기로 하였다.

VI. 평가

현재 영국 회사법안은 의회의 심의를 받고 있는 중이므로 최종적인 내용이 어떻게 될 것인지가 확실한 것은 아니다. 영국 회사법 개정작업은 영국 특유의 문제도 있지만, 효율적인 회사법 체제를 구축하는 데 일반적으로 참고할 수 있는 내용도 많이 가지고 있다.

우선 영국의 회사법 개정은 광범위하고 철저한 수차례의 의견조회에 기초하여 장기간에 걸쳐 진행되고 있다. 이러한 입법과정은 합의가 중시되어서 정당성이 보장된다는 측면이 있지만 반발을 최소화하다 보니 특색을 상실한 우려도 있고 급진적인 개혁이 어렵기도 하다. 하지만 보다 오류 없는 입법의 장점은 있을 것이고, 이러한 점에서 우리나라 회사법 개정에 시사하는 바가 크다고 생각된다.

개정의 기본방향은 우리나라에서도 동일하게 필요성이 인정될 수 있을 것이다. 특히 회사법에 대한 접근성을 높이고, 강행규정 및 형사처벌을 최소화하는 대신 공시를 강화한다는 방향은 전 세계적인 회사법 개정 동향에서 공통되는 부분이라고 할 수 있을 것이다. 회사지배구조에 관하여 통합모범규준을 '준수 또는 설명' 방식에 의하여 간접적으로 강제하는 방식은 독

일에까지 수출되었다.[54]

이사의 보수에 대한 승인에서와 같이 주주총회의 '권고적' 효력을 가지는 결의에 의한 간접적 규율도 강제성은 없지만 상당히 실효적 감독수단이 될 수 있을 것이다. 소규모 회사를 우선시하는 입법 방향은 주식회사의 대부분이 소규모의 폐쇄회사라는 우리나라 실정과도 일치하는 것으로 보인다. 회사법을 소규모 회사 중심으로 규정하고 대규모 회사에 대해서는 필요한 경우에 추가적으로 규정하는 방안은 장기적으로 검토해 보아야 할 것이다. 소규모 회사에 대한 대폭적인 규제 완화도 주목해 보아야 할 것이다. 이사의 의무를 '진보된 주주가치' 추구에 두고 있는 것은 개정안이 확정되어 시행되는 경우에 어떻게 해석이 될 것인가를 유의할 필요가 있다. 이는 회사법의 기본적인 가치판단에 관련된 문제로서 회사법 전체 해석에 영향을 미칠 수 있는 문제이기 때문이다. 이사 및 회계감사인의 책임제한의 금지에서 이를 허용하는 방향으로의 진전도 눈여겨볼 부분이다. 마지막으로 영국 정부가 일반 대중이 회사법을 쉽게 이해하여 준수할 수 있도록 하기 위한 서비스 제공에 관심을 가진 점도 우리가 본받아야 할 점이라고 생각한다.

54 Transparenz-und Publizitäsgesetz(BGB1 I S. 2681)에 의한 개정.

제5장

독일의 주식회사 관련법 개정 동향

최문희

I. 머리말

1. 제도정비와 개혁의 동인

전 세계적으로 진행중인 주식회사법 개정의 추세는 독일에서도 예외는 아닌 것 같다. 독일 주식법은 1965년 주식법(Aktiengesetz, AktG)에서 일대 변혁을 거친 후에는 비교적 미미한 개정만이 있을 뿐이었지만, 1990년대 이래로 오늘날에 이르기까지 주식회사 관련 제도들은 지대한 변화를 겪고 있다. 이러한 변화의 배경에는 최근 10여 년 동안 독일식 제도의 개혁을 추동한 몇 가지 요인이 자리 잡고 있다.[1]

우선 독일의 주식시장과 주식회사의 상황 및 변화를 들 수 있다. 1990년대 초까지만 하여도 주식회사의 수가 적었고, 이 중 상장회사의 비율도 낮았으며, 소수의 주식회사 주식의 거래가 전체 거래량의 과반수를 차지하였다. 개인들은 주식의 형태에 투자하기를 꺼려했고, 투자자본이 주식시장에 들어오지 않자 여러 회사들은 자본부족을 겪었다. 이 같은 문제는 주식회사에 대한 기존의 규제의 재고, 주식시장의 활성화와 대중 투자자 양산을 위한 조치를 필요로

1 Ulmer, Aktienrecht im Wandel, in : Acp Bd. 202(2002), S. 144 f.

하게 되었다. 이에 따라 1990년대에 자본시장육성을 위한 일련의 법률, 주식법의 규제 완화를 위한 법률이 제정되었다. 이러한 제도정비에 따라 주식회사의 수는 상당히 증대하였고,[2] 회사의 자본조달 형태도 종래 은행을 통한 차입에서 점차 거래소를 통한 자기자본조달로 이행하였다.

둘째, 상장회사의 주주 구성의 변화이다. 대주주의 지분율은 상대적으로 감소하고, 대중 투자자 및 회사 · 연금기금 · 투자펀드 등 기관 투자자의 지분율이 증대했으며 점차 분산된 소유구조가 확산되었다는 점이다. 셋째, 대규모 공개회사에서 외국 투자자의 지분비율이 늘어났고,[3] 독일 회사는 국제 자본시장에서 심화된 경쟁에 직면하게 되었다. 넷째, 종래 은행에 의한 회사지배도 약화되었다. 다섯째, 1990년 이후 대규모 회사들의 스캔들 및 도산 같은 위기사태는 제도 개혁을 더욱 추동하였다. 여섯째, EU의 지침들을 국내법에 수용하는 과정에서 독일 제도를 EU 지침과 조화되도록 정비시키고, 기타 자본시장규제의 선진국인 미국식 제도에 근접하게 할 필요성도 있었다.

위와 같은 요인들은 독일 정부 · 경제계 · 학계 등 모든 직역에서 자본시장의 중요성을 재인식시킨 계기가 되었고, 국제 자본시장에서 독일 기업의 경쟁력 고양을 위해서는 기존 독일식 제도의 현대화와 개혁의 필요성을 절감하도록 하였다. 이에 따라 1994년을 시작으로 해서 다수의 법률들이 제정되어 주식법을 비롯한 주식회사 관련법에 변화가 이루어졌으며 제도정비와 개혁은 현재까지도 진행중이다. 주지하듯이 1965년 주식법의 개정에서는 주식법 전반에 걸쳐 모든 제도에 관해 10년간의 토론을 거쳐 하나의 법안을 만들었기 때문에 비교적 체계적이고 정치한 개정이 이루어졌다. 이에 반해 근래의 개정에서는 그때그때의 자본시장의 문제, 국제 자본시장 상황, 기술혁신에 대응하기 위해 비교적 세부적인 사항에 치중하여 개정이 이루어져 왔다.[4]

2. 1990년대의 주요 입법과 개혁 방향

1990년대에는 두 차례에 걸쳐 중요한 입법이 이루어졌는데, 하나는 「소규모 주식회사와 주식법의 규제 완화에 관한 법률」을 위시한 1994년에 제정된 법률들이며, 다른 하나는 「기업의 감독과 투명성에 관한 법률(KonTraG)」을 비롯한 1998년도의 입법들이다. 이 시기의 일련의

2 1990년대 초반에 2,500~3,000개에 지나지 않던 주식회사의 수가 2000년 말에는 1만 582개로 폭증하였다. Hansen, AG-Report 2001, S.67.

3 독일 국내 상장회사의 외국인 지분은 당시 DAX-회사의 경우 30%를 초과하는 것이 드물지 않았고 심지어 50%를 초과하는 예도 있었다. Ulmer, 앞의 논문, 주 8.

4 Seibert, Aktienrechtsreform in Parmanenz?, in : AG 2002, S.417.

입법들은 독일 주식법의 현대화 · 국제화 · 주주가치 증대에 초점을 맞추어 이루어졌으며,[5] 이들 법률에 의해 주식법은 상당한 변화를 겪게 되었다.

3. 2000년대의 주요 입법과 개혁 방향

KonTraG에 의해 도입된 제도들에 의해서도 경영자에 대한 감독기능, 기업 경영에 있어서 투명성 제고, 회계감사의 충실이 이루어지지 않았다는 지적에 따라 연방 정부는 주식회사 관련법 전반에 대한 개혁을 추진하게 되었다.

2000년대의 개혁은 연방 정부가 창설한 회사지배구조에 관한 위원회(Regierungskommission) (이하 "Baums 위원회")[6]에서 제출한 보고서를 바탕으로 이루어져 왔다. 2000. 5. 29. 연방 정부는 Holzmann사의 사례[7]에서처럼 독일식 경영 및 감독 제도에 결함이 있다는 점을 인식하고 '회사지배구조—회사의 경영—회사에 대한 감독—주식법의 현대화' 라는 기치 아래 독일 회사의 경영 및 감독제도의 개선을 위한 작업을 Baums 위원회에 위촉하였다.

Baums 위원회는 독일의 회사지배구조 개선을 위한 제안을 하였다. 보다 구체적으로는 자본시장, 주주의 권리 기타 효과적인 책임제도를 통해 경영에 대한 적절한 통제라는 목적 하에, 이사회 · 감사회 · 회계규정 및 회계감사 · 주주총회 · 자금조달 규제에 관한 제도를 주요 개선 대상으로 하였다. 이 같은 제안을 추후 입법에 반영함으로써 1998년 이래 연방 정부가 목표로 삼은 '금융시장 독일(der Finanzplatz Deutschland)' 의 입지와 독일 기업의 경쟁력을 강화하며, 자본시장의 국제화와 정보통신기술의 발전을 이용하며, 독일식 회사지배구조 제도가 경쟁에서 주도적인 역할을 할 수 있도록 회사의 경영 및 감독제도를 재구축한다는 것이다.[8] 2001. 7. 10. Baums 위원회는 그간의 작업성과에 관한 보고서(이하 "Baums 보고서")를 공표하였다.[9]

2002년에는 Baums 위원회의 제안에 따라 "회사지배구조에 관한 규준(Deutscher Corporate Governance Kodex, DCGK)"이 제정되었다. DCGK는 Baums 보고서의 제안을 대부분 수용하고 있다. 이후의 입법들은 Baums 보고서의 제안을 단계적으로 추진 · 실행하는 방향으로 이루어져 왔다.

5 Begr. RegE, BT-Drucks. 13/9712, S.11.

6 위원장인 Frankfurt a. M. 대학교의 Theodor Baums 교수의 이름을 따서 Baums Kommission으로 불리기도 한다. 위원은 Bonn 대학교의 Marcus Lutter 교수 외에 주로 경제계 인사를 주축으로 해서 총 23인으로 구성되었다.

7 중견 건설회사인 필립 홀츠만(Philip Holzmann)의 도산.

8 Baums(Hrsg.), Bericht der Regierungskommission Corporate Governance, 2001, S.1 f.

9 Bericht v. 10.07.2001, BT-Drucks. 14/7515 v. 14.08.2001. 이 보고서는 Baums(Hrsg.), 앞의 책으로 간행되었다.

연방 정부는 Baums 보고서의 제안 내용을 보다 구체화하기 위해 2003년 "기업의 성실성과 투자자 보호 강화를 위한 10개 계획(10-Punkte-Programm der Bundesregierung zur Stärkung der Unternehmensintegrität und des Anlegerschutzes)"(이하 "10개 계획")을 발표하였다.[10] 여기에는 주주의 소 제기권의 개선, 국제회계기준의 채택 등 10가지 핵심 정책이 포함되어 있다. 10개 계획은 이후 입법들의 근간이 되었고, 이것을 실행하는 입법으로서 2004년에 「대차대조표개혁법(Bilanzrechtsreformgesetz, BilReG)」과 「투자자 보호개선법(Anlegerschutzverbesserungsgesetz, AnSVG)」, 2005년에 「기업의 성실성과 취소소송의 현대화에 관한 법(Das Gesetz zur Unternehmensintegrität und Modernisierung des Anfechtungsrecht, UMAG)」과 「이사의 보수공시에 관한 법(Das Gesetz über die Offenlegung von Vorstandsvergütungen, VorstOG)」 등 다수의 법률이 제정되었다. 이후에도 10개 계획을 실행하기 위한 입법이 잇따라 이루어질 전망이다.[11]

앞에서 서술한 주식회사 관련법의 제 · 개정의 배경, 동인과 개혁 방향은 이 시기에 이루어진 다수 입법들의 목적과 연방 정부 정책의 지향점 및 주요 내용을 살펴보면 보다 분명해질 것이다. 이 글에서는 이 시기에 제정된 주요 법률들 중에서 특히 독일 주식법 및 주식회사의 회계에 적용되는 상법(Handelsgesetzbuch, HGB) 중 일부 규정에 획기적인 변화를 가져온 것들을 중심으로 개관한다(II.). 이어서 II.에서 개관한 사항을 주식법의 주제별로 나누어서 주요 개정 동향을 살펴보는데, 회사지배구조에 관한 사항을 먼저 서술하고(III.), 회사재무에 관한 사항을 이어서 서술한다(IV.). 마지막으로 독일 회사법의 개정 동향을 요약하고 우리나라에 대한 몇 가지 시사점을 지적하면서 글을 맺는다(V.).

II. 1990년대~2005년의 입법 및 정책 동향 개관

1. 소주식회사와 주식법의 규제 완화에 관한 법률(Gesetz für kleine Aktiengesellschaften und zur Deregulierung des Aktienrechts)[12]

(1) 입법목적 및 개관

이 법은 중소규모 회사의 자본부족문제를 해소하고, 소위 '금융시장 독일(Finanzplatz

10 자세한 내용은, Pfitzer/Oser/Orth, Reform des Aktien-, Bilanz- und Aufsichtsrechts, 2.Aufl. 2006, S.83.
11 Pfitzer 외, 앞의 책, 3면, 83면.
12 BGBl. I 1994, 1961. 이 법은 1994. 8. 10. 시행되었다.

Deutschland)'의 입지 강화를 위해 주식법의 규제 완화를 위한 목적으로 제정되었다.

주요 내용은 주주의 수가 많지 않은 비상장회사인 소주식회사에 관한 규정, 주식회사의 1인 설립에 관한 규정, 준비금의 적립에 있어서 주주총회 권한의 강화에 관한 규정, 주주의 신주인수권 배제에 관한 주식법 186조 3항 4문의 신설에 관한 규정으로 이루어져 있다.

(2) 주식회사의 1인 설립의 허용

종래 주식법은 회사 설립에 최소 5명의 발기인을 필요로 하였다. 이것은 회사 설립과 관련해 사기나 회사의 조기파산을 막기 위한 것이었지만, 발기인의 수가 다수라고 해서 이들의 재산상태나 재정능력도 뛰어나다는 것을 의미하는 것은 아니라는 비판이 있었다.[13] 또한 이미 설립 후에는 모든 주식을 한 사람이 소유하는 것도 허용되고 있었다. 따라서 주식법 2조를 개정하여 주식회사가 1인 또는 수인에 의해 설립될 수 있도록 하였다.

(3) 주주의 신주인수권의 배제

주식법상 주주는 원칙적으로 신주인수권을 갖는다(186조 1항 1문). 회사로서는 주주가 아닌 자에게 높은 가격으로 신주를 발행함으로써 더 많은 자금을 확보하기를 바란다. 이 같은 회사의 자금조달수요에 부응하기 위해서[14] 주주의 신주인수권을 배제할 수 있는 규정을 주식법에 추가하였다(186조 3항 4문). 이 규정에 따라서 현금에 의한 증자이고, 기본자본(Grundkapital)의 10%를 초과하지 않으며, 발행가가 거래소의 시세를 크게 하회하지 않는다는 요건을 갖춘 때에는 주주의 신주인수권은 배제할 수 있게 되었다.

2. 무액면주식의 허용에 관한 법률(Gesetz Über die Zulassung von Stückaktien, StückAG)[15·16]

(1) 입법 배경

종전에 주식법은 무액면주식을 허용하지 않고 액면주식을 강제하고 있었다. 그런데 EU의

13 Begr. RegE, BT-Drucks. 12/6721, S.6.
14 Hüffer, Komm. zum Aktiengesetz, 6. Aufl. 2004, §186 Rn. 39a.
15 BGBl. I 1998, 590. 이 법은 1998. 4. 1. 시행되었다.
16 이 부분은 박상근, 1990년대 독일의 주식회사 관련법 개정, 법무부, 1999에서 참조하였다.

단일통화체제(Euro화) 실시를 앞두고, 액면금액을 마르크화(DM)에서 유로화(Euro)로 전환하는 데 따른 번잡한 문제를 해결하고,[17] Euro 시행에 따른 액면가 조정의 대안으로 무액면주식으로 전환할 수 있도록 하기 위해 「무액면주식의 허용에 관한 법률」이 제정되었다.

(2) 주요 내용[18]

액면주식제도는 존속하며(주식법 8조 1항, 2항), 무액면주식의 발행이 추가로 가능하게 되었다. 단 하나의 회사에서 두 종류의 주식을 발행하는 것은 명확성과 실용성의 관점에서 허용되지 않는다(주식법 8조 1항). 이때 무액면주식은 기본자본을 발행주식수로 나눈 부분액에 해당하게 된다(주식법 8조 4항).

3. 기업의 감독과 투명성에 관한 법률(Gesetz zur Kontrolle und Transparenz im Unternehmensbereich, KonTraG)[19]

(1) 입법목적

이 법은 1990년대의 주식회사 관련 입법들 중에서 가장 방대한 내용의 개혁을 담고 있는 것으로 주목을 받았다. 입법목적은 독일 주식회사의 감사회의 이사회에 대한 감시기능의 문제, 회계감사의 문제 및 여러 기업이 직면한 위기가 경영과 감독의 실패에 기인하였다는 점과 기업의 발전에 있어서 정보공개와 투명성의 중요성을 인식하고 이러한 문제를 해결하기 위한 것이다.

(2) 주요 내용

감사회의 개혁, 투명성의 제고, 회계감사의 질적 개선과 감사회와 회계감사인의 협력제도의 개선, 상법상 회계규정 중 일부 규정의 개정, 자기주식취득의 규제 완화, 스톡옵션제도의

17 예컨대 도입 당시인 1998년에 액면가 5DM(당시 5DM=2.5Euro)인 주식을 발행하고 있는 회사인 경우, Euro시행법(Gesetz zur Einführung des Euro, BGBl. I 1998, 1242)에 따라 액면가는 1Euro로 나누어져야 하므로 (주식법 8조 2항 4문), 주식의 액면가를 3Euro로 선택하면 기본자본금을 20% 늘려야 한다. 그런데 무액면금액주식을 허용하면 주식회사가 자본액 변경으로 인한 비용을 부담하지 않고도 손쉽게 Euro로 전환할 수 있게 된다.

18 자세한 것은 뒤의 IV. 참조.

19 BGBl. I 1998, 786. 이 법은 1998. 5. 1. 시행되었다.

도입, 복수의결권제도의 폐지를 주요 내용으로 하고 있다. 주식법과 상법 분야의 개정사항은 다음과 같다.

1) 이사회에 관한 규정

이사회에 대하여 "회사의 존속을 위협하는 변동상황(Entwicklung)을 조기에 인지할 수 있는 감독체제(Überwachungssystem)를 구축할" 의무를 부과하고 있다(주식법 91조 2항). 이때 '변동상황' 이란 특히 회사에 해가 되는 변화를 의미하며, 예컨대 파생상품거래와 같이 위험성 있는 거래를 하는 행위, 회계 관련 규정의 위반과 같은 것을 의미한다.[20] '위협' 은 회사의 재산, 수익 기타 재정상태에 상당히 손해를 가져온다는 것을 의미한다.[21]

2) 감사회에 관한 규정

회계감사인에게 회계감사를 위임하는 권한이 이사회에서 감사회로 이관되었다(주식법 111조 2항). 종래에는 주주총회가 회계감사인을 선정하면 이사회가 회계감사인에게 회계감사를 위임하도록 되어 있었다. 이에 대해서는 회계감사의 독립성을 저해할 수 있다는 비판이 있었는데 개정법은 이를 수용한 것이다.

감사회의 인적 투명성을 개선하기 위해 감사회 구성원의 후보자는 선임에 앞서 현재의 직업을 주주에게 알리도록 하고(주식법 124조 3항, 127조 3문), 상장회사에 있어서 감사회 구성원 후보가 다른 회사의 법정감사회의 구성원인 때에는 이를 개시하도록 하고 있다(주식법 125조 1항, 127조 4문). 이는 주주가 감사회 구성원 후보자의 개인적 업무부담 상태나 이익충돌의 가능성 등을 알 수 있게 하기 위함이다.

3) 회계감사인에 관한 규정

주식법 91조 2항에 따라 이사회가 적절한 위험관리를 하고 있는지 여부와 적절한 감독체제를 구축하고 있는지 여부에 관해서 회계감사인의 감사의무가 부과되었다(상법 317조 4항).

감사회가 연말 결산서 등 재무제표를 심의할 때 감사를 담당한 회계감사인은 감사회에 대하여 감사결과의 보고의무를 부담한다(주식법 171조 1항 2문).

20 Hüffer, 앞의 주석서, §91 Rn. 6.
21 Hüffer, 앞의 주석서, §91 Rn. 6.

회계감사인의 책임제한과 관련해 과실에 의한 손해배상책임의 최고한도액을 100만 유로로 하되, 공적 시장(Amtlicher Markt)에 상장된 회사는 400만 유로로 인상하였다(상법 323조 1문, 2문).

4) 자기주식취득에 관한 규정

종래에 자기주식취득은 원칙적으로 금지되고 예외적으로 취득할 수 있는 사유는 제한적이었지만(주식법 71조 이하), 금융시장 독일, 주식제도의 국제화를 도모하기 위하여 자기주식취득에 대한 규제가 완화되었다. 주식법 71조 1항에 8호가 추가되어, 회사는 주주총회가 18개월의 기간 동안 사전 수권한 경우에는 자기주식을 취득할 수 있으며, 이때 자기주식의 취득한도는 기본자본의 10%를 초과하지 못하도록 하였다.

5) 스톡옵션에 관한 규정

주식법은 주주총회가 기본자본을 조건부로 증가시키는 것을 허용하는 조건부증자(bedingte Kapitalerhöhung)결의에 대해 규정하고 있다(192조 1항). 이 조건부증자 결의는 회사가 제3자로 하여금 회사에 대해 신주발행을 요구할 수 있는 권리를 부여하는 한정된 경우(192조 2항)에 행해진다. 종래 주식법은 이러한 조건부증자결의를 사채권자에게 전환권이나 신주인수권을 부여하는 경우(192조 2항 1호)에만 허용하였다. 따라서 주식법에 의하면 이사에게 신주를 배정하거나 전환사채나 신주인수권부사채를 배정하려면 주주의 신주인수권 배제의 요건(주식법 186조 3항, 221조 4항)을 갖추고 조건부증자를 위한 주주총회 결의(주식법 192조 2항 1호)를 거쳐야 했다. 그러나 이 같은 과정을 거치는 것은 번잡하다는 비판이 있었다. 따라서 이러한 방법에 의하지 않고도 이사에게 신주인수권을 줄 수 있도록 주식법을 개정하였다.

KonTraG은 회사 및 그 회사의 결합기업의 사용인과 업무집행기관 구성원에게 신주인수권을 줄 수 있도록 주식법 192조 2항 3호를 추가하였다. 새로운 규정에 의하면 주주총회의 동의결의 또는 수권결의(192조 2항 3호)에 의하여 '회사 및 그 회사의 결합기업의 사용자 또는 업무집행기관 구성원'에게 스톡옵션을 부여할 수 있다. 이때 수권결의(Ermächtigungsbeschluβ)는 장래에 스톡옵션을 부여하는 경우를 위한 것으로서, 스톡옵션계획을 실행할 것인지 여부, 실행시기에 관해 경영진이 융통성 있게 결정할 수 있는 경우이며, 동의결의(Zustimmungsbeschluβ)는 이미 존재하는 스톡옵션계획을 승인하는 경우이다. 이때 조건부증자의 한도, 즉 스톡옵션 부여를 위한 자본증가는 결의시점의 기본자본의 10분의 1을 초과할 수 없다(주식법 192조 3항 1문).

6) 복수의결권의 금지와 최고의결권의 제한

KonTraG 제정 이전에는 주식법 12조 2항 2문에 전체 경제의 이익 유지를 위해 필요한 때에는 주의 최상급 경제관청의 동의를 얻어서 복수의결권부 주식의 발행이 허용되었다. 그러나 KonTraG에 의해 복수의결권 주식은 허용되지 않게 되었다(주식법 12조 2항).

기존의 복수의결권 주식은 주식법 시행법(EGAktG)에 의해 2003. 5. 31까지만 보호되고(5조 1항 1문), 이 이전에도 주주총회는 복수의결권의 폐지에 관해 결의할 수 있도록 하였다(EGAktG 5조 2항 1문, 2문). 복수의결권을 폐지할 경우 회사는 당해 복수의결권 주식의 주주에게 보상을 하도록 하였다(EGAktG 5조 3항). 이때 보상의무로 인한 회사의 부담을 회피하기 위해 주주총회는 복수의결권의 효력을 지속시키는 결의를 할 수 있도록 하였다(EGAktG 5조 1항 1문). 따라서 KonTraG 시행 이전부터 존재하던 복수의결권 주식에 대해 복수의결권 효력 지속결의가 이루어진 경우에는 1주 1의결권 원칙의 예외가 허용되는 경우도 있을 수 있다.

KonTraG 제정 이전에 의결권제한은 무제한적으로 허용되었다(주식법 134조 1항 2문). 그러나 상장회사에 있어서 최고의결권은 기업인수와 자본시장의 발전에 방해가 된다는 비판이 제기되어 왔다. 따라서 KonTraG Art.1 Nr.20의 상장회사[22]에 대해서는 최고의결권이 허용되지 않게 되었다. 기존의 최고의결권도 2000. 6. 1부터 소멸되도록 하였다(EGAktG 5조 7항).

4. Baums 위원회의 회사지배구조보고서(Bericht der Regierungskommission Corporate Governance, Baums 보고서)[23]

Baums 위원회는 2001. 7. 10. Baums 보고서를 제출하였는데, 여기서 Corporate Governance Kodex 제정을 위한 제안을 하였다. 이 보고서의 제안내용은 대부분 이후에 제정된 독일 회사지배규준(Corporate Governance Kodex, DCGK)과 이 글의 III과 IV에서 서술하게 되는 개별 주제에 포함되어 있으므로 그곳에서 구체적으로 살펴보기로 하고, 여기서는 보고서의 내용을 개관하는 데 그치기로 한다.

이 보고서는 총 6개장으로 구성되어 있다. 제1장에서는 회사지배구조의 개선 및 회사의 경영과 감독을 위해서는 강행규정으로 이루어진 성문법에 의한 규율(gesetzliche Regulierung)뿐만 아니라 국내외적으로 Code of Best Practice(모범실무규정)의 역할의 중요성이 더해 가고 있

22 주식법 3조 2항 : 상장회사란 당해 회사의 주식의 거래가 국가가 인정하는 기관이 규율하고 감독하며 정기적으로 개장되고 대중이 직접적으로 또는 간접적으로 접근할 수 있는 시장에서 이루어지는 주식회사이다.
23 Baums(Hrsg.), 앞의 책.

으므로 독일에서도 이를 제정할 것을 제안하고 있다.[24] 제2장은 경영기관(Leitungsorgane)에 관한 장으로 이사회, 감사회 및 양자의 협력 및 책임, 이익충돌의 공시에 관한 내용이다.[25] 제3장은 주주와 투자자에 관한 장으로서 주주총회, 주주의 권리 및 투자자 보호에 관한 내용으로 구성되어 있다.[26] 제4장은 회사재무에 관한 장인데, 현물배당, 중간배당(분할배당), 자기주식취득, 법정준비금, 워런트 등 재무 영역에서의 규제 완화에 관한 내용 및 트래킹 주식, 삼각합병 등 새로운 자금조달수단에 관한 내용을 담고 있다.[27] 제5장은 정보통신기술의 발전을 주식법에 이용하는 것과 기업의 공시제도의 개선에 관한 사항이다.[28] 마지막으로 제6장은 회계규정과 회계감사에 관한 사항이다.[29]

내용의 개관에서 알 수 있듯이 보고서의 제목은 '회사지배구조'에 관한 것이지만 단지 이에 그치지 않고 회사재무 및 기타 주식법의 현대화를 위해 필요한 사항을 통괄하고 있다.

5. 독일 회사지배규준(Deutscher Corporate Governance Kodex, DCGK)

(1) DCGK의 제정 경위

연방 정부는 Baums 보고서의 제안을 실행하기 위한 첫 단계로서 Corporate Governance에 관한 위원회(Cromme 위원회)[30]를 구성하여 Deutscher Corporate Governance Kodex를 작성하게 하였다. 2002. 2. 26. 이 위원회(Cromme 위원장을 포함한 13명의 위원)는 DCGK를 제정하였으며, 이것은 2003. 5. 21과 2005. 6. 2. 두 차례 개정되었다.[31]

(2) DCGK의 제정목적

DCGK의 제정목적은 독일 회사지배구조의 원칙을 국내외 투자자들에게 투명하게 제시함

24 Baums(Hrsg.), 앞의 책, 45-62면.
25 Baums(Hrsg.), 앞의 책, 63-116면.
26 Baums(Hrsg.), 앞의 책, 11-207면.
27 Baums(Hrsg.), 앞의 책, 209-256면.
28 Baums(Hrsg.), 앞의 책, 257-279면.
29 Baums(Hrsg.), 앞의 책, 281-331면.
30 위원장인 ThyssenKrupp AG의 감사회 의장인 Gehard Cromme 박사의 이름을 따서 Cromme위원회라고 불리기도 한다.
31 DCGK는 http://www.corporate-governance-code.de와 http://www.ebundesanzeiger.de에서 다운로드할 수 있다.

으로써 독일 회사의 경영에 대한 신뢰를 강화하기 위한 것이다. 특히 독일 회사지배구조가 주주이익의 보호 미흡, 이원적 경영구조(이사회와 감사회)의 취약성, 회사지배구조의 불투명성, 감사회의 독립성 미흡, 회계감사인의 독립성 미흡과 같은 결점을 갖고 있다는 국제적 비판을 수용하고 이러한 문제점을 개선하는 방향으로 제정되었다. DCGK의 규정 중 이미 주식법에 법전화된 사항도 있다.

(3) DCGK의 권고규정(Empfehlungen)의 법적 성격

DCGK는 법규범이나 상관습이 아니지만 사실상 규범적 효력을 갖고 있고, 후술하게 되는 「투명성 및 공시에 관한 법(das Transparenz- und Publizitätsgesetz, TransPuG)」에 의해 법적 기반을 얻게 되었다. DCGK는 서문, 권고규정(Empfhelungen),[32] 제안규정(Anregungen),[33] 기타 규정으로 구성되어 있는데, TransPuG에 의해 개정된 주식법 161조는 권고규정에 대해서는 이사회와 감사회에게 '준수 또는 설명의무(entsprechen oder erklären ; comply or explain)'를 부과하고 있다. 즉 상장회사의[34] 이사회와 감사회는 연방 법무부가 연방전자관보에 공표한 DCGK의 권고규정(Empfehlungen)을 과거에 준수하였거나 현재 준수하고 있는지의 여부와 권고사항 중 과거 적용하였거나 현재 적용하고 있는 부분을 매년 설명할 의무를 부담하며, 이것은 주주들이 지속적으로 알 수 있게 해야 한다(주식법 161조). DCGK 자체도 서문에서, 회사는 권고규정을 따르지 않아도 되지만 권고규정을 따르지 않을 경우 그 사실을 매년 공시하도록 함으로써 이 같은 효력을 규정하고 있다[서문(Präambel) 6문단]. 이에 비해 제안규정은 공시하지 않고도 따르지 않을 수 있다.

(4) DCGK의 권고규정(Empfehlungen)의 주요 내용

1) 주주총회에 관한 사항

회사는 주주가 의결권을 직접 용이하게 행사할 수 있도록 하고, 의결권대리행사 권유시 주주를 원조해야 하며, 이사회는 의결권대리행사시 주주의 지시에 따라 의결권을 행사할 대표자가 선임될 수 있도록 해야 한다(2.3.3).

32 "soll" 규정.
33 "sollte"나 "kann" 규정.
34 여기서 '회사'에는 개별 회사뿐만 아니라 일반적으로 결합기업도 포함된다. Baums 보고서는 양자를 포함하는 의미로 'Gesellschaft'라는 말 대신에 'Unternehmen'을 사용하고 있다.

2) 이사회와 감사회에 공통적으로 적용되는 사항

회사는 이사의 배상책임보험(D&O-Versicherung)계약 체결시에, 자기부담 부분에 관해서도 적정한 정도로 합의해야 한다(3.8).

이사회와 감사회는 회사의 상황보고서(Lagebericht)에 회사지배구조에 관한 보고(Corporate Governance Bericht)도 포함할 의무가 있다[35](3.10 1문). 여기에는 DCGK의 권고규정의 준수 여부에 관한 사항이 포함되며(2문), 회사는 DCGK의 "준수 또는 설명"에 관해 5년간 회사 웹사이트에 게시하여야 한다(4문).

3) 이사회에 관한 사항

가) 이사의 보수의 개별공시 : 이사의 전체 보수는 고정급과 가변급으로 구성하고(4.2.3 1문단 1문), 보수체계의 요강, 장기의 인센티브 효과와 위험요소를 지닌 스톡옵션 또는 이에 상당하는 것의 세부 구성사항을 쉽게 이해할 수 있는 형태로 회사 웹사이트에 공시하고 또한 영업보고서에도 포함하여야 한다(3문단 1문). 여기에는 스톡옵션의 가치에 관한 정보가 포함되어야 한다(3문단 2문). 감사회 의장은 보수체계의 요강과 그 변경에 관해 주주총회에 알려야 한다(4문단). 또한 이사의 보수는 고정급, 성과급, 장기 인센티브급으로 구분하여 연결재무제표의 Anhang(부속서)에도 보고되어야 한다(4.2.4). 이 사항은 후술하는「이사의 보수공시에 관한 법률(Das Gesetz über die Offenlegung von Vorstandsvergütungen, VorstOG)」에 의해 상법에 규정되었다.

나) 이익충돌의 보고의무 : 각 이사는 이익충돌에 관해 감사회에 지체 없이 보고하고 기타 이사들에게도 알려야 한다(4.3.4 1문).

다) 이사의 연령제한 : 이사의 자격요건으로서 연령제한은 확정되어 있어야 한다(5.1.2 2문단 3문).

4) 감사회에 관한 사항

가) 위원회 및 감사위원회의 구성(5.3.1)

기업의 사정과 감사회 구성원의 수를 불문하고 감사회는 전문가로 구성된 위원회를 구성하

35 회사지배구조 보고(서)라는 명칭은 2005. 6. 2. 개정시에 붙여졌다.

도록 하여야 하고(5.3.1. 1문단), 감사인의 독립성 · 감사인에 대한 감사업무의 위탁 · 감사보수 등의 결정에 필요하고 특히 회계규정과 위험경영의 문제를 다룰 감사위원회를 설치하여야 한다(1문). 이때 감사위원회의 장은 회계규정의 원칙과 내부통제절차의 적용에 있어서 특별한 지식과 경험을 갖고 있어야 한다(2문).[36]

나) 감사회의 전문성, 독립성, 겸직 금지와 이익충돌

감사회 구성원을 추천함에 있어서는 감사회가 업무를 적절하게 완수하고 충분히 독립성을 견지하는 데 필요한 지식 · 능력 · 전문가로서의 경험을 가진 구성원으로 구성되도록 유의하여야 하며(5.4.1. 1문), 감사회가 이사회에 독립적으로 자문 및 감독할 수 있도록 하기 위해, 감사회에는 충분한 수의 구성원을 두어야 한다(5.4.2. 1문). 이때 감사회 구성원이 회사나 회사의 이사와, 이익충돌을 야기할 수 있는 업무상 또는 인적 관계가 없을 경우에는 독립성이 있는 것으로 간주된다(5.4.2. 2문). 과거 이사회 의장 또는 이사는 주주총회의 동의가 없는 한 감사회 의장이나 감사회 내 위원회의 의장으로 선출할 수 없도록 하고 있다(5.4.4. 1문, 2문). 감사회 구성원이 고객, 공급자, 대출자 기타 사업상 파트너의 자문 또는 기관으로서의 업무로 인해 이익충돌이 있을 때에는 이를 감사회에 보고하도록 하고(5.5.2), 감사회는 이익충돌의 발생사실 및 그 처리사항을 보고서를 통해 주주총회에 보고하여야 한다(5.5.3 1문). 감사회 구성원에게 지속적으로 중요한 이익충돌이 있을 때에는 감사직은 종료된다(5.5.3 2문).

5) 투명성 및 정보공시에 관한 사항

가) 주주에 대한 정보제공의무

이사회는 공표의무 면제를 받지 않는 한 회사에 관한 새로운 내부정보(Insiderinformationen)를 공표해야 하며(6.1), 애널리스트 기타 이와 유사한 정보수령인에게 정보를 제공한 때에는 이를 주주에게도 지체 없이 제공하여야 한다(6.3).

나) 회사가 자본시장 관련법에 따라 외국에서 공개한 정보는 국내에서도 지체 없이 공시하도록 한다(6.5).

다) 이사회 등의 주식거래상황 보고의무

감사회나 이사회 구성원, 또는 통상적으로 회사의 내부정보에 접근할 수 있고 회사의 중요한 업무결정권한을 가진 기타의 자 및 이들과 밀접한 관계에 있는 자가 회사의 주식을 취득 또는 매각한 때에는 이들은 지체 없이 이 사실을 회사에 보고하여야 한다. 단 보고의무는 취

36 2005. 6. 2. 개정시에 추가된 사항이다.

득과 매각거래의 규모가 연간 5,000유로 이상인 경우에만 부담한다(6.6 1문단).[37] 회사는 이러한 보고를 받은 때에는 지체 없이 이를 공시하여야 한다.

이사회와 감사회 구성원이 직접 또는 간접적으로 회사의 주식 또는 주식 관련 금융상품을 발행주식 총수의 1%를 초과하여 취득 또는 매각한 때에는 이를 보고하여야 한다(6.6. 2문단 1문). 이사회와 감사회 구성원 전원의 소유지분이 발행주식의 1%를 초과한 때에는 그 부분을 이사회와 감사회로 구분하여 보고하여야 한다(6.6. 2문단 2문). 위 보고사항들은 회사지배구조 보고서(Corporate Governance Bericht)에도 포함되어야 한다(6.6. 3문단).

6) 회계규정

연결재무제표는 국제적으로 승인된 회계원칙을 준수하여 작성하도록 하고, 회계에 관한 패널(Prüfstelle für Rechnungslegung)과 연방금융감독청(Bundesanstalt für Finanzdienstleistungsaufsicht, BaFin)은 연결재무제표가 회계규정을 준수하여 작성되었는지 여부를 심사하여야 한다(강제규정)(7.1.1).[38]

6. 투명성 및 공시에 관한 법률(das Transparenz—und Publizitätsgesetz, TransPuG)[39]

(1) 입법목적과 주요 내용

Baums 보고서의 제안 중에서 비교적 이견이 없고 시급히 처리할 필요가 있는 사항을 입법하기 위해 TransPuG를 제정하였는데, 이 법에 따라 상법과 주식법의 여러 규정들이 개정되었다.

이 법에 의해 DCGK가 비로소 주식법에 근거규정을 갖게 되었다.[40] 지배구조와 관련해서는 감사회의 권한과 책임 강화에 관해 새로운 규정들이 도입되었다. 이사회가 신주발행시 발행가액을 구체화하지 않고 발행가액 확정의 근거만을 공시할 수 있도록 함으로써 인수기간 중 회사가 시세변동에 보다 유연하게 대처하고 보다 쉽게 자본조달을 할 수 있도록 하였다(주식법 186조 2항 1문).[41] 연결재무제표를 자본시장에서 중요한 포괄적 공시수단으로서 강화하고,

37 2005. 6. 2. 개정시에 추가된 사항이다.

38 2005. 6. 2. 개정시에 추가된 사항이다.

39 BGBl I, 2002, 2681. 2002. 7. 26. 시행되었다.

40 Pfitzer 외, 앞의 책, 89면.

41 Strunk/Kolaschnik/Byldt-Hansen/Wessel, TransPuG und Corporate Governance Kodex, 2003, S.71.

재무제표와 연결재무제표를 국제회계기준에 부합하게 작성하도록 하였다. 나아가 주주총회에서 새로운 전자통신매체(인터넷과 이메일)의 이용에 관한 규정을 주식법에 도입하였다.

(2) DCGK의 "준수 또는 설명의무"

상장회사의 이사회와 감사회는 DCGK의 권고규정의 과거 및 현재의 준수상황을 보고하여야 한다(주식법 161조). DCGK의 준수상황은 상법 285조 16호(결합기업에 관해서는 상법 314조 1항 1호)에 따라 부속서에 보고되어야 한다. 준수상황에 관한 설명이 없거나 이 설명이 매년 갱신되지 않은 경우에는, 결산회계감사인의 감사의견표시는 제한된다.[42] 준수상황 설명서는 기타 부속서류와 함께 상업등기부에 등기를 위해 제출하여야 한다(상법 325조 1항 1문).

(3) 감사회의 기능 강화

1) 이사회의 계획달성 보고의무

TransPuG 이전에도 주식법은 이사회가 감사회에 대하여 정기적으로 장래의 경영정책, 목표 및 기타 회사의 계획에 관한 중요한 사항(특히 금융, 투자, 고용에 관한 문제)에 관해 보고하도록 하고 있었다(주식법 90조 1항 1호). 그런데 기존의 경영목표나 계획의 성과의 보고의무도 부담하는가에 관해서는 견해가 갈리어 있었다.[43]

이 논쟁은 TransPuG에 의해 주식법에 이사회는 정기 보고의무 외에도 "목표 달성 여부에 관해서도 이유를 붙여 보고해야 한다"라는 문구가 추가됨으로써 일단락되었다("Follow-up" 보고)(주식법 90조 1항 1호 후단).

2) 결합기업에 대한 보고의무의 확대

모회사(상법 290조) 이사회는 자회사와 공동기업(상법 310조)에 대해서도 보고하도록 하여 보고의무를 확대하였다(주식법 90조 1항 2문).

42 Pfitzer 외, 앞의 책, 89면.
43 Hüffer, 앞의 주석서, §90 Rn. 4b.

3) 감사회 구성원의 보고요구권

주식법은 감사회 외에 각 감사회 구성원의 보고요구권을 규정하고 있었다. 그런데 각 감사회 구성원이 보고를 요구한 때에 이사회는 보고를 요구한 그 감사회 구성원 외에 다른 감사회 구성원이 이에 동의하지 않는 한(즉 적어도 2명 이상의 감사회 구성원이 보고를 요구하지 않는 한), 보고를 거질할 수 있었기 때문에(구 주식법 90조 3항 2문 후단) 충실한 보고를 기할 수 없었다. 개정법은 이사회의 보고거절에 관한 부분을 삭제하여, 각 감사회 구성원은 단독으로 감사를 요구할 수 있고 이사회는 이를 거절할 수 없도록 하였다(주식법 90조 3항).

(4) 위험관리체제 구축의무의 확대

이사회의 위험관리체제 구축의무(주식법 91조 2항)와 이에 대한 회계감사인 감사의무가 종전에는 공적 시장(amtlicher Markt)에 상장된 회사에만 적용되었는데 이를 모든 상장회사에 확대 적용하였다(상법 317조 4항).

(5) 주주총회에서의 전자통신기술 도입

기술의 발전, 특히 인터넷의 발전과 멀티미디어를 이용한 통신발전에 주식법을 발맞추게 하기 위한 개정이 이루어졌다. 이 개정에 의해 회사의 비용절감, 정보와 공시의무 수행, 주주의 주주총회 참석 강화를 기할 수 있게 되었다.

① 연방전자관보에 의한 공시 : 회사의 공시사항은 연방전자관보를 통해서 하면 되도록 하였다(주식법 25조).

② 감사회 구성원의 비디오 장비에 의한 주주총회 출석 : 정관에 각 감사회 구성원이 일정한 경우에는 화상과 음성방송을 통해 주주총회에 참석할 수 있다는 뜻을 규정할 수 있게 되었다(주식법 118조 2항 2문).

③ 비디오 장비에 의한 주주총회의 중계 : 회사의 정관에 음성과 화상에 의한 주주총회 중계에 관한 규정을 둘 수 있다고 하여 가상 주주총회를 향한 진전이 이루어졌다(주식법 118조 3항, 129조 1항).

(6) 이익준비금 적립한도의 개정

종래 이사회와 감사회는 결산서가 확정되면 연도잉여금(Jahresüberschüsse)의 2분의 1까지 이익준비금으로 적립할 수 있었고(주식법 58조 2항 1문), 정관의 규정에 의해 이사회와 감사회에 2분의 1보다 크거나 적은 금액을 적립할 수 있도록 하고 있었다. 그러나 상장회사에 있어서는 연도잉여금의 50%를 초과한 금액만 적립할 수 있었다.

TransPuG에 따라 상장회사의 경우에도 정관에서 이익준비금의 적립한도를 2분의 1보다 감소하는 경우도 수권할 수 있게 되었다(주식법 58조 2항 2문).[44] 이에 따라 준비금 적립 및 배당정책에 관해 주주의 정관에 의한 자치가 강화되었다고 할 수 있다.[45] 다만 정관규정에 의해 적립되는 이익준비금이 기본자본의 2분의 1을 초과하거나, 이익준비금의 적립에 의해 기본자본의 2분의 1을 초과하게 되는 때에는 이익준비금을 적립할 수 없다(58조 2항 3문).

(7) 현물배당의 허용

종래 독일의 통설과 판례는 배당은 금전으로써만 할 수 있다고 하였고, 현물배당을 하려면 주주 전원의 동의를 얻어야 한다고 보았다.[46] 그러나 이 규정은 정관규정에 의한 현물배당을 허용하는 다수의 외국법 및 EU의 제2지침과 배치된다는 비판을 받았다.[47] 따라서 Baums 보고서는 현물배당을 허용하는 제안을 한 바 있는데, TransPuG는 이와 같은 비판을 수용해 주식법에 현물배당을 허용하는 근거규정을 설치하였다.

7. 기업의 성실성과 투자자 보호 강화를 위한 10개 계획(10-Punkte-Programm der Bundesregierung zur Stärkung der Unternehmensintegrität und des Anlegerschutzes, 10-Punkte-Programm)[48]

2003. 2. 25. 연방 정부는 연방 법무부와 연방 재무부가 공동작업한 「기업의 성실성과 투자자 보호 강화를 위한 10개 계획」(이하 "10개 계획")을 공표하였다. 이것은 회사법에 관한 사항뿐만 아니라, 재무제표에 관한 법을 현대화하고 연결재무제표를 국제회계기준에 적응시키는 사항, 회계감사인의 독립성에 관한 사항을 담고 있다. 10개 계획 중 일부 사항은 이미 법률로 성립되어 있으며, 추후 나머지 사항에 대해서도 단계적으로 입법이 이루어질 계획이다.

44 Strunk 외, 앞의 책, 51면.
45 Strunk 외, 앞의 책, 52면.
46 Baums(Hrsg.), 앞의 책, 217면, 특히 Rn. 200 ; Strunk 외, 앞의 책, 52–53면.
47 Baums(Hrsg.), 앞의 책, 218면, 특히 Rn. 200.
48 Pfitzer 외, 앞의 책, 83면 이하.

(1) 이사와 감사회 구성원의 회사에 대한 책임 : 주주의 소 제기권의 개선

과거 주식법은 회사는 주주총회가 단순다수결에 의한 결의나 기본자본의 10% 이상의 소수주주가 청구한 때에는 이사나 감사회 구성원에 대한 배상청구권을 행사하도록 하고 있었지만(주식법 147조 1항), 이 소수주주권의 요건을 기본자본의 1% 이상으로 완화한다는 계획이다. 이것은 이후 「기업의 성실성과 취소소송의 현대화에 관한 법률(UMAG)」에 의해 입법으로 실현되었다.

(2) 부실표시로 인한 손해배상책임

자본시장에서 이사회 구성원이나 감사회 구성원이 고의나 중과실로 부실한 정보를 제공한 때에는 개인 책임을 부담하도록 한다는 계획이다. 증권거래법(WpHG) 37b)조, 37c)조에 의한 부실표시로 인한 손해배상청구권을 회사뿐만 아니라 부실표시에 책임이 있는 이사와 감사회 구성원에게도 행사할 수 있도록 하였다.

(3) DCGK의 개정, 주식연동형 보수(스톡옵션)의 투명성 개선

스톡옵션계획에 대한 보고와 기관의 보수(최고액, 성과목표와의 강한 관련성, 보수의 개별 사항에 관한 공시, D&O보험 계약시 필요적 자기부담 부분 등)에 관한 계획이다. 이것은 2003년 5월 DCGK 4.2에 반영되었고, 이사의 보수공시에 관한 법률(VorstOG)에 의해 일부 입법화되었다.

(4) 재무제표 작성원칙의 개선과 국제회계기준과의 조화

재무제표나 연결재무제표 작성시 기업의 선택에 의해 국제회계기준의 적용 여부를 선택할 수 있도록 한다는 계획이다. 이는 현재 상법 315a조에 반영되어 있다.

(5) 회계감사인의 역할 강화

(4), (5)는 「재무제표개혁법(Bilanzrechtsreformgesetz, BilReG)」에 의해 이미 실현되었다. 이 법은 회계규정의 개선, 국제화 및 회계감사인의 역할 강화를 목적으로 하고 있다. 회계감사인의 자질, 성실성 및 독립성은 「회계감사인감독법(Abschluβprüferaufsichtsgesetz, APAG)」에 의해 더욱 강화되었다. 새로이 창설된 회계감사인감독위원회(Abschluβprüferaufsichtskommission, APAK)에

보충적인 공적 감독기능이 부여되었다. APAK는 2005년 중반에 업무를 개시하였다.[49]

이 법에 의해 독일법의 재무제표 작성원칙을 EU의 그것과 적응시키고 재무제표에 대한 신뢰와 회계감사인의 독립성 강화를 도모하였다.

(6) 독립성이 있는 자에 의한 기업회계의 적법성 감독

재무제표심사법(Bilanzkontrollgesetz, BilKoG)에 의해 회사의 재무제표는 독립된 지위에 있는 자에 의해 두 단계의 강제절차(Enforcement-Verfahren)에 의해 수행되게 되었다.[50] 첫 번째 단계에서는, 주 정부에서 위임한 사법상 위원회(Deutsche Prüfstelle für Rechnungslegung, DPR)가 재무제표에 성문법 규정의 위반 사항이 있는지 심사한다. 두 번째 단계에서는, 심사 대상 기업이 동 위원회와의 협력을 거절하면 강제절차가 진행된다. 이때 연방금융감독청(BaFin)은 해당 기업으로 하여금 회계상 오류의 심사 및 공표에 협력하도록 명할 수 있다.

기타 (7) 거래소에 관한 계획의 지속적 추진과 감독에 관한 법의 개선, (8) 자본시장에서의 투자자 보호의 개선, (9) 애널리스트와 신용평가회사에 의한 기업평가의 신뢰성 제고, (10) 자본시장에서의 범죄에 관한 형벌규정의 강화 계획이 포함되어 있다.

8. 기업의 성실성과 취소소송의 현대화에 관한 법률(Das Gesetz zur Unternehmensintegrität und Modernisierung des Anfechtungsrecht, UMAG)[51]

종래 이사회와 감사회가 회사에 대한 의무를 위반한 때에 이사회, 감사회의 책임은 지나치게 엄격하였지만, 중대한 의무위반이 있는 경우에도 배상청구권이 행사되지 않는 경우가 종종 있었다. 이에 따라 배상청구권에 관한 규정이 실효성이 없다는 지적이 있어 왔다. 새로운 법은 이사회와 감사회의 의무위반시 소수 주주의 제소를 용이하게 하기 위한 규정을 도입하였다(주식법 147조 내지 149조). 책임 위험 때문에 이사의 경영판단의 자유가 제약받지 않도록 하기 위해서 경영판단의 법칙이 도입되었다(주식법 93조 1항 2문). 주주총회 결의취소소송의 남용을 막기 위한 개정도 이루어졌다(주식법 243조 4항). 이와 같이 UMAG는 한편으로는 주주의 소제기를 용이하게 하고, 다른 한편으로는 남소를 방지하기 위한 목적으로 입법되었다.

49 Pfitzer 외, 앞의 책, 84면.
50 Pfitzer 외, 앞의 책, 84면.
51 BGBl. I, 2005, 2802. 2005. 11. 1. 시행되었다.

이 외에 UMAG에 의해 이루어진 개정사항을 살펴보면 다음과 같다.[52] 주식법상 특별검사(Sonderprüfung) 신청을 위한 소수 주주요건을 완화하고(142조 2항), 주주간의 교류 증진을 위한 주주포럼(Aktionärsforum)을 도입하였다(127a조). 다른 한편 취소소송과 이사에 대한 소 제기의 남용을 방지하기 위해 주주의 발언 및 질문권(Rede- und Fragerecht)을 제한하였다(131조 2항 2문). 대주주가 의결권행사에 의해 이사로 하여금 회사나 주주에게 손해를 가하는 행위를 하도록 한 경우에도 배상의무를 부담하게 하였다(주식법 117조 7항).

9. 이사의 보수공시에 관한 법률(Das Gesetz über die Offenlegung von Vorstandsvergütungen, VorstOG)

2005. 7. 8. 이사의 보수공시에 관한 법률이 제정되어 2006. 1. 1. 이후 회계연도의 재무제표 및 연결재무제표에 적용되게 되었다. DCGK가 이사의 보수에 관해 보수항목을 개별적으로 구분하여 공시할 것을 제안하고 있음은(2.4.2) 앞서 살펴본 바와 같다. DCGK의 태도와 학계의 제안을 좇고, EU의[53] 외국의 사례[54]에 비추어 볼 때 보수의 개별적 공시는 국제적인 기준이 되고 있음을 고려하여 상법을 개정하여 이사의 보수를 개별적으로 공시하게 하였다(상법 285조 1문 9a호 5문).

III. 회사지배구조 영역의 제도정비

1. 서

회사지배구조 영역에서의 제도 개선은 크게 두 가지 사항에 초점을 맞춰 이루어졌다. 가장 중요한 것은 독일 회사지배구조의 커다란 문제점이 이사회에 대한 감사회의 감독기능의 실패에 있다고 보고, 독일식 제도의 약점을 파악하고 감사회제도를 개혁하는 것이다. 감독기능의 문제점은 대규모 공개회사에서 보이는 바와 같이 경영진의 부실경영으로 인해 도산 등 기업

52 이 법의 개요를 개괄한 문헌으로는 Fleischer, Das Gesetz zur Unternehmensintegrität und Modernisierung des Anfechtungsrechts, in : NJW 49/2005, S.3525.

53 EU-Kommission, Empfehlung zur Einführung einer angemessen Regelung für die Vergütung von Mitglieder der Unternehmensleitung börsennotierter Gesellschaft vom 14.12.2004, ABl EU Nr. L 385, S.55.

54 영국의 Directors' Remuneration Report 2002 ; 프랑스 상법 Art. L. 225-102-1.

을 위기에 처하게 한 몇 가지 사례에서도 드러났다.[55] 그러나 이 같은 감독기능의 문제점을 해소하기 위해서 감사회 및 이사회의 권한과 의무를 완전히 새로이 규정하거나, 이사회와 감사회에 의한 이원적 경영기구제도를 버리고 미국식 일원적 이사회제도를 도입하는 변혁적 방법을 취하지는 않았다.[56] 오히려 경영의 "투명성 강화, 책임성 강화, 이사회의 활동에 대한 감사회의 관여 증대"라는 표어를 통해서 알 수 있듯이 보다 유연한 방법으로 감사회의 기능을 제고하고자 하였다.

다른 하나는 이사회에 대한 감독기능의 실효성을 높이기 위해서 이사에 대한 책임추궁 소송제도를 개선한 것이다. 즉 일정한 요건을 갖춘 소수 주주는 직접 자신의 이름으로 이사에 대해 소송을 제기할 수 있게 되었다. 또한 이사에 대한 책임추궁 소송과 관련해 이사의 경영상 판단에 따른 '결과손해'에 대해서는 이사를 책임으로부터 구제해 주는 장치가 필요하다는 학계의 제안을 받아들여 경영판단의 법칙을 도입하였다.

회사지배구조에 관한 제도 개선은 주로 기업의 감독과 투명성에 관한 법률(KonTraG)과 Baums 보고서를 실행하는 일련의 입법들을 통해 이루어졌다.

2. 주주총회와 주주의 권리

(1) 주주소송(대표소송)의 도입

주주의 권리와 주주총회에 관한 사항 중에서 가장 획기적인 변화라고 할 수 있는 것은 주주소송 제도의 쇄신이다. 개정 전 주식법에 의하면 회사는 주주총회의 단순다수결이나 기본자본의 10% 이상의 소수 주주가 청구한 때에 이사나 감사회 구성원에 대한 배상청구권을 행사하도록 하고(구 주식법 147조 1항), 지분이 기본자본의 20분의 1 또는 지분액이 50만 유로에 이르는 주주는 회사가 1항에 의한 청구권을 행사하지 않을 경우에는 법원에 배상청구권을 행사할 특별대리인의 선임을 신청할 수 있었다(구 주식법 147조 3항). 위와 같은 주주총회나 소수 주주의 청구가 있음에도 불구하고 배상청구권이 행사되지 않으면, 기본자본의 20분의 1 또는 지분액이 50만 유로에 이르는 소수 주주가 법원에 배상청구권 행사를 위한 특별대리인의 선임을 신청할 수 있을 뿐이었다(구 주식법 147조 1항).

그러나 이 같은 요건은 매우 엄격하여 실제 책임추궁 소송제기를 저해한다는 비판을 받아

55 Metall회사인 Bremer Vulkan사, Holzmann사.

56 일원적 경영기구 체제가 더 우월하다는 실증적 · 경제적 증거는 없으며 감독기능의 실패를 보여 주는 사례는 어느 제도를 취하든 양 체제 모두에서 발견되었기 때문이다. Baums(Hrsg.), 앞의 책, 63면.

왔다. 다른 한편 배상청구권 행사가 회사의 이익에 부합하지 않음을 감사회가 인정했고, 주주총회에서 1항에 의한 배상청구를 위한 결의를 하지 않았는데도 3항에 따라 소수 주주가 배상청구권행사를 위해 특별대리인 선임을 신청할 수 있다는 점도 비판받았다. 따라서 2000년 독일 법률가 대회(Deutscher Juristentag)에서의 논의에 이어, 특히 Baums 위원회는 이 규정을 재고하여 새로운 규정을 둘 것을 제안하였는데 마침내 2005년 UMAG에 의해 주식법이 개정됨으로써 실현되었다.

개정된 주식법에 의하면 이제 기본자본의 1%나 지분액을[57] 10만 유로 이상 소유한 소수 주주는 자기의 이름으로 소송을 제기할 수 있다(주식법 148조 1항).[58]

구 법처럼 주주는 배상청구권 행사를 위해 특별대리인 선임을 청구하지 않고도(구 주식법 147조 3항) 소송을 제기할 수 있게 되었다(주식법 148조). 다른 한편 무모한 소송제기를 방지하기 위하여 소 제기 전에 법원(Prozeβgericht)에 소송허가절차를 거치게 하였다(주식법 148조 1항 각호). 소송허가절차에서 주주는 이사 등의 의무위반 행위 전 또는 공표된 사실에 근거해 손해 발생 사실을 알기 전에 주식을 취득했음을 입증해야 한다(1호).[59] 또한 당해 주주는 회사에 대해 직접 소송을 제기할 것을 일정한 기간 내에 요청했다는 사실도 입증해야 한다(2호).[60] 나아가 당해 이사의 불성실(Unredlichkeit)이나 법률 또는 정관의 중대한 위반으로 인해 회사에 손해가 발생했음을 정당화하는 사실도 존재해야 한다(3호). 마지막으로 손해배상청구권의 행사가 회사의 우월한 이익(Wohl)을[61] 침해하여서는 안 된다(4호).

(2) 주주포럼

점차 확대되는 주식소유 분산과 주주 구성의 국제화 추세에 비추어 새로운 정보통신기술을 이용한 주주간 교류증진과 의결권대리행사 권유를 위한 장치마련이 중요하다는 인식에 따라 UMAG에 의해 주주포럼이 도입되었다.

새로운 주식법 127a조에 따르면 주주(또는 주주단체)는, 연방 전자관보의 주주포럼에 다른 수수에 대하여 공동으로 또는 대리하여 주식법에 따른 신청이나 청구를 하거나 주주총회에서

57 Baums 보고서에서는 '거래소 시가(Börsenwert)'라고 되어 있었지만 입법에서는 '지분액(anteiliger Betrag)'으로 바뀌었다.

58 이것은 비교법적으로 미국의 대표소송을 모범으로 한 것으로서 학계의 연구를 반영한 것이다. Fleischer, 앞의 논문, 3526면.

59 미국법의 'contemporaneous ownership rule'을 따른 것이다.

60 미국법의 'demand' 요건을 따른 것이다.

61 ARAG/Garmenbeck 판례(BGHZ 135, 244)에서 말하는 'gewichte Gründe des Gemeinwohls'와 같은 것이라고 볼 수 있다.

의결권을 행사할 것을 권유할 수 있다(1항). 주주의 이러한 권리는 주주소송제기를 위한 소수주주권의 요건 완화와 같이 주식법에서 소수 주주요건 완화를 도모하고 있는 경우에는 매우 중요한 의미를 지닌다.[62] 권유를 함에 있어서 연방 전자관보에 게시할 사항으로는 주주나 주주단체의 성명, 회사의 상호, 신청 · 청구 · 의결권대리행사에 관한 사항, 주주총회 회일에 관한 사항을 들고 있으므로(2항), 중립적 권유만을 할 수 있고 권유의 이유 등은 공표할 수 없다.[63] 회사는 연방 전자관보에 당해 청구에 대한 입장표명을 할 수 있다(4항). 연방 법무부는 부령을 통해 주주포럼의 구성을 비롯한 기타 세부사항을 정할 수 있는데(5항), 법무부는 이에 관한 부령(Aktionärsforumsverordnung, AktFoV)을 제정하였다.[64]

3. 이사회

(1) 이사의 의무와 책임

1) 경영판단의 법칙의 도입과 기타 이사의 책임 완화장치

소수 주주의 책임추궁소송제도의 개선과 함께 이사를 엄격한 책임으로부터 구제해 주기 위한 제도 개선도 이루어졌다. Baums 위원회는 주식법의 이사의 의무와 책임에 관한 규정(93조) 중에 "이사가 경영상 재량에 의한 실수에 대해서는 회사에 대해 책임을 부담하지 않는다"라는 경영판단의 법칙을 도입할 것을 제안하였다. 이것은 제63차 독일 법률가 대회의 결의사항을 따른 것이기도 하다. 이 대회에서 함부르크 대학교 울머(Ulmer) 교수는 "회사의 손해가 적절한 정보에 기해 회사에 이익이 된다고 판단한 경영상 행위로 인해 발생하였고, 이 행위가 사후적 관점에서 변동상황이나 인식에 의해 회사에 손해를 야기하였음이 입증된 때에는, 이사는 주의의무를 위반한 것이 아니다"라고 주장한 바 있다.[65] 이러한 학계의 동향과 Baums 보고서의 제안에 따라 UMAG는 경영판단의 법칙을 도입하였다.

신설된 주식법 93조 1항 2문은, "경영상 판단(Unternehmerische Entscheidung), 적절한 정보에 기한 행위, 이사가 특별 이익을 취하지 않은 행위, 회사에 이익이 되는 행위, 회사에 이익이 된다고 성실히 믿고서 행한 행위"라는 5가지 요건이 충족되면 이사는 손해배상책임을 부담하지 않는다고 규정하고 있다.

62 Fleischer, 앞의 논문, 3527면.
63 Fleischer, 앞의 논문, 3527면.
64 BGBl. I 2005, 3193. 2005. 12. 1. 시행되었다.
65 Baums(Hrsg.), 앞의 책, 108면.

한편 Baums 위원회는 이사의 손해배상책임 부담을 덜어주는 방법으로 D&O 보험의 이용이 더 이상 폭증하는 것에 대해서는 의문을 제기하였다. 경과실에 의한 손해배상책임을 계약에 의해 면제할 수 있도록 하는 입법제안도 이후 추세를 지켜보고 나중에 새로이 논의해도 될 것이라고 하여 장래의 과제로 남겨놓았다.[66]

2) 대주주의 의결권행사에 대한 손해배상의무

종전 주식법은 회사에 대한 영향력을 이용하여 이사 등으로 하여금 회사나 주주에게 손해를 가하는 행위를 하도록 한 자는 회사에 대해 손해배상의무를 부담하도록 하되(주식법 117조 1항), 예외적으로 이사 등이 일정한 행위를 함으로써 손해를 끼친 행위에 대해서는 배상의무를 부담하지 않는다고 하고 있었다(7항 1호 내지 3호). 즉 종전 규정에 의하면 대주주가 의결권을 행사하여 이사 등으로 하여금 고의로 회사나 기타 주주에게 손해를 가하는 행위를 하게 한 때에는 배상의무를 부담하지 않게 되어 있었는데, 이에 대해서는 많은 비판이 있었다. 개정법은 Baums 보고서와 제63차 법률가 대회의 제안을 받아들여 주식법 117조 7항의 예외사유 중 1호(주주총회에서의 의결권행사)를 삭제하여, 이사 등이 의결권행사에 의해 손해를 가한 경우에도 회사에 대해 영향력을 행사하는 자는 배상의무를 부담하게 하였다.

3) 위험관리제도 구축의무

기업의 감독과 투명성에 관한 법률(KonTraG)에 의해서 이사회에 대해 위험관리제도(Überwachungssystem) 구축의무가 부과되었다. 이에 따라 이사회는 회사의 존속을 위협하는 변동상황(Entwicklung)을 조기에 인지할 수 있는 감독체제를 구축하여야 한다(주식법 91조 2항).[67] 또한 회계감사인은 이사가 이 의무를 적절한 방식으로 구축하고 있는지 여부, 구축된 제도로써 의무수행이 가능한지 여부에 대해 판단해야 하고(상법 317조 4항), 이 감사결과를 감사보고서의 특별부에 기재하여야 한다(상법 321조 4항).

이 의무는 종전에는 공식 시장에 상장한 회사에만 적용되었다. Baums 위원회는 모든 상장회사에서 위험관리제도 구축의무가 필요하다고 보고, 위험관리체제 구축 여부와 의무수행의 적합성에 관해서 회계감사인에 대해 특별감사를 신청하지 않고도 정기적으로 감사회가 이를 감사하고 보고받을 수 있어야 한다고 제안하였다.[68] 이러한 제안에 따라 투명성 및 공시에 관

66 Baums(Hrsg.), 앞의 책, 108면.
67 자세한 것은 앞의 II. 3.
68 Baums(Hrsg.), 앞의 책, 288면.

한 법률(TransPuG)에서는 이 의무를 모든 상장회사에 확대 적용하도록 하였다(상법 317조 4항).

(2) 이사의 이익충돌 금지

1) 이사의 보수

이사의 보수의 적절성에 관한 문제는 근래 미국을 비롯해 전 세계적인 테마가 되고 있다.[69] 독일에서도 경영자에 대한 과도한 보수지급에 대해서 의문이 제기되었다.[70] DCGK는 주주와 투자자에 대해 투명성을 제고하고 시장에 의해 이사의 보수를 통제하기 위해 이사의 보수액의 공시의무를 규정한 바 있다(4.2.3 내지 4.2.4).[71] 이 사항은 이후 이사의 보수공시에 관한 법률(VorstOG)로 입법되어 상법에 보수공시에 관한 규정이 설치되었다(상법 285조 내지 286조).[72] DCGK의 규정과 상법의 규정은 거의 동일하다.

이사의 보수는 성과급, 비성과급, 장기 인센티브급을 별도로 표시하고 구분하여 기재하여야 한다(상법 285조 1문 9a호 5문). 부양적 성격의 급여(Versorgungsbezüge)도 명시적으로 공시해야 하지만, 근로자에 대해 지급하는 같은 성질의 급여와 비교할 때 상당히 차이가 있는 경우에만 공시하면 된다(상법 285조 1문 9a호 7문).

스톡옵션 및 주식 관련 옵션에 관해서는 특별한 규정을 마련하고 있다. 옵션 부여시점의 시가 및 행사가격 감액과 같은 행사조건의 변경에 따른 가치변동을 고려하여야 한다(상법 285조 1문 9a호, 4문).

이사의 보수공시의무 규정은 결의에 참석한 주주 중 4분의 3 이상이 동의하면 배제(opt out)할 수 있도록 하고 있다(상법 286조). 이러한 공시의무 배제를 위한 주주총회 결의는 이사의 최장 임기기간인 5년간(주식법 84조 1항) 유효하며, 이때 보수공시에 이해관계 있는 주주(이사인 주주)는 의결권이 없다(주식법 136조 1항, 상법 286조 5항 3문). 주주총회에서 공시의무 규정의 적

69 미국 시장에 상장된 회사는(외국 회사도 자산규모가 1,000만 달러 이상이고 주주수가 750인 이상인 경우 적용) 상위 5인의 경영자에게 지급된 보수를 연말보고서에 공시해야 한다〔SEC Regulation S-K, Item 402(Executive Compensation)〕. EU-Kommission, Empfehlung zur Einführung einer angemessen Regelung für die Vergütung von Mitglieder der Unternehmensleitung börsennotierter Gesellschaft vom 14.12.2004, ABl EU Nr. L 385, S.55 ; 영국의 Directors' Remuneration Report 2002, Statutory Instrument 2002, No.1986.

70 Spindler, Das Gesetz über die Offenlegung von Vorstandsvergütungen, in : NZG 2005 Heft 17, S.689.

71 앞의 II. 5.

72 앞의 II. 9.

용 배제결의를 내렸을 때에는 이를 주식법 161조에 따라 보고하여야 한다.

입법목적을 투자자 보호라고 함으로써 상장회사(주식법 3조 2항)의 규율에 초점을 맞추고 있지만, 비상장회사에 대해서도 스톡옵션이나 주식연계형 보수에 관한 규율에서는 마찬가지로 적용된다.[73] 개별공시의무는 콘체른에도 적용된다. 모회사의 이사에 대해서는 자회사에서 받는 스톡옵션을 포함한 전체 보수가 적용 대상이다. 인적 적용범위에서 이사만 포함되고 감사에 대해서는 적용되지 않는다.[74]

공시의무를 위반한 경우에는 각 이사에 대해 최고 5만 유로까지 과태료의 제재가 가해진다(상법 334조 3항, 340n조 3항, 341n조 3항). 이에 비해 부실공시나 공시의무의 불이행에 대해 일반 민사책임 규정은 없기 때문에 투자자나 주주의 민사책임은 인과관계의 문제에 의해 해결하게 될 것이다.[75] 회사측에서는 공시의무 위반으로 인해 통상 손해를 입지는 않을 것이기 때문에, 이사나 감사의 의무위반(주식법 93조, 116조)을 이유로 한 손해배상청구권은 투자자가 행사하지 않는 한 회사가 손해배상청구를 하는 경우는 거의 없을 것이다.[76]

이와 같은 보수의 개별적 공시의무는 전 세계적인 추세가 되고 있기 때문에 독일 회사가 더 불리한 지위에 처하게 된 것은 아니라는 것이 독일의 일반적 견해이다. 물론 보수문제에 대해 입법자가 간섭해 법률에 의해 보수공시의무를 부과하는 것은 'comply or explain'의 사고에 반하며, DCGK나 자율규제의 성과에 그림자를 드리우는 것이라는 비판도 있다.[77] 그러나 이러한 비판이 옳은지는 분명하지 않다는 것이 다수의 견해이다.[78]

2) 이사 등의 주식보유상황 보고

이사나 감사의 주식보유상황은 한편으로는 증권거래법 영역에서 내부자 거래규제에 있어서 중요할 뿐만 아니라, 다른 한편으로는 이사 등의 회사 또는 콘체른의 주식보유상황에 관한 정보는 이들이 회사의 전망을 어떻게 파악하고 있는가를 알 수 있게 해 준다는 점에서도 중요한 정보이다.

「거래소상장질서법(BörsenZulVO)」은 증권의 상장시에 28조 2항 4호에 따라 제출하는 거래

73 Spindler, 앞의 논문, 689면.
74 이미 감사에 대해서는 주주총회에서 통제를 받고 있기 때문이다(주식법 113조). Spindler, 앞의 논문, 689면.
75 Spindler, 앞의 논문, 691면.
76 Spindler, 앞의 논문, 691면.
77 Spindler, 앞의 논문, 692면에서 재인용. Baums 교수도 꼭 필요한 표준적 공시만 할 것을 제안하고 있다. Baums, ZIP 2004, S.1877, 1879.
78 Nowak/Rott/Mahr, ZGR 2005, S.252, 278ff.(Spindler, 앞의 논문, 692면에서 재인용).

소 사업설명서(Börsenprospekt)에, 발행회사의 업무집행기관(이사회) 구성원(이사)과 감사회 구성원이 보유한 주식의 총수와 이들에게 부여한 주식매수선택권을 기재하도록 하고 있다. 또한 발행회사는 증권거래소법(BörsG) 44b조에 따라 반기보고서(Zwischenbericht)를 제출하여야 하는데, 이 보고서에 주식법 160조 1항 5호에 따라 이사회 및 감사회의 구성원과 근로자의 주식매수선택권에 관한 기재를 하여야 한다(거래소상장절차법 55조 4문).

앞의 설명에서 알 수 있는 바와 같이 반기보고서에는 주식소유 및 주식 관련 파생상품에 관한 기재의무에 관해서는 규정이 없었다. Baums 위원회는 이사회 및 감사회 구성원의 주식소유, 주식매수선택권 기타 주식파생상품의 공시도 필요하며, 이에 관해서 상세한 규정을 두고 있는 미국[79]의 규정에 접근시킬 필요가 있다고 제안한 바 있다. 이와 같은 Baums 보고서의 제안에 따라 DCGK에 주식소유상황에 대한 보고의무가 규정되었다.[80]

4. 감사회

감사회제도의 개혁을 통해 독일 회사지배구조를 개선하려는 것은 1990년대 이래 입법들의 일관된 목표였다. 감사회의 구성과 권한, 이사회와의 관계, 회계감사인과의 관계 및 협조의무 등 방대한 사항에 이르기까지 제도개선 노력이 이루어졌다. 그러나 Baums 보고서에서 제안한 바와 같이 모든 사항을 법률에 의해 규정할 필요는 없다고 보았다. 감사회에 관해 성문법적 변화를 가져온 것은 기업의 감독과 투명성에 관한 법률(KonTraG)과 투명성 및 공시에 관한 법률(TransPuG) 등 두 차례의 입법이었다. 기타 DCGK에도 감사회에 관해 자세한 규정이 포함되어 있다.

KonTraG에 의해 이루어진 중요한 개정은 회계감사인의 독립성을 위해서 회계감사 위임권한을 종래 이사회에서 감사회로 이관한 것(주식법 111조 2항)과, 감사회 구성원의 이익충돌 금지와 투명성을 위해서 선임 전 후보자의 직업 공개, 겸직 공개를 규정한 것이다(주식법 125조 1항, 주식법 127조 4문).

TransPuG에 의해서는 감사회의 기능 강화를 위해 이사회의 감사회에 대한 보고의무가 확대되었다. 이사회의 Follow-up 보고의무를 규정하고, 모회사 이사는 콘체른의 자회사 감사회에 대해서도 보고의무를 부담하도록 하였으며, 각 감사의 보고요구권을 규정하였다(주식법 90조).

79 주식거래내역 보고 : 공개회사의 임원과 이사는 회사주식거래에 관해 거래 후 2일 내에 보고해야 한다(1934년 증권거래소법 16(a)조 ; 2002년 Sarbanes-Oxley Act 403조에 의해 개정).

80 자세한 것은 앞의 II. 5. (4) 5) 참조.

DCGK는 감사회의 독립성, 전문성, 이익상충 규제를 위한 규정을 마련하고 있다.[81] 겸임 금지, 이사회 의장과 감사회 의장의 겸직 금지, 경쟁회사에서의 재직 금지, 감사의 주식거래 내역보고와 같은 사항이 규정되어 있다. 기타 주목할 만한 것은 감사회 내에 감사위원회를 설치할 것을 권고하고 있다는 점이다(5.3.1 1문단). 이미 주식법에서도 감사회는 그 업무 중 일부를 감사회 내 위원회에 위임할 수 있다는 규정이 있지만(주식법 107조 3항), DCGK는 감사회의 전문성, 특히 회계규정과 위험경영의 문제를 다룰 감사위원회를 설치하도록 하고(5.3.1 1문단 1문) 감사위원회의 장은 회계규정원칙과 내부통제절차의 적용에 있어서 특별한 지식 · 경험을 갖출 것을 요구하고 있다(2문).

IV. 회사재무 영역의 제도정비

1. 회사설립과 신주발행

(1) 설립에 대한 조사

과거 주식법은 설립에 대한 조사는 이사회와 감사회가 하지만(33조 1항), 이사회 또는 감사회 구성원이 발기인이거나(구 주식법 33조 2항 1호), 설립시 이들의 계산으로 주식이 인수된 때(2호), 특별이익 등이 약정된 때(3호), 현물출자나 재산인수가 있는 때(4호)에는 설립에 관하여 설립검사인의 검사를 받도록 하였다. 그러나 투명성 및 공시에 관한 법률(TransPuG)에 의해 개정된 새로운 주식법은 설립검사인의 검사를 공증인(Notar)이 하도록 하였다(주식법 33조 3항). 그러나 공증인의 검사는 1호와 2호의 사항에만 적용된다. 따라서 현물출자에 대해서는 여전히 설립검사인의 검사를 받아야 한다.

(2) 신주발행

신주발행에 관한 개정 중 주요한 것으로는 기업의 감독과 투명성에 관한 법률(KonTraG)에 의해 주주의 신주인수권 배제를 허용한 것과 투명성 및 공시에 관한 법률(TransPuG)에 의해 실무계의 요청을 받아들여 금전에 의한 신주발행시 발행가의 공시의무를 완화한 것을 들 수 있다.

81 자세한 것은 앞의 II. 5. (4) 4) 참조.

KonTraG에 의해서 주주의 지배력이나 지분의 재산적 가치를 훼손시키지 않는 경우에는 회사의 자금조달의 기동성을 도모하기 위해 주주의 신주인수권을 배제할 수 있는 사유가 추가되었다(주식법 186조 3항 4문). 이 규정에 따라서 현금에 의한 증자이고, 기본자본(Grundkapital)의 10%를 초과하지 않으며, 발행가가 거래소의 시세를 크게 하회하지 않는다는 요건을 갖춘 때에는 주주의 신주인수권은 배제할 수 있다. 이 규정에 따라 주주의 신주인수권이 배제되어도 주주는 주식시장에서 주식을 매입하면 자신의 지분율을 유지할 수 있고, 신주의 발행가가 시세에 따라 정해지므로 주주 지분의 재산적 가치도 떨어지지 않는다. 따라서 주주의 신주인수권을 배제해도 된다는 것이 다수의 견해였다.

과거 금전에 의한 신주발행시에 이사회는 주주의 인수기간 2주 전에 회사관보에 발행가를 공시하여야 했고(구 주식법 186조 2항), 이때 발행가는 정확한 금액으로 표시하여야 하였다. 그런데 이 규정에 의하면 2주간 동안 주가가 변동할 수 있는데, 인수기간 만료시의 시장상황을 고려할 수 없다는 사정 때문에 금전에 의한 신주발행의 제약요소가 되었다.[82] 또한 구법에 의하면 주주는 인수 기간 동안 비용부담 없이 Call Option을 갖는 것이고 시세조종의 가능성도 있었다. 따라서 Baums 보고서는 구법의 개정 제안을 하였는데 이것은 TransPuG에 의해 입법으로 실현되었다. 이제 새로운 주식법에 따르면 금전에 의한 신주발행시에 발행가를 확정하지 않고 단지 발행액 결정의 기초만 공시하면 된다(주식법 186조 2항 1문).

2. 자본금제도

(1) 최저자본금과 자본금제도

독일은 최저자본금제도를 두고 있고(주식법 7조), 자본금제도에 관해 전반적인 개혁은 이루어지지 않고 있다. 학자들의 견해도 자본금제도의 폐지에 대해 부정적인 입장을 보이는 견해가 다수이다. EU 차원에서는 Winter Group(High Level Group : 고위전문가 위원회)이 EU 내에서 더 이상 자본제도를 강제할 수 없다는 의견을 발표한 후에, 유럽위원회는 2003년 5월 회사법에서의 2단계 실행계획을 제출하였다.[83] 이 실행계획 중 중기계획으로서 자본금제도의 대안에 대한 모색을 할 것을 밝힌 바 있다. 근래 독일의 학자들 중에도 자본제도를 유지하는 데

82 Baums(Hrsg.), 앞의 책, 231면 ; Strunk, 앞의 책, 71면.

83 Europäische Kommission, Aktionsplan über "Modernisierung der Gesellschaft und Verbesserung der Corporate Governance in der Europäischen Union," Brüssel, 21.5. 2003, KOM(2003).

드는 비용에 비해 채권자 보호기능은 미미하다는 미국 법학자와 경제학자들의 주장에 관심을 기울이는 학자들이 보이기 시작하고 있다.[84] 그러나 아직 독일의 회사법학계의 주류는 이러한 동향에 비판을 가하고 있다. 그 이유 중 하나는 독일이 종래 자본에 관한 회사법 지침에 주도적으로 영향을 미쳐 왔는데, 자본금제도의 세력상실은 독일 회사법의 세력약화를 가져오는 것이라고 보기 때문이다.

(2) 무액면주식

1) 도입목적

종래 주식법은 무액면주식을 허용하지 않고 액면주식만 강제하고 있었다. 그러나 EU의 Euro화 실시를 앞두고 액면금액을 마르크화(DM)에서 유로화(Euro)로 전환하는 데 따르는 번잡한 문제를 해결하기 위해 무액면주식(Stückaktie)을 도입하게 되었다.[85]

그러나 새로 도입된 무액면주식은 부진정한 무액면주식(unechte nennwertlose Aktie)[86]이고 진정한 의미의 무액면주식은 아니다.[87]

2) 개요

무액면주식을 도입해도 액면주식제도는 존속하지만(주식법 8조 1항, 2항), 하나의 회사에서 두 종류의 주식을 발행하는 것은 명확성과 실용성의 관점에서 허용하지 않는다(주식법 8조 1항).

기본자본제도(주식법 6조), 기본자본의 주식으로의 분할원칙(주식법 1조 1항), 자본유지의 원칙은 그대로 유지하고 있다. 무액면주식은 기본자본을 발행주식수로 나눈 부분액에 해당한다(주식법 8조 4항).

84 Eidenmüller/Engert, Die angemessene Höhe des Grundkapitals der Aktiengesellschaft in : AG 2005, S.97.

85 BGBl. I 1998, S.590.

86 부진정 무액면주식(unechte nennwertlose Aktie)은 ① 회사가 확정된 기본자본을 갖고 있으며, ② 기본자본이 주식으로 분할되어 있고, 각각의 주식이 기본자본의 한 부분액을 표창하는 것인 데 비하여, 진정 무액면주식(echte nennwertlose Aktie)은 위 두 가지 요소 중에서 적어도 하나가 없는 것이다. 즉 기본자본이 없거나, 기본자본은 있더라도 주식으로 분할되어 있지 않아서 주식의 수와 기본자본 사이에 직접적인 관계가 존재하지 않으므로 양자가 서로 별도로 변동될 수 있는 것이다(Helder, Einführung der nennwertlosen Aktie in Deutschland anläßlich der Umstellung des Gesellschaftsrechts auf den Euro, in : AG 1998, S.1, 2)(박상근, 앞의 글에서 재인용).

87 자세한 것은 박상근, 앞의 글 참조.

무액면주식 1주에 해당하는 기본자본에 대한 지분금액은 액면주식의 최저액면가(1Euro) 이상이어야 한다(주식법 8조 3항 3문, 4문).

무액면주식 1주에 해당하는 기본자본에 대한 지분금액은 주식발행가의 최저가가 된다. 따라서 주식을 액면가 이하로 발행하는 것은 금지된다(주식법 9조 1항).

한 회사의 모든 무액면주식의 크기는 동일해야 하고 기본자본에 대하여 같은 범위로 참가하고 있어야 한다(주식법 8조 3항 2문).

3. 기업회계

(1) 회계규정

회계규정과 회계감사 분야는 비교적 근래에 개혁의 주요 대상이 되어 왔다. Baums 보고서의 제안 내용의 일부가 DCGK에 규정되었으며, 이후의 TransPuG에 의해 상법과 주식법에 대대적인 개정이 있었다. 이때의 개정에 의해 주식법의 회계규정은 대부분 삭제되었고 상법의 회계규정도 대폭 개정되었다.

재무제표와 연결재무제표에 관한 규정 및 부속서류 작성시, 이사의 보수 등에 관한 개별공시의무 등 이사회의 의무의 확대, 이사 등에 의한 주식보유상황의 보고의무가 규정되었다.

투명성 및 공시에 관한 법률(TransPuG)의 내용 중 연결결산서에 관한 규정 중 상당 부분은 독일회계기준위원회(Deutscher Rechnungs Standards Committee, DRSC)의 2001. 10. 8의 입법제안을 따른 것이다.[88] DRSC의 제안을 이렇듯 법적으로 수용한 것은 회계규정을 민간기구에 맡긴다는 연방 정부의 정책을 반영한 것이다. 독일 상법은 연방 법무부가 사법상 회계기준위원회를 승인하고 계약을 통해 이 위원회에 회계기준에 관한 일정한 업무를 위임할 수 있다고 규정하고 있다(342조). 또한 연방 법무부 내에 회계기준에 관한 업무를 맡을 자문기구(Beirat)를 설치해야 하지만(상법 342a조 1항), 법무부가 사법상 회계기준위원회를 둔 때에는 자문기구는 구성하지 않을 수 있도록 하고 있다(상법 342a조 9항). 연방법무부는 1998. 9. 국제 콘체른의 회계기준의 쇄신을 꾀하고자 하였고 DRSC와 회계기준제안에 관한 계약을 체결하였다.[89] 이 위원회의 업무는 Standard의 형태로 규정에 따른 콘체른 회계기준을 제안하여, 독일의 모회사

88 Strunk, 앞의 책, 87면.

89 Strunk, 앞의 책, 87면.

90 상법상(342조 1항) DRSC의 권한은 1. 콘체른 회계기준 권고안의 작성(1호) : 사법상 회계기준위원회가 회계기준 권고안을 작성하고, 이 권고안이 공시되며, 법무부가 이를 승인한 때에는 "규정에 따른 부기원칙(ordnungsmäßiger Buchführung)"은 준수된 것으로 추정됨(342조 2항). 2. 회계기준 입법시 법무부에 대한 자문(2호) 및 3. 국제회계기준위원회에서의 독일의 대표(3호)이다.

가 국제적으로 승인된 회계원칙을 준수할 수 있는 토대를 만든다는 것이었다.[90]

DCGK는 연결재무제표는 국제적으로 승인된 회계원칙을 준수하여 작성하도록 하고, 연방금융감독청(BaFin)은 연결재무제표가 회계규정을 준수하여 작성되었는지 여부를 심사하도록 하고 있다(7.1.1). 상법은 일정한 요건을 갖춘 콘체른의 연결재무제표에 관해서만 상법의 회계기준에 관한 규정 중 일부를 적용하고 나머지는 국제회계기준에 따라야 할 의무를 부담하거나, 국제회계기준에 따를 것을 선택할 수 있다고 규정하고 있다(315a조).[91]

(2) 배당제도

1) 현물배당

주주는 대차대조표 이익에 대한 배당청구권을 갖는데(주식법 58조 4항), 종래 독일에서는 주주 전원의 동의가 없는 한 배당을 현물로 지급하는 것은 허용되지 않는다는 것이 통설 · 판례의 태도였다.[92] 그러나 이 규정은 정관규정에 의해 현물배당을 허용하는 다수의 외국법과 EU의 제2지침과 배치된다는 비판을 받아 왔다.[93] 따라서 Baums 보고서는 현물배당을 허용하는 제안을 한 바 있는데, 투명성 및 공시에 관한 법률(TransPuG)은 주식법에 현물배당을 할 수 있는 근거규정을 설치하였다.

새로운 주식법에 의하면 현물배당을 하기 위해서는 정관에 이에 관한 규정이 있어야 하고 나아가 주주총회의 보통결의가 있어야 한다(주식법 58조 5항).[94] 회사는 정관변경(출석주주의 4분의 3의 동의 : 주식법 179조 2항)을 통해 정관에 현물배당에 관한 근거규정을 두고 주주총회가 현물배당에 관해 결의하면(단순다수결요건인 출석주주의 과반수 동의 : 주식법 133조 1항) 현물배당을 할 수 있게 되었다.

91 상법 315a조 1항 : 상법 290조 내지 293조에 따라 연결결산서를 작성해야 하는 모회사가, 2002. 7. 19.의 국제회계기준(Internationaler Rechnungslegungsstandards, IRS)(ABl. EG Nr. L 243 S. 1)의 적용에 관한 EU의 Verordnung(EG) Nr. 1606/2002에 의거해 국제회계기준 적용 의무를 부담하는 경우 : 이때에는 원칙적으로 국제회계기준이 우선적으로 적용되며, 상법의 연결결산서에 관한 규정은 일부 규정들(294조 3항, 298조 1항, 313조 2항 내지 4항, 314조 1항 4호 · 6호 · 9호, 315조(상황보고서에 관한 규정), Zweiter Unterabschnitt, 290조 내지 315조 이외의 콘체른의 연말결산서 또는 콘체른의 상황보고서에 관한 규정들)만 적용된다.

92 Baums(Hrsg.), 앞의 책, 217면, 특히 Rn. 200 ; Strunk 외, 앞의 책, 52-53면.

93 Baums(Hrsg.), 앞의 책, 218면, 특히 Rn. 200.

94 정관에 현물배당에 관한 규정이 있는 때에는 주주총회는 이에 관해 결의할 수 있다(주식법 58조 5항).

2) 분할배당(중간배당)

현행 주식법은 엄격한 요건 하에서 중간배당을 허용하고 있다(59조). 그러나 이 규정은 실무상 거의 효능이 없는 것으로 비판을 받아 왔다. 이에 대해 일본, 프랑스 등에서는 반기배당을 허용할 뿐만 아니라 미국에서는 분기배당도 허용하고 있다. 미국에 상장한 독일 기업 중에는 연말이익배당금을 분할해서 배당할 수 있도록 해달라는 요청도 있었다. 외국에서 자본을 조달하는 기업으로서는 투자자의 기대에 부응하는 배당을 할 필요도 있기 때문이다. Baums 보고서는 이러한 요청을 받아들여 일정한 요건 하에 분할배당(반기 또는 분기배당)을 할 수 있도록 제안하였다. 분할배당을 위해서는 EU의 회사법 제2지침(15조 2항)의 채권자의 정당한 이익을 준수하도록 하고 있다.[95] 또한 배당의 결정권자가 주주인 점을 고려하여(주식법 174조) 정관의 수권이 있어야 분할배당을 할 수 있도록 제안하고 있다.

(3) 준비금제도의 개선

1) 법정준비금과 자본준비금

독일에서는 아직 자본제도와 준비금제도를 유지하고 있다. 법정준비금(gesetzliche Rücklage)은[96] 연도잉여금의 20분의 1 이상을 적립하여야 하고(주식법 150조 1항), 적립한도도 자본준비금과 법정준비금의 합계액이 기본자본의 1/2(정관에 이보다 높은 금액을 정한 때에는 그 금액)까지 적립하여야 한다. 다른 나라에 비해 비교적 엄격한 자본제도와 준비금제도를 고수하고 있는 독일 내에서도, 이 같은 법정준비금 제도에 관해서는 시대에 뒤떨어졌다는 비판이 가해지고 있다.[97] 법정준비금제도는 대륙법에서 전개된 최저자본제, 자본의 확정 · 유지 원칙의 일부인데, 이러한 규정을 둔 유럽에서조차도 이 제도를 서서히 폐지하고 있으므로 준비금제도의 전부 또는 일부를 재검토할 필요가 있다는 것이다.[98] 그러나 현재까지 이에 대한 입법적 조치는 이루어지지 않고 있다.

95 Baums(Hrsg.), 앞의 책, 219면.
96 독일에서 법정준비금은 우리의 이익준비금에 해당한다.
97 Baums(Herg.), 앞의 책, 226면.
98 Baums(Herg.), 앞의 책, 226면.

2) 기타의 이익준비금

종래 상장회사에서는 이사회나 감사회에 대하여 기타의 이익준비금(andere Gewinnrücklage)[99]을 연도잉여금의 2분의 1까지 적립할 수 있게 하고, 정관의 규정에서는 이보다 높은 금액만 적립하도록 수권할 수 있었다(구 주식법 58조 2항 2문 후단). 따라서 상장회사에서는 기타의 이익준비금은 언제든지 연도잉여금의 2분의 1을 초과하여 적립하여야 하였다. 그러나 이 같은 제약에 대해서는 시대착오적이라는 비판이 있었다. Baums 보고서는 상장회사에도 정관에 의한 기타의 이익준비금 적립의 한도에 재량을 줄 것을 제안하였다. 이에 따라 투명성 및 공시에 관한 법률(TransPuG)은 정관에 기타의 이익준비금의 적립한도를 2분의 1보다 감소하는 경우도 수권할 수 있도록 주식법을 개정하였다(주식법 58조 2항 2문).[100]

기타의 이익준비금이 기본자본의 50%를 초과하는 경우에는 위 정관의 수권에 의해 기타의 이익준비금을 적립하도록 수권할 수 없다(주식법 58조 2항 3문). 그러나 신생기업같이 이익의 사내유보가 필요한 기업이 있으므로 이 규정에 관해 재고가 필요하다는 제안이 있었다. 그러나 Baums 보고서는 주주는 이익배당에 대해 권리를 갖고 있고 사내 유보를 함으로써 주주에게 배당을 하지 않아서는 안 된다고 보고, 신생기업의 문제는 주주총회의 이익처분 결의(주식법 58조 3항)를 통해 해결할 수 있다고 보았으므로, 위와 같은 제안은 입법으로 실현되지 않았다.[101]

4. 주식제도

(1) 자기주식취득

종래에 자기주식취득은 원칙적으로 금지되고 예외적으로 취득할 수 있는 사유는 제한적이었다(주식법 71조 1항 1호 내지 7호). 회사의 손해방지를 위해 필요한 경우(1호), 회사의 전현직 근로자에게 부여하는 경우(2호), 기업계약, 합병, 분할시 주주에게 보상(Abfindung)하기 위한 경우(3호), 무상취득이나 금융기관이 매수위탁을 실행하기 위한 경우(4호), 포괄승계의 경

99 독일 상법 266조 3항에 의하면 이익준비금(Gewinnrücklagen)은 법정 준비금(gesetzliche Rücklage)(1호), 자기지분에 관한 준비금(Rücklage für eigene Anteile)(2호), 정관규정에 의한 준비금(satzungmäßige Rücklagen)(3호), 기타의 이익준비금(andere Gewinnrüklagen)(4호)으로 구성되어 있다.

100 Strunk 외, 앞의 책, 51면.

101 Baums(Hrsg.), 앞의 책, 216면.

우(5호), 주식소각을 위한 경우(6호), 금융기관이 유가증권거래를 목적으로 주주총회의 결의를 얻은 경우(7호)에 자기주식취득이 허용되었다.

그런데 자기주식에 대한 규제는 점차 완화되고 있다. 우선 기업의 감독과 투명성에 관한 법률(KonTraG)은 금융시장 독일, 주식제도의 국제화를 위한 목적으로 자기주식취득에 대한 규제를 완화하였다. 개정된 주식법 71조 1항에 8호가 추가되어, 주주총회가 18개월의 기간 동안 사전 수권한 경우에는 회사는 자기주식을 취득할 수 있게 되었다. 단, 이때 자기주식의 취득한도는 기본자본의 10%를 초과하지 못하도록 하고 있다.

나아가 Baums 보고서는 자기주식취득이 예외적으로 허용되는 몇 가지 사유에 관해서 종래 취득의 허용범위가 불확실했던 사유를 중심으로 취득의 허용범위를 분명히 하고 예외사유를 확대할 것을 제안하고 있다.[102] 3호에는 합병이나 분할시에 외부 주주에게 보상하기 위해 자기주식을 부여할 수 있는 것으로 되어 있다. 그런데 결합기업의 주주에게 보상하기 위한 목적의 취득에 관해서는 명문의 규정이 없다. Baums 보고서는 결합기업의 주주에게 보상할 목적의 자기주식취득도 주주총회의 결의 없이 허용할 것을 제안하고 있다.

4호는 타인의 계산에 의한 자기주식취득을 허용하고 있다. EU의 자본에 관한 지침은 자회사가 모회사의 주식을 인수인, 매수인, 보유자 등의 이름으로 타인의 계산으로 취득하는 것을 허용하고 있다(24a조 4a항). Baums 위원회는 이 지침을 본받아 자회사가 금융업자로 거래하는 경우에는 자회사에 의한 모회사 주식의 취득을 허용할 것을 제안하고 있다.

(2) 상환주식

독일에서도 상환주식의 도입 여부에 대한 논의가 있어 왔다.[103] 여기서 말하는 상환주식이란 주식의 발행시에 회사나 주주의 선택에 의해 상환할 것이 예정되어 있는 주식이다. Baums 위원회는 EU의 자본에 관한 지침(39조)과 같은 범위와 방법으로 주식법에 상환주식을 도입할 것을 제안하였다. 단 무의결권 우선주의 발행한도에 관한 규정(주식법 139조 2항)을 고려해서 발행한도가 기본자본의 50%를 초과할 수 없다는 규정을 둘 것을 제안하였다. 그러나 이 제안은 아직 입법으로 실현되지는 않고 있다.

102 이하 Baums(Hrsg.), 앞의 책, 220면 이하 참조.
103 Baums(Hrsg.), 앞의 책, 248면.

5. 소수 주주 축출권

2001. 12. 20. 제정된 「증권취득 및 기업인수법(Wertpapiererwerbs- und Übernahmegesetz, WpÜG)」[104]에 의해 주식법에 대주주의 소수 주주 축출권이 규정되었다(주식법 327a조 이하). 이에 따르면 주식회사나 주식합자회사의 주주총회는 기본자본의 95%를 소유한 주주(대주주, Hauptaktionär)의 청구에 의해 나머지 주주(소수 주주)에 대해 소수 주주의 동의 없이도 적절한 가액의 금전을 대가로 지급하고 소수 주주의 주식을 대주주에게 양도할 것을 결의할 수 있다. 다만 이 규정은 EU의 기업인수지침(15조 2항)과는 달리 기업인수상황에서만 한정해서 적용되는 것이 아니라 95%를 소유한 대주주의 청구가 있는 경우에는 언제나 적용될 수 있다.

V. 맺음말

앞서 살펴본 바와 같이 독일의 주식회사 관련법은 1990년대 이래로 빈번한 개정을 겪어 왔다. 이들 개정의 주된 목적은 회사지배구조의 개선과 독일식 제도의 현대화를 통해 국내외 투자자들에게 독일 회사가 보다 매력적인 투자 대상이 되도록 하고 독일 회사의 국제 경쟁력을 고양한다는 것이다. 이 같은 목적 아래 이루어진 주식회사 관련법의 개정 방향은 대체로 다음의 몇 가지 사항으로 요약할 수 있다.

우선 대표소송제도와 주주포럼 등 주주의 권리를 중시하는 제도들이 다수 도입되었다는 점을 들 수 있다. 둘째, 경영의 투명성을 제고하기 위해서 미국식 이사회제도의 도입에 의한 독일식 제도의 변혁을 시도하는 대신에, 감사회의 기능 강화를 위한 제도정비를 함으로써 독일의 독자적인 제도를 유지하면서도 경영기구의 개혁을 도모하고 있다. 셋째, 기업경영에 있어서 회계제도가 국제적으로 중요성을 더해 가고 있는 추세에 발맞추어 회계감사인의 기능을 강화시키고 회계규정을 대폭 개정하였다. 넷째, 제도 개선이 필요한 사항을 바로 입법화하는 것이 아니라, Baums 위원회에서 깊은 논의를 거쳐 제안을 하고, 이 제안사항을 다시 독일 회사지배구조 규준(DCGK)에 포함시켜 간접적으로 강제한 후 단계적으로 입법으로 실현하는 절차를 거쳤다는 점이다.

위와 같은 독일 회사법의 개정 방향은 우리나라 주식회사 관련법의 개정에서 지향해야 할 점으로서 수용할 수 있을 것이라 보인다. 특히 입법에 의한 직접적 규제방식이 아니라 회사지

104 BGBl. I, 2001, S.3822.

배구조규준에 의한 '준수 또는 설명' 방식 및 회계규정의 준수 여부에 관한 공시의무에 의한 간접적 규제방식은, 회사의 참여자들이 자신의 처지에 맞는 규범을 자율적으로 선택할 수 있도록 한다는 근래의 회사법 개정의 주류적 방향과도 부합한다는 점에서 더욱 그러하다.

독일에서 근래 새로이 도입된 제도 중에서 소수 주주 축출권제도는 법무부에서 마련한 상법 개정 시안에 포함되어 있는데, 합리적인 소수 주주 배제방안이 필요하다는 관점에서 입법으로 실현되길 기대해 본다. 또한 이사의 보수의 개별적 공시, 주주포럼과 같은 제도는 국제적인 추세에 발맞추어 우리나라에서도 도입을 위한 논의가 진전되길 바란다.

제6장

프랑스의 회사법 개정 동향

송옥렬 · 정준혁*

I. 개관

프랑스 회사법의 최근 변화는 기업 운영의 투명성 제고와 자금조달방법의 자유화로 대표된다. 기업의 지배구조 분야에서는 이사회 활동의 투명성, 주주의 회사에 대한 정보접근 보장, 감사제도의 강화 등이 이루어졌고, 자금조달 분야에서는 자금조달수단의 자유화, 우선주 조건의 자유화, 회사에 대한 지배와 소유의 분리, 금융법의 정비 등이 이루어졌다. 프랑스의 이러한 변화는 금융시장의 세계화, 엔론 사건 등 회계 관련 부정, 세계적인 탈규율화, 기술발전 등의 영향을 받아 이루어졌다. 그러나 다른 한편으로는 1966년 회사법 시행 이후 점진적으로 이루어진 회사법 현대화의 흐름, 그리고 유럽 통합으로 인한 회사제도 정비라는 측면도 간과할 수 없다. 이하에서는 1966년 회사법의 시행 이후 지금까지 이루어진 프랑스 회사법의 현대화 과정을 살피고, 그 주요 내용을 살핀다.

* 법무법인 세종 변호사

II. 프랑스 회사법의 현대화 과정

1. 1966년 회사법

여러 개정 가운데 1966년 회사법은 프랑스 회사법의 큰 흐름을 정하였다는 의의가 있다. 1867년 상법이 회사의 자유 설립을 인정하여 프랑스 회사법에 자본주의 정신을 도입하였다면, 1966년 회사법은 한 발 더 나아가 주주의 권리보호 강화와 제3자의 거래 안전 보호 등에 중점을 두었다. 그러나 반면 1966년 회사법은 제3자 보호 등을 이유로 규정체계가 매우 정교하게 되었고 게다가 많은 강행규정을 두고 있어서, 사적 자치가 적용될 여지는 그만큼 줄어들었다. 특히 회사가 발행하는 유가증권으로 주식과 사채의 두 가지 종류의 방법만 인정하여, 회사의 자금조달수단은 상당히 제한되었다.

이 법의 또 다른 특징은 주식회사의 구조에 있어 이중적 체계(structure dualiste)를 인정하여, 회사로 하여금 적절한 지배구조를 선택할 수 있도록 하였다는 점이다. 다시 말해서, 주식회사는 ① 이사회(conseil d´administration)와 대표이사(président du conseil d´administration)가 있는 구조와 ② 집행위원회(directoire)와 감독위원회(conseil de surveillance)가 있는 구조 가운데 하나를 선택할 수 있다.

1966년 회사법의 이러한 엄격한 태도는 주식회사 제도를 '민주주의 사회의 축소판'으로 보려는 생각에서 비롯된다.[1] 회사를 소유하고 지배하는 것은 주주이고, 그 주주들로 이루어진 주주총회가 회사의 중요한 의사결정을 하고 이사회를 통제하여야 한다는 것이다. 이처럼 1966년 회사법은 법률 전문가들의 생각이 주로 반영되어 만들어진 법으로서, 자금조달의 편이성 등 실용적인 측면보다는, 소유와 지배의 일치와 같은 회사제도의 원리들에 기초하여 만들어졌다.

그러나 실제 운영에 있어서는 본래의 취지가 많이 퇴색하였다고 평가된다. 소규모 회사에서는 대개 대표이사(président)가 독단적으로 회사를 경영하는 경우가 많았고, 대규모 회사의 경우 주주들은 투자한 주식의 가격상승에만 관심이 있지 주주총회에서 회사의 경영방침을 결정하는 데에는 별 관심이 없었기 때문이다. 오늘날 프랑스에서 회사 경영진을 실제로 통제하는 것은 회계감사인(commissaires aux comptes), 금융시장감독청(AMF), 외국 연기금 등이지 주주가 아니다.

1 Pietrancosta, Le droit des sociétés sous l`éffét des impératifs financiers et boursiers, Paris I, 1999.

2. 1970~1980년대의 개혁

이처럼 1966년 회사법은 회사법의 한 모델을 제시하였다는 점에서는 나름대로 의의가 있지만, 회사가 실제로 운영되는 모습을 반영하고 시장의 수요를 충족시키기에는 부족한 점이 많았다. 이에 1970년대 말부터 프랑스 회사법에 변화의 바람이 불기 시작한다.

먼저 1978년 7월 13일 「기업자본조달을 위한 저축유도에 관한 법률」[2]은 회사에 대한 소유와 지배를 분리하는 첫 시도로서 무의결권우선주를 도입한다. 이어 1983년 1월 3일 「투자제도발전과 저축보호에 관한 법률」[3]은 투자증권(certificats d´investissement), 신주인수권부사채, 참여증권(titres participatifs)제도를 도입하여 프랑스 자금조달수단의 다양화를 촉진하게 된다. 또한 1985년 12월 14일 「유가증권법, 채권증서법, 회사법, 증권시장 운영법 등의 처분의 개정에 관한 법률」[4]은 워런트의 개념을 도입하여 소위 "독립신주인수권증권(bons de souscription d´actions autonomes)"제도를 신설한다. 이 증권은 우리 상법의 신주인수권증권과 유사하나, 주식이나 사채 등 모든 종류의 유가증권에 부착하여 발행하거나, 단독으로도 발행할 수 있는 것으로서, 새로운 자금조달수단을 자유롭게 만들어 낼 수 있는 기반을 조성해 주었다는 의의가 있다.

이러한 일련의 개혁으로 1980년대 이후에는 자금조달 분야에 있어 영미법의 영향이 뚜렷해졌고, 과거 주식과 사채로 한정되던 자금조달수단이 다양해지기 시작했다. 또한 회사법의 현대화에 관한 연구들이 본격적으로 이루어지기 시작하여 1985년에는 법무장관인 Badinter의 주도 하에 회사법 완화위원회가 만들어져 상당수의 법률 개정을 촉발하는 계기가 되었다. 이러한 흐름은 1990년대에도 계속되어, 정부나 경제계 단체 주도 하에 회사법의 현대화에 관한 많은 보고서들이 작성되었다.

금융법 측면에서의 개혁은 저축으로 몰리는 자금을 장기 투자에 유도하는 방향으로 이루어졌다. 직 · 간접투자에 대해 세법상 혜택들이 부여되었고,[5] 1979년 1월 3일 법에 의해 변동자본투자회사(société d´investissement à capital variable, SICAV), 보통투자기금(fonds communs de placement)[6]제도 등이 창설되어 비교적 단기간 내에 많은 발전을 이루었다.[7] 간접투자제도의

2 la loi relative à l´oriéntation de l´épargne vers le financement des entreprises, Monory 법이라고도 한다.

3 la loi sur le développement des investissements et la protection de l´épargne.

4 la loi modifiant diverses dispositions du droit des valeurs mobiliéres, des titres de creances négociables, des sociétés et des opérations de bourse.

5 1978. 7. 13. Monory법, 1992. 7. 16. la loi sur le plan d´épargne en actions.

6 Merle, Droit commercial, sociétés commerciales, 9éme éd., Dalloz, 2003.

7 2002. 12. 31. 기준 공개된 SICAV는 1,178개에 운영금액은 총 2,862억 유로였고, FCP는 6,595개에 총 5,197억 유로의 잔고를 보유하고 있었다.

정비는 그 이후로도 지속적으로 이루어져서,[8] 현재 프랑스의 집단투자회사기관은 변동자본투자회사(société d´investissement à capital variable, SICAV), 보통투자기금(fonds communs de placement), 보통채권기금(fonds communs de créances), 부동산투자민사회사(société civiles de placement immobilier)의 네 가지로 정비되었다(통화금융법전 214조의1).[9] 이러한 투자제도로 인해 개인 투자자들도 손쉽게 투자 전문가의 조언을 받아 주식회사가 발행한 유가증권에 투자를 할 수 있게 되었고, 이는 나아가 장기투자의 촉진으로 이어졌다. 이와 아울러 1981년 12월 30일 금융법(droit des finances)은 유가증권의 비소지제도(dématéralisation)를 추진하였고, 중소기업을 위한 제2시장[10]도 새로이 개장하였다.

3. 1990년대 이후의 개혁

1994년 법무부 중앙행정처는 Chambre commerciale의 명예의장인 Bézard를 위원장으로 하여 회사법의 현대화와 간소화를 위한 작업을 수행하는 위원회를 발족시켰다. 이와 함께 국무총리나 여타 부처들과 여러 전문직 단체(MEDEF, AFEP, ANSA)도 보고서들을 발표하여, 회사법 현대화를 위한 방향을 제시하였다. 먼저 CNPF[11]와 AFEP[12]는 1995년 7월 상장회사의 이사회에 관한 Vienot I 보고서[13]를 발표하였는데, 이 보고서는 주식회사에 각종 위원회제도의 도입을 주장하였다. 한편 1996년에는 Eurotunnel이나 Crédit Foncier 등 경영상태가 좋지 않은 회사에서 소수주주들의 적극적인 주주총회 참여활동이 일어나기도 했다. 이러한 회사법의 추가적 개정요구 필요성 대두에 따라 프랑스 총리는 1966년 프랑스 회사법 개정을 위한 기초적 입법자료의 구축을 위해 Marini 상원의원에게 이에 대한 보고서를 작성할 것을 요청하였다.

1996년 7월 발표된 Marini 보고서는 회사 기능의 자유화와 기관간 권한과 책임의 균형을 그

8 1988년 12월 23일 법은 SICAV와 FCP에 관한 규정들을 재정립하여 유가증권집단투자기구(organismes de placement collectif en valeurs mobiliéres, OPCVM)에 관한 체계적인 법체계를 만듦으로써 1985년 12월 20일 유럽연합 지침과 조화시켰다.

9 1996년 7월 2일 금융활동 현대화에 관한 법률.

10 1983년에 설립된 제2시장은 기존의 증권시장에 상장될 만큼의 규모를 갖지 못한 회사들이 보다 완화된 조건 하에 증권을 거래할 수 있는 시장이다. 2002년 12월 31일 기준 325개 사가 등록되어 있다.

11 Conseil National du Patronat Francais(프랑스경영인협회, 현재의 프랑스기업운동(Mouvement des entreprises de France, MEDEF)의 전신으로 우리나라의 한국경영자총협회나 전국경제인연합회에 해당하는 단체(www.medef.fr).

12 Association Française des Entreprises Privées(프랑스사기업연합회).

13 뒤이은 Viénot II 보고서는 이사회 의장(président)과 총무(directeur général) 역할의 분리, 상장회사 임원의 보수와 스톡옵션의 공개에 관한 내용을 담고 있다.

핵심내용으로 하고 있다.[14·15] 이를 위해 영미법상의 계약적 접근방법과 게르만법의 제도적 접근방법 사이에 놓여 있던 프랑스법을 계약자유를 확충하는 방향으로 개정하여야 한다고 주장했다. 회사법의 유연성을 강화하고, 강행규정을 줄여 당사자 간 합의를 존중하여야 하며, 정관 작성의 자유와 형사처벌규정의 축소를 제안했다. 또한 회사제도를 다양화하고, 기존의 회사법제도들 중 정관자치가 최대한 인정되는 주식합자회사(société en commandite par actions), 합명회사(société en nom collectif), 참가회사(société en participation), 간이주식회사(SAS) 등의 제도를 활성화 하여야 한다고 주장하였다. 아울러 유한회사제도의 적극적 활용을 주장하여, 주식회사제도와 유한회사제도를 동등하게 다룰 것을 제안했다. 이를 위해 주식회사의 최저자본금을 50만 프랑으로 올리고, 자본공모를 할 경우 300만 프랑으로 올려서 주식회사로 하여금 자본회사로서의 임무를 회복하게 하고, 인적 회사로서의 역할은 유한회사가 수행하게 하여야 한다고 주장했다.[16]

2000년대에 들어서서는 주로 회사의 정보 공개를 통한 투명성 강화와 금융법 통합, 그리고 우선주 조건의 자유화 등이 주요 관심 분야였다. 2002년 9월의 Bouton 보고서[17]는 상장회사의 지배구조문제에 관심을 두어 사외이사의 지위, 이사회가 지명한 각종 위원회의 역할에 대한 개혁안을 제시했다. 또한 회사의 신용을 제고하기 위한 여러 조치들을 제안하였는데, 이들 상당수는 여러 법률에 반영되어 회사의 투명성을 높이는 데 일조를 하였다.

2001년 5월 15일 「신경제 규율에 관한 법률(NRE법)」[18]은 이사회 의장과 총무의 기능을 분리하고 1인이 양자의 지위를 겸하는 것을 제한하여 회사 지배가 1인에 의해 이루어지는 것을 막았다. 또한 회사 운영의 투명성 제고를 위해 회사 임원의 보수 공개, 소수주주 권한의 강화, 형사처벌규정의 축소, 무효확인소송의 확대와 실행명령(injonctions de faire)제도를 새로이 추가하였다.

2003년 8월 1일 「금융안전에 관한 법률(LSF법)」[19]은 금융감독기구를 통합하고, 회사 운영의

14 Marini P., La Modernisation du droit des sociétés : rapport au Premier ministre.

15 이하 마리니 보고서에 대한 내용은 김성태, 프랑스 회사법제의 개혁 논의—마리니 보고서의 내용을 중심으로, 경영법률 10권, 1999 ; Merle, 앞의 책 ; Cozian M., Viandier A. et Deboissy F., Droit des Sociétés, 17ème éd., Litec, 2004 등을 참조.

16 마리니 보고서는 회사법 개정 전반에 대해 정부 주도 하에 작성된 보고서이고 회사법 현대화의 방향성을 제시하였다는 점에서 의미가 있다. 그러나 이 보고서는 기존의 정부 논의나 민간에서 주장된 내용들을 총정리한 것이기에, 이 보고서로 인해 프랑스 회사법 개혁이 급격하게 이루어진 것으로 보는 것은 무리가 있다. 최근 회사법 개정에 중요한 역할을 한 것은 2002년 10월에 만들어진 하원의 "회사법 개정 관련 정보위원회(mission d'information sur la réforme du droit des sociétés)"이었고, 이 외에도 교육개발부의 주도 하에 SAS 회사제도가 만들어지는 등, 여러 정부 부처 및 민간단체의 노력으로 회사법의 현대화가 이루어졌다고 보아야 한다.

17 Viénot 보고서의 작업을 계승.

18 la loi relative aux nouvelles régulations économiques, NRE. 이하 "NRE법"이라고 한다.

2003년 8월 1일 「금융안전에 관한 법률(LSF법)」[19]은 금융감독기구를 통합하고, 회사 운영의 투명성을 제고하는 데 큰 역할을 하였다. 통합 금융감독기관인 금융시장감독청(Autorité des marchés financiers, AMF)을 출범시켰고, 엔론 사태 등 일련의 회계 부정사건들의 영향으로 회계감사 제도의 강화, 주주와 투자자들의 회사에 대한 정보접근권 정비 등이 이루어졌다.

2004년 6월 24일 「유가증권에 관한 오르도낭스(L'ordonnance sur les valeur mobilières)」는 자금조달 측면에서 많은 개혁을 가져왔다. 우선주 조건의 자유를 확대하고, 복합 유가증권[20]규정을 통합하였다. 이로써 과거에는 회사가 법령에 열거된 종류의 자금조달수단만을 사용할 수 있었지만, 이제는 일정한 규정을 준수하는 범위 내에서 자유롭게 새로운 자금조달수단을 만들어 낼 수 있게 되었다.

III. 프랑스 회사법 변화의 주요 내용

프랑스 회사법의 최근 변화는 회사지배구조 분야에서는 기업 운영의 투명성 제고, 회사자금조달 분야에서는 자금조달방법의 자유화로 특징지을 수 있다. 특히 2000년 이후 NRE법, LSF법, 유가증권에 관한 오르도낭스 등의 제정은 프랑스 회사법 현대화에 큰 획을 그은 법령들이다. 이하에서는 그 구체적인 내용에 관하여 살피기로 한다.

1. 기업 운영의 투명성 제고

프랑스 회사법상 기업 운영의 투명성 제고는 크게 이사회 운영의 투명성 제고, 주주의 정보접근권 강화, 회계감사제도의 개선으로 나누어 볼 수 있다.

첫째, 이사회 운영의 투명성 제고이다. 이사회가 소수의 이사에 의해 주도되지 않고 의사결정기관으로서의 기능을 수행하기 위해서는 각 이사에게 필요한 회사의 정보가 제공되어야 한다. Viénot 보고서, Bouton 보고서도 이와 같은 취지로 이사가 임무를 적절하게 수행하기 위해서는 사전에 이사에게 정보가 제공되어야 한다고 주장했다. 2001년 5월 15일 제정된 NRE법은 이러한 주장을 받아들여, 각 이사는 자신의 임무를 수행하는 데 적합하다고 생각하는 필요한 모든 정보를 얻을 수 있다는 점을 명백히 하였다. 2003년 8월 1일 LSF법은 이사들이 불필요한 정보까지 요구하는 것을 막기 위해 이사의 정보요구권을 다소 제한하여, 현재 회사법

19 la loi sur la sécurité financiére, LSF. 이하 "LSF법"이라고 한다.

20 복합유가증권은 일정한 조건 하에 하나의 형태에서 다른 형태로 바뀌거나, 또 다른 유가증권을 취득할 권리를 갖는 유가증권을 의미한다. 전환사채, 신주인수권부사채 등이 여기에 해당한다.

의 조문은 "회사의 대표이사나 총무이사는 각 이사에게 그 임무를 수행하는 데 필요한 문서와 정보를 알려주어야 한다"(상법 225-35조 3항 후문)[21] 라는 것으로 되어 있다. 비록 약간의 후퇴는 있지만, 과거에 비해 이사의 정보요구권이 상당히 강화된 것만은 분명하다.

NRE법과 LSF법은 이사 개인의 보수의 공개도 의무화하였다. 이제 상장회사는 연도 말 주주총회에서 이사의 모든 보수내역을 공개하여야 한다. 이사 전체의 보수 총액도 주주총회에서 결정하도록 하였다. NRE법은 스톡옵션제도도 정비하여 스톡옵션 부여 결정 권한을 특별주주총회에 부여하고 옵션행사가격의 투명성 확보방안도 정비하였다. 이 외에도 상장회사는 이사의 주식보유현황과 거래 내역에 대해 금융시장감독청(AMF)에 신고하고, 공개할 의무가 있다.

반면 사외이사제도의 확대나 감사위원회 등 각종 전문위원회의 의무적 설치 부분에 관하여는 Bouton 보고서 등에도 이에 관한 언급이 있었음에도 불구하고 아직 미흡한 부분이 많다. 미국 등 외국법과 비교할 때 앞으로 개선되어야 할 분야로 보인다.

둘째, 주주의 정보 접근권 강화를 보자. LSF법에 의해 주식회사 대표이사는 주주들에게 매년 연간보고서를 통해 이사회 업무의 구성과 내부통제절차 등에 대해 알려야 한다. 여기에는 이사회 일정, 각종 위원회의 업무, 이사의 이사회 출석현황, 이사회에 제출된 문건 등이 포함된다. 이는 법원이 과거 Vivendi Universal 사건[22]에서 소수 주주의 이러한 정보공개 청구를 허용하지 않았던 것에 비추어볼 때 상당한 의미가 있다. 또한 이러한 보고서에 회계 · 금융 관련 내용이 있는 경우 회계감사인도 이에 관한 보고서를 작성해야 한다. 그 외에도 회사는 회사가 보유하는 다른 회사의 의결권을 어떻게 행사하였는지를 보고해야 하고, 이사회는 5% 이상 지분을 가진 주주의 제안내용도 연말 주주총회에서 공개해야 한다.

셋째, 회계감사제도의 개선이다. 엔론 사태 등 일련의 회계부정사건은 프랑스에도 많은 영향을 미쳤다. 이에 LSF법 등은 미국의 「Sarbanes-Oxley법」과 EU의 "EU에서의 법정회계감사의 강화" 문서[23] 등을 바탕으로 법정 회계감사인(commissaire aux comptes)의 독립성 및 그 회계감사의 공정성을 강화하기 위한 규정들을 도입했다. 예를 들어 회계감사인의 독립성 강화를 위해 공개 회사의 경우 6개 연도를 초과하여 같은 사람이 회계감사를 하는 것을 금지하였

21 Le conseil d'administration procéde aux contrôles et vérifications qu'il juge opportuns. Le président ou le directeur général de la société est tenu de communiquer à chaque administrateur tous les documents et informations nécessaires à l'accomplissement de sa mission.

22 Tribunal de commerce de Paris, ordonnance de référés du 27 juin 2002, Revue des sociétés 2002, 719 note P. Cannu.

23 Communication from the Commission to the Council and the European Parliament—Reinforcing the statutory audit in the EU.

고(상법 822-14조 1항), 두 명 이상의 회계감사인을 임명하도록 하였다. 또한 자신이 회계감사하는 회사에 회계감사 업무와 관계가 없는 세무, 법률 등의 자문행위를 할 수 없고(동법 822-11조), 회계감사인의 보수기준을 법령으로 정함으로써, 과다 혹은 과소보수에 의해 회계감사인의 독립성이 훼손될 위험을 막고 있다.

2. 자금조달방법의 자유화

프랑스 회사법상 자금조달방법의 현대화는 크게 증권의 개별화 및 규율의 단순화, 회사에 대한 소유와 지배의 연결의 단절, 탈규제적 금융시장의 개혁 등 세 가지 특성을 갖는다. 이하에서는 구체적으로 살펴보도록 하자.

첫째, 증권의 개별화(personnalisation des titres) 및 규율의 단순화이다. 과거 프랑스 회사법은 회사가 발행하는 유가증권을 크게 자본증권과 채권증권, 즉 주식과 사채로 구분하여, 시장에서 사용되는 각종 자금조달수단들을 이 두 가지 유형에 맞추어 규율하여 왔다. 그러나 이러한 제도로는 자금조달수단에 대한 시장의 다양한 요구에 부응하기 힘들었다. 시장의 요구에 부합하는 새로운 형태의 자금조달수단이 등장하여도 이를 규율할 수 있는 규정이 없었기에, 그 자금조달수단으로 얻을 수 있는 장점들을 활용하지 못하는 문제점이 있었다. 뒤늦게 회사법이 개정되어 새롭게 등장한 자금조달수단에 대한 법적 근거를 마련한다고 하여도 막상 법적 근거가 마련되면 이미 그 효용이 줄어들어 시장에서 잘 사용되지 않기도 하였다.

이처럼 그동안 회사법이 시장을 뒤늦게 쫓아가는 것을 방지하고, 새롭게 등장하는 자금조달수단을 즉시 법적으로 규율할 수 있는 시스템을 만들기 위해, 프랑스 회사법은 증권의 개별화를 위한 법령개정을 계속해 왔다. 증권의 개별화란, 증권이 표창하는 권리는 그 증권이 주식인가 사채인가와 같이 그 본래 성질에 의하는 것이 아니라, 투자자와 회사 간에 체결된 발행계약의 내용에 의한다는 원칙이다. 이를 위해서는 회사법상에 회사가 사용할 수 있는 자금조달수단을 열거하는 방법보다는, 회사법상 반드시 지켜야 하는 일반 원칙들을 제시하고, 그 범위 안에서 새로운 자금조달수단 발행의 자유를 인정해 주는 제도가 필요하다. 즉, 규율의 단순화(simplification)가 필요하다.

실제로 프랑스 회사법은 그동안의 개정을 통해, 증권의 개별화를 이루어 왔다. 예를 들어, 2004년 6월 24일 오르도낭스는 기존에 존재하던 우선주(actions de priorité), 무의결권우선주(actions à dividende prioritaire sans droit de vote), 투자증권(certificats d´investissement) 및 의결증권(certificats de vote)제도를 폐지하고, 수종의 주식(actions de préférence)제도를 도입하여, 회사가 수종의 주식의 내용을 자유롭게 결정할 수 있게 하였다. 또한 1985년 12월 14일 법이 복합유가증권의 발행에 있어 자본증권을 사채증권으로 전환하는 것 이외의 모든 형태의 복합유가증지배구조에 영향을 줄 수 있는 신주의 발행, 신주인수권부사채 등 자본에의 접근권을 부여하는 모든 유가증권의 발행결정기관을 특별주주총회[24]로 일원화시켰다는 점도 주목할 점이다.

둘째, 회사에 대한 소유와 지배 간 연결의 단절이다. 1966년 회사법 시절에는, 회사의 자본에 참여하는 주식의 경우, 회사의 이익에 대해 일정한 권리를 갖는 동시에 지배권도 보유하여야 한다고 생각했다. 그러나 이러한 경직성으로 말미암아 회사는 자금조달을 함에 있어 주식 등 회사의 자본을 강화할 수 있는 수단보다 사채나 은행 대출과 같은 수단들을 선호하게 하였다. 그러나 1978년 무의결권우선주제도의 도입을 필두로 기존 회사의 지배권을 유지하면서도 자본을 강화할 수 있는 새로운 금융도구들이 지속적으로 등장하였고, 이로 인해 소유하지 않고 지배하거나 지배하지 않고 소유할 수 있는 수단들이 생겼다.

이러한 흐름은 비단 새로운 자금조달수단의 등장뿐만 아니라, 주식평등의 원칙과 회사의 민주적 운영원칙 등 과거 회사법의 기본원리라고 생각되었던 것들에 변화를 가져왔다. 과거 주주의 지위는 회사를 구성하는 핵심요소로 받아들여졌지만, 이제는 여러 금융수단, 자금조달수단 중 하나로 취급되기 시작했다.

셋째, 소위 3D(déréglementation, décloisonnement, désintermédiation : 탈규율, 시장간 분리 장벽 제거, 탈중개기관화)로 특징지어지는 금융시장의 개혁이다. 회사법뿐만 아니라 금융법 분야에서도 프랑스는 그간 많은 개혁을 이루어왔다. 먼저 새로운 각종 시장이 만들어졌다. 금융상품 정기거래시장(Marché à terme d´instruments financiers, MATIF), 옵션 시장(Marché des options négociables, MONEP)이 출범했고, 이후 1996년 7월 2일 법에 의해 제2시장(seconde marché), 신시장(Nouveau Marché), 유럽 예금증서시장(European depositary receipts) 등이 출범하였다. 또한, 프랑스 · 네덜란드 · 벨기에 통합 증권시장인 유로넥스트(Euronext)와 알테르넥스트(Alternext : 주로 중소기업을 대상으로 하는 증권 시장) 등이 조직되어 기존의 파리 증권시장과 공존하게 되었다.

유가증권에의 투자와 장기대출의 촉진도 이루어졌다. 1980년대 초부터 정기예금 등 예금상품에 대한 제한이 이루어져, 변동자본투자회사(sociétés d´investissement à capital variable, SICAV)나 일반투자펀드(fonds communs de placement monétaire, FCP)가 발행하는 간접투자상품에 대한 투자가 유도되었다. 이러한 조치들은 집단적 투자를 촉진시켰는바, 이로 인해 신용의 증권화(titrisation, securitisation)가 촉진되었다. 또한 간과할 수 없는 또 다른 중요한 변화는 2003년 LSF법에 의해 금융감독기관이 통합되었다는 것이다. 금융시장감독청(AMF)이 출범함으로써 프랑스 금융법도 통합금융법을 향한 첫걸음을 내딛게 되었다.

이러한 변화로 프랑스의 자금조달 시스템은 예전에 비해 많이 유연해졌고, 프랑스 경제가 [illegible]체

24 우리나라의 주주총회 특별결의와 유사하다.

무경제(économie d'endettement)' 에서 '금융시장경제(économie de marché financier)' 로 전환할 수 있는 기반을 닦았다고 평가되기도 한다.[25]

IV. 회사법 현대화의 성과와 과제

이러한 일련의 회사법 현대화로 프랑스의 주식회사제도는 새롭게 전성기를 맞고 있다. 투자의 활성화로 프랑스 주식회사의 주주수는 1982년에 170만 명에서 2000년에는 560만 명으로, 2001년에는 610만 명으로 증가하는 등의 발전을 이루고 있다.[26] 또한 외국 투자자들의 투자도 많이 증가하여, 외국인들의 CAC40 등록 주식회사의 보유주식수가 1985년에는 약 10% 대에 머물던 것이 2003년에는 43.7%에 이르게 되었다.[27] 유가증권제도의 발전으로 인해 대형 회사들이 자기 자본을 확충할 수 있었고, 증권의 제2, 제3의 유통시장도 개장하여[28] 중소기업들도 대중으로부터 자금조달을 직접 할 수 있는 기회가 늘어났다.

그러나 이러한 회사법의 현대화는 새로운 과제를 프랑스 입법자에게 부여하였다. 아직도 회사법에는 강행규정들이 많이 존재하고 있고, '회사법의 계약화' 흐름도 더 추진되어야 한다. 형사처벌규정의 과감한 축소와 함께, 대표이사의 권한 독점 제한, 독립이사제도의 활성화, 여러 전문위원회의 의무적 설치, 회사 재무정보의 추가적 공개, 독립회계 감사인의 권한 강화 등 회사지배구조 관련 문제도 계속 연구할 과제이다.[29] 특히 과거에 비해 대폭 늘어난 외국인 투자자, 특히 미국 투자자들의 요구도 무시할 수 없다. 그러나 외국인 투자자들은 주로 투자수익에만 관심이 있으므로 회사의 장기적인 가치 제고에 있어서는 회사의 경영진과 그 입장이 다를 수밖에 없기 때문에, 앞으로의 개정에 있어서는 이러한 점 역시 고려해야 할 것이다.[30]

25 Brémond, Les économistes néo-classiques, Hatier, 1994., J.-P. Dupuy, "L'économie pense-t-elle?," in Un inventaire de la pensée moderne, n spéc. 1996 Magazine littéraire, p.60.

26 La tribune, 2000. 7. 5. Le rapport du sénateur J. Bourdin, Les Français et les actions, Sénat n. 367, 25 juin 2003.

27 Rapport F. Morin, Le modèle français de détention et de gestion du capital, p.271, Les éditions de Bercy, 1998.

28 신시장(marché nouveau)도 개장하여 2002. 12. 31. 기준 153개 회사가 등록되어 있다.

29 Merle, 앞의 책, p.275. Crédit Lyonnais은행 내 감시기관의 부실 운영, Alcatel-Alsthom사 사장에 대한 공소제기 사건 이후로 corporate governance 문제는 프랑스에서 활발하게 논의되었다.

30 E. Izraelewicz, Le capitalisme zinzin, Grasset 1999 ; P. Y. Gomez, La république des actionnaires, Syros 2001.

제2 부

개정사항 검토

제7장

회사설립 및 신주발행

한기정 · 송옥렬*

제1절 신주발행

I. 수권자본

1. 현행 제도

우리 상법 하에서 수권자본이란 정관이 이사회에게 그 발행을 수권한 자본을 가리킨다. 수권자본은 이사회에게 그 발행을 수권한 자본에 불과하므로 명목자본의 성격을 띠며, 이 점에서 확정자본과 구분된다. 주식회사의 설립을 위해서는 정관에 발행예정주식수와 설립시 발행주식수를 기재하여야 하고, 설립시 발행주식수는 발행예정주식수의 4분의 1 이상이어야 한다(상법 289조 1항, 2항). 이러한 발행예정주식수의 범위 내에서 이사회는 원칙적으로 신주발행에 관한 권한을 갖는다(상법 416조 참조). 발행예정주식수에서 설립시 발행주식수를 제외한 것이 엄밀한 의미의 수권자본이나, 통상 발행예정주식수를 수권자본이라고 부른다.[1]

* 제1절은 한기정 교수, 제2절은 송옥렬 교수가 집필하였다.

1 이철송, 회사법강의 제12판, 2005, 189면.

상법은 수권자본을 주식회사에 대해서만 규정하고, 기타 종류의 회사에 대해서는 그러하지 않다. 합명회사 및 합자회사의 경우 자본의 개념이 존재하지 않고, 유한회사의 경우에는 수권자본의 입법취지인 자본조달의 기동성이 강하게 요구되지 않기 때문이다.

수권자본의 입법취지는, 발행예정주식수의 범위 내에서는 이사회의 결의만으로 신주발행을 할 수 있도록 허용함으로써 자금조달의 기동성을 도모하는 데 있다. 한편 발행예정주식수와 발행수식수 간에 일정한 비율을 유지하도록 하여 수권자본의 최대한도를 두도록 한 입법취지는, 자본조달에 대한 이사회에의 수권이 과다해질 수 있다는 우려를 고려하고(대내적 측면), 발행예정주식수는 그 발행 여부가 불투명한 명목자본임에도 불구하고 제3자에게는 향후에 발행될 가능성이 높은 잠재자본으로 오인될 여지가 있어서 이를 방지하는(대외적 측면) 데에 있다. 다만 대외적 측면에서의 입법취지는 이제 덜 중시되고 있는 상황이다. 종래에 요구되었던 발행예정주식수와 발행주식수 사이의 비율은 2분의 1 이상이었으나, 1984년 상법 개정을 통해 4분의 1 이상으로 되었고, 종래에는 설립 후 발행예정주식수를 증가시키고자 하는 경우에도 그러한 비율을 유지해야 했으나 1995년 상법 개정을 통해서 현재와 같이 발행예정주식수와 설립시 발행주식수 사이에만 4분의 1 이상의 비율을 요구할 뿐 설립 후에는 그러한 비율을 요구하지 않게 되었다.

2. 문제점 및 이론적 검토

신주인수권이 없는 주주나 신주인수권이 있더라도 인수능력이 부족한 주주의 지배이익은 신주발행으로 인해서 필연적으로 감소하게 되므로, 그 주주가 신주발행에 대한 통제권을 원하는 것은 당연하다. 한편 이사회는 주주의 지분이익의 감소에 얽매이기보다는 기동성 있는 자금조달을 통한 회사의 자금수요 충족을 중시하는 경향을 띤다. 이러한 주주와 이사회의 이익충돌에 대한 해법은 입법정책의 문제이며, 우리의 기업현실 및 선진법제와의 정합성 등을 고려해서 결정해야 한다.

우리 상법은 자본조달의 기동성을 제고하기 위해 신주발행에 관한 이사회의 권한을 점차 강화하는 방향으로 개정되어 왔다. 하지만 수권자본에 관한 규정이 강행법규로서 정관으로 달리 정할 여지가 없고, 발행예정주식수와 설립시 발행주식수 사이에 일정 비율이 강제되고 있으며, 수권자본의 변경을 위해서 주주총회의 특별결의가 요구되고 있기 때문에, 자본조달의 기동성은 상당한 제약을 받고 있는 것이 사실이다. 미국과 영국의 경우 자본조달의 기동성에 대해 보다 적극적인데, 첫째, 발행예정주식수와 설립시 발행주식수 간의 일정 비율을 강제하지 않고, 둘째, 주주총회의 보통결의로써 수권자본을 변경할 수 있다는 점에서 그러하다. 한편, 주주의 지배이익의 보호에 보다 적극적인 독일은 회사의 설립시와 설립 후 공히 발행주식수가 발행예정주식수의 2분의 1 이상이어야 하고, 수권자본 규모의 변경에 주주총회의 특별결의를 요구한다. 일본은 회사의 설립시와 설립 후 공히 발행주식수가 발행예정 주식수의 4분의 1 이상이어야 하고, 공개회사가 아닌 경우에는 그 비율이 적용되지 않으며, 수권자본규모의 변경에 주주총회의 특별결의를 요구함으로써, 독일과 유사하게 지배이익의 보호에 비교적 적극적이다. 다만 일본에서는 주주의 신주인수권이 부정된다는 점이 감안될 필요가 있다.

수권자본에 대한 재검토는 두 가지 방향에서 접근할 수 있는데, 그 하나는 근본적 변화로서 신주발행의 규모를 이사회의 단독 권한으로 만드는 것이고, 다른 하나는 현행 제도를 유지하되 이사회의 권한을 좀 더 강화하는 방향으로 수정하는 것이다.

3. 개정방안

(1) 개정안

· 제1안 : 수권자본을 주주의 선택사항으로 하되, 선택하지 않으면 이사회가 수권자본의 제약 없이 신주발행을 할 수 있도록 하는 방안이다.
· 제2안 : 현행 유지하되, 설립시 발행예정주식수의 최대한도를 폐지하는 방안이다.
· 제3안 : 현행 유지이다.

(2) 분석

1) 근본적 변화론

신주발행의 규모를 이사회의 단독 권한으로 하자는 것은 자본조달의 기동성을 극대화하려는 목적에서 제기된다. 현행 제도에 따르면 발행예정주식수와 발행주식수가 정관에 기재되고 발행예정주식수를 초과하는 신주발행을 위해서는 주주총회의 특별결의에 의한 정관 변경이 선행되어야 하는데, 이러한 주주총회의 관여를 없앰으로써 자본조달의 기동성을 극대화하자는 것이다. 절대적 이익인 주주의 재산이익은 자금조달의 기동성을 이유로 해도 희생될 수 없지만, 상대적 이익인 주주의 지배이익은 자금조달의 기동성이 필요한 경우 희생될 수 있다는 것이 이론적 근거이다. 하지만 우리의 기업 현실상 자금조달의 기동성이 그토록 우선되어야 한다는 목소리는 아직 크지 않으며, 선진법제에서도 그러한 예가 발견되지 않기 때문에 채택하기 어렵다고 본다.

2) 수정론

수정론은 현행 제도를 유지하되 이사회의 권한을 좀 더 강화하는 방향으로 수정함으로써 자금조달의 기동성을 좀 더 제고하려는 입장이며, 근본적 변화론에 비해 보다 현실성 있는 대안이 된다. 현행 제도에 대한 수정은 세 가지 측면에서 접근할 수 있다.

첫째, 수권자본을 선택사항으로 하는 것이다. 이를 위해서, 수권자본을 현행처럼 정관의 절대적 기재사항이 아니라 회사가 원하는 경우 선택할 수 있는 임의적 기재사항으로 개정한다. 정관에서 수권자본을 선택하지 않는 경우 오직 이사회의 결의만으로 신주발행의 규모를 정할 수 있도록 한다. 이것은 주주의 신주발행규모에 관한 통제권을 근본적으로 침해하지 않으면서, 회사 사정에 맞게 자금조달의 기동성을 우선할 수 있는 방안이다.

둘째, 발행예정주식수와 설립시 발행주식수 사이의 일정 비율을 삭제함으로써 설립시 발행예정주식수의 최대한도를 없애는 것이다. 현행 제도는 설립시 발행주식수가 발행예정주식수의 4분의 1 이상일 것을 요구하지만 설립 후에는 그러한 비율을 요구하지 않는 비대칭규제를 취한다. 하지만 설립시와 설립 후를 차별적으로 규제할 필연성을 발견하기 어렵다는 점에서 그 폐지를 고려하자는 것이다.

셋째, 변경의 경직성을 완화하자는 것이다. 현행 제도에 의하면 수권자본은 정관의 절대적 기재사항이고 그 변경을 위해 주주총회의 특별결의가 필요하다. 주주총회의 보통결의로써 수권자본의 규모를 변경할 수 있도록 함으로써 자본조달의 기동성을 제고하자는 것이다. 이를 위해서는 수권자본에 관한 정관기재사항은 주주총회의 보통결의로써 변경할 수 있도록 개정해야 한다. 만약 현재 특별결의가 필요한 정관변경에 보통결의라는 예외를 인정하기 어렵다면, 수권자본이 정관 기재사항이 아니라 주주총회의 결의사항이 되도록 개정하면 된다.

3) 현행 유지론

현행 제도를 유지하는 입장이다. 이 입장에서는 현행 수권자본제도 하에서 자금조달의 기동성에 대한 제약이 크게 문제되지 않는다고 본다.

(3) 결론

이상의 개정방안 중에서 제2안이 현행 제도로부터 크게 벗어나지 않으면서 자금조달의 기동성 제약을 완화할 수 있는 가장 현실적 대안이라고 판단된다. 법무부 상법개정안은 제2안 중 설립시 발행예정주식수의 최대한도를 폐지하는 방안을 채택하였다.

4. 입법례

(1) 미국

2005년 개정모범사업회사법에 의하면, 회사의 정관(articles)에 발행예정주식수가 주식의 종류별로 기재되어야 한다(RMBCA §6.1). 이러한 수권자본(authorized shares)의 범위 내에서는 이사회가 신주발행의 권한을 갖는다. 발행예정주식수를 변경하고자 하는 경우에는 정관을 변경해야 하는데, 여기에는 주주총회의 보통결의가 요구된다(RMBCA §§10.03(e), 7.25, 7.26).

(2) 일본

구 상법 하에서는, 설립시 발행주식수 및 발행예정주식수는 원시정관의 절대적 기재사항이고, 설립시 발행주식수가 발행예정주식수의 4분의 1 미만은 안 되며, 다만 주식의 양도에 이사회의 승인이 필요한 것으로 정관에 규정되어 있는 경우에는 예외적으로 그 비율이 적용되지 않는다(166조 3호, 6호). 또한 회사 설립 후에 정관변경을 통해서 발행예정주식수를 증가시키는 경우에도 발행주식수의 4배를 초과하지 말아야 한다(구 상법 437조). 정관변경에는 주주총회의 특별결의가 요구된다(구 상법 343조).

2005년 회사법에 따르면, 원시정관에는 설립시 출자재산의 가액 또는 그 최저액을 기재해야 하고(27조 4호), 발행예정주식수는 회사의 설립시까지만 정관에 기재하면 되며(동법37조 제1항, 제2항), 설립시 발행주식수는 발행예정주식수의 4분의 1 미만은 안 되고 다만 공개회사가 아닌 경우에는 그 비율이 적용되지 않으며(37조 3항), 회사 설립 후에 정관변경을 통해서 발행예정주식수를 증가시키는 경우에도 발행주식수의 4배를 초과하지 말아야 한다(113조 3항). 정관 변경에는 주주총회의 특별결의가 요구된다(466조, 309조 2항 11호). 요컨대 수권자본과 관련하여 신회사법이 구 상법이 비해 크게 변화한 것은 아니다.

(3) EU

1976년 제정된 회사법 제2지침(the Second EEC Company Law Directive)에 따르면, 주주총회가 신주발행을 결정하는 것이 원칙이나(25조 1항), 정관 또는 주주총회의 결의에 의해 정해진 수권자본의 범위 내에서 5년을 최장기간(갱신 가능)으로 해서 이사회의 결의만으로 신주발행이 가능하다(25조 2항).

(4) 영국

1985년 회사법에 따르면, 기본정관(memorandum)에 수권자본(authorized capital)이 기재되어야 한다〔CA 1985 s 2(5)(a)〕. 이 수권자본은 기본정관의 변경 없이 행할 수 있는 신주발행의 한도를 가리킬 뿐, 그 범위 내에서 이사들의 결의만으로 신주발행을 할 수 있음을 가리키는 것은 아니다.[2] 이사들의 결의만으로 신주발행을 할 수 있다는 의미의 수권자본은 주주총회의 결의나 부속정관(articles)에의 규정을 통해서 인정된다〔CA 1985 s 80(1)〕. 이러한 주주총회의 결의나 부속정관규정에는 발행예정주식 총액의 한도 및 5년 이하의 범위 내에서 수권의 유효기간이 포함되어야 하고〔CA 1985 s 80(5)〕, 발행예정주식 총액은 기본정관의 수권자본을 초과하지 말아야 한다. 이에 관련된 주주총회의 결의(부속정관의 변경 포함)는 모두 보통결의에 의한다〔CA 1985 s 80(4)〕.

회사법 개정을 위해서 제출된 2001년 현대회사법 최종보고서(Modern Company Law Final Report)는 기본정관상 수권자본의 폐지를 제안하였고,[3] 현재 의회에 계류중인 개정회사법(Company Law Reform Bill)은 이에 따르고 있다. 그 취지는 기본정관상 수권자본이 명목자본임에도 불구하고 잠재적 투자자에게 실제자본으로 비칠 우려(대외적 측면)를 방지하는 데 있다. 이렇게 기본정관상 수권자본은 폐지될 예정이지만, 주주총회의 결의나 부속정관에 의한 수권자본은 그대로 유지된다.

(5) 독일

주식법에 따르면, 회사의 설립시 정관에 기본자본이 기재되어야 한다(203조). 수권자본을 원시정관에 기재할 수 있는데, 그 범위 내에서 최장 5년까지 이사회의 결의만으로 신주발행을 할 수 있다(202조 1항)(원시정관에 의한 수권자본). 정관을 변경하여 최장 5년 이내에서 수권자본을 기재하고 그 범위 내에서 이사회의 결의만으로 신주발행을 할 수 있다(202조 2항 1문)(정관변경에 의한 수권자본). 정관변경의 결의에는 대표된 의결권의 4분의 3 이상의 찬성이 있어야 하고, 정관으로 가중된 결의요건이나 기타 요건을 정할 수 있다(202조 2항 2문과 3문). 수권자본의 액면액은 수권시 기본자본의 2분의 1을 초과할 수 없다(202조 3항 1문).

2 Ben Pettet, Company Law (2nd ed. 2005), 264면.

3 The Company Law Review Steering Group, Modern Company Law Final Report, 2001, s. 10.6.

II. 신주인수권

1. 현행 제도

신주인수권이란 회사가 신주를 발행할 때 타인에 우선하여 인수받을 수 있는 권리를 가리킨다. 주주가 신주를 인수하지 못하는 경우 지배이익이 감소되고 신주가 정책적으로 저가로 발행되는 경우 재산이익도 감소되므로, 주주는 신주인수권에 대해 각별한 이해관계를 갖는다.

2001년 개정 전 상법 418조 1항은 "주주는 정관에 다른 정함이 없으면 그가 가진 주식 수에 따라서 신주의 배정을 받을 권리가 있다"라고 규정하였다. 이는 2001년에 개정되어 현재 상법 418조 1항은 "주주는 그가 가진 주식 수에 따라서 신주의 배정을 받을 권리가 있다"라고 규정하고, 2항은 "회사는 제1항의 규정에 불구하고 정관에 정하는 바에 따라 주주 외의 자에게 신주를 배정할 수 있다. 다만, 이 경우에는 신기술의 도입, 재무구조의 개선 등 회사의 경영상 목적을 달성하기 위하여 필요한 경우에 한한다"라고 규정한다.

2001년 개정 전이나 개정 후 모두 주주의 신주인수권을 인정함을 원칙으로 하면서도 정관에 의해 이를 배제할 수 있다는 점에서 동일하다. 하지만 개정 후에는 정관에 의해 주주의 신주인수권을 배제하는 경우에도 구체적으로 회사의 경영상 목적의 달성이라는 요건(합리성의 요건)이 충족되어야만 한다는 점에서, 주주의 신주인수권을 좀 더 강화하는 방향으로 개정되었다고 볼 수 있다.

2. 문제점 및 이론적 검토

우리 상법은 주주의 신주인수권을 비교적 적극적으로 인정하고 있다. 선진법제를 살펴보면, 미국은 주주의 신주인수권에 소극적이고 일본은 주주의 신주인수권을 부정하지만, 영국과 독일은 적극적인 입장이다. 국가마다 자국의 기업 현실에 맞는 입법정책을 취하고 있음을 알 수 있다.

주주의 신주인수권에 대한 적극론은, 주주의 재산이익과 지배이익을 보호하기 위해서 신주인수권이 긍정되어야 하고, 다만 오늘날 주주의 신주인수권은 어떠한 경우에도 제한될 수 없다는 의미의 절대적 권리가 아니며 정관이나 주주총회의 결의가 있는 경우에는 제한될 수 있다고 본다. 한편, 소극론 또는 부정론은, 재산이익은 공정한 발행가액의 확보를 통해서 보호하되, 자금조달의 기동성을 제고하기 위해서 지배이익은 제약되거나 또는 포기되어야 한다고 본다.

3. 개정방안

(1) 개정안

· 제1안 : 현행 유지이다.
· 제2안 : 정관에서 신주인수권을 채택할 수 있고, 그러한 채택이 없으면 신주인수권이 배제된다고 규정하는 방안이다.
· 제3안 : 정관에서 신주인수권을 배제할 수 있음을 규정하는 방안이다.

(2) 결론

생각건대, 신주인수권을 강행적으로 부정하는 것은 지배이익에 대한 본질적 훼손이라는 점에서 수용하기 어렵고, 우리의 기업현실상 자금조달의 기동성이 그토록 우선되어야 한다는 목소리는 아직 크지 않으며, 선진법제에서도 일본에서만 그 예가 발견되고 있어서 채택하기 어렵다고 본다.

다음, 신주인수권을 소극적으로 인정하는 방식으로서 정관에 신주인수권을 인정하는 조항(opt-in clause)을 둘 수 있다고 규정하거나, 주주총회의 결의가 있는 경우에만 신주인수권을 인정하는 것으로 규정함으로써, 신주인수권의 인정 여부를 주주의 선택에 맡기되 불인정을 기본으로 하는 방안이 있다. 하지만 이에 대한 공감대가 우리나라의 주주, 학계 내에 아직 형성되어 있지 않은 듯하다. 후술하는 바와 같이 신주인수권의 약화문제를 검토한 영국의 Myners 보고서도 신주인수권 약화에 대한 주주의 공감대가 영국 주주들 사이에 형성되어 있지 않다는 점을 강조하면서 반대 입장을 표명한 바 있다. 만약 신주인수권을 소극적으로 인정하는 방식을 택하더라도, 이를 위해서는 경영목적이 아닌 목적에 의한 신주발행에 대항하는 효과적 권리구제수단의 마련, 또한 이사회가 주주에게 신주발행에 대해 미리 통지하도록 규정함으로써 주주가 그러한 권리구제수단을 활용할 수 있도록 하는 제도의 마련이 선행되어야만 할 것이다.

이상에서 검토한 바와 같이 제1안인 현행 유지가 가장 바람직하다. 법무부 상법개정안도 제1안을 채택하였다.

4. 입법례

(1) 미국

주주의 신주인수권의 연혁 및 주법을 살펴보기로 한다. 미국에서 초기에는 신주인수권이 절대적 권리로 인정되었지만,[4] 1930년부터 신수인수권에 대한 배제조항(opt-out clause)을 정관에 둘 수 있다고 규정하는 주법이 등장하기 시작했고, 1967년에는 델라웨어(Delaware) 주법이 신주인수권에 대한 채택조항(opt-in clause)을 정관에 둘 수 있다고 규정하였다. 현재는 33개 주법이 델라웨어 주법처럼 채택조항이 있는 경우에만 신주인수권이 인정되는 것으로 규정하고 있다.

2005년 개정모범사업회사법에 따르면, 채택조항(opt-in clause)이 정관에 있는 경우에만 신주인수권이 인정된다〔RMBCA §6.30(a)〕. 회사 설립시의 수권자본과 관련해서는 회사의 설립 후 6개월 이내에는 신주인수권이 인정되지 않는다〔RMBCA §6.30(3)(iii)〕.

배제조항이 정관에 채용되어 있는 경우 주주의 권리 보호를 위해서 이사의 신인의무(fiduciary duties) 법리가 발달되어 왔다. 만약 이사들이 자신들에게 유리한 가격으로 발행하거나 자금조달보다는 지배권의 변화를 목적으로 非비례적으로 신주를 발행하는 경우 주주는 해당 이사에게 신인의무 위반의 책임을 물을 수 있다.

(2) 일본

먼저 신주발행의 권한이 누구에게 있는지를 살펴본다. 공개회사의 경우 이사회가 신주발행에 관한 권한을 갖는다(회사법 201조). 공개회사가 아닌 경우 주주총회가 신주발행에 관한 권한을 가지고(회사법 199조), 다만 주주총회의 특별결의에 의해서 1년 이내의 기간을 정해서 신주 수의 상한 및 납입금액의 하한을 정해서 이사(이사회가 있는 경우 이사회)에게 위임할 수 있다(회사법 200조).

주주의 신주인수권이 인정되지 않는다. 신주발행의 권한을 가진 자가 주주 또는 제3자에게 신주를 배정할 수 있는 권리를 가진다. 구 상법 280조의2 1항 9호는 주식양도제한이 정해져 있는 회사의 경우 주주의 신주인수권을 제한하기 위해서는 주주총회의 특별결의가 요구되었지만 2005년 회사법은 이를 폐지하였다. 주주의 신주인수권이 인정되지 않는 대신에 주주의 권리를 보호하는 장치가 마련되어 있다. 먼저, 납입금액이 신주인수인에게 특히 유리한 경우에는 당해 납입금액으로 그 자에게 신주발행이 필요한 이유를 주주총회에서 설명할 의무가

4 Gray v. Portland Bank, 3 Mass. 364(1807).

있다(회사법 199조 3항). 또한, 공개회사의 경우에는, 이러한 설명의무는 물론이고(회사법 201조 1항), 신주의 대가인 금전의 납입 또는 재산의 급부 일자(기간인 경우는 그 초일)의 2주 전까지 주주에 대해서 당해 모집사항을 통지해야 한다(회사법 201조 3항). 이는 이사회가 자신의 결의 또는 그 후속절차를 비밀리에 진행함으로써 주주가 신주발행유지청구권을 행사할 기회를 놓쳐 버리는 것을 방지하는 데 그 취지가 있다.

(3) EU

회사법 제2지침에 따르면, 현금에 의한 신주발행의 경우 주주의 신주인수권이 원칙적으로 인정된다(29조 1항). 다만 회원국은 이익배당청구권 또는 잔여재산분배청구권이 제한되는 주식에 대해서는 신주인수권을 배제할 수 있고(제2지침 29조 2항), 자본조달의 편리성 등을 도모하기 위해서 주주총회의 특별결의(3분의 2 이상)를 통해 신주인수권이 배제될 수 있지만 집행기관이 주주총회에게 제한사유, 발행액에 대한 근거 등을 서면으로 제출해야 한다(제2지침 29조 4항).

EU가 회사법 개정과 관련하여 2002년에 발간한 Winter 보고서는, 신주인수권을 배제할 때 상장회사의 경우에는 발행가액이 발행 직전의 시장가액과 같거나 약간의 할인이 있는 것에 불과하다면 주주총회의 특별결의 또는 주주총회에 대한 서면제출과 같은 엄격한 요건을 완화할 필요성을 제안하였고, 진정무액면주식이 도입되는 경우에는 신주인수권의 제한은 재검토되어야 한다고 하였으며, 그 이유를 이 경우에는 신주인수권이 주식의 희석을 방지하는 유일한 장치이기 때문이라고 하였다.[5] 이에 이은 제2지침 개정안은, 신주인수권을 제한할 때 상장회사의 경우에는 발행가액이 발행 직전의 시장가액과 같거나 약간의 할인이 있는 경우에는 주주총회에의 서면제출의무를 삭제하고, 다만 주주는 집행기관에게 신주인수권 제한의 이유를 제시하도록 요구할 수 있다는 내용을 담고 있다.

(4) 영국

주주의 신주인수권은 원칙적으로 인정된다〔CA 1985 s 89(1)〕. 다만 현금출자의 경우에만 적용된다〔CA 1985 s 89(4)〕. 주주총회의 특별결의(4분의 3의 다수)에 의해 신주인수권이 배제될 수 있다〔CA1985 s 95(2)〕. 이사회에 대한 신주발행의 수권은 최장 5년으로 제한되는 것처럼 신주인수권의 배제도 같은 기간으로 제한되며, 다만 주주총회의 특별결의에 의해서 같은 기간 내

5 The High Level Group of Company Law Experts, Report on A Modern Regulatory Framework for Company Law in Europe, 2002, 84면.

에서 갱신하는 것은 가능하다〔CA 1985 s 95(3)〕. 폐쇄회사의 경우는 정관에 의해서도 신주인수권을 배제할 수 있다(CA 1985 s 91). 신주인수권의 제한은 주주총회에서 이사들이 제안해야 하고, 이사들은 서면으로 주주들에게 제안이유, 발행액 및 그 근거 등에 대해 사전에 통지해야 한다〔CA 1985 s 95(5)〕.

상장회사, 기관투자자 등으로 구성된 신주우선그룹(Preemption Group)이 제정한 신주우선지침(preemption guidelines)은 법적 구속력이 없지만 사실상 영향력은 높은 편인데, 동 지침에 따르면 신주인수권을 배제하고자 하는 경우 이를 위한 주주총회의 의결이 매해 이루어질 것을 요구하고, 신주인수권의 배제는 신주의 5% 이내(연속 3년간 7.5% 이내), 시가에 대한 할인은 5% 이내로 제한된다.

영국의 통상성(the Department of Trade and Industry)은 신주인수권에 관하여 미국법제를 따르자는 주장이 일각에서 제기됨에 따라 신주인수권의 약화 여부를 검토한 Myners 보고서를 발간하였다. 동 보고서는 다음과 같은 논거에서 현행법을 지지하는 입장을 취했다.[6] 동보고서는 미국의 다수 주법이 신주인수권 채택조항을 규정한 이유를, 첫째 주식의 종류가 다양화되면서 주식별 신주인수권 인정 여부 및 범위가 까다로운 쟁점으로 부상했고, 둘째 신주인수권의 행사에 소요되는 시간과 비용이 과다하며, 셋째 이사의 신인의무의 차원에서 접근하는 것이 보다 효과적인 주주 보호의 방안이라는 점에서 찾았다. 그런데 첫째와 둘째 이유는 개선을 통해서 극복해야 할 대상이지 신주인수권을 희생할 이유는 못 되고, 셋째 이유도 영국의 경우 미국과 달리 신인의무의 위반을 이유로 한 집단소송이 인정되지 않고 개인 주주는 과다한 소송비용을 감당하기 어렵기 때문에 미국의 다수 주법을 따를 수 없다고 동 보고서는 결론지었다. 또한, 동 보고서는 소규모 첨단기술회사의 경우는 자금조달의 기동성을 고려하면 신주인수권을 제한할 필요가 있지만, 이러한 회사의 주주일수록 신주인수권에 대한 가치를 높게 평가하는 경향이 있기 때문에, 신주인수권의 제한을 법규로 정하는 것은 적절하지 않고 집행기관과 주주 사이의 협의에 맡겨야 한다고 제안한 바 있다.

(5) 독일

주주의 신주인수권이 인정되는 것이 원칙이다(주식법 186조 1항 1문). 주주의 신주인수권에 관한 주식법 186조는 전환사채와 신주인수권부사채에 준용되고 있다(221조 4항). 주주총회는 기본자본의 증가를 결의할 때 주주의 신주인수권의 일부 또는 전부를 배제할 수 있다(주식법 186조 3항 1문). 이때 결의요건은 결의에 대표된 기본자본의 4분의 3 이상이며, 정관으로 이보

6 Paul Myners, Pre-emption Rights : Final Report, 2005.

다 강화된 결의요건이나 기타의 요건을 정할 수 있다(주식법 186조 3항 2문, 3문). 신주인수권의 배제에 관한 결의는 명시적이고 적절하게 공고한 때에 한하여 할 수 있다(주식법 186조 4항 1문). 이사회는 신주인수권의 일부 또는 전부를 배제하는 이유에 관해 주주총회에게 문서에 의한 보고를 하여야 하며, 이 보고서에는 제안한 발행가액에 관한 이유가 기술되어야 한다(주식법 186조 4항 2문).

주식법에 신주인수권의 배제에 관한 객관적 정당화 요건이 명시적으로 규정되어 있는 것은 아니다. 하지만 그러한 객관적 정당화 요건이 필요하다는 점에 판례(BGHZ 71, 40)와 다수설이 일치하고 있다. 그 근거로는, 주식법 186조 4항 2문에서 이사회의 주주총회에 대한 보고의무를 규정하고 있다는 점(BGHZ 83, 319, 325 f. 등)과 신주인수권의 배제는 주주총회의 재량사항이라는 점이 제시된다. 객관적 정당화 요건은 다음 세 가지 요건이 갖추어진 경우에 충족된다고 보고 있다(BGHZ 71, 40). 첫째 회사의 이익 요건으로서 신주인수권의 배제가 회사에 이익에 부합하는 목적을 위한 경우, 둘째 목적달성의 적합성과 필요성 요건으로서 신주인수권의 배제가 위 목적을 달성하는 데 적합하고 또한 필요한 경우, 셋째 비례성 요건으로서 회사의 이익과 신주인수권의 배제로 인한 주주의 불이익을 비교형량하였을 때 회사의 이익이 주주의 불이익보다 클 경우 등이다. 이러한 세 가지 요건이 다소 모호할 수 있기 때문에 판례는 신주인수권 배제가 정당화되는 일련의 사례들을 발전시켜 왔는데, 회사의 갱생(BGHZ 83, 319), 해외주식 모집(BGHZ 125, 239), 합작투자(BGHZ 83, 319), 현물출자에 의한 증자(BGHZ 83, 319), 경영진에 대한 옵션 발행(LG Frankfurt, AG 1997, 185 : 스톡옵션 도입 전의 판례) 등을 들 수 있다.

그러나 연방대법원이 정하고 있는 객관적 정당화 요건은 실제 충족시키기 어려운 것으로 판명되었다. 따라서 입법자는 주식법 186조 3항 4문을 추가하여 일정한 요건이 갖추어지면 신주인수권을 배제할 수 있다고 함으로써 신주인수권의 배제요건을 완화하였다. 즉, 특히 현금에 의한 증자액이 기본자본의 10분의 1을 초과하지 않고 신주의 발행액이 거래소의 시세를 본질적으로 (크게) 하회하지 않는 경우에는 신주인수권의 배제가 허용되고(주식법 186조 3항 4문), 이때에는 객관적 정당화 요건을 갖출 필요가 없다.

III. 신주발행사항의 공시

1. 현행 제도

주주 이외의 자에 대해 신주를 발행하는 경우에 신주발행사항에 대하여 주주에게 사전에 공시하는 절차가 상법에 규정되어 있지 않다.

2. 문제점 및 이론적 검토

주주 이외의 자에게 신주를 발행하는 경우 발행조건에 따라서는 기존 주주의 이익이 크게 침해될 우려가 있다. 상법 424조가 신주발행유지청구권을 규정하고 있지만, 주주가 신주발행의 사실 및 그 내용을 알지 못하면 현실적으로 그러한 청구권을 행사하기 어렵다. 따라서 주주의 신주인수권을 제한하는 경우에는 주주에게 불리한 신주발행을 유지할 수 있는 기회를 제공하기 위하여 회사에게 신주발행사항을 공시할 의무를 부과하는 것이 바람직하다.

3. 개정방안

(1) 개정안

· 제1안 : 현행 유지이다.
· 제2안 : 납입기일의 2주 전에 신주의 종류, 수, 발행가액(또는 그 산정기준), 납입기일, 모집방법 등을 공고하거나 주주에게 통지하도록 규정하는 것이다.

(2) 결론

주주 이익의 보호를 위해서 제2안이 보다 바람직하다. 법무부 개정안도 제2안을 채택하였고, 다만 2주가 너무 길다는 지적과, 신속한 신주발행이 필요한 경우에는 시간 지연이 우려된다는 지적 등이 있었다.

4. 입법례

일본의 회사법 201조 3항은, 공개회사의 경우 이사회가 신주의 대가인 금전의 납입 또는 재산의 급부 일자(기간인 경우는 그 초일)의 2주 전까지 이사회가 주주에 대해서 당해 모집사항을 통지해야 한다고 규정한다. 기타 주요국의 입법례는 이에 대해 규정하지 않고 있다.

IV. 신주발행 관련 권리구제수단

1. 현행 제도

우리 상법은 신주발행과 관련하여 신주발행유지청구권(402조), 부정한 가액으로 인수한 자의 책임(424조의2), 신주발행무효의 소(429조) 등의 권리구제수단을 규정하고 있다. 신주발행유지청구권은 법령 및 정관의 위반뿐만 아니라 부당한 신주발행에 대한 사전적 권리구제수단이라는 점에서 그 중요성이 크다. 신주발행유지의 소가 제기된 후 유지의 판결이나 가처분이 있음에도 불구하고 이에 위반하여 행한 신주발행의 효력이 문제되는데, 이에 관해 상법에 규정이 없다.

2. 문제점 및 이론적 검토

신주발행유지의 소가 제기된 후 유지의 판결이나 가처분이 있음에도 불구하고 이에 위반하여 행한 신주발행은 무효라고 해야 해당 주주의 권리가 보호될 수 있다. 현재 무효라고 보는 것이 다수설이고,[7] 관련 대법원 판결은 아직 없다.

3. 개정방안

(1) 개정안

· 제1안 : 신주발행유지의 소가 제기된 후 유지의 판결이나 가처분이 있음에도 불구하고 이에 위반하여 행한 신주발행은 무효라고 규정하는 방안이다.

· 제2안 : 현행 유지이다.

(2) 결론

무효의 법적 효과를 분명히 규정하여 법적 안정성을 제고한다는 측면에서 제2안이 바람직하다. 본 주제는 법무부 개정논의에 포함되지 않았다.

7 최기원, 상법학신론(상) 제15판, 2004, 1003면 ; 정찬형, 상법강의(상) 제9판, 2006, 957면 ; 권기범, 현대회사법론 제2판, 2005, 829면.

4. 입법례

일본의 회사법에 명문의 규정은 없고, 일본 최고재판소는 무효설의 입장을 취한다.[8] 기타 주요국의 입법례도 이에 대해 규정하지 않고 있다.

V. 실권주의 처리

1. 현행 제도

신주인수권자가 청약 또는 납입을 하지 않아서 생기는 실권주에 대한 처리가 상법에 규정되어 있지 않다.

2. 문제점 및 이론적 검토

실권주를 유도된 실권주와 정상적 실권주로 구분할 필요가 있다. 주주의 이익을 해할 목적하에 유도된 실권주는 부당한 신주발행의 문제로서 처리해야 할 것이다. 유도된 실권주가 아닌 정상적 실권주의 처분이 검토 대상이다.

정상적 실권주는 발행가액 결정문제, 재산이익 침해문제, 발생차익 귀속문제 등이 발생한다. 첫째, 발행가액 결정문제는 실권주의 발행가액을 시가로 정해야 하는지의 문제이다. 둘째, 재산이익 침해문제이다. 실권주의 발행가액이 당초의 발행가액보다 낮은 경우에 문제되는데, 주주에게 재배정하는 방안과 제3자에게 배정하는 방안이 있다. 당초의 발행시에 비해 시가가 변화한 경우 이것을 고려할 것인지도 문제된다. 셋째, 발생차익 귀속문제이다. 실권주의 발행가액이 당초의 발행가액보다 높은 경우에 문제된다. 회사에 귀속시키는 방안과 인수하지 않은 주주에게 귀속시키는 방안이 있다.

이러한 문제들에 대해 국내 학자들에 의해서 해결방안이 제시되고 있으나 아직 다수의견이 형성되어 있지 않은 상태이다. 이사회의 결의에 의해 실권주를 처리한다고 해도 액면 이하의 발행가액으로 배정할 수 없고, 당초의 신주발행의 경우보다 유리한 조건으로 배정하는 경우에는 모든 주주에게 공평하게 실권주 인수의 기회를 제공해야 한다고 보거나,[9] 주식의 시가가

8 日最判 1993. 12. 16. 民集47卷 10號, 5423면.
9 최기원, 앞의 책, 998면.

당초의 발행가액을 상회하는 경우에는 당초의 발행가액으로 하지 않고 시세를 감안한 공정한 가액으로 해야 한다고 보거나,[10] 시세보다 크게 낮은 가액 또는 액면가로 주주배정에 의한 신주발행을 하는 경우에 주주가 신주인수권을 포기하여 발생하는 실권주는 연고모집해도 상관없고 발행가액을 이미 인수, 납입된 주식의 그것보다 낮게 정하는 경우가 아닌 한 적법하다는 견해가 있다.[11]

3. 개정방안

(1) 개정안

· 제1안 : 현행 유지이다.
· 제2안 : 실권주 처리의 요건 및 효과를 새로이 규정하는 방안이다.

(2) 결론

정상적 실권주의 처리에 관한 다수의견이 국내에 형성되어 있지 않은 상태이고, 선진법제도 이를 규정하지 않고 있음을 감안할 때, 개정상법에서 다루는 것은 시기상조로 보인다. 따라서 제1안인 현행 유지가 바람직하다. 제1안을 따를 때 실권주의 처리문제는 이사의 충실의무법리로써 다루게 된다. 본 주제는 법무부 개정논의에 포함되지 않았다.

4. 입법례

영국의 1985년 회사법에 의하면, 주주에 대한 신주인수권 부여는 1회에 그쳐야 하고, 인수되지 않은 신주에 대해서는 누구에게 인수시켜도 무방하다[CA 1985 s 89(1)]. 상장규정(Listing Rules)에 따르면, 인수되지 않은 신주에 대한 권리는 인수하지 않은 주주들의 이익을 위해서 매각되어야 하고, 다만 그 금액이 적은 경우에는 회사의 이익을 위해서 매각되거나 만약 차액(premium)이 존재하지 않는 경우에는 인수회사(underwriters)에게 배분되면 된다(para. 4.19). 기타 주요국의 입법례는 이에 대해 규정하지 않고 있다.

10 정찬형, 앞의 책, 939-940면.
11 권기범, 앞의 책, 820면.

제2절 워런트

I. 워런트(스톡옵션 포함)

1. 현행 제도

워런트는 일반적으로 회사에 대하여 주식의 발행 또는 자기주식의 양도를 청구할 수 있는 콜옵션을 말한다. 현재 상법 및 증권거래법에서 워런트를 발행할 수 있는 경우는 전환사채나 신주인수권부사채와 같이 사채에 부가하여 발행하는 경우와, 스톡옵션과 같이 특수한 자에게 일정한 제한 내에서 발행하는 것에 국한되고 있다.

이러한 특수한 경우가 아니라 일반적으로 워런트 자체를 계약으로 체결하거나 또는 증권으로 발행할 수 있는지에 대해서는 국내의 논의가 별로 활발하지 못하나, 일반적으로 실무에서는 상법 또는 증권거래법에서 명시적으로 규정하고 있지 않은 증권을 발행하는 것에 대한 효력을 자신하지 못하는 것으로 보인다. 특히 상법에서도 신주인수권을 따로 유통시킬 수 있는 길을 열어놓은 것처럼 보이지만, 반드시 사채와 함께 발행되는 경우에 한하므로(분리형 신주인수권부사채), 사채를 전제하지 않고 신주인수권만을 증권으로 발행하는 것은 금지되는 것처럼 반대해석할 수 있다.

정책적인 관점에서도 워런트는 ① 기존 주주의 이익을 침해할 수 있으며, ② 회사법상 워런트 소지인을 보호할 수 있는 제도가 없으며, ③ 신주인수권의 행사로 인하여 발행되는 신주의 발행가액의 합계액이 신주인수권부사채의 금액을 초과해서는 안 된다는 상법 516조의2 3항의 제한 등으로 인하여 발행할 수 없다는 것이 일반적인 견해이다.

2. 문제점 및 이론적 검토

현재 워런트는 실무에서 가장 수요가 많은 사항 가운데 하나이다. 워런트를 이용하면 합작투자에 있어 이해관계인의 이해조정이 보다 용이하고, 기존의 전환사채나 신주인수권부사채 이외에도 다양한 금융상품의 개발이 이루어질 수 있으며, 그 결과 기업의 자금조달수단 및 투자자의 투자수단 확대에도 효과가 있을 것으로 기대되고 있다. 무엇보다도 자본조달의 수단을 다양화하여 기업의 선택의 폭을 넓힌다는 측면에서만 보더라도 워런트의 필요성은 충분하다고 하겠다. 그러나 현재는 사채에 부수하는 방식 이외에는 워런트가 발행될 수 없기 때문에 워런트의 현실적 수요에도 불구하고 이용이 거의 이루어지지 않고 있는 실정이다.

이론적인 측면에서 본다면, 다소 사소한 것이기는 하지만, 동일한 콜옵션에 대한 규제가 전환사채, 신주인수권부사채, 스톡옵션 등의 형태로 서로 별개로 이루어지고 있는 것도 제도의 일관성이라는 측면에서 본다면 문제가 있을 수 있다.

3. 개정방안

· 제1안 : 상법에 단순히 워런트 발행에 관한 근거 규정과 주주간 이익충돌에 관한 규정만 추가하는 방안.
· 제2안 : 상법의 콜옵션에 관한 규정들을 모두 통합하여 워런트 발행에 관한 규정으로 재정비하는 방안.
· 법무부 최종안 : 워런트는 도입하지 않기로 함.

입법례에서 보다 자세하게 살펴보겠지만, 워런트의 발행을 부정하고 있는 입법례는 독일을 제외하고는 거의 찾아보기 힘들다. 대부분의 입법례에서 워런트의 발행을 명시적 또는 묵시적으로 허용하고 있으며, 특히 일본의 경우에는 최근 대대적인 제도의 정비가 이루어졌다. 우리나라의 경우 현행법의 해석상으로도 반드시 워런트 발행이 불가능하다고 볼 것은 아니지만, 실무계에서의 이용의 불확실성을 제거하기 위해서라도 워런트의 발행근거를 명시적으로 규정할 필요가 있다.

이처럼 워런트의 발행을 명시적으로 인정하는 경우, 다음과 같이 두 가지 입법적인 쟁점이 있을 수 있다. 첫 번째는 기존 주주와의 이익충돌을 해결하는 것이다. 이에 대해서는 우리나라가 주주의 신주인수권제도를 취하고 있는 이상, 워런트 역시 주주에게 발행하는 경우와 제3자에게 발행하는 경우를 나누어 규정하여야 할 것이다. 예를 들어, "주주 이외의 자에게 신주예약권을 발행하는 경우에는 신주예약권의 목적인 주식의 종류 및 수, 신주예약권의 발행가액 및 행사가액, 행사기간에 관하여 정관에 규정이 없으면 434조의 결의로써 이를 정하여야 한다. 이 경우 418조 2항 단서의 규정을 준용한다"라는 정도로 현재의 신주인수권부사채나 전환사채의 규정과 비슷하게 규정할 수 있다. 이러한 이익충돌에 관한 규정은, 우리 상법이 주주의 신주인수권 제도를 폐지하지 않는 한, 어느 방안인지를 불문하고 추가되어야 할 것이다.

다음으로 중요한 것은 현재의 워런트 관련 규정을 어떻게 정비할 것인가의 문제이다. 워런트 발행에 관한 근거규정을 두는 경우, 제1안은 단순히 워런트에 관한 근거규정을 두고, 전환사채와 신주인수권부사채는 그대로 현행 제도를 유지하는 방안이고, 제2안은 일본의 입법례를 참조하여 이를 워런트 제도로 흡수통합하여, 아예 전환사채와 신주인수권부사채의 구별을 폐기하는 방법이다. 어느 경우든 최소한 현재 상법 및 증권거래법에서 규정하고 있는 스톡옵션에 관한 규정은 따로 두어야 할 아무런 이유가 없으므로 워런트 제도로 통합되어야 할 것이다.

이번 법무부의 상법 개정안에서는 워런트의 도입에 관하여 심도 있는 논의가 이루어졌으나 결국 주주간 이익충돌의 문제를 해결하지 못하고 남용의 우려가 많다는 이유로 그 채택이 뒤로 미루어졌다. 그러나 워런트는 자본시장 친화적인 회사법의 가장 기초적인 법제 가운데 하나이므로, 조만간 도입이 이루어질 것으로 전망된다.

4. 입법례

(1) 미국

미국에서는 일반적으로 증권의 발행에 대하여 최소한도의 제한만을 하고 있으며, 따라서 회사는 증권의 유형을 자유롭게 설계할 수 있기 때문에 워런트의 발행 여부에 대해서 특별한 논의조차 없는 실정이다. 실제로 거의 모든 주의 회사법에서 이사회가 워런트를 발행할 수 있다고 하는 명문의 규정을 두고 있으며, 많은 회사에서 이용되고 있다. 주주의 신주인수권이 인정되지 않는 주가 많기 때문에 워런트의 남용이 크게 문제되지 않는 것으로 보인다.

(2) 일본

1) 신주예약권의 의의

일본은 2001년 11월 상법 개정으로 신주예약권제도를 도입하였으며, 그 중요성에 비추어 최근 신회사법 제정에서는 이를 제3장으로 독립시키고(제2장 주식, 제3장 신주예약권, 제4장 기관), 전체적으로 제도를 정비하였다. 이 과정에서 일반적인 주식에 대한 콜옵션, 즉 워런트를 의미하는 '신주예약권'을 회사가 누구에 대해서라도 발행할 수 있고 양도가 가능하도록 규정을 확대 정비하였다.

일본에서 신주예약권이란, 미리 정해진 가격에 정해진 행사기간 내에 회사에 대하여 신주의 발행 또는 자기주식의 이전을 청구할 수 있는 권리를 말한다. 회사법 2조 21호에서도 단순히 "주식회사에 대하여 행사하여 당해 주식회사의 주식을 교부받을 수 있는 권리"라고만 정의하고 있다. 이러한 권리는 일본에서도 물론 새로운 것이 아니지만, 2001년 개정은 발행의 상대방에 대한 제한을 폐지하고, 또 사채에 붙여서 발행하여야 하는 제한도 철폐하는 의미를 가진다는 점이 중요하다. 따라서 종래의 인센티브 보수로서의 스톡옵션은 별도 규정이 폐지되고, 전환사채, 신주인수권부사채도 콜옵션이 붙은 사채라는 측면에서 전체적인 재정비가 이루어졌다. 예를 들어 콜옵션으로서의 성격을 가지는 전환사채의 전환권과 신주인수권부사채의 신주인수권은 모두 신주예약권으로 명칭을 변경하였다. 이 과정에서 통상의 신주발행의 경우에 있어서는 소위 주주의 신주인수권이라고 하는 종래의 제도를 그대로 두었다. 따라서 주주가 신주를 배정받을 권리를 워런트와 달리 칭함으로써 종래 신주인수권이라는 용어를 둘러싼 혼동을 해소하였다는 점도 특기할 만하다.

2) 신주예약권의 발행, 양도 및 소각

회사법상 신주예약권의 발행에 있어서는 여러 법정사항의 결정이 필요하다. 그 결정기관으로서, 공개회사(주식양도제한이 있는지 여부로 판단)가 아닌 경우에는 원칙적으로 주주총회 특별결의에 의하지만(238조 2항), 신주예약권의 내용, 수의 상한, 납입금액의 하한 등을 주주총회 특별결의로 정한 다음 그 결의로부터 1년 이내에 할당을 하는 것에 대한 발행사항의 결정을 이사(이사회설치회사는 이사회)에 위임할 수 있다(239조). 다만 공개회사가 아닌 회사에 있어서도 신주예약권의 발행을 주주할당의 방법으로 하는 경우는 정관에 정함을 두는 것에 의하여 발행사항의 결정을 이사(이사회)의 권한으로 할 수 있다(241조 3항). 이에 대하여 공개회사에서는 신주예약권의 제3자에 대한 유리발행인 경우를 제외하고는, 주주총회 특별결의는 필요하지 않고, 발행사항의 결정은 이사회에서 이루어진다(240조 1항).

하나의 신주인수권의 발행조건은 균등하여야 한다(238조 5항). 대상이 되는 주식이 동일하다 하더라도, 행사기간, 행사가격, 행사조건 등이 차이가 나면 옵션의 가격이 달라지는 것이기 때문에, 이러한 발행조건이 모두 균등하여야 하는 것은 당연하다고 볼 수도 있으며, 한편으로는 신주예약권의 발행에 있어 자의적인 차별을 금지하는 취지로 이해할 수도 있다. 발행가격에 대한 제한은 특별히 없으나, 기본적으로는 발행시점에서 합리적인 방법으로 산정한 신주예약권의 공정가치일 것이다. 그러나 무상증자가 가능한 것처럼 무상으로 신주예약권을 발행할 수도 있다(238조 1항 2호 참조). 다만 신주예약권을 주주 이외의 자에게 '특히 유리한 조건'으로 발행하는 것은 정관에 이에 관하여 정하고 있는 경우에도 법정사항 및 각 신주예약권의 최저발행가액에 대하여 주주총회의 특별결의가 필요하고(239조 1항 2호, 3호), 이 경우 대표이사는 주주총회에서 주주 이외의 자에 대하여 특히 유리한 조건으로 발행하는 것이 필요한 이유를 설명하여야 한다(238조 3항).

신주예약권은 양도가 가능하고(254조 1항), 이를 위하여 신주예약권증권을 발행하고, 주식의 경우 그 권리의 변동을 회사에 대항하기 위하여 주주명부를 두는 것과 마찬가지 목적에서 신주예약권 원부를 마련하고 있다. 따라서 원칙적으로 신주예약권증권의 교부에 의해서만 양도가 가능하며(255조 참조), 신주예약권의 이전은 취득자의 성명과 주소를 신주예약권 원부에 기재하지 않으면, 그 이전을 회사에 대항할 수 없도록 되어 있다(257조 1항). 주식의 경우와 마찬가지로, 이사회는 발행결의에서 신주예약권의 양도의 경우 회사의 승인을 얻도록 제한할 수 있으며(236조 1항 6호), 이 경우 설사 주식의 양도가 제한되어 있다고 하더라도 자동적으로 신주예약권의 양도까지 제한되는 것으로 의제되는 것은 아니다.

신주예약권의 소각에 있어서도 2001년 상법에서는 신주예약권은 그 발행결의에서 소각사유 및 소각대가를 정해 놓은 경우에 한하여 강제소각이 가능하도록 규정하고 있었고(구 상법 280조의36 1항), 임의소각에 대해서는 특별한 규정을 두고 있지 않았다. 신회사법에서는 이러한 기본골격을 그대로 유지하고, 다만 그 명칭을 전체 회사법체계와 통일적으로 규율하고 있다. 신회사법에서는 주식의 소각이 모두 자기주식의 소각으로 정리되었으므로(178조 참조), 이와 통일적으로 규정하기 위해서 신주예약권의 임의소각은 '시장에서의 신주예약권의 취득+자기신주예약권의 소각'의 형태로, 신주예약권의 강제소각은 '신주예약권의 강제적 취득+자기신주예약권의 소각'의 형태로 정리하였다. 이를 위하여 회사가 보유하는 신주예약권을 자기신주예약권이라고 하고(280조 6항), 나아가 회사가 신주예약권을 강제로 취득할 수 있는 경우까지 인정하고 있다(이른바 '취득조항부신주예약권', 273조 1항).

3) 신주예약권 관련 사항의 정비

이와 함께 종래의 전환사채와 신주예약권부사채의 체계도 정비되었다는 점을 이해하는 것이 중요하다. 2001년 11월 개정 상법은 종래의 전환사채와 신주인수권부사채가 모두 사채와 콜옵션을 결합한 것이라는 것에 착안하여, 이를 통일적으로 규정하면서 '신주예약권부사채'라는 용어를 사용하고 있다. 그러면서 신주예약권부사채는 신주예약권을 사채와 분리하여 양도할 수 없다고 규정함으로써, 종래의 분리형 신주인수권부사채는 신주예약권부사채에서 제외하고 있다. 그 결과, 종래 전환사채는 신주예약권부사채로서, 사채의 발행가액과 신주예약권의 행사의 때에 납입하여야 할 금액을 동액으로 하고, 신주인수권을 행사하는 때에는 반드시 사채가 상환되고 사채의 상환액이 신주예약권의 행사의 때에 납입하여야 하는 금액의 납입에 해당하는 것으로 규정하였고, 종래의 비분리형의 신주인수권부사채는 이러한 특별한 규정이 없이 단순하게 신주예약권부사채라고 부르게 되었다. 요컨대, 개정 이후 신주예약권부사채는 개정 전의 전환사채 또는 비분리형 신주인수권부사채를 말한다. 종래 분리형 신주인수권부사채는 회사가 사채와 신주예약권을 동시에 모집하는 것에 불과하므로, 사채의 규정과 신주예약권의 규정이 동시에 적용되는 것으로 이해하여 회사법에 별도의 규정을 두지 않고 있다.

(3) EU

EU 제2차 회사법 지침에서는 주식의 발행에 있어 다소 엄격한 입장을 견지하고 있기는 하지만 워런트에 대하여 특별히 언급하고 있지는 않다. 최근 제2자 지침에 대한 개정이 이루어지고 있으나 워런트에 관한 명시적인 규정은 발견할 수 없었다.

(4) 영국

영국은 명문의 규정으로 워런트의 발행을 허용하고 있다. 구체적으로 영국의 1985년 회사법 제80조는 이사회가 주식을 발행함에 있어서 지켜야 할 제한을 열거하고 있는데, 이러한 제한은 주식 관련 증권(relavant securities)에도 동일하게 적용된다고 하고 있다. 여기서 주식 관련 증권에 워런트를 명시적으로 언급하고 있기 때문에〔CA 1985 s 80(2)(b)〕,[12] 결국 워런트는 이사회가 자유롭게 발행할 수 있는 것이다.

1985년법은 주주의 신주인수권을 원칙적으로 인정하고 있는데, 이 경우 주주의 신주인수권은 새로 발행되는 지분증권(equity securities)에 적용된다〔s 89(1)〕. 그런데 여기서 지분증권은 대단히 광범위하게 정의되고 있어서〔s 94(2)〕, 예를 들어 전환사채도 모두 지분증권으로 들어가고 있다. 워런트는 당연히 지분증권의 정의에 포함되기 때문에, 역시 주주의 신주인수권에 대한 제한을 동일하게 받는다.

(5) 독일

독일 주식법은 우리 상법과 마찬가지로 워런트의 허용 여부에 관하여 명문의 규정을 두고 있지 않다. 다만 회사의 업무집행기관 구성원이나 사용자에 대하여 스톡옵션을 부여할 수 있는 규정은 있다(주식법 192조 2항 3호). 종래 주식법상 워런트를 발행할 수 있느냐에 관해서, 현재까지 다수의 견해는 이들 규정에 비추어 보아 워런트를 발행할 수 없다고 하지만,[13] 점차 현

12 1985년 회사법 s 80(2)(b)는 "any right to subscribe for, or to convert any security into, shares in the company (other than shares so alloted)"을 "relevant securities"에 포함시키고 있다.

13 주식법 221조는 전환사채와 신주인수권부사채 발행을 규정하고 있는데, 부정설은 워런트가 221조의 전환사채나 신주인수권부사채에 포함되지 않으므로 221조를 유추적용하여 워런트를 발행할 수는 없다고 한다. 특히 1998년 주식법 개정에 의해 '이사 등에 대한 스톡옵션 부여'를 조건부증자결의를 할 수 있는 사유로 새로이 추가되면서 일반적인 워런트 발행은 규정되지 않았다는 점을 근거로 현행 주식법상으로 워런트는 발행할 수 없다고 반대해석하는 견해가 많다(Lutter, Martens, Schumann, Hirte, Bungeroth, Claussen 등의 학자 ; 판례로는 LG Stuttgart WM 1998, 1237).

행 주식법상으로도 워런트 발행이 허용된다는 견해가 많아지고 있으며,[14] 입법론으로 워런트 발행을 허용해야 한다는 견해가 많아지고 있다.

(6) 프랑스

프랑스도 명문의 규정을 두어(Art. 339-5) 워런트 발행을 허용하고 있다. 또한 프랑스는 1970. 12. 31.법에 의해 처음으로 스톡옵션 제도를 도입하였으나, 제도 도입 이후 스톡옵션의 투명성 문제가 계속 제기되었다. 이에 2001년 5월 15일 제정된 NRE법(la loi relative aux nouvelles regulations economiques)은 스톡옵션제도의 투명성을 제고하기 위한 규정들을 대폭 도입하여 스톡옵션제도를 전반적으로 정비하였다. 그 결과 옵션 부여결정의 투명성 및 옵션행사가격의 공정성 제고 관련 규정들이 도입되었다.

(7) 호주

호주의 경우 2001년 연방회사법은 명시적으로 주식의 매수옵션을 증권으로 규정하고 있으며〔CA 2001 s 92(3)(e)〕, 이러한 옵션보유자가 등록하여야 할 사항들을 열거하고 있다〔s 170(1)〕는 점에서 워런트를 인정하고 있다고 볼 수 있다. 그러나 호주의 경우에도 원칙적으로 신주발행에 있어서는 주주의 신주인수권이 인정되는데(s 254D), 이러한 규정이 워런트에도 적용되는지에 관해서는 법규정을 발견할 수 없다.

14 최근에는 독일에서도 현행 주식법에 비추어 볼 때 워런트 발행이 허용된다는 견해가 점차 많아지고 있다(Schlitt/Loschner, Krieger, Karollus, Schwark, Dierks, Steiner, Fuchs, Wohlfarth/Brause, Horn, Roth/Schoneweg 등의 학자). 예를 들어, 주식법 192조 2항 각 호에서 조건부증자 결의의 목적을 들고 있지만, 여기에서 든 목적들은 한정적인 것으로 보아야 할 것이 아니라 이들 목적과 유사한 목적을 위해서도 조건부증자 결의를 할 수 있다고 하거나(Karollus, Fuchs), 워런트를 주식법 221조의 향익권(Genussrecht)의 하나로 보고, 향익권에는 192조의 조건부증자결의규정이 적용되므로 워런트 발행이 허용된다고 보는 견해가 있다(Roth/Schoneweg).

제8장

자본제도[1]

윤영신 · 송옥렬*

주주의 유한책임에 대한 보상으로 채권자를 보호하기 위한 방안으로서 우리나라 및 유럽대륙 국가는 법정자본제도를 채택하고 있다. 법정자본제도의 핵심은 주주가 인수한 자본은 거래에는 사용될 수 있지만 모든 채권이 만족을 얻은 후 회사가 해산하는 경우를 제외하고는 최소한 채권자에 대한 특별한 보호 장치가 없이는 주주에게 반환되어서는 안 된다는 자본유지원칙이라고 할 수 있다. 자본유지제도는 채권자를 위한 자금이 정해져야 한다는 것이 논리적 전제가 된다. 이러한 자금을 정하는 방식은 EU 회사법 제2지침에 의해 액면가를 기준으로 정해졌다. 이러한 자금이 일정액 이상이 되도록 하기 위해 최저자본금제도를 두었다. 또한 채권자의 자본에 대한 신뢰라는 측면에서 의도된 결과를 얻기 위해서는 주식에 대한 출자의 가치가 기재액과 일치하여야 한다. 이에 따라 주식의 할인발행은 금지되고, 현물출자는 제3자에 의한 가액평가를 받도록 하며 노무나 신용 등의 일정한 자산은 출자의 목적물의 될 수 없도록 하고 주금납입의 상계가 금지된다.

이러한 제도들은 결국 채권자 보호를 위하여 강행법적으로 사전적인 규제(ex-ante rule)를 하는 것이다. 그런데 이러한 강행법적 규제는 그 효용이 비용을 초과하는 경우에만 존재가 정

* Ⅰ~Ⅳ는 윤영신 교수, Ⅴ는 송옥렬 교수가 집필하였다.

1 이 장의 Ⅰ~Ⅲ에 대해 자세한 사항은 윤영신, "주식회사의 출자관련 규제의 폐지에 관한 연구—액면주식제도, 현물출자제도, 최저자본금제도," 법조 제596호(2006. 5) 참조.

당화될 수 있는데 지금까지는 법정자본제도가 채권자 보호취지를 제대로 살리고 있는 것인지에 대한 의문이 크지 않았던 것으로 보인다.[2]

그러나 최근 유럽에서는 법정자본제도의 존재의의에 대한 근본적인 의문이 학계를 중심으로 제기되어 각국의 입법 및 EU 차원에서 법정자본제도에 대한 재검토가 이루어지고 있고[3] 이미 자본 개념 자체를 폐지한 입법례들이 있다는 점은 법정자본제도의 효용 및 대안에 대한 검토의 필요성을 시사한다.

I. 액면제도

1. 현행 제도

우리나라 상법상 1주의 금액은 정관의 절대적 기재사항으로서(289조 4호) 액면주식의 발행만이 인정된다. 액면미달발행은 원칙적으로 금지되지만(330조) 회사가 성립한 날로부터 2년을 경과한 후에는 주주총회의 특별결의와 법원의 인가를 얻어 액면미달발행을 할 수 있다(417조). 상장법인과 코스닥 상장법인은 일정한 요건 하에서 주주총회의 특별결의만으로 액면미달발행을 할 수 있다(증권거래법 191조의15).

2. 문제점 및 이론적 검토

액면주식제도는 자본유지제도와 결합하여 채권자 보호기능을 하는 것으로 인식되어 왔다. 그러나 액면주식제도 자체는 채권자 보호목적과는 관련이 없는 제도이다. 채권자 보호는 회사에 유보하여야 할 자산액의 기준을 정하기만 하면 되는 것이지 이를 반드시 발행주식의 액면 총액이라는 개념으로 정할 논리적 필연성은 없기 때문이다.

한편 액면주식제도는 주주간에 출자의 공평성을 담보하는 기능을 가지고 있으므로[4] 존재의의가 있다고 생각할 수도 있다. 그러나 설립 이후의 신주발행은 액면가와는 무관하게 이루어지

2 법정자본제도 전반에 대한 의문 제기는 김건식, “자본제도와 유연한 회사법,” 절차적 정의와 법의 지배(이창희/장승화 편저, 2003) ; 윤영신, “회사법상 자본제도에 의한 채권자보호의 득실,” 법학연구 15권 1호, 충남대학교 법학연구소(2004. 12).

3 EU 제2지침의 개정 동향에 관해서는 윤영신, “EU 회사법상 자본제도에 관한 제2지침 개정 동향,” BFL 제13호, 서울대학교 금융법센터(2005. 9) 참조.

4 Manning & Hanks, Legal Capital, Foundation Press (1990), 24면.

므로 주주간 형평유지기능은 회사 설립시에만 그 효과를 기대할 수 있는 매우 한정적인 것이다.

반면 액면주식제도는 주식의 액면미달발행제한제도로 연결되어 회사의 자금조달에 불편을 초래한다. 회사가 영업이 부진할 때에는 액면미달액수로라도 주식을 발행하여 자금을 조달하는 것이 회사 및 채권자에게 이익이 된다. 그런데 액면미달발행을 위해서는 주주총회 특별결의와 법원의 인가라는 부담스러운 절차를 거쳐야 하므로 자금조달에 장애가 된다. 또한 주식분할과 각종 기업재편거래, 전환주식의 전환 등에 있어서 액면미달발행문제가 발생하지 않아야 하므로 이것이 거래조건의 제약이 되어 버리는 불편함이 존재한다.

3. 개정방안

(1) 개정안

· 제1안 : 무액면주식제도를 도입하면서 액면주식제도 병행.
· 제2안 : 무액면주식제도를 도입하면서 액면주식제도 폐지.

(2) 검토

액면주식제도는 채권자 보호효과는 없고, 주주간의 공평유지효과는 매우 한정적인 데 반하여, 이로 인한 비용은 상당하다. 따라서 액면 개념을 유지할 필요가 있을지는 의문이다. 무액면주식제도를 도입할 때 양 제도를 병행하는 경우에는 혼란의 여지가 있고 법규율이 복잡하게 되는 문제점이 있다. 따라서 제2안이 바람직한 것으로 판단된다.

상법 개정안에서는 제1안을 채택하였다. 무액면주식제도에 익숙하지 않은 현실을 고려한 것이 그 이유로 보인다. 회사는 정관에서 정한 때에는 주식의 전부를 무액면주식으로 발행할 수 있다. 무액면주식을 발행하는 경우에는 액면주식을 발행할 수 없다(상법 개정안 329조 1항). 회사는 정관에서 정하는 바에 따라 발행된 액면주식을 무액면주식으로 전환하거나 무액면주식을 액면주식으로 전환할 수 있다(동조 4항).

4. 입법례

(1) 미국

미국에서는 1912년 무액면주식이 도입된 이래 액면주식과 무액면주식 양자가 존재하다가,

현재 대다수의 주에서 채택하고 있는 개정모범회사법(RMBCA)에서는 자본제도를 폐지하면서 액면 주식 개념 자체도 사라졌다. 미국 회사법에서 가장 중요한 관할권이라고 할 수 있는 델라웨어 주에서는 액면주식제도와 무액면주식제도가 병행되고 있다.[5]

(2) 일본

2001년 6월 상법 개정에서 액면과 무액면주식 양자를 인정하는 태도를 버리고 무액면주식으로 통일하였고 2005년 회사법에서도 마찬가지이다.

(3) EU

EU의 제2지침에서는 액면주식제도를 채택하고 있다. EU의 회사법에 대한 전면적 검토를 한 High Level Group 보고서에서는[6] 무액면주식에 대해서는 광범위한 수요가 존재한다는 점을 인정하였으나,[7] 무액면주식제도의 도입이 제2지침의 구조에 어떠한 변화를 초래할 것인가에 대해 의견이 일치하지 않고 있으므로 어떠한 부분의 조정이 필요한가에 대한 검토를 할 것을 제안하였다. High Level Group의 제안에 기초하여 현재 EU에서는 법정자본제도에 관한 회사법 제2지침의 개정안이 제출되어 있는데,[8] 여기에 액면주식제도에 대한 개정은 포함되어 있지 않다.

5 무액면주식이 도입되었어도 미국에서는 액면주식이 주종을 이루고 있었는데 그 이유는 세법상 액면주식이 유리하였기 때문이다. 그러나 이러한 세제상의 차이가 없어진 후에도 액면주식이 대세였는바, 이는 채권자에 의한 주식인수인의 납입의무 추궁 가능성 때문이라고 한다. 저액면주식을 이용하는 경우에는 주식인수인은 액면가에 대해서만 책임을 지면 되지만, 무액면주식의 경우에는 주식인수인이 1주에 대해 납입하기로 약정한 액수 전액에 대해 책임을 져야 하기 때문이라고 한다(Manning & Hanks, 앞의 책, 29면).

6 유럽공동체위원회(Commission of the European Community)는 회사법 현대화 및 기업지배구조 개선을 위하여 2001년 9월 회사법전문가로 High Level Group of Company Law Experts를 구성하였다. High Level Group은 2002년 11월 4일 최종보고서(Report of the High Level Group of Company Law Experts on a Modern Regulatory Framework for Company Law in Europe)를 발간하였다. 이 보고서는 High Level Group의 위원장인 Japp Winter의 이름을 따서 Winter 보고서라고 불리기도 한다.

7 High Level Group 보고서, 82-83면.

8 Proposal for a Directive of the European Parliament and of the Council amending Council Directive 77/91/EEC as Regards the Formation of Public Limited Liability Companies and the Maintenance and Alteration of Their Capital 〔COM(2004)730-Official Journal C24 of 29. 01. 2005)(http://europa.eu.int/scadplus/leg/en/lvb/l26004.htm)〕.

(4) 영국

영국에서도 기본정관(memorandum)에 자본을 일정한 액수의 주식으로 나눈다는 것을 기재하도록 함으로써〔CA 1985 s 2(5)〕 액면주식제도를 채택하고 있다. 그러나 영국에서는 최근 근본적인 회사법 개정작업이 진행중인데, 회사법 개정검토위원회(The Company Law Review Steering Group)는 이론상으로는 무액면주식제도를 강하게 선호하여 EU 제2지침의 제약을 받지 않는 폐쇄회사에서라도 무액면주식제도를 도입할 것을 검토하였다. 그러나 그 경우에는 법규율이 이원화되어 복잡하게 된다는 비난에 봉착하여 잠정적으로 현상을 유지하는 것으로 결론을 지었다.[9]

(5) 독일

독일에서는 과거에는 무액면주식을 허용하지 않았으나, 1998년 무액면주식을 도입하였다. 그러나 이는 자본에 대한 비율관을 표시하는 진정한 무액면주식이 아니라, EU의 단일통화체제(유로화) 실시에 대비하여 액면금액을 마르크화에서 유로화로 전환하는 데 따른 번잡한 문제를 해결하기 위한 기술적 장치에 불과하다. 기본자본액을 발행주식수로 나눈 금액이 무액면주식의 1주의 지분금액으로서(주식법 8조 4항) 이것이 액면주식의 최저액면가(1유로) 이상이어야 하고(주식법 8조 3항 3문, 4문) 액면주식에서의 액면미달발행제한과 마찬가지의 제한이 이 금액을 기준으로 적용된다(주식법 9조 1항).

무액면주식이 도입되었지만 액면주식제도는 존속한다(주식법 8조 1항, 8조 2항). 단, 하나의 회사에서 두 종류의 주식을 발행하는 것은 명확성과 실용성의 관점에서 허용되지 않는다(주식법 8조 1항).

(6) 캐나다, 뉴질랜드, 호주

캐나다에서는 일부 주는 양 제도를 모두 인정하지만 일부 주에서는 액면주식의 이용을 금지하고 있다.[10] 뉴질랜드는 1993년 회사법에서 액면주식의 발행을 명시적으로 금지시켰다

9 The Company Law Review Steering Group, Modern Company Law For a Competitive Economy, Company Formation and Capital Maintenance, DTI(1999), URN99/1145 ; The Company Law Review Steering Group, Modern Company Law For a Competitive Economy, Final Report, DTI (1999), URN01/942.

10 대표적으로 Canada Business Corporation Act s 24(1).

(Companies Act 1993 s 38). 호주는 The Company Law Review Act 1998에서 기존 주식과 신 주식 모두에 대해 액면 개념을 폐지하였다.

II. 최저자본금제도

1. 현행 제도

현행법상 주식회사의 최저자본금은 5,000만 원이고(상법 29조 1항), 이에 대한 예외로서 벤처기업의 경우에는 2,000만 원(「벤처기업 육성에 관한 특별조치법」 10조의2 1항)을 최저자본금으로 하고, 소기업의 경우에는 자본금을 5,000만 원 미만으로 할 수 있는 특례를 인정하고 있다(「소기업 및 소상공인 지원을 위한 특별조치법」 8조의2 1항).[11]

2. 문제점 및 이론적 검토

최저자본금제도는 자본유지제도를 채택한다고 하더라도 그 유지의 기준 자체가 너무 소액인 경우에는 자본유지제도의 효과가 없을 것이기 때문에 도입된 제도이다. 채권자 보호가 기본적 목적이고, 특히 회사의 개별적 계약에 의해 자신의 이익을 보호할 수 없는 채권자, 즉 불법행위채권자나 교섭력이 약한 거래채권자 등을 보호하기 위한 제도로 인식되어 있다. 또한 일정 규모 이상의 회사만을 주식회사형태로 운영할 수 있도록 하는 정책적 목표도 아울러 있다고 할 수 있다.

그러나 이 제도는 현실적으로 생각만큼 채권자 보호효과가 크지 않은 것으로 보인다. ① 우선 법정의 '최저' 자본이라는 성질상 최저자본금은 실질적 보장이 가능한 액수로 정할 수 없으므로 채권자 보호효과가 한정되고, ② 가장납입에 의한 규제 잠탈이 얼마든지 가능하며, ③ 이 제도가 특히 보호 대상으로 삼고 있는 비계약채권자는 도산절차에서 담보채권자나 우선변제권을 가지는 채권자보다 후순위의 일반채권자이므로 최저자본금제도에 의한 보장이 있다고 하더라도 실제 도산상황에서는 이들에게 돌아갈 수 있는 몫은 거의 없다. 주식회사형태를 취할 수 있는 회사를 제한하는 기능도 각종 특별법에 의한 특례 인정으로 퇴색되었다.

반면 최저자본금제도는 주식회사 설립의 진입장벽으로 작용함에 따라 사회적으로 바람직한 기업활동을 위축시킨다. 현대 사회에서는 물적 자본보다도 아이디어나 기술 등의 무형적 자원

11 유한회사인 소기업을 주식회사로 조직변경하는 경우에도 마찬가지이다(동법 8조의2).

의 가치가 점점 높게 평가되어 가고 있는데, 최저자본금제도는 이러한 무형적 자원만을 가진 사람이 주식회사를 설립하여 기업활동을 하는 것을 차단하여 사회적 비효율을 야기할 수 있다.

3. 개정방안

(1) 개정안

· 제1안 : 현행 유지.
· 제2안 : 최저자본금제도 폐지.

(2) 검토

최저자본금제도의 원래 목적은 채권자를 보호한다는 것이지만, 실제로 그 효과가 극히 한정적이라는 점은 거의 이론이 없다. 반면에 이 제도는 주식회사 설립의 진입장벽이 됨에 따라 효율적인 사업기회를 봉쇄한다는 비용이 수반된다는 점과, 채권자 보호는 최저자본금제도가 아니라 좀 더 그 목적에 맞게 특정된 보장수단을 강구할 수 있다는 점을 고려한다면 최저자본금제도를 폐지하는 것이 바람직할 것이다.

상법 개정안에서는 현행 상법 329조 1항을 삭제함으로써 최저자본금제도를 폐지하였다.

4. 입법례

(1) 미국

최저자본금 제한이 존재하지 않는다.

(2) 일본

2005년 회사법에서는 최저자본금제도를 폐지하였다.

(3) EU

제2지침에서는 2만 5,000유로 이상의 액수로 회원국이 결정하도록 하고 있다(6조). High

Level Group 보고서에서는 우선적으로 최저자본금제도를 더 강화하지 않고 현재 수준으로 유지하는 것을 권고하고 있는데, 그 이유는 최저자본금제도가 채권자 보호기능이 있음을 인정해서가 아니라 보다 중요한 다른 개정사항에 집중하기 위해서라고 설명하고 있다.[12]

(4) 영국

제2지침의 적용을 받은 공개회사에서는 5만 파운드의 최저자본금규제를 하고 있다(CA 1985 s 118). 그러나 제2지침의 적용을 받지 않는 폐쇄회사에는 최저자본금규제가 없다.

(5) 독일

독일에서는 최저자본금을 5만 유로로 규정하고 있다(주식법 7조).

(6) 기타

호주나 뉴질랜드는 모두 최저자본금규제를 하고 있지 않다.

III. 현물출자 및 납입의무 상계에 대한 제한

1. 가액평가

(1) 현행 제도

우리나라에서는 현물출자에 대해서는 법원이 선임한 검사인의 조사를 받거나 공인된 감정인의 감정을 받아야 하는데(상법 298조, 299조의2, 310조) 실무상 회계법인을 감정인으로 선임하는 것이 보통이다.[13]

또한 현물출자의 탈법수단으로 이용될 수 있는 수단으로서 재산인수에 대해서도 현물출자와 유사한 규제를 받도록 하고(상법 298조, 299조의2, 310조) 사후 설립에 대해서는 주주총회의 승인을 얻도록 하고 있으며(상법 375조), 그 이외에 자본충실을 저해할 수 있는 거래에 대해서

12 High Level Group 보고서, 82면.

13 김건식, 앞의 논문, 135면.

도 변태설립사항으로서 현물출자와 유사한 규제를 하고 있다(상법 298조, 299조의2, 310조).

(2) 문제점 및 이론적 검토

현물출자에 대한 제3자에 의한 가액평가제도는 주주가 출자한 자산의 가치가 자본유지의 기준인 자본의 액수와 일치하는가를 담보하는 기능을 함으로써 채권자를 보호하는 것이 그 취지이다. 그러나 채권자 보호기능은 현실적으로 크지 않은 것으로 보인다.

① 평가액이 정확성을 담보하기가 쉽지 않다. 우선 평가기법상 재량이 넓어서 독립적인 제3자의 가액평가가 반드시 타당한 것이라는 보장이 없고, 시장가액이 존재하는 경우라든가, 회사와 출자자 간의 대등한 협상에 의해 가액이 결정되는 경우에는 그러한 가격이 아니라 제3자가 평가한 가액이 더 정확하다고 할 수 있겠는지 하는 점도 의문이다. 게다가 평가를 담당하는 회계법인은 회사와의 다른 업무관계 때문에 독립적 가액평가를 하지 못할 가능성도 있다.

② 전문가에 의해 평가된 가액정보는 출자 당시의 계약채권자에게는 의미가 있을 수 있다. 그런 회사의 재무상황은 변동을 하는 것이므로 예를 들어 출자 이후 5년이 경과한 후의 계약채권자에게는 출자목적물의 가액이 얼마였는가는 정보로서의 가치가 없다. 실제로 전문적인 채권자들은 자본금을 신용공여에서 중요한 고려요소로 보고 있지 않는 것이 현실이라는 점은 이를 뒷받침한다.

이처럼 현물출자제도의 현실적 효용은 크지 않은 데 비하여, 현물출자제도는 검사인이나 감정인에게 지급하여야 하는 직접비용 외에도 바람직한 거래가 현물출자에 대한 가액평가규제 때문에 제한된다는 문제가 있다. 가액평가제도는 현물출자의 시간과 비용을 증가시킴으로써 현물출자가 가장 경제적인 선택지인 상황에서도 현물출자를 기피하게 하고, 합작투자기업이라든가 제3자에 대한 주식배정의 경우에는 팽팽한 협상을 통해 현물출자의 가액이 정해지게 될 터인데 검사인이나 감정인이 이와 다른 평가를 한다면 당사자가 합의한 거래에 성립하지 못하게 되는 손실이 발생할 수 있다는 것이 더욱 문제가 된다.

(3) 개정방안

1) 개정안

- 제1안 : 현물출자에 관한 가액평가제도를 전면적 폐지하고 사후적 규제에 맡기는 방안.
- 제2안 : 부당한 가액평가의 가능성이 적은 부분에 한해서 예외적으로 제3자에 의한 가액평가를 생략할 수 있도록 하는 방안.

2) 검토

현물출자제도는 채권자 보호 측면에서는 효용이 크지 않고 실제적 장애가 되고 있지만, 주주간의 공평유지의 효과는 어느 정도 인정할 수 있다. 그렇다면 사후적 구제수단이 효율적이라는 보장이 없는 상황에서는 소주주주 보호필요성을 감안하여 제2안이 현실적일 것으로 판단된다.

제2안을 채택하는 경우 제3자에 의한 가액평가를 생략할 수 있는 사유로서는 ① 시장가격이 존재하는 유가증권, ② 주주 전원의 동의가 있는 경우(가액평가제도가 채권자 보호효과는 크지 않지만 주주간 공평유지의 효용이 있다는 점 고려), ③ 교환공개매수의 경우, ④ 회사규모에 비추어 비중이 작은 현물출자의 경우(공개회사의 경우에는 주주 전원 동의에 의한 가액평가생략이 불가능하므로 공개회사에서 현물출자 장애의 완화)를 생각해 볼 수 있을 것이다. 제3자에 의한 가액평가 생략시 남용에 대비하기 위해 소수주주에게 가액평가에 대한 이의신청권을 규정할 필요가 있을 것이다.

상법 개정안에서는 현물출자 또는 재산인수의 ① 재산 총액이 자본금의 5분의 1을 초과하지 아니하고 대통령령으로 정한 금액을 초과하지 않는 경우(상법 개정안 299조 2항 1호, 422조 2항 1호), ② 재산이 거래소에서 시세가 있는 유가증권인 경우로서 정관에 적힌 가격이 대통령령으로 정한 방법으로 산정된 시세를 초과하지 않는 경우(299조 2항 2호, 422조 2항 2호), ③ 기타 대통령령으로 정하는 경우(299조 2항 3호, 422조 2항 4호), ④ 변제기가 도래한 회사에 대한 금전채권을 출자의 목적으로 하는 경우로서 그 가액이 회사장부에 기재된 가액을 초과하지 않는 경우(동 개정안 422조 2항 3호)에는 가액평가규정의 적용을 배제하였다. 이 중 ④의 경우는 신주발행의 경우에만 적용되는 예외로서 기업구조조정시의 채권의 출자전환을 용이하게 하기 위한 것이 주된 목적이다.[14] 사후 설립규제(상법 375조)는 현행을 유지하였다.

(4) 입법례

1) 미국

현물출자의 가액평가에 대한 규제가 없고 이는 이사의 재량사항이며, 이사의 책임문제로 해결한다.

14 뒤의 Ⅲ. 3 참조.

2) 일본

2005년 회사법에서는 검사역의 조사를 받지 않아도 되는 예외사유를 ① 모집주식의 인수인에게 할당하는 주식의 총수가 주식발행 직전의 발행주식 총수의 10분의 1을 초과하지 않는 경우(회사법 207조 9항 1호), ② 현물출자의 대상이 되는 재산의 가액이 500만 엔을 초과하지 않는 경우(회사법 33조 10항 1호, 207조 9항 2호), ③ 현물출자의 대상이 되는 재산이 시장가격이 있는 유가증권인 경우의 그 가액이 당해 유가증권의 시장가격으로서 법무성령에서 정한 방법에 의해 산정된 액수를 초과하지 않는 경우(회사법 33조 10항 2호, 207조 9항 3호), ④ 현물출자재산의 가액이 상당하다고 변호사, 변호사법인, 공인회계사, 감사법인, 세무사 또는 세무사법인의 증명을 받은 경우(회사법 33조 10항 3호, 207조 9항 4호), ⑤ 현물출자 재산이 회사에 대한 금전채권(변제기가 도래한 것으로 한한다)으로서 그 금전채권에 관하여 정하여진 출자가액이 당해 금전채권의 부채의 장부가액을 초과하지 않는 경우로 규정하였다.[15] 이 중 ①은 회사 설립시에는 적용될 수 없는 규정이고, ⑤는 채권의 출자전환을 용이하게 하기 위한 것이다.[16]

또한 현물출자 관계자의 책임에 대해서는 현물출자 또는 재산인수의 대상이 된 재산의 회사성립 당시의 실가가 정관에서 정한 가액에서 현저히 부족한 경우에는 발기인과 설립시의 이사는 연대하여 부족액을 지급할 의무가 있다(회사법 52조 1항). 다만 그 현물출자 또는 재산인수에 관해 검사역의 조사를 받은 때 또는 무과실을 입증한 때(발기설립의 경우에 한하고 모집설립의 경우에는 무과실책임이다)에는 현물출자자 또는 재산의 양도자 이외의 발기인과 설립시 이사는 그 의무를 면한다(회사법 52조 1항, 103조 1항). 현물출자 · 재산인수의 증명 · 감정평가를 한 자도 부족액지급의무를 부담하지만, 무과실을 입증한 때에는 의무를 면한다(회사법 52조 3항).

사후 설립에 대해서는 ① 회사 성립 후 2년 이내에 성립 전부터 존재하는 자산으로서 사업을 위하여 계속하여 사용하는 것을 당해 재산의 대가로서 교부하는 재산의 장부가액의 합계액이 당해 주식회사 순자산액으로서 법무성령에서 정하는 방법에 의해 산정된 액수의 5분의 1을 초과하여 취득하는 경우에는 주주총회의 승인을 얻도록 하였다(회사법 467조 1항 5호). 개

15 일본에서는 2002년도 상법 개정에 의해 현물출자와 재산인수에 대해 검사인의 검사가 면제 되는 경우를 과거에 비하여 확대하였다. ① 목적물의 가액이 자본의 20%를 넘지 않고 500만 엔을 넘지 않는 경우(개정 전 상법 173조 2항 1호), ② 목적재산이 거래소의 시세 있는 유가증권으로 정관기재가격이 그 시세를 초과하지 않는 경우(동조 동항 2호), ③ 목적재산에 대한 변호사, 변호사법인, 공인회계사, 감사법인, 세무사, 세무사법인의 적정증명이 있는 경우(동조 동항 3호)를 예외에 추가하였다. 2005년 회사법에서는 목적물 가액이 자본의 20%를 넘는 경우에도 가액이 500만 엔 이하이면 검사가 면제되고, 거래소의 시세 있는 유가증권에서 시장가격 있는 유가증권으로 면제범위가 확대되었다.

16 이에 대해서는 III. 3 참조.

정 전 상법에서 요구되던 검사역의 조사제도는 폐지하였고 주주총회의 특별결의를 요하는 경우를 20% 기준으로 완화하였다.

3) EU

가) 현행

제2지침에서는 독립적인 제3자에 의한 가액평가와 사후 설립에 대한 규제를 하고 있다. 현재 규제로서는 현물출자에 대한 전문가의 가액평가를 생략할 수 있는 예외로서 회원국이 규정할 수 있는 경우는 ① 현물출자자가 회사인 경우로서 이에 대해 발행되는 주식이 설립되는 회사의 주식의 90% 이상이고 일정한 요건을[17] 갖춘 경우(제2지침 10조 4항), ② 흡수합병에서 소멸회사 주주에게 존속회사 주식을 발행하는 경우 및 기업인수 대상 회사의 주식을 공개적 매수청약(public offer)을 통하여 매수하면서 대가를 인수회사의 주식을 발행하여 지급하는 경우(동 지침 27조 3항),[18] ③ 첫 번째 예외를 신주발행시에도 준용하는 경우로서, 하나 이상의 회사의 현물출자에 대해 신주를 발행하는 회사의 모든 주주가 전문가의 가액평가보고서 생략에 동의하고 10조 4항 (b)에서 (f)의 요건을 갖춘 경우(동 지침 27조 4항)이다.

나) 제2지침 개정안

제2지침 개정안에서 전문가에 의한 가액평가를 생략할 수 있는 경우를 추가하였다.

① 상장유가증권을[19] 출자의 효력발생 이전 3개월간의 가중평균가액(weighted average price)으로 평가를 하는 경우(제2지침 개정안 10a조 1항). 그러나 출자의 효력발생 당시 출자목적물의 가치에 중대한 변경을 초래하는 사정이 있는 경우에는 전문가에 의한 평가를 받도록 하였다(동 개정안 10a조 1항).

② 현물출자 목적물에 대해 승인된 독립적인 전문가가 최근에 공정가액에 대한 의견(fair

17 ① 정관에 서명을 하는 자가 검사생략에 동의를 하고, ② 검사생략 사실이 일정한 방식으로 공시되고, ③ 출자를 하는 회사에 법률에 의해 분배할 수 없는 적립금이 발행주식의 액면〔액면가 없는 경우 표준평가액(accountalble par)〕 총액 이상이 존재하고, ④ 출자를 받는 회사에서 주식발행일로부터 당해 일자가 속하는 회계연도의 annual accounts의 공시 이후 1년 이내에 발생한 채무에 대해 출자하는 회사가 주식의 액면 총액에 해당하는 액수의 보증을 하고, ⑤ 이러한 보증이 법률에 정하여진 바에 따라 공시가 되고, ⑥ 회계연도의 연차회계서류의 공시 이후 3년이나 이 기간 내에 제기된 보증책임청구가 결제된 날 가운데 후에 도래하는 날까지 위의 액수를 분배할 수 없는 적립금으로 유지할 것.

18 우리나라에서는 교환공개매수(exchange offer)를 예외로 하는 규정이 없다.

19 Directive 2004/39/EC Article4(1)(18)에서 정의하고 있는 양도성 있는 증권(transferable securities)을 Directive Article 4(1)(14)에서 정의하고 있는 규제시장(regulated market)에서 평가를 하는 경우를 말한다.

value opinion)을 표시한 경우에는 출자 당시 다시 평가를 할 필요 없이 그 가액을 그대로 이용할 수 있도록 하였다(동 개정안 10a조 2항).[20] 출자의 효력발생일 당시 목적물의 가액에 중대한 변경을 초래하는 사정이 있는 경우에는 경영진은 재평가를 할 책임이 있고, 경영진은 이러한 사정의 발생을 주주에게 통지하여야 한다. 소수 주주를 남용으로부터 보호하기 위해 의결권의 최소한 5% 이상을 보유하는 주주는 전문가에 의한 가액평가를 청구할 수 있다(동 개정안 10a조 2항).

③ 현물출자의 목적물의 가액이 Directive 78/660/EEC의 요건에 따라 작성되고 Directive 84/253/EEC에 의해 회계감사를 받은 직전 회계연도의 회계서류(statutory accounts)에서 도출되는 경우(derived by individual asset from the statutory accounts of previous financial year)에는 전문가의 평가를 받지 않을 수 있도록 하였다(동 개정안 10a조 3항). 이 경우에도 가액의 변동의 경우 재평가와 소수 주주의 가액평가청구권은 2항의 경우와 동일하게 규정하고 있다.

4) 영국

제2지침의 적용을 받는 공개회사의 경우에는 현물출자에 대해서 회사의 회계감사인이 될 자격이 있는 독립적인 자의 가액평가에 관한 보고를 받도록 하고 있다(CA 1985 s 103). 그러나 폐쇄회사에서는 이러한 제한이 적용되지 않고 금전 이외의 출자에 대해서는 가액평가에 관해 이사회에 광범위한 재량권이 인정된다. 법원은 이사회가 결정한 가액이 명백히 부정확하거나 사기가 있지 않은 이상 이사회의 가액평가를 부인하기를 주저하고 있다.

5) 독일

현물출자의 가액평가는 법원이 선임한 설립검사인(Gründungsprüfer)이 행한다(주식법 33조 2항 4호). 검사인의 자격요건은 부기에 관해 충분한 지식과 경험이 있는 자 또는 법률상의 대리인 중에 부기에 관해 충분한 지식과 경험이 있는 자를 둔 검사회사(Prüfungsgesellschaft)(주식법 33조 4항)이다. 검사인은 현물출자의 가치가 그에 대해 부여한 주식의 발행가액에 미치는지 여부(34조 1항 2호)를 검사하고 검사보고서에는 현물출자 목적물의 평가방법을 기재하여야 한다(34조 2항). 독일에서는 2002년 TransPuG에 의해 주식법을 개정하여 일정한 경우에 설립시 설립

20 이 경우 ① 평가를 한 승인된 전문가가 그러한 자산의 가액평가를 할 수 있는 충분한 훈련을 받았고 경험이 있고, ② 공정가액은 출자의 효력발생일 전 3개월 이내에 결정되었어야 하고, ③ 평가는 회원국에서 그러한 자산의 평가에 일반적으로 승인된 가액평가기준(generally accepted valuation standards)에 따라 이루어졌어야 한다.

검사인의 검사를 공증인(Notar)이 할 수 있도록 하였지만(주식법 33조 3항), 현물출자나 재산인수에 대해서는 여전히 설립검사인의 검사를 받도록 하고 있다.

6) 뉴질랜드

1993년 회사법에서 미국과 동일하게 규율하고 있다.

2. 출자목적물 제한

(1) 현행 제도

우리나라에서는 현물출자의 목적물은 대차대조표의 자산의 부에 계상할 수 있는 재산으로 보고 있고, 노무와 서비스 출자는 허용되지 않는다고 해석한다.

(2) 문제점 및 이론적 검토

노무나 서비스 출자를 금지하는 규정도 자본과 출자의 가액이 일치하지 않는 것을 방지하여 채권을 보호하고 주주간의 공평을 기하기 위한 제도이다. 그러나 서비스 제공을 출자의 목적물에서 제외하는 것은 아이디어와 능력 이외의 자산이 없는 사람이 창업이나 증자를 하고자 하는 경우에는 장애가 되고 있고, 유능한 경영진을 유치하는 데 이용할 수 있는 수단을 제한한다는 점에서 문제가 있다.

(3) 개정방안

1) 개정안

· 제1안 : 노무와 서비스 출자를 허용하는 규정은 신설한다.
· 제2안 : 현재와 같이 해석에 맡겨서 노무와 서비스 출자를 금지한다.

2) 검토

이 중 제2안이 바람직한 것으로 판단된다. 노무나 서비스 출자는 소수 주주의 이익을 해치는 지분변동을 초래할 위험 등 남용의 여지가 현물출자에 대한 제3자에 의한 가액평가 생략의 경우보다 클 것으로 판단된다. 미국 개정모범회사법(RMBCA)에서는 이를 허용하였지만 많은 주에서 금지하고 있다는 점을 고려할 때 현 단계에서는 제한을 유지할 필요가 있을 것이다.

상법 개정 검토단계에서도 현재로서는 제2안을 지지하여 상법 개정안에서 현행 제도를 유지하였다.

(4) 입법례

1) 미국

미국은 노무나 서비스의 출자를 허용하는 입법례도 있지만, 많은 주에서는 이를 금지하고 있다.

개정모범회사법은 적법한 출자의 목적물을 금전, 약속어음, 이행된 서비스, 장래의 서비스 제공계약을 포함하는 유체 또는 무체재산(intangible property) 또는 이익에까지 확장시키고 있다(§6.21). 자본 개념을 유지하고 있는 주에서도 델라웨어 주(Delaware General Corporation Law §502), 뉴욕 주(New York Business Corporation Law s 504)처럼 출자목적물을 제한하지 않는 주도 있다. 그러나 자본 개념을 폐지한 캘리포니아 주에서는 주식인수인이 발행한 약속어음, 장래의 서비스 제공계약은 출자할 수 없음을 명시하고 있다〔California Corporation Code §409(1)〕. 모범회사법(MBCA)에서는 약속어음과 장래의 서비스 제공계약은 출자할 수 없도록 하고 있었는데 이러한 제한을 유지하고 있는 주도 있다.

2) 일본

현물출자의 목적물에 대한 명시적 규정은 없지만, 노무나 서비스는 출자목적물이 될 수 없다고 해석한다.

3) EU

제2지침에 의하면 경제적 가액평가가 가능한 자산만을 출자할 수 있고 노무나 서비스 제공의 약속(untertaking to perform work or supply services)은 출자할 수 없도록 하고 있다(7조).

그러나 High Level Group 보고서에서는 서비스의 출자는 신생기업이나 하이테크 기업이나 전문가 회사에 특히 유용하므로 출자의 목적물이 될 수 있도록 하되, 서비스 제공자의 불이행위험에 대비하여 주식을 escrow account에 보관하고 서비스 제공 이후에만 인출될 수 있도록 하는 방안을 검토할 것을 제안하였다.[21] 그러나 유럽공동체위원회의 회사법 현대화 실행계획에서는 여기에 대한 검토는 이루어지고 있지 않다.

4) 영국

영국에서는 금전 또는 금전적 가치(money's worth)를 출자할 수 있음이 원칙이다〔CA 1985 §99(1)〕. 공개회사에서는 제2지침에 따라 노무나 서비스 제공의 약속은 출자의 목적물이 될 수 없음을 명시하고 있다〔CA 1985 s 99(2)〕. 금전출자에 대한 주식발행에는 현금뿐 아니라, 수표, 회사의 채무의 면제, 장래에 금전을 회사에 지급하기로 하는 약속을 대가로 주식발행을 한 경우도 포함됨을 명시하고 있다〔s 738(2)〕.

5) 독일

현물출자의 목적물은 경제적 가치 확정이 가능한 재산에 한하며 노무출자는 할 수 없다(주식법 27조 2항). 여기서 경제적 가치의 확정이 가능한 재산이란 대차대조표의 자산의 부에 계상될 수 있는 재산을 말한다.

6) 뉴질랜드

1993년 뉴질랜드 회사법은 RMBCA의 예를 따라 출자의 목적물은 장래의 서비스 제공을 포함하여 어떠한 형태도 가능한 것으로 하고 있다(s 46).

3. 납입의무의 상계 금지

(1) 현행 제도

주주는 납입에 관하여 상계로써 회사에 대항하지 못한다(상법 334조).

21 High Level Group 보고서, 83면.

(2) 문제점 및 이론적 검토

상계 금지조항은 자본충실을 기하고자 하는 제도이다. 이 조항이 주주의 일방적 의사표시에 의한 상계만을 금지하는 것인지 또는 회사측의 상계(주주와의 합의에 의한 경우 포함)까지도 금지하는 것인지는 해석의 논란이 있을 수 있다. 그러나 실무상으로는 비송사건절차법에서 금융기관의 납입금보관증명서를 설립등기(203조 11호)와 신주발행으로 인한 변경등기(205조 5호)의 첨부서류로 규정하고 있어서 회사측에 의한 상계도 허용되지 않는 것으로 보고 있다.

그러나 이러한 결과는 재정적 위기에 빠진 회사에서 채권을 출자전환하는 경우에 장애가 된다. 채권의 출자전환을 하는 방법으로 출자의무와 회사에 대한 채권을 상계하는 것을 생각해 볼 수 있는데 상계제한조항에 의해 이러한 방법의 이용이 제한된다. 또한 회사에 대한 채권을 현물출자하는 것으로 구성하여 처리하기도 하지만, 상계 금지조항의 위반이기 때문에 금지된다고 비판하는 견해도 있다.

우리나라에서는 외환위기 이후 기업의 구조조정과정에서 금융기관의 대출채권의 출자전환을 급박한 필요성을 인정하여, 대법원 등기예규에서 이러한 경우에는 비송사건절차법 제205조 5호에서 첨부서류로 규정하고 있는 납입금보관증명서 대신에 상계합의서면 등을 제출할 수 있도록 하여 이 문제를 해결하였다(1999. 1. 25. 대법원 등기예규 960호).[22]

그러나 대법원 예규가 기업구조조정을 위한 금융기관의 출자전환이 상계 금지제한조항에 위반하지 않는다는 실체법적 근거가 될 수 있는 것인지 분명하지 않고, 이러한 경우 이외에 있어서 회사측의 출자전환이 허용되는가는 계속 불명확하다.

(3) 개정방안

1) 개정안

· 제1안 : 현행 유지.

22 대법원 등기예규는 기업구조조정을 위하여 금융기관이 당해 기업에 대한 대출금을 출자전환하여 신주를 발행하고 그에 따른 변경등기를 신청하는 경우, 비송사건절차법 205조 5호에 규정된 '주금을 납입한 은행 기타 금융기관의 납입금보관에 관한 증명서'에 갈음하여 ① 회사가 주식인수인(금융기관)에 대하여 채무를 부담하고 있다는 사실을 증명하는 서면, ② 그 채무에 대하여 회사로부터 상계의 의사표시가 있음을 증명하는 서면 또는 주식인수인의 상계의사표시에 대하여 회사가 이를 승인하였음을 증명하는 서면, ③ 위와 같은 출자전환이 있었음을 증명하는 금융감독원장의 확인서(은행법 37조 2항에 해당하는 경우에는 금융감독위원회의 승인서)를 제출할 수 있도록 하였다.

· 제2안 : 주식인수인은 출자의무에 대해 상계할 수 없다는 형식으로 개정하여 회사와 주주의 합의에 의한 상계는 허용됨을 명확하게 한다. 이 경우에는 비송사건절차법을 개정하여 납입금보관증명서 대신 상계의 합의를 증명하는 서면 등을 제출할 수 있도록 할 필요가 있다.

2) 검토

주금납입의무와 회사에 대한 채권의 상계를 금지하는 실질적 이유는 자본충실을 도모하여 채권자를 보호하기 위한 것이다. 그런데 회사의 다른 채권자의 입장에서는 회사에 대한 채권자가 상계를 하게 되면 일반 채권자보다 후순위의 주주가 됨으로써 오히려 다른 채권자를 위한 책임재산이 증가하는 결과가 되므로 채권자 보호에 문제가 없다.[23] 따라서 제2안을 택하기로 한다.

법무부 개정안에서는 현행 334조는 삭제하였지만, 이를 신주발행 부분으로 이동하여 "신주의 인수인은 납입채무와 주식회사에 대한 채권을 상계할 수 없다"라는 조항을 신설함으로써 (상법 개정안 421조 2항) 회사측의 상계는 허용될 수 있도록 하였다. 또한 "변제기가 도래한 회사에 대한 금전채권을 출자의 목적으로 하는 경우로서 그 가액이 회사장부에 기재된 가액을 초과하지 않는 경우"에는 현물출자에 대한 검사를 면제함으로써(상법 개정안 422조 2항 4호) 채권을 현물출자방식으로 출자전환 하는 경우에 있어서의 절차 지연과 가액평가의 문제를 해결하였다.[24]

(4) 입법례

1) 미국

상계제한규정은 존재하지 않는다.

23 이철송, "채권의 출자전환에 따른 법률문제—상계 가능성을 중심으로," 인권과 정의 제266호(1998. 10), 23-30면.

24 일본에서는 임원보수가 미지급이라고 주장하는 owner 경영자가 이를 자본으로 교체하는 경우 등에 채권이 존재하는가를 어떻게 확인할 것인가가 문제가 되는데, 회사법 자체에서는 규정이 없지만 개정상업등기법 56조 3호에서 금전채권에 관한 기재된 회계장부 제출을 등기절차에서 요구하는 것으로 하였다(中央經濟社編, 新會社法詳解, 中央經濟社, 2005, 56면.

2) 일본

개정 전 상법에서는 "주주는 납입에 관해 상계로써 회사에 대항할 수 없다"라고 규정하고 있었다(개정 전 상법 200조 2항). 이 조항은 납입금은 은행 또는 신탁회사에 납입하여야 하고, 납입금보관증명을 등기요건으로 하는 규정과 결합하여(개정 전 일본 상법 175조 2항 10호, 175조 4항, 177조 2항) 주주뿐 아니라 회사측에 의한 상계도 금지된다고 해석하는 것이 통설이었다.[25] 따라서 채권의 출자전환은 현물출자방식에 의하여야 한다고 하였다.

종래 현물출자에 대한 검사역의 검사를 어떻게 받아야 하는가, 즉 금전채권의 평가를 어떻게 할 것인가에 의견이 대립되었는데, 2005년 회사법에서는 "현물출자 재산이 회사에 대한 금전채권(변제기가 도래한 것으로 한한다)으로서 그 금전채권에 관하여 정하여진 출자가액이 당해 금전채권의 부채의 장부가액을 초과하지 않는 경우" 현물출자의 가액평가를 생략할 수 있도록 함으로써(207조 9항 5호) 입법적으로 해결하였다.

회사에 대한 금전채권을 현물출자 하는 것은 결국 실질적으로 상계를 하는 것이므로 상계제한규정의 위반은 아닌가라는 문제는 2005년 회사법에서 "모집주식의 인수인은 제1항의 규정에 의한 납입 또는 전항의 규정에 의한 급부(이하 이 관에서는 '출자의 이행'이라고 함)를 할 채무와 주식회사에 대한 채권을 상계할 수 없다"로 개정하여(208조 3호) 인수인에 의한 상계만이 금지됨을 명확하게 함으로써 해결하였다.

3) EU

상계제한조항은 존재하지 않는다.

4) 영국

공개회사는 현금 이외의 출자는 현물출자로서 제3자의 가액평가를 받아야 한다(CA 1985 s 103). 그런데 현금납입에는 회사에 대한 채무면제가 포함되는 것으로 명시하고 있으므로〔CA 1985 s 738(2)〕[26] 상계는 허용된다.

25 도진기, "채권의 출자전환에 관한 법적 연구 : 회사정리절차를 중심으로," 서울대학교 석사학위논문(2003), 38면.

26 그 외 회사가 선의로 수령한 수표로서 이사가 지급불능을 의심할 합리적 이유가 없는 것 또는 장래에 현금을 지급할 약속이 포함된다〔CA 1985 738(2)〕.

5) 독일

회사는 주주에 대해 출자이행채권(주식법 66조 1항 1문)을 가지는데 이 채권에 대해서는 상계할 수 없다(주식법 66조 1항 2문). 이 규정에 따라 주주에 의한 상계가 금지되는 것은 분명하다. 즉 주주가 자신의 채권을 자동채권으로, 회사의 채권을 수동채권으로 하는 상계는 금지된다. 이에 반해 법규정을 문언적으로 해석하면 회사에 의한 상계는 허용되는 것처럼 보인다. 그러나 회사에 의한 상계가 무제한 허용되는 것은 아니라는 것이 학설의 태도이다. 왜냐하면 회사는 등기를 신청하기 전에, 인수된 주식에 대해 납입을 하여야 하는데(설립시 주식법 36조 2항)(신주발행시 주식법 188조 2항), 이때 실제 납입금 보관은행 등에 납입금이 입금되어야 하기 때문에(주식법 54조 3항)[27] 그 한도에서 상계가 전적으로 배제되기 때문이다.

6) 프랑스

프랑스에서는 상계가 허용되며, 출자전환시 채권의 명목금액(권면액)에 상당한 액수만큼 채무가 감소하는 점을 근거로 상계에 의한 납입의 경우 채권의 명목금액으로 자본을 증가시킬 수 있다는 것이 판례 및 다수설이다.[28]

IV. 자본유지제도 및 자본감소제도

1. 자본유지

(1) 현행 제도

우리나라에서 주주에 대한 배당은 단순히 순자산이 존재하는 것만으로는 부족하고 순자산 중 자본 및 법정준비금을 채권자를 위한 쿠션으로 유보하고 난 후 잔액이 있는 경우에만 할 수 있다(상법 462조). 법정준비금은 자본준비금과 이익준비금으로 구성되는데, 자본준비금에는 주식납입잉여금뿐 아니라 합병, 분할, 주식의 교환 및 이전, 자본감소 차익과 자산재평가

27 주식법 54조 3항 : 회사의 설립등기 신청 전에 납입하여야 할 금액은, 법률상 지급수단이나 금융기관 또는 은행의 계좌에 기입됨으로써 회사나 이사회가 처분할 수 있도록 납입되어야 한다.

28 도진기, 앞의 논문, 50면.

적립금과 같이 기타 자본거래에서 발생한 잉여금이 포함되고(상법 459조) 이익준비금은 매 결산기 금전에 의한 이익배당액의 10분의 1 이상을 자본의 2분의 1에 달할 때까지 적립한 준비금이다(상법 458조).

회사 자산의 주주에 대한 유출은 이익배당뿐 아니라 주식의 상환 및 주식의 소각에 의해서도 가능하므로 이것도 재원을 배당가능이익으로 한정하고 있다(상법 345조, 343조). 그렇지만 이익배당과는 별도의 조문에서 독립적으로 규율하고 있다.

자기주식취득은 상법에서 명시하고 있는 극히 예외적인 경우를 제외하고는 금지하는 것을 원칙으로 한다(상법 341조). 다만 상장법인의 경우에는 배당가능이익의 범위 내에서 일정한 조건하에서 자기주식을 취득할 수 있도록 하고 있다(증권거래법 189조의4).[29] 물론 주식상환이나 이익소각, 자기주식취득은 채권자 보호 외에도 주주간의 공평 등 달리 고려하여야 할 이해관계가 존재하지만, 채권자에 대해서는 유사한 효과를 가진다.

(2) 문제점 및 이론적 검토

자본유지제도는 주주가 납입한 자본은 회사의 영업활동을 위해서는 사용할 수 있지만, 주주에게 환급할 수는 없도록 제한함으로써 채권자를 보호하는 것을 목적으로 하는 제도이다. 그러나 자본유지제도가 실제적으로 어느 정도 채권자 보호기능을 하는지는 의문이 있다.

① 자본유지제도는 회사 내부에 자금이 유보되도록 함으로써 파산위험을 감소시킴으로써 채권자 보호에 기여한다고 인식되고 있었다. 그러나 이 제도는 회사가 영업을 통하여 손실을 입는 것을 방지하는 제도가 아니고, 자산유출의 대상과 방법은 다양한데 법에서 규제하는 것은 '주주'에 대한 '이익배당, 자기주식취득과 주식의 상환 및 소각' 뿐이기 때문에[30] 한계가 있다. 또한 대차대조표는 원칙적으로 자산의 가액을 취득원가로 기재하도록 되어 있어서 회사의 진정한 재무상황을 반영하는 데 한계가 있는데 이러한 과거의 역사적 사실에 기초한 자산유출제한은 과도규제가 되거나 과소규제가 될 경우가 많다.

② 채권자는 자본유지원칙이 없는 경우에도 개개의 채권자가 회사에 대한 신용공여계약에서 회사의 기회주의적 행동을 제한하는 특약(covenant)을 체결하는 방법으로도 자신의 이익을 보호할 수 있다. 그런데 채권자가 개별적으로 특약을 체결하기 위해서는 협상 및 조문의 작성

29 물론 주식상환이나 이익소각, 자기주식취득은 채권자보호 외에도 주주간의 공평 등 달리 고려하여야 할 이해관계가 존재하지만, 채권자에 대하여는 유사한 효과를 갖는다.

30 Luca Enriques & Jonathan R. Macey, Creditors Versus Capital Formation : The Case Against the European Legal Capital Rules, Cornell Law Review (2001. 9), 1190면.

등의 거래비용이 수반되는데, 자본유지원칙이 법정됨으로써 개별적 채권자들이 특약을 체결할 필요가 없게 되어 거래비용이 감소한다는 점을 자본유지원칙의 효용으로 생각할 수도 있다.[31] 그런데 거래비용절감의 효과가 있기 위해서는 자본유지제도가 채권자들의 특약조항과 내용이 동일하여야 할 것이나, 미국의 특약조항들은 신용공여시 이후의 순익을 기준으로 한다는 점에서 자본유지제도의 규율과는 차이가 있다. 이러한 점을 고려해 볼 때 거래비용절감 효과가 있는지는 명확하지 않다

게다가 자본유지원칙은 잉여자금의 주주에 대한 반환이 효율적인 경우에까지 이를 금지함으로 인한 불경제가 존재한다. 지급불능위험이 없는 회사에서 더 이상 효율적 투자기회가 없다면 주주에게 회사 자산을 반환하여 이들이 다른 투자기회를 선택하도록 하는 것이 채권자의 이익을 해치지 않으면서도 주주의 이익에 부합하는 최선의 방책이다.[32] 그러나 자본유지원칙으로 인하여 이러한 거래가 제한된다. 우리나라와 같이 자본준비금과 이익준비금의 적립을 한도 없이 강제하는 법제 하에서는 그 제약으로 인한 비용이 더욱 클 것이다. 물론 주주에 대한 잉여자금의 반환은 자본감소를 통해서 할 수 있다는 반론도 가능하지만, 자본감소는 복잡한 절차와 상당한 시간이 소요되므로 이러한 비용도 무시할 수 없다. 잉여자금 반환에 대한 유연성 결여는 주식에 의한 자금조달에서 고려되어 비용상승으로 귀결될 것이고, 경제가 성숙단계에 접어들수록 이 필요성은 더 커질 것이다

(3) 개정방안

1) 개정안

· 제1안 : 강행법에 의한 자산유출제한제도를 폐지하고 시장 메커니즘과 회사와 채권자와의 계약에 맡기는 방안

· 제2안 : 강행법에 의한 자산유출제한제도를 유지하지만, 자본금이 아닌 다른 기준에 입각하여 제한하는 방안

우선 제한의 범위는 이익배당, 주식의 상환, 주식의 소각, 자기주식의 유상취득 등 주주에게로의 자산유출이라는 동일한 경제적 실질을 가지는 행위를 '분배' 개념으로 일괄하여 규율.

31 John Armour, Share Capital and Creditor Protection : Efficient Rules for a Modern Company Law, The Modern Law Review, Vol.63 (May 2000), 368면.

32 특히 순자산가치에 비해 기업의 주가가 저평가 되어 있을 경우 이는 자본의 조달을 통한 기업경영이 투하자본의 본래 가치를 유지하지 못한다는 점에서 비효율적으로 자본이 활용되고 있음을 시사한다고도 볼 수 있다.

제한의 기준은 다음을 고려할 수 있다.

①1안—지급불능만을 기준으로 하는 것.

②2안—지급불능과 채무초과기준을 병용하는 방안.

③3안—지급불능과 채무초과 기준 외에 순자산 중에 일정액을 채권자를 위한 쿠션으로서 공제한 액에서 분배 가능하도록 하는 방안.

④4안—지급불능과 채무초과 기준 외에 여타 사후적 구제수단을 강화하는 방안.

· 제3안 : 자본 개념은 유지하면서 현재보다 잉여자금의 반환에 대한 제한을 완화하는 방안.

2) 검토

이 중 제2안이 바람직한 것으로 판단된다. 제1안은 첫째, 시장메커니즘의 효율성에 대한 의문이 존재하고, 둘째, 비자발적 채권자나 계약채권자 중에서도 협상력이 약한 채권자 보호가 미비하고, 셋째, 아직까지 어떠한 입법례에서도 강행법적 사전적 자산유출제한을 포기한 예가 없다는 비판이 가능하다. 제3안은 자본금이라는 회사가 일방적으로 정하는 과거의 수치에 의하여 회사에 유보하여 할 자산액을 정하는 것은 회사의 재무상황을 반영하지 못한다는 점에서 합리성을 결여하고 있다. 게다가 실제로 채권자가 회사에 신용 공여 여부를 결정할 때 자본은 거의 고려요소가 되고 있지 못하다는 실증연구들도 이러한 점을 뒷받침한다.[33]

회사의 자금조달에서 자기자본조달의 중요성이 증가하고 있다는 점, 채권자 구제 메커니즘이 자본유지제도가 입법되었던 당시에는 존재하지 않았거나 그 이후 훨씬 더 발전했다는 점을 감안한다면 자본유지제도는 완화해야 하는 것이 올바른 방향일 것이다. 따라서 제2안의 방향이 타당하다.

문제는 어느 정도의 완화가 적절할 것인가인데 이중 ④가 바람직한 것으로 보인다. ①은 실제적으로는 분배에 대한 제한을 하지 않는 것과 거의 마찬가지가 될 것으로 보인다는 점, ③은 일률적인 액수의 쿠션을 모든 회사에 강행법으로 강제하는 제한은 항상 과도규제와 과소규제의 문제점을 가지고 있다는 점, ②는 우리나라의 사후적 구제수단이 미국의 사기적 양도법과 비교하여 한계가 있다는 점을 감안한다면 우리나라의 현행 채권자 보호 시스템 하에서는 오히려 미국의 모범회사법의 경우에서보다 채권자 보호가 후퇴하는 결과가 될 것이

33 J. F. S. Day, The Use of Annual Reports by UK Investment Analysts, 16 Accounting & Business Research (1986), 295면 〔(Armour, Share Capital and Creditor Protection : Efficient Rules for a Modern Company Law, The Modern Law Review Vol.63 (May 2000), 371면에서 재인용〕.

다. 또한 아직까지는 과도한 배당이 문제된 경우는 많지 않았지만, 주주에 대한 자산유출은 명시적 이익배당 이외의 형태로 이루어질 수 있고 이러한 위험성은 지배주주가 존재하는 경우 및 그룹 구조에서 더 크다는 점을 고려한다면 무조건적인 채권자 보호의 후퇴는 바람직한 방향이 아닌 것으로 보인다.

법무부 개정작업에서는 제2안의 방향이 이론적으로 장점이 있지만, 현 단계에서는 자본 개념을 유지하면서 잉여자금 반환에 대한 제한을 완화하는 제3안을 채택하였다. 이에 따라 상법 개정안에서는 목적 제한 없이 자기주식취득을 인정하였고,[34] 준비금을 배당재원으로 사용할 수 있도록 하였으며,[35] 자본감소규제를 완화하였다.[36]

(4) 입법례[37]

주주에 대한 자산유출제한규제의 전모는 이익배당 등의 제한기준뿐 아니라, 자기주식취득, 주식의 상환 · 소각, 준비금의 사용, 자본감소규제 등의 제도도 아울러 고찰하여야 파악될 수 있다. 자기주식취득 등은 각각 이 책의 다른 장에서 자세하게 설명하고 있으므로 이 장에서는 이익배당 등의 제한기준에 대해서만 입법례를 고찰하기로 한다.

1) 미국

미국에서도 전통적으로는 액면주식제도를 기초로 한 자본 개념에 입각하여 잉여금기준 또는 이익잉여금기준에 따라 배당을 제한하였으나, 점차 자본유지원칙에 의한 채권자 보호가 형해화함에 따라 1975년에 개정되어 1977년부터 시행된 캘리포니아 주 회사법 및 1980년 모범회사법의 개정을 시발로 자본 개념이 아니라 다른 기준에 의한 자산유출제한이 모색되기에 이르렀다.

가) 델라웨어 주 방식

델라웨어 주는 전통적인 자본 개념에 입각하여 자본유지를 원칙으로 하지만 각종 예외를 인정하고 완화된 해석을 함으로써 잉여자금 반환에 실제로는 거의 제한이 없는 것과 마찬가지이다. 델라웨어 주와 뉴욕 주는 잉여금기준(순자산에서 자본금을 공제한 액수)에 의해 배당 등

34 이 책 제2부 제10장 I. 참조.

35 위와 같음.

36 이 장의 IV. 참조.

37 자산유출제한의 입법례에 대해서는 윤영신, "법정자본제도 입법례와 자본 개념 폐지 입법례에 대한 비교법적 연구," 비교사법 13권 3호(2006. 9).

을 제한하지만, 당기이익배당(nimble dividend)을 허용하고 있다.[38] 또한 델라웨어 주에서는 잉여금이 없어도 자산이 회사의 부채를 지급하기에 충분하다는 것이라는 조건만 충족시키면 이사회 결의로 자본을 환급하여 자기주식취득이나 상환 등을 할 수 있도록 함으로써 배당규제가 무의미하게 되는 경우가 있었다(Del. Gen. Corp. Law §160).[39]

나) 매사추세츠 주 방식

매사추세츠 주에서는 영업의 통상적인 과정에서 지급기일이 도래한 부채에 대해 변제를 할 수 없거나 주주에 대한 분배를 함으로써 위와 같은 지급불능상태가 되는 경우에는 분배를 금지하는 지급불능(equitable insolvency)기준만으로 이익배당 등을 제한한다.

다) 캘리포니아 주 방식

캘리포니아 주 회사법은 기존의 법정자본제도의 틀을 깬 최초의 입법이다. 우선 주주에 대한 회사의 자산유출이라는 점에서 유사한 성격을 가지는 이익배당, 자기주식의 취득과 주식의 상환 등을 모두 '분배(distribution)'라는 개념으로 묶어서 단일한 기준으로 규제하였다.[40]

주주에 대한 분배는 자본 개념에 기초한 기준이 아니라 다음 두 가지 기준에 의해 규율한다. ① 분배의 결과 현금흐름표상 지급불능, 즉 통상의 과정에서 기한이 도래한 채무를 지급할 수 없는 경우가 아니어야 하고(Cal. Corp. Code §501), ② 계획된 분배액 이상의 유보이익이 존재하거나, 유보이익이 부족한 경우에도 일정한 재무비율을 충족시키면 분배를 할 수 있는데, 충족시켜야 할 재무비율은 자산 총액이 부채 총액의 1.25배 이상이고 유동자산이 유동부채 이상일 것이다.[41]

라) 개정모범회사법(RMBCA)

RMBCA도 자본 개념을 폐지하였다. 분배제한기준은 지급불능기준과 채무초과기준 양자를 병용하고 있다. 즉, ① 분배실행결과 지급불능, 즉 통상의 영업과정에서 기한이 도래한 채무를 지급할 수 없거나〔RMBCA §6.40(c)(1)〕, ② 분배 후의 회사 자산 총액이 부채 총액 및 분배를 받게 될 주주보다 청산시 잔여재산분배우선권을 가지는 주주에 대하여 지급되어야 할 우선분

38 이 제도는 적자가 누적되어 잉여금기준에 의하면 배당을 할 수 없는 회사에서 이익배당을 가능하게 함으로써 주식인수의 인센티브를 증가시키기 위한 것이다.

39 1998년 개정 전 뉴욕 주 회사법은 자기주식취득은 원칙적으로 잉여금에서 이루어져야 하지만(개정 전 N. Y. Bus. Corp. Law §513), 자본환급이 허용되는 4가지 예외를 규정하고 있었다(단주의 취득, 회사의 채권의 추심 또는 화해, 주주의 주식매수청구에 기한 매수, 상환주식의 상환)〔개정 전 N. Y. Bus. Corp. Law §513(b), (c)〕. 그러나 1998년 개정법은 이 조항을 삭제하고 자본으로부터의 자기주식취득을 금지하였다.

40 분배란 "주식배당을 제외한 배당이나 또는 그 이외의 방법으로 회사가 주주에게 대가 없이 현금 또는 재산의 이전 또는 현금이나 재산으로 자사의 주식을 취득하거나 상환하는 것을 의미한다. 자회사에 의한 이러한 이전, 취득 또는 상환"을 포함한다(Cal. Corp. Code §166).

41 다만, 최근 2회계연도의 이자비용 지급전의 세전이익 평균이 2회계연도의 평균 이자비용에 미달하는 경우에는 유동자산이 유동부채의 1.25배 이상이어야 한다〔Cal. Corp. Code §500(a), (b)〕.

배액의 합계액 미만인 경우에는 분배가 금지된다[RMBCA §6.40(c)(2)]. 2004년 말 현재 37개의 주가 RMBCA와 유사한 규제를 하고 있다.[42]

2) 일본

2005년도 회사법에서는 주주에 대한 금전 등의 분배(현행의 이익배당, 중간배당, 자본 및 준비금의 감소에 의한 지급) 및 자기주식의 유상취득을 '잉여금의 분배'로서 정리하여 통일적 재원규제를 하였다(회사법 461조, 166조 1항 단서, 170조 5항).[43]

분배가능액은 기본적으로 대차대조표상 순자산액으로부터 자본금과 준비금의 액을 차감한 액수인 잉여금을 기초로 하여 결산일 후의 잉여금의 변동을 고려하기 위한 항목을 가감하고, 자기주식과 같이 자본의 부에 공제항목이 되는 것과 금융자산의 평가익 등 순자산에서 배당재원이 될 수 없는 항목들을 고려한 가감을 하여 정한다.[44] 기본적으로 개정 전 상법상의 이익잉여금에서만 분배를 할 수 있도록 하는 기준과 실질에서는 차이가 없다. 다만 적립되어야 할 준비금의 액수에 대한 규제를 완화하고, 자본금 및 준비금을 감소하여 분배의 재원으로 사용하는 것을 더욱 쉽게 하고 자본감소절차를 완화함으로써 회사의 재무상의 유연성을 확장시켰다. 다만, 자본금의 액에도 불구하고 순자산액이 300만 엔 미만인 경우에는 잉여금이 있어

42 Barbara Black, Corporate Dividends and Stock Repurchases, available at the Westlaw : CORPDIVSR directory(Current through the December 2004 Update), §1 : 3 n. 3.

43 i) 합병, 분할 및 영업전부의 양수에 의해 상대방이 가지는 자기의 주식을 취득하는 경우, ii) 합병, 분할, 주식교환, 주식이전, 영업양도 및 영업양수의 경우 반대주주의 매수청구에 따라서 매수하는 경우, iii) 단원미만주주의 매수청구에 따라 매수하는 경우에는 재원규제가 적용되지 않는다. ii) 및 iii) 이 외의 매수청구에 따라 자기주식을 매수하는 경우에 지급금액이 잉여금분배가능액을 넘는 때에는 그 초과액을 변제책임(과실책임)을 i) 지급을 행한 이사, 집행임원, ii) 매수청구를 발생시킨 행위를 한 이사, 집행임원, iii) 이러한 행위를 할 것에 동의한 이사(이러한 행위를 하는 것에 관해 이사회결의를 한 경우에는 당해 결의에 찬성한 이사)에게 부담시킨다.

44 잉여금이란 다음의 i), ii), iii) iv)를 가산하고 v), vi, vii)을 감산한 합계액이다. i) 최종사업연도 말일에 있어서 자산의 액과 자기주식의 장부가액의 합계액에서 부채의 액, 자본금 및 준비금의 합계액 및 법무성령에서 정한 각 계정과목에 계상한 액의 합계액(회사계산규칙 177조), ii) 최종사업연도의 말일 후에 자기주식을 처분한 경우에 자기주식의 대가액으로부터 자기주식의 장부가액을 공제하여 얻은 액수, iii) 최종사업연도 말일 후에 자본금의 액을 감소시킨 경우에 감소액(준비금 전입액을 제외한다), iv) 최종사업연도 말일 후에 준비금의 액을 감소시킨 경우에 그 감소액(자본금 전입액을 제외한다), v) 최종사업연도 말일 후에 자기주식을 소각한 경우 자기주식의 장부가액, vi) 최종사업연도 말일 후에 잉여금의 배당을 한 경우에 그 합계액, vii) 법무성령에서 정한 각 계정과목에 계상한 액의 합계액(회사계산규칙 178조). 여기서 분배가능액은 위의 잉여금 액에 i) 임시결산을 행한 경우에 당기 중의 이익의 액으로서 법무성령에서 정한 각 계정과목에 계상한 액의 합계액을 증액하고 여기서 ii) 자기주식의 장부가액, iii) 최종사업연도 말일 후 자기주식 처분의 대가액, iv) 임시결산을 행한 경우에 당기중의 손실의 액으로서 법무성령에서 정한 계정과목에 계상된 액의 합계액, v) 기타 법무성령에서 정한 각 계정과목에 계상된 액의 합계액을 감액한 액수이다(461조 2항).

도 이것을 주주에게 분배할 수 없도록 하는 제한을 신설하였다(회사법 458조).

3) EU

EU 제2지침에서는 첫째, 자산이 부채와 자본금의 합계액을 초과하는 잉여금이 있는 경우에만 배당을 할 수 있도록 하면서, 회원국이 자본금 외에도 적립금을 규정하여 제한을 강화할 수 있는 여지를 인정하고 있고, 둘째, 배당은 최근회계연도 말의 이익과 이연이익(any profit brought forward) 및 배당목적으로 적립금에서 전입된(sums drawn from reserves) 액수의 합계액에서 이연손실(any losses brought forward)과 법령에 의해 적립되어야 할 액수를 공제한 액수를 초과할 수 없도록 하고 있다(제2지침 15조 1항). 즉, 대체적으로 누적순익에서만 분배를 할 수 있도록 한 것이다. 양 기준이 중첩적으로 적용된 결과 자본잉여금은 자산이 부채와 자본금 합계액을 초과하는 경우에도 배당을 할 수 없게 된다.

High Level Group은 제2지침의 부분적 개선제안에서 자본유지제도는 큰 변경 없이 그대로 유지하도록 하고 있다. 다만 자기주식취득에 대해서는 현재 제2지침에서 자본금의 10%를 한도로 하는 것과 같은 자의적 기준이 아니라, SLIM 작업단의 제안대로 분배가능이익의 범위 내에서 자기주식취득을 허용할 것을 제안하였고, 이에 따라 공동체위원회는 개정안을 제출한 상태이다.

장기적 대안 모색으로는 현재의 자본 개념에 기한 자산유출제한은 회사의 지급불능 여부와 관련이 없어 효과적인 채권자 보호수단이 될 수 없다고 비판하면서, 새로운 기준으로서 ① 분배 이후 일정한 기간 (예를 들어 12개월) 안에 지급기일이 도래하는 부채에 대하여 지급을 할 수 있는 충분한 유동자산이 있고, ② 대차대조표상 순자산이 존재할 것의 두 가지 요건을 제시하였다. 이러한 기준은 배당뿐 아니라 자기주식취득, 자본감소(주주에게 반환할 수 없는 자본이라는 개념을 유지하는 경우에는)에도 동일하게 적용되어야 한다고 한다.[45]

4) 영국

영국 1985년 회사법은 공개회사와 사회사에 대해 별도의 규율을 하고 있다. 일단 공개회사와 사회사 모두 대체로 누적 순익이 있는 경우에만 분배를 할 수 있도록 하고 있다. 여기서 분배가능이익은 누적실현이익(분배나 자본전입으로 사용되지 않은 한)에서 누적실현손실(자본의 감소나 자본재편성에 의해 전보되지 않은 이상)을 공제한 액수이다〔CA 1985 s 263(3)〕. 공개회사에서

45 High Level Group 보고서 Ⅳ. 4.

는 여기에 더하여 EU 제2지침에 따라 순자산이 자본과 법령에 의해 분배가 금지되는 적립금(reserve)[46]의 액수를 초과하는 범위 내에서만 분배할 수 있다는 규정(Ca 1985 s 264)의 적용을 받는다.

5) 독일

우리나라의 배당규제는 독일과 그 기본적 구조가 동일하다. 다만, 독일에서는 우리의 이익준비금에 해당하는 법정준비금(gesetzliche Rücklage)으로서 당기순익에서 이월손실을 공제한 액수의 20분의 1을 법정준비금과 자본준비금의 합계액이 인수자본 10분의 1 또는 정관에서 더 높은 비율을 정한 경우에는 그 비율에 달할 때까지 적립하도록 하고 있다는 점에서(주식법 150조 2항) 차이가 있다. 준비금의 사용은 결손전보 등 주식법 150조 3항과 4항의 규정에 의하여 인정되는 매우 특수한 경우에 한한다. 우리나라는 자본준비금은 적립한도가 없고 이익준비금의 적립한도를 자본금의 2분의 1로 하고 있는 데 반하여, 독일에서는 양자를 합하여 자본의 10분의 1을 적립한도로 하고 있다는 점에서 우리나라보다는 규제가 완화되어 있음을 알 수 있다.

6) 캐나다

캐나다에서는 연방정부 차원의 1975년 Canada Business Corporations Act(CBCA)가 제정된 후, 거의 대부분의 주에서 CBCA에 유사한 회사법이 채택되어 있다.[47] 자산유출에 대한 규율은 각 주마다 차이가 있지만, CBCA는 자본금 개념은 유지하면서도, 이익배당을 이사회의 권한사항으로 하고 이익배당제한기준에서도 지급불능기준과 채무초과기준 양자를 중첩적으로 적용하며, 자기주식취득이나 상환도 이익배당과 동일한 차원에서 규율하는 등의 점에서 RMBCA의 자산유출규제 모델의 영향을 강하게 받았다.

이사회는 ① 회사가 현재 또는 배당을 지급한 후에 지급기일이 된 부채에 대한 변제를 할 수 없거나 ② 회사 자산의 실현 가능한 가액(realizable value)이 부채와 모든 종류 주식의 표시자본(stated capital of all classes)의 합계액 미만이라고 믿을 합리적 근거(reasonalble ground for

46 여기서 분배가 금지되는 적립금으로는 영국에서는 i) 주식납입잉여금, ii) 자본상환적립금(capital redemption reserve), iii) 자본전입되지 않은 누적미실현이익이 적법한 자본감소 또는 자본재편에 의해 전보되지 않은 누적미실현손실을 초과하는 액수, iv) 법령이나 정관에 의해 분배가 금지되어 있는 적립금을 말한다.

47 Bruce L. Welling, Corporate Law in Canada—The Governing Principles, Butterworths Canada Ltd. (2nd ed., 1991), 1-51면.

believing)가 있는 경우에는 배당을 선언하거나 지급할 수 없다(CBCA s 42). CBCA는 무액면주식발행만을 인정하고 있으므로 우리와 같이 자본금 및 주식납입잉여금의 구분은 없지만, 표시자본은 원칙적으로 주식발행대가 전액을 계입하도록〔CBCA s 26(2)〕[48] 함으로써 결과적으로 우리나라의 경우로 대입하면 자본금 및 주식납입잉여금의 합계액을 채권자를 위한 쿠션으로 유보할 것으로 정하고 있다. '합리적 근거' 라고 규정하고 있는 점에서 알 수 있듯이 기준의 충족 여부는 이사의 평가의 문제이고, 미실현이익도 배당할 수 있다. 이러한 점에서 캐나다의 분배제한은 자본제도를 유지하고 있지만 유럽대륙의 법정자본제도보다는 완화된 기준을 채택하고 있다고 볼 수 있다.

7) 뉴질랜드

1993년 회사법은 많은 부분 Canada Business Corporations Act 1985를 모델로 삼았으나 자산유출제한에 관해서는 기본적으로 미국 RMBCA 기준(지급불능+채무초과)을 채택하고 있다〔(회사법 ss 52, 4(1)〕. 분배란 자기주식 교부를 제외하고 주주의 이익을 위하여 주주에게 직접 또는 간접으로 금전 또는 재산을 이전하는 것 또는 주주의 이익을 위하여 채무를 부담하는 것을 의미한다〔회사법 s 2(1)〕.

자산유출제한 기준의 내용면에서는 모범회사법(MBCA)을 모델로 하고 있지만 이에 더하여 절차적 측면에서 기준의 준수를 강화하고 있는 점이 특징이다. 즉, 분배 의안에 찬성한 이사는 위의 기준을 충족시킬 수 있을 것이라는 근거를 기재한 증서에 서명하여야 한다〔회사법 ss 52(3)〕. 지급가능확인서 서명시 지급불능기준 충족 여부에 대한 합리적 근거가 존재하지 않았던 경우에는 이에 서명한 이사는 주주로부터 반환받을 수 없는 액수에 대하여 책임을 져야 한다〔회사법 s 56(2)〕.

2. 자본감소

(1) 현행 제도

자본의 감소에는 주주총회의 특별결의가 필요하고(상법 438조), 이의를 제출한 채권자에 대해서는 변제 또는 상당한 담보를 제공하거나 이를 목적으로 하여 상당한 재산을 신탁회사에

48 일정한 예외의 경우에는 일부만을 계입할 수도 있다〔s 26(3)〕. 그러나 납입대가보다 큰 액수를 계입할 수는 없다〔s 26(4)〕.

신탁하여야 한다(상법 439조, 232조).

(2) 문제점 및 이론적 검토

자본감소규제는 자본유지원칙을 보완하는 기능을 하는 제도이다. 우리나라에서는 자본감소시 1인의 채권자도 변제 또는 담보의 제공을 요구할 수 있는 일종의 거부권을 가지는데, 이는 매우 강력한 보호장치로 보인다. 특히 교섭력이 약한 채권자에게는 이러한 권리가 더욱 의미 있는 것으로 생각될 수도 있다. 그러나 이 제도는 주주에 대한 투자반환이 효율적인 선택인 상황에서 복잡한 절차를 거치도록 함으로써 거래비용을 증가시킨다. 주식이 분산되어 있는 대규모의 회사에서 주주총회는 간단한 문제가 아니다. 게다가 각 채권자의 거부권은 채권자의 기회주의적 행동의 가능성이 있다. 예를 들자면 자본감소에 동의하는 것에 대한 대가를 요구하면서 버티기를 할 수도 있다. 이와 같은 제도 하에서는 잉여자본의 반환은 거래비용의 증가를 가져온다.[49]

(3) 개정방안

1) 개정안

· 제1안 : 현행 유지.

· 제2안 : 결손전보를 위한 자본감소의 경우에는 제한을 완화. 주주총회의 보통결의로 할 수 있도록 하고, 채권자 보호절차를 생략.

2) 검토

제2안이 타당하다. 자본감소제도는 거래비용을 증가시킨다는 점을 고려할 때 자본감소제도의 완화가 필요할 것이다. 결손전보를 위한 자본감소의 경우에는 주주에 대한 자산의 유출이 없으므로 채권자 보호절차를 거치도록 할 필요가 없을 것이다. 명목적 자본감소라도 장래의 채권자를 위한 자산유지의 기준이 인하된다는 점에서 채권자에게 손해가 된다고 볼 수도 있지만, 위에서 살펴본 바와 같이 자본에 실제적인 채권자 보호효과에 한계가 있다는 점을 고려한다면 채권자 보호절차를 생략하여도 무방할 것이다.

49 Enriques & Macey, 앞의 논문, 1198면.

상법 개정안에서는 결손의 보전을 위한 자본금의 감소는 주주총회 보통결의로 할 수 있도록 하였고(상법 개정안 438조 2항) 채권자 보호절차를 생략하였다(상법 개정안 439조 2항 단서).

자본감소에 주주총회의 결의를 요하는 실질적 이유는 주주간에 불공정한 자본감소가 이루어지는 것을 방지하기 위한 것이라고 생각할 수 있을 것이다. 그렇다면 이러한 위험성이 없는 결손전보를 위한 자본감소의 경우에는 주주총회의 결의를 요하지 아니하는 것도 생각해 볼 수 있을 것이다.

(4) 입법례

1) 미국

미국 모범회사법이나 캘리포니아 주법과 같이 자본 개념을 포기한 입법례에서는 자본감소의 문제는 발생할 여지가 없다. 자본 개념을 유지하고 있는 델라웨어 주에서도 자본감소 후 회사 자산이 회사 부채를 변제하기에 부족한 경우가 아니라면 이사회 결의만으로 주식소각(retirement) 등의 방법을 통하여 자본감소를 할 수 있도록 하고 있다(Del. Gen. Corp. Law §244. N.Y. Bus. Corp. Law §516). 실질적 자본감소의 경우에 감소된 자본액은 잉여금으로 전환되고, 잉여금기준에 의하면 제한 없이 분배할 수 있게 되어 자본제도는 의미가 없게 되었다.

2) 일본

2005년 회사법에서는 결손전보를 위한 자본감소는 주주에게 자산의 유출이 없으므로 보통결의에 의하여 할 수 있는 것으로 하였다(447조 1항, 309조 2항 9호). 회사가 신주발행과 동시에 자본을 감소하는 경우에는 자본감소의 효력발생일 후의 자본금액이 그 이전의 자본금액을 하회하지 않는 때에는 이사회 결의에 의하여 자본감소를 할 수 있다(회사법 447조3항).

3) EU

EU 제2지침은 자본감소는 일정 정족수 이상의 주주총회의 승인을 얻도록 하고(제2지침 30조), 원칙적으로 최소한 자본감소결정의 공시일 이전에 권리를 취득한 채권자에게는 적절한 보장이 제공되거나 또는 회사의 자산상태에 비추어 보장을 할 것이 필요하지 않은 이상 담보를 제공받을 권리를 부여하였고, 이러한 권리행사의 조건을 회원국 입법에 맡기고 있다(제2지침 32조). 그러나 손실전보를 위한 자본감소와 감소된 자본금의 10% 이하의 범위 내에서 자본금을 감소하여 준비금으로 전입하는 경우에는 채권자 보호절차를 밟지 않을 수 있도록 하고 있다(제2지침 33조 1항).

High Level Group은 실질적 자본감소의 경우 채권자 보호장치의 내용을 변경할 것을 제안하고 있지는 않다. 다만 채권자의 버티기를 방지하기 위하여 입증책임을 채권자에게 지울 것을 제안하였다. 여기에 더하여 손실전보를 위한 자본감소도 감소 이후에는 종전의 자본금 하에서는 불가능하던 배당을 가능하도록 하기 때문에 채권자를 위한 무언가의 보장을 규정할 것을 제안하였다. 그러나 유럽공동체위원회가 제출한 개정안에서는 채권자에게 입증책임을 지우는 규정을 삽입하였으나, 자산유출을 수반하지 않는 자본감소에 대해서도 채권자 보호를 규정하여야 한다는 제안은 채택하지 않았다.

4) 영국

우리나라보다 더 엄격한 절차를 규정하고 있다. 영국에서는 주주총회의 특별결의에 더하여 법원의 인가를 받도록 하고 있고(CA 1985 s 135), 주주에게 자산유출이 수반되는 자본감소에 대해서는 채권자에 대한 지급이 보장되지 않는 이상 채권자가 법원에 이의를 신청할 수 있는 복잡한 채권자 보호절차를 규정하고 있다(CA 1985 s 136). 그러나 법원의 재량으로써 채권자 보호절차를 생략할 수 있도록 하고 있는데〔CA 1985 s 136(6)〕, 실무에서는 법원이 은행의 보증서를 받고 이 조항에 따라 채권자 보호절차를 생략하는 것이 관행이라고 한다. 실무상 회사의 재무상태가 아무리 건실한 경우에도 법원은 은행의 보증서를 요구하고 있다고 한다.

현재 진행되고 있는 회사법 개정작업에서 제2지침의 제약을 받지 않는 폐쇄회사에서는 자본감소의 경우 법원의 승인요건을 폐지하고 주주총회의 특별결의와 이사의 지급가능확인을 요건으로 하는 간이한 자본감소절차를 도입하여 법원의 승인에 의한 자본감소와 함께 양 제도를 선택적으로 인정하기로 하였다.[50]

5) 독일

독일에서는 세 가지 형태의 자본감소가 존재한다. 통상적인 자본감소는 의결권의 4분의 3 이상의 찬성에 의한 주주총회 승인과 채권자 보호절차가 필요하고(주식법 222조~228조), 자본결손을 전보하기 위한 자본감소는 채권자 보호절차나 다른 형식이 필요하지 않다(주식법 229조~236조).

50 Department of Trade and Industry, Company Law Reform , Cm 6456 (2005. 3), 40면.

V. 준비금

1. 현행 제도

현행 상법상 준비금제도는 자본 개념을 전제로 한다. 다시 말해서, 준비금은 배당가능이익의 산출에 있어 공제항목으로 되면서(462조 1항 2호, 3호), 회사 재산의 사외유출을 억제하는 작용을 한다. 특히 준비금은 자본결손의 보전에 충당하거나(460조 1항), 자본전입 또는 무상증자(461조) 등의 경우 이외에는 처분할 수 없도록 되어 있다. 이렇게 사외유출을 억제하는 것은 장래 경기의 침체, 영업성적의 부진 또는 불시의 재난 등에 대비하고 또한 사업의 장기적인 계획을 꾀할 수 있게 한다고 설명하는 것이 일반적이지만, 이러한 고려는 사실 경영자에게 맡길 일이지 법에서 일률적으로 강제할 성격이 못 된다. 따라서 현행 준비금제도는 궁극적으로 유한책임원칙 하에서 채권자의 보호를 위해 요청되는 자본유지의 원칙을 실천하기 위한 것이라고 이해하는 것이 타당하다.

현행법상 준비금을 이해하기 위해서는, 준비금은 어디까지나 회계상의 수치에 불과하므로 회사에 준비금으로 유보되는 재산이 특정되는 것도 아니고, 별도로 예치되는 것도 아님을 주의하여야 한다. 다시 말해서, 준비금은 자본과 함께 주주에 대한 배당을 억제하는 역할을 하는 개념에 지나지 않고, 그 금액이 실제로 '준비' 되는 것은 아니라는 것이다. 현행법상 준비금은 이익준비금과 자본준비금으로 구분되는데, 회계학적으로는 이러한 용어를 사용하지 않기 때문에 실제로는 개념의 혼선이 초래되고 있다. 일반적으로 이익을 재원으로 하는 이익준비금은 회계상 이익잉여금의 한 항목이 되며, 자본거래를 재원으로 하는 자본준비금은 그 항목이 회계상 자본잉여금과 일정 부분 일치하는 부분도 있으나 반드시 그러한 것은 아니라고 이해하는 정도로 넘어가면 될 것이다.

2. 문제점 및 이론적 검토

이러한 준비금제도는 자본충실을 기하기 위하여 불가결한 것으로 인식되는 경우가 많으나, 그 운영의 경직성으로 인하여 많은 문제를 초래하고 있다. 첫째로, 과연 준비금이 채권자에게 어떠한 내용의 정보를 제공하고 있는지가 의문이다. 실제로 자본이나 준비금의 개념은 지극히 형식적으로 정해지고 실제로 회사의 자금상황을 나타내지 않기 때문에, 주요 채권기관인 금융기관들이 기업에 자금을 내여할 때에도 그 기업의 자본이나 준비금의 적립상황에 크게 의존하지 않는 실정이다. 따라서 준비금제도를 포함하여 과연 형식적인 의미의 자본제도를 그대로 유지할 필요가 있는지에 대하여 근본적인 의문이 있다.

둘째로, 준비금이 실제로 과다하게 적립되고 있어, 회사의 자금 운용이나 주주에 대한 자금의 반환에 많은 걸림돌로 작용하기도 한다. 먼저 이익준비금의 적립한도인 자본의 2분의 1은 주요 선진국과 비교하여 대단히 높은 수준으로 설정되어 있다. 물론 이것은 상한선을 정한 것이기 때문에 실제로는 별 문제가 없을 수 있다. 현실적으로 더 큰 문제는 자본준비금의 적립 규모이다. 제도적으로 강제되고 있지는 않지만, 현재 신주발행에 있어 시가발행이 상당히 보편화됨에 따라 주식발행 초과금이 전액 자본준비금으로 적립되고 있다. 자본준비금은 한도가 없이 그 성격이 자본준비금인 이상 계속 적립하여야 하므로 이렇게 시가발행이 유지되는 이상 자본준비금이 과도하게 적립될 수밖에 없는 실정이다. 그 결과 2003년 말 증권거래소 상장법인 616개사의 자본이 54조 7,962억 원임에 비하여 자본준비금이 81조 9,336억 원, 이익준비금이 6,679억 원으로 집계되어 자본준비금의 과다적립이 심각한 문제로 부각되고 있다.

셋째로, 준비금의 용도를 결손보전과 자본전입에 한정하고 있어 매우 경직되게 운영되고 있다. 특히 자기주식의 취득이나 배당과 같은 주주에 대한 분배의 재원으로 활용될 수 없고, 우회적으로 자본전입 후 감자절차를 통하지 않고서는 적립된 준비금을 줄일 수 있는 방법도 없다는 문제가 있다. 물론 이러한 경직성이 사실 준비금의 제도적 의의라고 역설적으로 이해할 수도 있다. 자본준비금은 출자의 성격을 가지므로 배당의 재원으로 적절하지 않으며, 이익준비금 역시 본래는 배당이 가능한 자금의 일부를 채권자의 보호를 위하여 강제로 회사에 적립시키는 것이기 때문이다. 그러나 자원의 효율적 배분이라는 관점에서 본다면, 설사 주주가 출자한 재원이라고 하더라도, 그것이 회사 내부에서 투자기회를 가지지 못한다면 주주에게 배분하여 주주로 하여금 보다 수익률이 높은 투자기회를 찾도록 하는 것이 더 효율적일 수 있다.

결국 회사 재산의 배분을 제한함으로써 회사의 자본충실을 기한다는 이러한 준비금제도의 효용은 최근 급격히 상실되고 있으며, 실제로 채권자들은 회사로부터의 담보제공이나 대출계약상의 재무제한특약, 신용평가기관의 평가나 기타 주력사업의 시장전망 등 다른 수단에 의하여 스스로의 이익을 보호하고 있다. 따라서 이러한 상황에서 현재의 준비금제도를 그대로 운영할 것인지 생각해 볼 필요가 있다.

3. 개정방안

· 제1안 : 준비금제도를 폐지하여 자본금과 잉여금만으로 자기자본을 구성하는 방안.

· 제2안 : 자본준비금과 이익준비금의 개념을 통합하여 단순히 준비금으로 운영하면서, 준비금의 감소절차를 통하여 주주에게 반환할 수 있도록 하는 방안.

· 제3안 : 현행 자본준비금과 이익준비금의 개념은 그대로 유지하면서 사용의 우선순위 등을 폐지하는 등의 최소한의 개정만을 하고, 준비금의 감소절차를 통하여 주주에

게 반환할 수 있도록 하는 방안.

· 법무부 개정안 : 제3안 채택.

근본적으로 회사법에서 자본 개념의 역할이 축소되고 있음을 인식하여, 준비금의 역할을 축소하거나 보다 자유롭게 운용하도록 하는 방안을 생각하는 것이 필요하다. 현실적으로 준비금의 의의가 크게 감소하였음을 생각하면, 제1안과 같이 아예 준비금의 개념 자체를 없애고 단순히 자본과 잉여금이라는 방식으로 주주지분을 구분하는 방법도 생각해 볼 수 있으나, 이러한 변화가 너무 급진적으로 보일 수도 있다. 따라서 보다 점진적으로 준비금제도를 보다 자유롭게 운용할 수 있도록 다음과 같이 개정할 필요가 있을 것으로 보인다.

첫째로, 대부분의 입법례에서 법정준비금의 적립한도를 폐지 또는 축소하고 있음을 고려하여, 법정준비금의 적립한도를 축소 내지 폐지하는 것이다. 예를 들어, 일본은 종래 자본의 4분의 1의 적립한도에서 최근 신회사법에서는 이를 법무성령으로 위임함으로써 적립한도를 보다 유연하게 운영할 수 있도록 하고 있고, 심지어 독일에서도 자본준비금과 법정준비금의 합계액이 자본의 10분의 1을 한도로 하여 적립하고 있으며, 나아가 이 적립한도를 정관으로 수정할 수 있는 여지를 부여하고 있다. 법무부 최종안에서는 적립금액이나 그 한도에 대해서는 현행 제도를 그대로 유지하는 것을 채택하였다.

둘째로, 이익준비금의 적립의무를 폐지하거나 또는 최소한 결손보전에 있어 이익준비금을 자본준비금보다 먼저 사용하여야 한다는 상법 460조 2항을 폐지하여야 할 것이다. 따로 자본준비금과 분리하여 이익준비금을 적립하는 경우는 독일을 제외하면 입법례가 없으며, 이익준비금을 자본준비금보다 우선하여 사용하여야 한다는 제한을 두는 입법례는 더구나 매우 찾기가 힘들다. 결국 자본잉여금과 이익잉여금은 그 자금이 누구로부터 왔는가의 차이만 있을 뿐이며, 적립된 이후에는 실질적으로 아무런 차이가 없음에도 불구하고 서로 사용에 있어 차등을 두는 것은 합리적인 근거가 없다고 하겠다. 이번 법무부 최종안에서도 종전의 460조 2항은 폐지되는 것으로 하였다.

셋째로, 준비금의 감소절차를 마련하여야 한다. 영국 또는 일본의 예를 보면 주주총회 특별결의 또는 보통결의로 준비금을 감소시킬 수 있도록 하고 있다. 준비금의 감소절차를 마련한다는 것은 결국 이를 잉여금으로 전환시켜 주주에 대한 분배재원으로 활용할 수 있다는 것을 의미하므로, 논리적으로는 준비금 전부를 우회적으로 주주의 의사결정에 의하여 배당에 활용할 수도 있다. 따라서 준비금의 본래의 취지를 계속 유지하고자 하는 경우에는, 일본의 2001년 입법례에 따라 준비금의 감소절차에 의하여 감소할 수 있는 한도를 두는 것도 고려할 수 있다. 이 경우 준비금제도가 채권자 보호에 그 취지가 있음을 고려하면, 역시 준비금의 감소에 있어서도 채권자 보호절차가 준용되어야 할 것이다. 법무부 상법개정안에서는 461조의2를 신설하여 법정준비금을 주주총회의 결의로 감액할 수 있도록 하고 있으나, 채권자 보호절차에 대해서는 특별한 규정을 두고 있지 않다.

4. 입법례

(1) 미국

미국에서는 각 주의 회사법에서 회사 재산의 반환에 대하여 크게 두 가지 방법을 채용하고 있다. 먼저 하나는 법정자본제도를 그대로 유지하는 경우이다. 예를 들어, 자본을 액면 총액 또는 이사회가 자본으로 할 것으로 정한 금액(stated capital)으로 하는 경우에는 액면초과분이나 이사회가 정한 금액을 초과하는 납입액은 자본잉여금(capital surplus)으로 되고, 회사의 사업활동에 의하여 발생한 수익 가운데 아직 배당되지 않은 것은 이익잉여금(earned surplus) 또는 유보이익(retained surplus)으로 분류된다(델라웨어회사법 154조, 뉴욕회사법 506조 참조). 그러나 이 경우에도 우리나라와 같은 이익준비금 개념은 존재하지 않는다. 다른 방법으로는 아예 액면주식제도와 법정자본제도를 폐지하는 경우도 있다. 캘리포니아회사법 및 RMBCA 등이 그 좋은 예이다.

이처럼 회사 재산의 반환을 어떻게 규정할 것인지에 대해서는 입장이 서로 나뉘지만, 최소한 우리나라와 같은 준비금제도에 의하여 그 반환을 규제하는 경우는 없다고 보면 된다. 먼저 자본제도를 유지하는 경우를 보면, 원칙적으로 자본잉여금과 이익잉여금은 모두 배당의 재원으로 활용할 수 있기 때문에 우리나라에서 말하는 준비금의 개념과는 다소 차이가 있다. 다시 말해서, 자본잉여금과 이익잉여금의 구분은 그 재원이 어디인가에 따른 구분에 불과하고 그것을 주주에게 반환할 수 있는지에 대해서는 아무런 내용을 담고 있지 않다. 일반적으로 배당규제는 지급불능기준과 대차대조표기준을 가지고 이루어지는데, 각각의 경우 잉여금은 대부분 배당이 가능하다.[51] 이와 달리 소수의 주에는 이익잉여금에 의한 배당만을 허용하는 경우도 있으나 (따라서 이 경우에는 자본잉여금은 우리나라와 같이 자본준비금으로서의 성격을 가짐), 이 경우에도 정관의 규정이나 주주총회 보통결의를 통하여 자본잉여금의 배당도 허용하는 것이 일반적이다.

캘리포니아 회사법 및 RMBCA 등과 같이 자본제도를 유지하지 않는 경우에는 대차대조표

51 지급불능기준(insolvency test)의 경우에는 기한이 도래한 채무를 지불하지 못하는 경우에만 배당을 제한하므로, 그 재원이 잉여금인지—심지어는 자본인지—여부는 문제되지 않는다. 그리고 대차대조표기준(balance sheet test)의 경우에도 자산이 부채와 자본을 합산하는 금액을 초과하는 한도에서 배당이 허용되므로, 결과적으로 자본을 제외한 잉여금은 자본잉여금까지도 모두 배당할 수 있는 것으로 된다.

기준을 사용할 수 없고, 오직 지급불능기준만을 사용한다. 그러나 일정한 자기자본쿠션을 유지하기 위해서, 분배가능이익의 한도를 회사의 부채금액을 기준으로 하여 그 1.25배 또는 1.5배라는 방식으로 정하고 있는 것이 보통이다. 그 결과 주주가 납입한 금액이나 회사가 유보이익으로 보유하는 금액 모두 분배에 활용할 수 있다는 점에서는 차이가 없으며, 따라서 우리나라와 같은 의미에서의 준비금제도는 존재하지 않는 것으로 보면 된다.

(2) 일본

일본은 과거 우리나라와 동일한 규정을 상법에 두고 있었으나 2001년 상법 개정을 통하여 준비금제도를 보다 신축적으로 운용하는 방향으로 제도를 개혁한 바 있으며, 이러한 내용은 거의 그대로 신회사법에 반영되었고, 나아가 좀 더 자유롭게 운영될 수 있도록 다소의 개정이 있었다. 이하에서는 신회사법의 규정을 중심으로 살펴보기로 한다.

먼저 신회사법에서는 자본준비금과 이익준비금의 구별을 폐지하고 있다(445조 4항 참조). 그 적립액은 신주발행에 있어 자본금으로 계상되지 않는 부분과, 이익준비금과 자본준비금을 합하여 당기 이익처분의 10분의 1로 규정하고 있다.[52] 적립한도에 있어서 2001년 이전의 상법에서는, 주식회사는 자본의 4분의 1에 달할 때까지 이익처분으로 지출하는 금액의 10분의 1 이상을 '이익준비금'으로 적립하도록 하고 있었으나, 2001년 상법 개정으로 이익준비금과 자본준비금의 적립금액이 자본의 4분의 1 이상이면 충분한 것으로 개정되었다. 그러나 자본금 자체가 감소할 수 있을 뿐만 아니라, 회사가 정할 수 있는 금액이 된 마당에, 이러한 금액을 기준으로 하여 적립한도를 정하는 것이 무슨 의미가 있는지에 관한 의문이 있다. 이에 따라 개정 회사법에서는 이 부분을 법무성령으로 위임하고 있다.

일본 회사법에서 준비금과 관련하여 가장 중요한 특색은 적립된 준비금을 쉽게 감소시킬 수 있는 절차를 마련하고 있다는 점이다. 다시 말해서, 2001년 상법 개정에서는 주주총회 보통결의를 통하여 자본준비금 및 이익준비금의 합계액이 자본의 4분의 1에 상당하는 금액을 초과한 금액에 대해서는 자본준비금 또는 이익준비금을 감소할 수 있도록 하고 있으며, 이 규정은 자

52 회사법 445조 (자본금의 가액 및 준비금의 가액) ① 주식회사의 자본금의 액은 법률에 정함이 있는 경우를 제외하고 설립 또는 주식의 발행의 때에 주주가 되는 자가 당해 주식회사에 대하여 지불 또는 급부한 재산의 가액을 말한다. ② 전항의 지불 또는 급부한 가액의 2분의 1을 초과하지 않는 금액은 자본금으로 계상하지 않는 것이 가능하다. ③ 전항의 규정에 따라 자본금으로 계상하지 않는 가액은 자본준비금으로 계상하여야 한다. ④ 잉여금을 배당하는 경우 주식회사는 법무성령에서 정하는 바에 따라, 당해 잉여금의 배당으로 감소되는 잉여금의 액에 10분의 1을 곱하여 얻은 금액을 자본준비금 또는 이익준비금(이하 '준비금'으로 통칭한다)으로 계상하여야 한다. ⑤ 합병, 흡수분할, 신설분할, 주식교환, 주식이전의 경우 자본금 또는 준비금으로 계상할 수 있는 가액에 대해서는 법무성령으로 정한다.

본의 4분의 1이라는 부분만 제외하고 그대로 회사법에 반영되어 있다.[53] 물론 채권자의 입장에서 보면 준비금의 감소는 자본금의 감소와 동일하므로, 위와 같은 준비금의 감소결의를 한 다음에는 바로 채권자 보호절차를 거쳐야 한다. 회사법은 결의일로부터 2주간 이내에 채권자에게 이의가 있으면 일정 기간 내에 이의를 제기할 것을 최고하도록 하고 있다(449조).

이처럼 준비금을 주주들이 보통결의를 통하여 감소시킬 수 있기 때문에 이러한 감소절차를 통하여 준비금을 간접적으로 배당재원으로 활용할 수 있다. 2001년 개정상법은 법정준비금 가운데 자본의 4분의 1을 초과하는 부분에 대해서는 이를 감소시키는 절차를 마련함으로써, 이 부분에 한하여 준비금을 배당재원으로 전환시킬 수 있도록 하였으며, 회사법에서는 여기서 더 나아가 자본의 4분의 1이라는 한도를 법에서는 폐지하고 법무성령으로 위임함에 따라 법무성령에서 정하는 신축적인 기준을 지키기만 하면 준비금을 잉여금으로 전환시켜 배당에 사용할 수 있게 된 것이다. 따라서 여전히 준비금 자체를 배당재원으로 활용할 수는 없으나, 주주총회 보통결의로 준비금의 액을 줄이고 나머지를 잉여금으로 전환한 다음, 이를 배당재원으로 활용하는 우회적인 방법은 사용할 수 있다. 준비금을 얼마나 줄일 수 있는지에 관한 제한은 법무성령에서 신축적으로 정하도록 되어 있기 때문에 종래보다 더 자유롭게 될 것으로 보인다.

요컨대 일본의 준비금제도는 자본준비금과 이익준비금의 구별을 폐지하고 있고, 형식적으로는 주식발행 초과금 및 이익처분의 10분의 1을 준비금으로 설정하여 회사 외부로 배분될 수 없도록 규제하고 있으나, 주주총회 보통결의에 의한 준비금 감소절차를 둠으로써 사실상 우회적으로 준비금을 주주에게 배당하는 것을 허용하고 있기 때문에, 결국 실질적으로는 준비금제도의 본래 취지는 상당히 몰각되고 형식만 남아 있는 형태로 운영되고 있다고 볼 수 있다.

(3) EU

EU의 경우에도 상황은 비슷하다. 1976년의 제2지침은 일반적인 자본제도를 규정하고 있어서, 회사의 연도결산서상의 순자산이 직전 영업연도 말의 인수자본액과 법률 또는 정관에 의해 분배될 수 없는 준비금의 합계에 미달하거나 배당으로 인하여 그 합계에 미달하는 경우는

53 회사법 448조 (준비금의 가액의 감소) ① 주식회사는 준비금의 액을 감소할 수 있다. 이 경우 주주총회의 결의에 의하여 다음 사항을 정하여야 한다. 1. 감소되는 준비금의 액, 2. 감소되는 준비금의 전부 또는 일부를 자본금으로 하는 때에는 그 취지 및 자본금으로 하는 가액, 3. 준비금의 가액을 감소시키는 효력이 생기는 날. ② 전항 1호의 가액은 동항 3호의 날에 있어 준비금의 가액을 초과할 수 없다. ③ (생략).

이익배당을 할 수 없다고 규정하고 있다(15조 1항). 그러나 2002년 High Level Group of Company Law Experts 개정의견에서는, 이익배당에 대하여 지급불능기준이 채택될 것을 추천하고 있으며, 여기서 지급불능기준이라 함은, (a) 배당 이후 일정 기간 내에 만기가 되는 부채의 지급을 위한 충분한 유동자산이 있는지 여부(현금흐름상 지급불능기준), (b) 대차대조표상 순자산이 존재하는지 여부(대차대조표상 지급불능기준) 등을 기준으로 하고, (a), (b) 이외에 별도의 쿠션(예를 들면, 자산이 부채+1억 원을 초과하여야 한다는 식으로)을 둠으로써 회사의 자산 유출을 방지하는 방식을 권고하고 있다. 이러한 태도는 미국에서 회사 재산의 반환을 규제하는 방법과 유사함을 쉽게 알 수 있다.

(4) 영국

영국의 1985년 회사법은 기본적으로 대륙법과 유사하게 엄격한 자본제도를 유지하고 있었으나, 그럼에도 불구하고 이익준비금제도는 채택하지 않았다. 대신 자본준비금과 유사한 제도는 유지하고 있다. 근본적으로 주주가 납입한 재산을 바로 주주에게 반환하는 것은 금지하고 있다고 보면 된다.

영국도 자본제도의 기본적인 원칙을 고수하고 있기 때문에, 순자산액이 자본에 분배 금지 적립금(undistributable reserves)을 합한 금액을 초과하지 않는 한도에서만 분배가 가능하다〔CA 1985 s 264(1)〕. 여기서 분배금지 적립금이란 납입잉여금(share premium), 자본상환적립금(capital redemption), 재평가적립금, 기타 회사가 정관에 의하여 분배를 금지시킨 적립금이 열거되어 있으므로〔s 264(2)〕, 이러한 항목을 자본준비금이라고 보면 크게 틀리지 않는다. 발행가액이 액면가액을 초과하는 부분은 납입잉여금(share premium)으로 분류되는데〔s 130(1)〕, 배당의 재원으로 활용할 수 없으나〔s 264(2)〕, 주주총회 특별결의와 법원의 인가라는 감자절차에 의하여 감소할 수 있는 방법이 마련되어 있다〔s 130(3)〕.

최근 White Paper에 이은 Company Law Reform Bill에서는 근본적으로 종전의 납입잉여금제도 및 분배 금지 적립금제도는 유지하면서, 다만 종전에 주주총회 특별결의 및 법원의 인가를 요구하는 방식 대신 주주총회 특별결의와 이사의 지급가능확약서(solvency statement)의 제출이라는 방식으로 보다 쉽게 납입잉여금을 감소시킬 수 있는 방법을 제안하고 있다(s 135A, B : 납입잉여금에 한정하는 것은 아니라 자본감소 전반에 관한 규정임). 여기서 말하는 지급가능확약서는 이사가 작성하며, 이사가 활용 가능한 정보에 따라 성실하게 판단한 결과, 회사가 현재 자본감소로부터 1년 이내에 상환하여야 할 부채를 모두 상환할 수 있는 충분한 능력이 된다는 것을 확인하는 내용으로 되어 있다.

(5) 독일

입법례 가운데 아직 엄격한 자본제도 및 준비금제도를 유지하고 있는 국가가 독일이다. 따라서 독일의 경우에는 우리나라의 현행 규제와 동일한 법제라고 보면 된다. 구체적으로, 이사회와 감사회는 결산서가 확정되면 연도잉여금(Jahresüberschüsse)의 2분의 1까지 이익준비금으로 적립할 수 있으며(주식법 58조 2항), 이 이익준비금은 연도잉여금에서 공제되므로 배당가능이익을 줄이는 역할을 한다. 정관의 규정에 의하여 연도잉여금의 2분의 1보다 적거나 많은 금액을 이익준비금으로 적립할 권한을 이사회나 감사회에 부여할 수 있으나, 이러한 정관규정에 의하더라도 이사회나 감사회는 이익준비금이 자본금의 2분의 1을 초과하게 되면 더 이상의 이익준비금을 적립할 수 없다(58조 2항).

이와 구별하여 자본준비금(Kapitalrücklage) 및 법정준비금(gesetzliche Rücklage)제도를 두고 있는데, 여기서 법정준비금은 이익에서 적립하는 것으로서 (따라서 우리나라의 이익준비금과 같은 개념임), 연도잉여금의 20분의 1 이상을 적립하여야 한다. 적립한도를 보면, 자본준비금과 법정준비금의 합계액이 자본의 10분의 1 또는 정관에 그 한도가 규정된 경우에는 그 이상이 될 때까지 적립하여야 한다(150조 2항). 이러한 자본준비금과 법정준비금은 주식법 150조 1항의 취지, 즉 자본유지 및 채권자 보호에 따라 주주에 대한 이익배당에는 사용할 수 없으며, 따라서 준비금의 사용이 허용되는 경우는 결손보전과 같이 150조 3항과 4항의 규정에 의하여 인정되는 매우 특수한 경우에 한한다.[54]

(6) 프랑스

프랑스도 준비금제도를 두고 있으며, 구체적으로 법정준비금(reserve legale), 정관상 준비금(reserve statutaire), 임의준비금, 기타 법률이 정하는 준비금이 있다. 법정준비금은 법률이 적립을 의무화하는 준비금으로서, 회사의 이익으로부터 이를 적립한다. 우리나라의 이익준비금에 해당한다. 회사는 연도이익금에서 이월손해금을 공제한 금액의 20분의 1을 적립하여야 한다.

54 주식법 150조

③ 상법 272조 2항 1호 내지 3호에 의한 법정준비금과 자본준비금의 합계가, 기본자본의 10분의 1 또는 정관에서 이보다 높은 금액을 정한 때에는 그 금액을 초과하지 않은 때에는, 이들 준비금은 다음 목적을 위해서만 사용할 수 있다. (a) 연말결손액이 전년도 이월이익액(Gewinnvortrag)에 의해 전보되지 않고, 또한 기타의 이익준비금(Gewinnrücklage)의 처분을 통해서 상각될 수 없는 경우 그 연말결손액의 상각을 위한 경우, (b) 전년도 이월결손금(Verlustvortrag)이 연말잉여금에 의해 전보되지 않고, 또한 기타의 이익준비금의 처분에 의해서도 상각될 수 없는 경우 그 전년도 이월결손금의 상각을 위한 경우.

④ 상법 272조 2항 1호 내지 3호에 의한 법정준비금과 자본준비금의 합계가, 기본자본의 10분의 1 또는 정관에

법정준비금의 적립은 법정준비금이 자본의 10분의 1에 달할 때까지 이루어져야 하고, 이 비율을 충족하였을 경우에는 더 이상 적립할 필요가 없다. 법정준비금은 이익배당이나 자본상환(amortissement du capital)에 사용될 수 없다. 다만 회사의 결손액이 정관상 준비금이나 임의준비금으로 보전될 수 없을 경우에만 결손보전용으로 사용할 수 있다.

정관상 준비금은 정관의 규정이 있을 경우 회사가 의무적으로 적립하여야 하는 준비금이다. 정관에서 준비금의 적립을 의무화할지는 회사의 자유에 달려 있으므로 정관상 준비금은 실무에서 거의 사용되지 않고 있다. 임의준비금은 회사가 임의로 적립하는 준비금이다. 임의준비금은 주주총회의 결의로 배당의 재원으로 사용될 수도 있다.[55]

(7) 호주

호주의 2001년 회사법에서는 회사 재산의 반환은 회사의 이익으로부터만 이루어져야 한다는 일반 조항을 두고 있으며(CA 2001 s 254T), 이익을 자본금으로 전환하는 조항도 마련하고 있다(s 254S). 그러나 자본제도의 운용에 있어 준비금의 개념을 특별히 두고 있지는 않은 것으로 보인다.

서 이보다 높은 금액을 정한 때에 그 금액을 초과하는 때에는 그 초과금액은 다음 목적을 위해서만 사용할 수 있다. (a) 연말결손액(Jahresfehlbetrag)이 전년도 이월이익액(Gewinnvortrag)에 의해 전보되지 않는 한도에서, 그 연말결손액이 상각을 위한 경우, (b) 전년도 이월결손액이 연말잉여금으로써 전보되지 않는 한도에서, 그 이월결손액의 상각을 위한 경우, (c) 주식법 207조 내지 220조에 의한 회사자산에 의한 증자(Kapitalerhöhung) 를 위한 경우.

55 뒤에서 설명할 배당가능이익 및 배당의 결정 부분 참조.

제9장

기업회계

안수현

제1절 기업회계규범의 체계화 및 회계제도 정비

I. 서론

현행 상법은 일부 사항을 제외하고는 구체적인 회계방법에 관해 규정을 두고 있지 않다. 대신 구체적인 회계방법으로서 '일반적인 공정 · 타당한 회계관행'을 원용함으로써 기업회계에 관한 법규제의 실효성을 도모하고자 하고 있다.

그러나 실제는 공정 · 타당한 회계관행의 하나인 기업회계기준이 지배적이고 중요한 회계규범으로 자리잡고 있다. 이 때문에 갈수록 기업회계에 대한 법규제의 실효성과 필요성이 높아감에도 불구하고 기본규범으로서의 상법의 영향력은 상대적으로 미약한 실정이다.

그런데 이들 회계규범 간에는 내용상 상충되는 부분이 많고 용어도 차이가 있어 기업실무 및 이해관계자들에게 혼란과 의문을 주고 있다. 또한, 이러한 이원적 규범은 중소기업의 회계처리에도 부담으로 작용하고 있다.

사실 이러한 문제는 오래 전부터 이미 인식된 바 있었고[1] 회계규범의 체제정비를 요구하는 의견들이 지속적으로 제기되어 왔다. 이러한 사정을 감안한다면 매우 늦었지만, 회사법의 대대적인 개정논의가 이루어지고 있는 현 시점에서는 적어도 회계규범의 체계정비 및 관련 제도들의 현실화를 위한 대폭적인 개선이 이루어질 것이 요망된다.

II. 기업회계규정의 정비

1. 현행 제도

기업의 회계처리와 재무보고에 관해 현행 규제체계는 기본적으로 상법과 기업회계기준, 증권거래법 및 세법 등 이른바 다층적 규제로 이루어져 있다. 이러한 다층적 규제는 규범의 준수를 둘러싸고 기업에 혼란을 야기하고 있다.

이하에서는 이러한 다층적 규제로 인해 발생하는 문제점을 살펴보기에 앞서 상법과 기업회계기준 그리고 증권거래법 하의 다층적 규제 현황을 살펴보기로 한다.[2] 세법상의 규제는 세무처리가 주된 목적이 되는바 이 글에서는 논외로 한다. 그러나 중소기업의 경우 어떤 규범보다도 세무회계가 매우 중요한 역할을 하고 있는 점을 지적하지 않을 수 없다.

(1) 기업의 회계처리에 관한 규범체계 : 2원적 구조

기업은 일정 기간 단위로 그 재산상태와 경영성적을 명확히 할 필요가 있으며 이를 위한 기술 내지 과정이 기업회계가 된다. 현재 이러한 기업의 회계처리에 관한 법규범은 크게 상법상의 계산규정과 「주식회사의 외부감사에 관한 법률」에 의한 기업회계기준으로 이원화되어 있다.

1) 상법의 계산규정

상법상 계산규정은 일반 상인에게 적용되는 상법 총칙편의 상업장부규정(29조)과 주식회사에 적용되는 특례규정으로 구성되어 있다.[3·4]

1 송일만, 상법과 기업회계기준의 차이조정을 위한 연구, 상장협 제29호, 한국상장회사협의회, 1994. 5, 18면 이하 참조 ; 김건식, 우리나라 기업내용공시제도의 문제점과 개선방안, 상장협 제33호, 한국상장회사협의회, 1996. 5.

2 회계규범체계에 대한 기본적인 설명은 우선, 오수근, 회계에 대한 법적 규율체계, 상사법연구 제18권 3호(2000) 참조.

3 상법은 3편 7절에서 회사의 계산이란 제목 하에 주식회사에 대하여 재무제표의 작성 · 결산 · 자산의 평가 · 준비금의 자본전입 · 이익배당 · 주주의 회계검사권 등 다른 회사에서는 볼 수 없는 매우 상세한 규율을 하고 있다.

4 주식회사는 개인 상인이나 인적 회사와 달리 다수의 자본 참가자를 갖고 있는데다 주주유한책임의 결과 회사 재산

상법에서는 특히 동법에서 규정된 바를 제외하고는 일반적으로 공정 · 타당한 회계관행에 의하여 회계장부와 대차대조표를 작성하도록 하고 있다. 이는 재산상태와 손익을 인식하는 때 필요한 기준인 회계기준이 재산의 종류나 손익거래의 유형에 따라 내용을 달리하고 시간의 흐름에 따라 새로운 기준이 개발되므로 상법에서 이를 규율하는 것은 비효율적이라고 보고 구체적인 회계방법과 기준을 실무에서 이용하는 기업회계관행을 원용함으로써 탄력성과 실용성을 부여하고 있다.

2) 기업회계기준

기업회계기준은 일반적으로 공정 · 타당하다고 인정되는 회계관행을 모아 성문화한 것으로, 그 법적 성격은 「주식회사의 외부감사에 관한 법률」(이하 「외감법」이라고 칭함)에 근거하여 금융위원회[5]가 증권선물위원회의 심의를 거쳐 제정한 하부규정이 된다. 동 법률에서는 외감법의 대상이 되는 회사의 회계처리기준을 금융위원회로 하여금 증권선물위원회의 심의를 거쳐 만들도록 하고 있다.

이 기준은 외감법이 적용되는 주식회사[6]에 대해서 타 법령에 우선하여 강행적으로 적용된다(외감법 18조 단서). 한편 기업회계기준 91조에서는 외감법의 적용 대상인 회사 이외의 기업의 회계처리에도 이 기준을 적용할 수 있다고 규정하고 있다.

(2) 회계정보의 공시

상법은 계산규정을 기초로 이해관계인인 주주와 채권자에게 회계정보를 제공하고 있는데 재무제표 등의 공시와 대차대조표의 공고가 이에 해당된다. 그러나 대상기업이 상장법인인 경우에는 별도로 회계정보를 공시하는 것과 관련하여 증권거래법의 적용을 받는다(3조, 8조, 186조, 186조의2, 186조의3).[7] 이는 주식이나 사채의 유통시장에서 매매를 거듭하는 투자자를 위하

만이 그 채권자에 대한 책임재산이 되므로 회사의 재산 및 경영상태를 정확하게 파악하는 메커니즘이 개인 상인이나 인적 회사에 비해 강하게 요구되기 때문이다.

5 금융위원회는 1998년 4월 금융감독체계 개편에 따라 건전한 신용질서와 공정한 금융거래관행을 확립하고 예금자와 투자자 등 금융수요자 보호를 목적으로 설치된 금융감독위원회와 재정경제부의 금융정책관련 부분을 통합하여 2008년 3월 설치된 국무총리 산하 합의제 행정기관이다.

6 다만 직전사업연도 말의 자산 총액이 대통령령이 정하는 기준액 이상인 주식회사에 적용된다(외감법 2조).

7 즉 상장법인은 사업연도 경과 후 90일 이내에 사업보고서를 금융감독위원회와 거래소에 제출하여야 하며, 사업연도가 1년인 법인은 반기보고서와 분기보고서도 각각 그 기간 경과 후 45일 이내에 금융감독위원회와 거래소에 제출하여야 한다. 이 서류들은 일반인에게 공시된다. 또한 이들 공시는 최신의 정보를 요구하는바 주가에 영향을 미치는 중요한 사항을 수시로 공시하도록 하고 있다.

여 정확하고 최신의 기업정보를 제공하기 위함이다.

(3) 금융업 등에 대한 회계 특별규정

금융업을 비롯하여 정부의 규제를 받는 업종에 대해서는 이상의 일반 규범 외에 관련 특별법에 회계에 관한 규정이 별도로 마련되어 있다.[8]

2. 문제점[9]

위와 같이 회계규범이 상법과 기업회계기준으로 이원화됨에 따라 실무에서는 다음과 같은 문제를 야기하고 있다.

(1) 배당관련규정의 준수와 관련하여 혼란의 발생

외감법은 상법과의 관계에서 특별법의 관계에 있다. 따라서 외감법의 적용을 받는 회사는 외감법의 위임에 의해 제정된 기업회계기준을 따라야 한다. 반면 외감법의 적용을 받지 않는 회사들은 상법의 계산규정을 적용하여야 한다. 상법에서는 동 법규에서 정하지 아니한 사항에 대해서는 일반적으로 공정 타당한 회계관행을 준수하도록 규정하고 있다. 학계와 실무계에서는 이러한 회계관행을 대부분 기업회계기준으로 해석하고 있다. 따라서 구체적으로 상법에서 정하고 있으면 당해 규정을, 그렇지 않으면 보충적으로 기업회계기준을 적용하여야 한다. 그러나 기업들은 이러한 관계에 대해 혼란을 느끼고 있다.

(2) 상법상의 계산규정의 규범력 약화

본래 회사의 계산에 관한 일반규범은 상법임에도 불구하고 실제 외부감사 대상회사와 상장법인 등의 경우 대부분의 회계처리가 기업회계기준에 의하고 있는 실정이다. 그 결과 상법상

8 한국산업은행법시행령 35조의10, 한국수출입은행법시행령 17조의11, 중소기업은행법시행령 30조의6이 그 예이다.

9 문제점에 대해 소개한 글은 이미 다수 존재한다. 이에는 우선, 안경봉, 상법의 관점에서 본 상법 회계규정과 기업회계기준의 조화—글로벌시대에서 회계규범과의 관계재조명—회계기준 · 세법 · 상법의 조화문제(심포지엄 자료), 2005. 1. 28, 한국회계학회 · 한국세무학회 · 한국상사법학회, 89면 이하 ; 이만우 · 정석우 · 정규언, 기업회계기준, 상법상의 회계규정, 세법의 조화방안, 글로벌시대에서 회계규범과의 관계재조명—회계기준 · 세법 · 상법의 조화문제—심포지엄 자료, 2005. 1. 28, 한국회계학회 · 한국세무학회 · 한국상사법학회, 15면 이하 참조.

의 계산규정은 상대적으로 그 규범력이 약화된 상태에 있다. 그럼에도 불구하고 상법에 따른 회계처리규정의 위반을 이유로 과태료의 제재를 받을 수도 있고(635조 1항 9호) 경우에 따라서는 손해배상책임문제가 발생할 수 있다.

더구나 기업회계기준 91조에서는 "이 기준은 주식회사의 외부감사에 관한 법률에 의한 외부감사 대상 이외의 기업의 회계처리에 이를 준용할 수 있다"라고 규정하여 실질적으로 외감법의 적용을 받지 않는 기업들도 상법의 회계처리규정이 아니라 기업회계기준에 따라 회계처리되는 것으로 인식되는 경향이 있다.[10]

(3) 상법의 계산규정과 기업회계기준의 부조화

우측 표에서 나타나듯이 상법 계산규정과 기업회계기준의 내용상 일부 상충되는 경우가 많으나 상호 조정이 이루어지지 않은 상태이다. 특히 상법에는 기업이 회계처리를 하는 데 필요한 사항을 정해놓지 않은 경우가 적지 않다. 대표적으로 손익계산서의 작성기준과 부채의 평가기준, 계정과목별 자산평가규정, 파생상품에 대한 회계처리, 외화환산, 연결재무제표, 회계변경, 우발상황과 현금흐름표, 업종별 회계처리준칙, 기업이 인수·합병하는 경우의 회계처리 등에 대한 규정은 두고 있지 않다.

무엇보다 상법과 기업회계기준의 상충은 상법상의 배당가능이익의 산정에도 차이를 발생시킨다. 대표적으로 기업회계기준상으로는 미실현이익을 당기 순이익에 포함시키고 있는데, 미실현이익이 주주에게 배당될 경우 채권자의 이익을 해칠 수 있다. 이 때문에 기업의 회계처리에 관한 법규범의 일원화에 대한 회계학 관련학계와 실무에서의 요구가 강하다.

(4) 자산평가상의 차이 존재

상법의 계산규정과 기업회계기준상의 자산의 평가에 차이가 있다. 즉 상법에서는 재산의 평가와 관련하여 일부 재산에 대한 평가규정만 마련하고 있고(452조 1호~6호), 그 외 회계처리에 대해서는 대부분 일반회계원리에 의한 규율에 미루고 있다. 그런데 상법에 마련해둔 재

10 그러한 이유는 특히 은행에서 자금을 대출받고자 할 경우 은행은 기업에게 회계감사를 받은 재무제표의 제출을 요구하고 기업이 회계감사를 받을 경우 CPA는 기업회계기준에 따른 기업에 대해 적정의견의 감사의견을 표시하게 되므로 적어도 은행에서 자금을 대출받는 기업은 기업회계기준을 준수해야 할 뿐 아니라 재무분석가, 투자자 등의 정보이용자들이 기업으로 하여금 기업회계기준을 준수할 것을 요구하고 있기 때문이다. 이에 대한 상세한 소개는 박정우, 우리나라 기업회계법의 재구성에 관한 연구 : 상법, 기업회계법, 세법을 중심으로, 성균관대학교 대학원 박사학위논문(2000년), 63면 이하 참조.

〈표 1〉 상법 계산규정과 기업회계기준 규정과의 차이

내용	상법	기업회계기준
자산의 평가	452조 1. 유동자산 : 취득가액 또는 제작가액. 시가가 취득가액 또는 제작가액보다 현저하게 낮은 때에 시가	
	3. 금전채권 : 채권금액. 채권금액보다 낮은 가액을 취득한 경우 감액. 추심불능의 염려가 있는 경우 그 예상액 감액	수취채권 : 받을 금액. 대손충당금 설정
	4. 시세가 있는 사채 : 결산기전 1월의 평균가액. 시세가 없는 경우 취득가액. 취득가와 사채금액이 다른 경우 증감한 금액	- 단기매매증권으로 분류된 사채 : 결산일 종가. 단기매매증권평가손익(영업 외 손익) - 만기보유증권으로 분류된 사채 : 상각 후 취득원가. 취득가와 사채금액이 다른 경우 유효이자율법으로 증감한 금액
	5. 주식 : 저가주의(결산기 전 1월의 평균가격 내지 취득가액). 장기보유목적은 취득가액	- 단기매매증권으로 분류된 지분증권 : 결산일 종가. 단기매매증권평가손익(영업 외 손익) - 매도가능증권으로 분류된 지분증권 : 시장성이 있는 경우 결산일 종가. 매도가능증권평가손익(자본조정). 시장성이 없는 경우 공정가액. 측정불능시 취득원가
	6. 영업권 : 유상취득시 계상하여 5년 내 매 결산기에 균등액 이상 상각	유상취득계상. 20년 이내 상각
배당건설이자	457조 회사가 배당건설이자를 배당하는 경우 이를 대차대조표에 자산으로 계상 가능. 개업 후 연 6분 이상의 이익을 배당하는 경우 그 6분을 초과하는 금액과 동액 이상을 상각	33조 배당건설이자는 자본조정으로 계상 72조 배당건설이자는 개업 후 연 6분 이상의 이익을 배당하는 경우 그 6분을 초과하는 금액과 동액 이상을 상각하고 동 상각액은 이익잉여분의 처분으로 계산
사채차액	456조 사채를 상환할 총액이 그 모집에 의한 실수액을 초과할 경우 그 차액을 자산으로 계상사채상환기간 내의 매 결산기에 균등액 이상을 상각	28조 사채(할인)발행차금으로 사채액면에 가감표시 65조 유효이자율법에 의해 상각
개업비	453조 개업의 준비를 위하여 지출한 금액. 개업 후 3년 이내의 매 결산기에 균등액 이상 상각신주발행비용	당기비용처리
신주발행비용	454조 3년 내 균등액 이상 상각	31조 1. 신주발행수수료 등 신주발행을 위하여 직접 발생한 비용은 주식발행가액에서 차감
창업비	452조 회사 성립후 5년 이내의 매결산기에 균등액 이상 상각	당기비용 처리

연구개발비	457조의2 자산에 계상 지출후 5년 이내의 매결산기에 균등액 이상 상각	연구단계에서 발생한 경상개발비는 당기비용처리. 개발단계에서 발생한 비용 중 자산인식조건을 충족하는 경우 개발비(무형자산)로 인식
이익준비금	자본의 2분의 1에 달할 때까지 매 결산기의 금전에 의한 이익배당액의 10분의 1 이상의 금액을 이익준비금으로 적립	32조 상법의 규정에 의해 적립된 금액
자본준비금	459조 1.주식발행 초과금 2.감자차익 3.합병차익 4.기타 자본잉여금	1. 주식발행 초과금 2.감자차익 3.합병차익은 부의 영업권으로 처리. 식별 가능하지 않은 경우에는 특별이익으로 처리 4.기타 자본잉여금
법정준비금의 사용	460조 - 이익준비금과 자본준비금의 자본전입은 자본의 결손보전에 충당하는 경우 이외에는 이를 처분하지 못함 - 이익준비금으로 자본의 결손의 전보에 충당하고 부족한 경우가 아니면 이를 충당하지 못함	78조 (결손금처리계산서의 과목과 범위) 2. 결손금처리의 순서 가. 임의적립금 이입액 나. 기타 법정적립금 이입액 다. 이익준비금 이입액 라. 자본잉여금 이입액

* 출처 : 이만우 · 정석우 · 정규언, 기업회계기준, 상법상의 회계규정, 세법의 조화방안(2005)

산평가기준은 기업회계기준상의 그것과 비교해 보면 우측 〈표 1〉에서 보듯이 차이가 있다.

이처럼 자산평가에 차이가 발생하는 것은 다음과 같은 이유에서이다.

① 상법상 시가평가제도의 미도입

상법에서는 자산의 평가방법에 대하여 자산 유형별로 매우 구체적으로 정하고 있지만, 이들 모두 원가주의를 기조로 하면서 저가주의를 선택적으로 채택하는 등 보수적인 평가방법을 원칙으로 하고 있다. 즉 유가증권의 평가와 관련하여, 상법은 시장성 있는 증권의 평가와 관련해서 거래소의 시세 있는 주식에 대해 저가주의를 채택하고 있고, 거래소의 시세 있는 사채에 대해서는 결산기 전 1월의 평균가격에 의한다고 규정하고 있다.

② 신금융상품의 회계처리에 관한 규정 부재

기업회계기준과 달리 상법에서는 기업에 일반화된 파생상품과 기업어음 및 양도성 예금증서 등의 금융상품에 대하여서는 평가규정이 전혀 마련되어 있지 않다.

그러나 갈수록 금융상품이 다양해지고 있으며, 유통시장의 확대추세에 따라 이들에 맞게 거래실태에 적합한 회계처리가 가능해야 함에도 불구하고 상법에는 시가평가가 일반 원칙이 아니기 때문에 다양한 금융상품에 대해서 적절한 공시가 확보되지 못하고 있다.

(5) 중소기업의 회계 처리부담

현재 중소기업의 경우 기본적으로 상법의 적용 대상이 되어 상법에 규정된 바를 제외하고 일반적으로 공정 · 타당한 회계관행에 의하여 상업장부를 작성하도록 하고 있다(29조).[11] 반면에 자산 총액이 70억 원 이상인 회사의 경우에는 외감법의 적용 대상이 되어 기업회계기준의 적용을 받게 된다. 다만 기업회계기준에서는 중소기업회계처리특례기준이 마련되어 있다.[12] 그러나 이러한 취급은 중소기업에게 다음과 같은 문제를 발생시키는 것으로 지적되고 있다.

① 실무상 회계처리시 고부담

우선 이들 중소기업의 경우 현재 외감법 중심으로 획일적으로 규정되어 있는 회계규범은 이들 기업에게 부담이 될 수 있다는 것이다. 특히 현행 기업 회계기준 및 중소기업회계처리특례규정들이 대부분의 중소기업에 과도한 부담을 준다는 지적이 있다.[13]

② 중소기업의 특성 불반영

또한 자산 70억 원 이상의 주식회사는 외부감사를 받도록 하고 있으나 기업의 특성(주식의 분포, 주요 주주수, 매출 등)을 반영하지 않고 회사규모만으로 외감법의 적용 대상이 되고 있는 것도 문제로 지적되고 있다. 따라서 이들 중소기업의 특성을 반영하여 회계규범이 마련될 필요가 있다.

3. 개정방안

(1) 회계규정의 처리

이상의 문제들을 해소하기 위하여 현재 회사의 계산과 회계제도로서 존재하고 있는 상법의 계산규정과 기업회계기준의 이원적 규범체계를 입법적으로 조정하는 방안으로서 다음과 같은 방안들이 고려될 수 있다.

11 다만 소상인의 경우(자본금 1,000만 원)에는 상업장부 작성대상에서 제외된다. 따라서 자본금 1,000만 원 이하의 소상인과 공동기업의 경우에는 일반적인 회계규범이 존재하지 않는다.

12 기업회계기준서 제14호 중소기업회계처리특례.

13 신상철, 중소기업의 회계투명성 제고방안, 기본연구 2004-13, 중소기업연구원(2005), 104면 이하.

1) 개정안

· 제1안 : 현재와 같이 상법에 회계에 관한 규정을 유지하고 기업회계기준을 최대한 반영하는 방향으로 개정하는 방안이다.

· 제2안 : 상법에서 필요 최소 한도로 규율하고 회계처리에 관한 상세 규정들은 시행령으로 내리는 방안. 이는 회계처리와 관련한 규정을 법에 둘 경우 경직성으로 인하여 회계기준의 변화를 필요로 하는 상황에서 적절히 대응하기 어렵다는 점을 감안한 것이다. 이는 일본에서 취하고 있는 방식이다.

· 제3안 : 상법에서 회계에 관한 원칙규정만 남기고 기업회계에 관한 사항을 모두 삭제하는 방안이다.[14]

2) 각 방안의 검토

제1안의 경우 상법에 상세한 규정이 필요하게 되고, 회계기준변화를 필요로 하는 상황에서 신속하고 적절히 대응하기 어려운 측면이 있다.

반면 제2안은 현실에 부합한다는 이점이 있다.[15] 제3안의 경우 배당가능이익의 계산목적상 특칙을 인정하는 것이 기술적으로 어려운 문제가 있다.

3) 결론 및 경과

위의 검토결과 회계규정의 처리를 위한 개정안으로서 제2안이 적합한 것으로 보인다. 상법개정위원회 제2소위에서도 다수로 제2안이 채택되었다. 법무부 발표[16]의 상법개정안에서도 제2안을 채택하여 법률에 구체적인 회계규정을 두지 않는 추세를 반영함과 동시에 상법과 기업회계기준과의 괴리를 수정하기 위하여 법률에서는 회계에 관한 일반 규정만 설치하는 것으

14 이외에도 외감법 대상법인에 적용할 기업회계기준과 그 이외의 중소기업에 적용되는 상법회계규정으로 이원화하는 방안도 제시될 수 있다. 이는 현행과 같은 방법으로 상법에서 주요 회계처리규정을 마련하고 이를 회계관행에 따라 지속적으로 개정하는 방안이다. 그러나 이런 방안에 대해서는 회계이론의 발전을 지속적으로 상법이 따라가기 어렵다는 점에서 그리 효과적이지 못하다는 평가를 받을 수 있다. 이 방안들 외 다양한 방안의 제시 및 검토에 관해서는 이만우 · 정석우 · 정규언, 앞의 논문, 31-32면 참조.

15 법무부 회사법 개정위원회와 상법 개정공청회(2006. 7. 4. 개최) 및 2008년 5월 발표한 상법 일부 개정안도 제2안을 채택한 것으로 소개하고 있다.

16 법무부는 두 차례 상법 일부개정 법률안을 발표한 바 있다. 2006년 9월과 2008년 5월 7일 발표한 상법개정안이 그것이다. 전자의 안은 상법개정안으로, 후자의 안은 수정안으로 표시한다.

로 하고 자세한 것은 시행령으로 넘기고 있다(상법개정안 446조의2조, 수정안 446조의2).

(2) 재산평가 관련

현행 상법은 재산평가와 관련하여 기본적으로 원가주의를 기조로 하면서 저가주의를 선택적으로 채택하는 등 보수적인 평가방법을 원칙으로 하고 있다. 이는 주주와 채권자에 대한 정보제공기능도 수행하지만 그보다는 배당규제를 통해 채권자를 충실히 보호하고자 하는 데 주목적이 있다. 그러나 이러한 평가방법은 오히려 채권자에게 정보제공기능이 제대로 작동하지 않는 불리함을 야기할 수 있다. 특히 가격변동이 심한 금융상품의 경우 기업의 수익력에 대한 정보공시나 채권자 보호 측면에서 오히려 시가평가가 바람직한 측면이 있다. 또한 기업회계정보는 기업 내부의 경영자뿐 아니라 기업 외부에 있는 주주, 채권자 등에도 중요한 투자정보가 된다는 점에서 자산평가에 관한 규정은 배당가능이익의 산정방법과는 별도로 고려해야 할 필요가 있다. 즉 시가평가를 하되 시가평가에 따른 평가손익에 대해 배당규제를 하는 것으로 보완이 얼마든지 가능하다.

1) 개정안

따라서 시가평가를 인정하는 경우 다음과 같은 방안들이 고려될 수 있다.

· 제1안 : 회계처리에 관하여 공정 · 타당한 회계 관행 내지 기업회계기준으로 일원화하여 재산평가문제를 별도로 고려하지 않는 방안이다.

· 제2안 : 재산평가에 관한 규정은 별도로 시행령에 마련해 두는 방안이다. 제2안의 경우 비공개회사나 소규모 회사의 경우에는 시가주의를 강제하기보다는 임의로 채택할 수 있게 하여 선택하게 하는 방안과 그렇지 않은 방안으로 다시 세분화될 수 있다. 그러한 이유는 이들 회사의 경우 통상 금융상품의 거래나 보유분이 적기 때문에 시가평가를 하더라도 거액의 평가손익이 발생할 개연성이 낮기 때문이다.

2) 보완사항

① 미실현이익의 계상에 따른 부작용 및 이익조작의 위험방지방안의 마련

전통적으로 기업회계의 목적으로 주주와 채권자에 대한 정보제공기능과 배당규제 2가지를 들고 있다. 최근에는 채권자에게도 정보제공을 목적으로 진실을 전달하는 회계가 되는 것이 바람직하다는 입장이 지지를 받고 있다. 이러한 점에서 시가평가제도가 채권자에게 반드시

불리한 것은 아니다. 그러나 상법에서 채권자 보호를 위하여 시가평가를 용인하는 경우 다음과 같은 보완이 요청된다. 즉 시가회계를 도입할 경우 미실현이익의 계상에 따르는 문제점과 자의적인 이익조작의 위험에 대한 대책을 함께 마련할 필요가 있다. 대표적으로 미실현이익에 대한 배당을 규제하여야 할 것이며,[17] 자의적인 이익조작의 수단으로 시가평가제도를 이용하게 될 개연성을 막기 위하여 시가평가가 용이한 것들, 예컨대 토지와 금융상품 등에 한해 시가평가제도를 허용하는 방안이 모색되어야 할 것이다.

② 중소기업의 회계부담 경감

중소규모 회사의 경우 시가법이 그리 효과적이지 않을 수 있고 부담스러울 수 있다. 따라서 원가주의와의 선택권을 부여하여 탄력적으로 운용할 수 있도록 하거나 별도로 설치된 중소기업회계기준에서 이에 대한 취급을 달리하는 것이 바람직하다.

(3) 중소기업의 회계처리

중소기업 역시 상인인 이상 사업목적상 계산과 회계처리가 필요함은 물론이다. 그렇지만 실제 많은 중소기업들은 기업회계기준에 의존하여 처리하는 경향이 문제가 있음은 앞서 지적한 바와 같다.

현재 기업회계기준은 중소기업에게 적용하기에는 적절하지 않은 측면이 없지 않기 때문이다. 따라서 이들 기업에 대해서는 계산서류의 종류와 내용, 자산의 평가 등, 계산서류 · 사업보고 · 부속명세서의 방식 등에 대해 달리 취급할 수 있게할 필요가 있다.

이는 앞서 회계규범의 체계정비화를 위하여 제안한 개선방안 어느 것을 채택하든 요구되는 사항이다. 즉 상법에 회계에 관한 기본규정을 두고 하위규정에 상세내용은 위임하는 방안이건 아니면 기업회계에 관한 포괄규정을 상법에 두면서 상세 내용은 기업회계기준으로 위임하는 방안을 채택하는 경우이든 마찬가지로 필요한 조치이다. 따라서 중소기업을 전제로 한 별도의 중소기업회계기준을 마련하여 적용할 수 있도록 근거규정을 상법에 두는 것이 필요하며 아울러 규모별(중기업과 소기업을 구분)로 공시서류의 작성에서 면제하는 방안이 입법화 될 필요가 있다. 국가 경제에 중소기업이 상당한 비중을 차지하는 것을 고려한다면 이들 기업들로부터의 부담 감소에 대한 요청을 수용할 필요가 있으며, 회사에 관한 기본규범인 상법에 이에 관해 명문의 근거규정을 둘 필요가 있다. 이에 관해서는 영국과 일본의 입법례에서 시사점을 찾을 수 있을 것이다.

17 이 부분은 제9장 제2절 배당규제 부분에서 논한 것을 참조.

4. 입법례

(1) 미국

1) 회계처리 관련

① 주 회사법

미국의 각 주(州) 회사법에는 기업에 관한 별도의 회계처리규정을 두고 있지는 않다. 다만 회사의 계산서류를 주주에게 제공할 의무가 있음을 명시하고 있을 뿐이다. 이를 받아 개정모범회사법(RMBCA) 16.20조에서는 회사는 주주에게 연차대차대조표와 손익계산서를 제공할 의무가 있다고 규정하고 있다. 따라서 이들 재무제표의 작성시 회사측이 준수해야 할 회계원칙은 회사측의 재량에 맡겨져 있다.

현행 모범회사법(MBCA)에서도 이를 승계하고 있다. 즉 동법 6.40조 d항에서는 자산과 부채의 평가에 관해 i) 당해 상황에서 합리적인 회계관행과 원칙에 기초하여 산정하거나, ii) 공정한 가액 또는 당해 상황에서 합리적인 평가방법에 의할 수 있다고 하고 있다. 따라서 어느 방법을 채택하는가는 이사회의 재량에 맡겨져 있다.

따라서 이들에게 GAAP의 적용이 강제되지 않는다.[18] 때문에 연방증권법상의 적용을 받지 않는 폐쇄회사들은 소득세 신고용 회계처리방식을 이용하는 것도 가능하다.

그러나 그렇다고 GAAP의 효력이 인정되지 않는 것은 아니다. 대표적으로 모범회사법에서는 회사의 재무제표가 일반적으로 인정된 회계원칙에 기초하여 작성된 경우 당해 연차재무제표도 그에 기초하여야 한다고 규정하고 있다(MBCA 16.20조).[19] 즉 GAAP의 이용이 강제되는 것은 아니고 그 채택 여부는 기업에 맡기고 있다.

이처럼 모범회사법에서는 회계처리와 관련하여 기업회계기준으로 명문화하지 않고 '당해 상황에서 합리적인 회계방법과 원칙'을 사용하도록 하고 있는데, 이렇게 규정하고 있는 이유는 융통성을 기할 수 있고, 기업들 특히 폐쇄기업들의 다양한 수요를 반영할 수 있다는 이유에서이다. 다만 기업회계기준은 이러한 '당해 상황에서 합리적인 회계방법과 원칙'에 가장 완벽하게 수긍할 수 있는 기준으로 인정된다.

18 ABA, Model Business Corporation Act Official Text with Official Comment and Statutory Cross-References Revised through June 2005, at 6-60~6-61.

19 MBCA Official Text with Official Comment and Statutory Cross-References Revised through June 2005, ABA(2005), at 16-21.

② 공개회사의 경우

폐쇄회사와 달리 공개회사의 경우에는 예외 없이 GAAP에 근거해 회계를 처리하고 있다. 그러한 이유는 증권거래위원회(SEC)가 이에 기초한 계산을 뒷받침하고 있기 때문이다. 증권거래위원회는 등록기업들이 준수해야 하는 회계원칙을 제정할 수 있는 권한을 부여받은 기관이다. 다만 현재는 회계 관련 단체로부터 완전히 독립된 민간기관인 재무회계기준심의회(Financial Accounting Standard Board, FASB)에 회계기준 제정권한이 위임되어 있다. Sarbanes-Oxley법에서는 증권거래위원회로 하여금 감사(audits)에 적용될 실체적인 회계규정을 제정할 적절한 기관을 정하도록 하였는데,[20] 이에 의해 증권거래위원회는 그동안 사실상 회계기준을 제정해 왔던 FASB를 지정함으로써[21] FASB는 공히 공개회사의 경우 일반적으로 확립된 회계원칙을 확립하는 기관임이 재확인되었다.

2) 재산평가 관련

미국 MBCA의 경우 자산과 부채의 평가에 관하여 동법 6.40조 d항에서 규정하고 있다. 이에 의하면 평가는 i) 당해 상황에서 합리적인 회계관행과 원칙에 기초하여 산정하거나, ii) 공정한 가액 또는 당해 상황에서 합리적인 평가방법에 의할 수 있다고 규정하고 있다. 따라서 원가법을 채택할지 공정가액법을 채택할지 여부는 이사회의 재량에 맡겨져 있다. 즉 법에서는 특정 평가방법에 대해 규정하고 있지는 않다. 왜냐하면 다양한 상황을 고려하여 다양한 방법이 이용되는 것이 보다 효과적이라고 보았기 때문이다. 때문에 공정가액 내지 시가에 기초하지 않고 평가되었다 하더라도 그것이 '당해 상황 하에서 합리적인 평가방법'에 의하는 한 인정된다.[22]

3) 중소기업의 회계처리

FASB는 종래까지 회계기준을 정함에 있어서 원칙적으로 공개회사를 대상으로 하고 있고, 특별히 중소기업인 폐쇄회사(private company)를 달리 취급하는 규정을 둘 필요는 없다고 보았다.[23]

20 Sarbanes-Oxley 108조 (b)항.

21 SEC Release Nos. 33-8221 ; 34-47743(Apr. 25, 2003).

22 MBCA Official Text with Official Comment and Statutory Cross-References Revised through June 2005, ABA(2005), at 16-60.

23 그러한 이유는 이들 기업들의 경우 GAAP를 준수할지는 선택이며 강제가 아닌데다, 이러한 사기업의 투자자들은 적어도 자신의 교섭력 내지 지배력에 의해 재무에 관한 정보를 얻을 수 있다고 보았기 때문이다. 그러나 강제는 아니더라도 이들 기업에 대해 GAAP이 주된 회계규범이 될 것으로 보았는데, 왜냐하면 벤처캐피털리스트나

그러나 최근 들어 사회사의 회계와 재무보고의 투명성을 위한 별도의 고려가 필요하다는 점을 인식하기 시작하면서 공인회계사협회와 함께 사회사에 대한 별도취급의 필요성과 개선 방안에 관한 공동연구에 착수하여 연구가 진행중이다.[24·25]

(2) 영국

1) 계산규정의 연혁 및 최근의 동향

영국의 경우 전통적으로 회사의 계산과 회계와 관련하여 법에서 규율하기보다는 시장이나 전문종사자의 의견으로 기업회계처리가 행해져 왔었다.

그러다 EU 제4지침과 제7지침의 채택으로 법에 회계처리방법과 서식을 규정하는 쪽으로 태도가 전환되었다. 이에 따라 회사법 226조와 227조에 근거하여 Schedules 4와 4A에서 각각 개별 회사의 재무제표와 연결재무제표의 서식과 내용을 정하고 있다.

이 때문에 종종 실무에서는 전문종사자의 의견과 회사법상의 회계처리가 상충되는 경우가 지적되었다. 대표적으로 회사법 개정검토위원회(CLR)[26]에서는 이러한 법규정과 회계기준심의회(Accounting Standards Board, ASB)와 같은 자율기관이 정한 회계처리기준의 존재에 따른 이원적 방식의 문제점을 지적한 바 있다. 이를 인식하여 동위원회에서는 전문기관인 자율기관에게 회계처리에 관한 기준제정권을 위임할 것을 권고하였다.

그러나 이러한 의견에 대해 현재까지 영국 정부는 입법적 통제방식이 결여되어 있어 남용의 여지가 있다고 보아 미온적인 태도를 보이고 있다.

은행 등 금융기관들이 GAAP에 의거하여 회계처리하도록 요구하는 경우가 많기 때문이다. 그렇다고 하더라도 실제 이들에 대한 별도의 다른 취급이 필요하다고 보지는 않았는데, 그 이유는 재무정보의 이용 측면과 회계용어 면에서 폐쇄회사나 공개회사나 크게 다를 것이 없다고 보았기 때문이다

24 자세한 내용은 A Joint Proposal by the Financial Accounting Standards Board and the American Institute of Certified Public Accountants, Enhancing the Financial Accounting and Reporting Standard-Setting Process for Private Companies, Financial Accounting Series No.1310-100, June 8, 2006, www.pcfr.org 참조.

25 이러한 연구가 시작된 배경에는 국제회계기준위원회(International Accounting Standards Board)와 캐나다 회계기준위원회(Canadian Accounting Standards Board)가 앞서 사회사에 대한 별도의 회계 및 재무보고에 관한 규정을 제정하는 것에 대한 연구를 시작한 것과 무관하지 않다.

26 The Company Law Review Steering Group, Modern Company Law for a Competitive Economy-Final Report(2001) 영국에서는 1998년부터 회사법의 근본적 개정을 위한 준비가 행해져 왔고, 그 작업결과는 2001년 7월에 경쟁력 있는 경제를 위한 현대적 회사법 최종보고서로 나타났다. 그 상세한 배경과 내용은 이 책 제4장 영국의 회사법 개정 동향, 95면 이하 참조.

2) 회사법

1985년 회사법에서는 이사의 재무제표 작성의무와 함께 개별 회사의 경우 이들 서류의 작성시 Schedule 4에 따라 작성할 것을 규정하고 있다(226조). 개별 기업이 아닌 기업집단의 경우에는 Schedule 4A에 의해 작성해야 한다.[27] Schedule 4는 계산서류형식과 회계원칙 및 회계규칙으로 구성되어 있는데 매우 상세히 규정되어 있다. 다만 회사가 '진실하고 공정한 서술(true and fair view)'을 입증한 경우에는 Schedule 4를 따르지 않는 것이 허용된다.

개별 회사의 이사의 경우 재무제표작성 의무를 위반하거나 규정에 따라 작성되지 않을 경우 징역 내지 벌과금이 부과된다(221조 1항, 6항). 또한 이들 서류는 열람에 제공하고 보관할 의무가 부과된다. 비상장회사의 경우 3년, 공개회사의 경우는 6년의 보관의무가 있다.

3) Statement of Standard Accounting Practice(SSAPs)/Financial Reporting Standards

실무에서는 민간기구가 제정한 SSAPs(Statement of Standard Accounting Practice)와 재무보고기준(Financial Reporting Standards, FRS)이 널리 이용되고 있다. 재무보고기준(FRS)은 회계기준위원회(Accounting Standards Boards, ASB)가 제정한 것이다.[28] 이들은 비록 회사법에 의해 구속력 있는 규범으로 인정받고 있는 것은 아니지만, 회계사들은 이들 기준에 의거하여 감사의견을 작성하도록 요구되고 있고, 이들 기준과 상당히 상이한 경우 의견을 적시하고 그 이유를 제시하도록 하고 있다.[29]

회사법상 계산서류는 "진실하고 공정하게(true and fair view)" 작성하도록 되어 있는데, 이에 대한 정의가 회사법에는 없기 때문에 대부분 회계기준위원회(ASB)가 작성한 회계기준에 의한다.[30] 법원도 이들 기준에 의거할 경우 회사법상 진실하고 공정하게 작성할 의무를 준수한 것

27 개별 회사의 이사의 대차대조표 · 손익계산서 작성의무는 회사법 226조에서 규정하고 있으며, 동조 2항에서 재무제표는 회사의 재무상태에 대하여 진실하고 공정하게 서술되어야 한다고 규정하고 있다. 모회사의 이사의 연결 대차대조표 · 손익계산서 작성의무는 회사법 227조에서 규정하고 있다.

28 이 기관은 재무보고심의회(Financial Reporting Council, FRC)의 하부기관 중의 하나이다. FRC 밑에 감사실무위원회(Auditing Practice Board), 회계감사인의 전문감독위원회(Professional Oversight Board for Accountancy), 재무보고위반심의회(Financial Reporting Review Panel), 회계감사인 조사 및 제재위원회(Accountancy Investigation and Discipline Board) 등이 있다. 이들 기관에 대해서는 www.frc.org.uk. 참조.

29 Ben Pettet, Company Law 2nd ed.(Pearson Education Limited, 2005), at 186.

30 실제는 Urgent Issues Task Force에서 취급하고 있다. FRC의 조직표상 Urgent Issues Task Force는 회계기준위원회 직속기구로 되어 있다. 자세한 것은 www.frc.org.uk 참조.

으로 판단하는 경향이 있다.[31]

4) 중소기업의 회계처리

영국 회사법에서는 중소기업의 경우 회계처리와 재무보고규제에서 달리 취급받을 수 있게 하고 있다(246조).

이와 함께 회사법에서는 이들 중소기업에 해당되는지에 대한 요건을 상세히 규정하고 있다(247조 1항, 2항). 즉 중 · 소의 구분을 i) 매출액, ii) 대차대조표상의 총가액, iii) 당해 회계기간 동안의 평균 근로자수 등의 기준으로 판단하고 있다. 예컨대 소기업에 해당되는 경우는 매출규모가 2.8mil 이하인 기업으로서 대차대조표상의 총가액 1.4mil을 초과하지 않을 것, 근로자가 50인 이내인 경우가 해당된다. 반면에 중기업인 경우는 매출규모가 11.2mil로 대차대조표상의 총가액이 5.6mil이고 근로자의 수가 250인 이하인 요건을 충족한 기업이 된다.

다만 이러한 요건을 갖춘 기업에 해당하여도 당해 기간 동안 자사 내지 관계회사가 공개기업이거나, 은행, 보험사 내지 금융서비스및시장법(Financial Service and Market Act, FSMA)에 의해 허가받은 금융사인 경우에는 특례가 인정되지 않는다.

(3) 독일

1) 상법과 주식법

독일의 경우 기업회계와 관련하여서는 상법에서 상세한 규정을 두고 있으며 이외 주식법에서도 일부 회계규정을 마련하고 있다.

우선, 상법 제3편에서는 100개의 조문을 초과하는 상세한 규정을 두고 있다〔239조~342조(a)〕. 이에는 모든 상인에 적용되는 규정(238조~265조)과 자본회사를 위한 보충규정(264조~335조), 협동조합을 위한 보충규정(336조~339조), 금융기관을 위한 보충규정(340조), 보험회사를 위한 보충규정(341조)이 해당된다.

또한 모든 상인에게 대차대조표와 손익계산서를 작성할 의무가 부과되며(242조) 자본회사의 경우에는 대차대조표와 손익계산서 외 부속명세서와 영업보고서를 작성할 의무를 부과하고 있다(264조 1항). 이 외 주식법에서도 회계규정을 두고 있다(150조~176조).

31 Denis Keenan, Company Law(13th ed.), (Pearson Education Limited), 2005.

2) 회계기준제정 관련

회계기준제정과 관련하여 상법에 연방 법무부가 회계기준위원회를 승인하고 계약을 통해 이 위원회에 회계기준에 관한 일정한 업무를 위임할 수 있다고 규정하고 있다(동법 342조 1항). 이에는 i) 연결회계에 적용할 기준 초안의 마련, ii) 계산규정에 관한 입법시 법무부 자문, iii) 국제기준조직에서 독일을 대표하는 행위 등이 포함된다.

법무부의 승인을 받아 회계기준에 관한 업무를 위임받은 민간단체가 독일회계기준위원회(Deutsches Rechungslegungs Standards Committee, DRSC)이며, 위원회 직속기구로 회계기준초안을 만드는 조직이 독일기준처(Deutscher Standardisierungsrat, DSR)가 된다.[32]

다만 이들 기관은 연결회계에 관한 기준초안만 만들 수 있으며, 개별 기업의 회계기준에 대한 공식적인 권한은 주어지지 않고 있다.[33] 또한 연결기준도 상법의 하위규범일 뿐이므로 상법의 범위 안에서 명확하지 않은 것만 위원회의 기준으로 마련할 수 있을 뿐이다. 반면에 개별 기업의 회계기준안에 대해서는 공인회계사단체(Institut der Wirtschaftprufer, IDW)가 제정하고 있다.

따라서 이들이 마련한 기준안 그 자체로는 규범력이 인정되지 않고, 법무부가 이들 안을 공포하는 경우에 한하여 회계원칙으로 간주된다.[34]

3) 재산평가 관련

독일 상법에서는 평가에 관한 일반 규정과 함께(252조) 동법 253조에서 자산(및 부채)의 평가에 관해 규정하고 있는데 원가주의에 기초를 둔 저가주의가 원칙이다(253조 1항).

(4) 일본

1) 특징

일본의 경우 종래 독일의 영향을 받아 상법에 기업회계에 관한 규정을 두면서 한편으로 증권거래법에 증권거래제도에 따른 재무보고제도가 병행되어 왔다.

32 이들 공식홈페이지인 www.standardsetter.de 참조.

33 Dieter Ordelheide, Germany-Group Accounts, Transnational Accounting, 1385-6〔Dieter Ordelheide/KPMG(eds.)〕, 4th, 2001.

34 상법 342조.

특히 증권거래법에서는 그 적용이 있는 공개회사에 관하여 투자자 보호의 목적으로 상세히 회계에 관한 규제를 두고 있다. 무엇보다도 회계에 관한 정보제공이 중심이 되어 있고, 그 회계기준은 기업회계심의회와 기업회계기준위원회[35]가 정하는 기업회계원칙 기타 회계기준에 의하도록 하고 있다. 또한 대차대조표 등 재무제표의 양식 등은 「재무제표 등의 용어, 양식 및 작성방법에 관한 규칙」(재무제표규칙)에서 정하고 있다(증권거래법 193조).

이러한 방식은 회사법 제정 후에도 그대로 이어졌다. 따라서 공개회사의 경우에는 증권거래법[36]과 회사법 양쪽의 회계법제를 따르지 않으면 안 된다.

2) 계산규정의 변화 및 상법의 개정[37]

일본은 빠르게 변화하는 기업환경을 반영하고 국제회계와의 정합성을 맞추기 위하여 회사계산규정에 대한 정비를 꾸준히 해 왔다.

그러한 대응으로서 우선, 1999년에 상법을 개정하여 금융자산의 평가에 대하여 시가법을 채용하였으며, 2002년에도 상법을 개정하여 주식회사의 대차대조표에 계상하여야 할 자산 및 부채에 관한 상법의 규정, 자산의 평가에 관한 규정을 삭제하였고 계산서류 및 부속명세서의 기재방법을 모두 법무성령으로 위임한 바 있다(281조 5항, 285조 ; 시행규칙 27조~33조).

3) 회사법

회사법이 제정된 이후에도 기본태도는 변하지 않았다. 다만 종전 상법상의 계산규제를 대폭 정리하였으며 그 외 새로 잉여금분배규제 등의 체계를 정비한 것이 큰 특징이라고 할 것이다.[38]

특히 회계처리에 관해서는 많은 것을 회계관행에 위임함으로써 상법의 계산규제를 간소화하였다. 즉 회사법 431조에서는 "주식회사의 회계는 일반적으로 공정타당하다고 인정되는 기업회계의 관행에 따르는 것으로 한다"라고 규정하고 있다. 다만 일반적으로 공정타당하다고 인정되는 기업회계기준(재무제표규칙 1조 1항)이 아니고 '관행'이라는 표현을 사용하고 있음을

35 2001년 7월에 회계기준의 설정 등을 목적으로 민간단체로서 재단법인 재무회계기준기구가 설립되었고 기업회계기준위원회가 설치되었다. 그 이후 회계기준은 기업회계기준위원회에서 제정되어 왔다.

36 2006년 6월 14일 증권거래법 등의 일부개정법률과 동법 개정법률시행에 따르는 관계법률 정비 등에 관한 법률 공포로 개편된 「금융상품거래법」으로 현재는 대체되었다.

37 개정의 상세내용은 神田秀樹, 會社法 제4판보정2판(2004. 2), 弘文堂, 170면 이하 참조.

38 자세한 설명은 神田秀樹, 會社法 제8판(2006), 弘文堂, 27면 이하 참조.

주의할 필요가 있다.

이 외 작성할 계산서류의 종류와 내용, 자산의 평가, 계산서류 · 사업보고 · 부속명세서의 방식에 관해서는 법무성령에서 정하고 있다.

4) 재산평가 관련[39]

① 자산평가규정의 변화 및 시가주의 도입

전통적으로 상법은 자산의 평가와 관련하여 원가법을 기조로 하면서 각각 개별적으로 자산의 평가기준을 동법에 상세히 규정해 왔다. 그러다 1999년에 금융자산에 대하여, 즉 금전채권, 사채 등,[40] 주식 등에 대하여 상법에 시가법을 채용하였다(계산규칙 30조 3항, 31조 2항, 3항, 32조 2항). 시장가격이 있는 금전채권(CP, CD)[41]의 경우와 시세 있는 증권[42]에 대하여 시가로 평가할 수 있게 한 것이다. 다만 여기서 말하는 시장가격이란 거래소에서 형성된 거래소 시세 이외 장외시장의 시세, 나아가 증권회사가 취급하는 미상장주식 등과 같이 수시로 매매, 환금 등을 할 수 있는 거래시스템에 의해 형성된 거래가격, 시세, 지표 등을 말한다.

당시 상법에 시가법을 도입한 것은 기업회계기준에서 시가법이 도입된 것을 수용한 것이다.

그러나 금전채권, 사채 기타 채권 주식 이외의 금융자산에 관해서는 상법상 직접의 명문의 규정을 두고 있지 않았다. 다만 개정의 취지를 감안하여 공정한 회계관행이 시가평가를 요구하고 있는 경우에는 시가평가를 하여야 하는 것으로 상법상 요구된다고 해석되었다. 예컨대 파생상품의 경우 그 평가방법에 관해 상법에서는 직접 규정하고는 있지 않지만, 해석상 금전채권에 관한 규정인 85조의4 1항이 적용되는 것으로 이해하고 있다.

② 2002년 개정 상법

기업회계의 변화 등에 신속하게 대응하기 위하여 2002년 상법을 개정하여 재산의 평가규제를 법무성령인 상법시행규칙에 위임하였다(개정상법 285조, 동법시행규칙 27조~33조).

39 일본의 회계법제에 관한 개정 동향에 대한 글로는 권종호, 기업회계제도에 관한 일본의 최근 동향과 회사법 개정, 상사법연구 제18권 제3호(2000), 42-52면 참조.

40 구 상법 285조의4 3항. 다만 시장가격이 있는 사채의 경우라도 반드시 시가평가를 하여야 하는 것은 아니며, 취득원가에 의해서도 평가할 수 있어 회사측의 재량에 맡겨져 있다.

41 리스, 크레디트채권과 같이 양도성은 인정되지만, 양도에 특별한 대항요건이 요구되는 금전채권은 시장가격이 있는 금전채권에 해당되지 않는다.

42 시장가격이 있는 주식의 경우 자회사주식 이외의 것에 대하여 시가평가를 할 수 있다(구 상법 285조의4 3항). 그러나 시장가격이 있는 주식이라도 자회사주식에 대해서는 시가주의 또는 저가주의에 의한 평가가 금지된다(구 상법 285조의6 2항, 285조의2 2항). 또한 스톡옵션의 행사에 대비하여 취득한 자기주식의 경우에는 취득원가주의에 의한 평가한다.

이에 따라 동 성령에서 시가평가주의를 일반 원칙으로 인정하고 있다. 즉 금전채권의 평가시 시장가격이 있는 금전채권의 경우 시가로 평가한다(시행규칙 30조 3항). 비록 명문의 규정은 없으나, 파생상품도 이에 포함하는 것으로 해석되고 있다. 또한 시장가격이 있는 사채의 경우 시가로 평가하며(시행규칙 31조 2항), 시장가격이 있는 주식 중 자회사를 제외한 회사주식은 시가로 평가한다(시행규칙 32조 1항).

③ 회사법

회사법[43]이 제정된 후에도 종전 상법의 태도와 마찬가지로 재산의 평가규제를 법무성령에 위임하고 있다(432조 1항). 즉 회사법에 기초하여 2006년 2월 7일 소위 회사법관계의 법무성령으로서 회사법시행규칙, 회사계산규칙 및 전자공고규칙 등이 공표되었다. 이중 주식회사의 계산관계의 규정은 회사계산규칙(법무성령 제13호)에서 마련하고 있는데, 이에는 계산서류의 종류와 내용, 자산과 부채의 평가, 계산서류감사 · 사업보고 · 부속명세서의 방식 등이 포함되어 있다.

특히 자산과 부채의 평가에 대하여서는 회사계산규칙 2편 2장 1절 1관 통칙 이하 5조에서 정하고 있으며 자산의 시가평가와 관련해서는[44] 5조 6항에서 정하고 있다. 즉 6항 2호에서는 '시장가격이 있는 자산(자회사 및 관련회사의 주식과 만기보유목적의 채권을 제외)' 과 3호에서 '2호에 열거한 자산 외에 사업연도의 말일에 그 당시의 시가 내지 적정한 가격을 부치는 것이 적당한 자산' 은 사업연도의 말일에 그 시가 내지 적정한 가격을 붙일 수 있다고 규정하고 있다. 또한 계산규칙 6조에서는 부채의 평가에 관해 정하고 있는데 부채의 경우 채무액이 아니라 사업연도 말일의 시가 내지 적정한 가격으로 평가하는 것도 인정하고 있다(5조 2항 3호).

5) 중소기업의 회계처리

종전 상법에서는 중소회사와 대회사의 계산서류의 작성과 감사 · 공시 등에 관해서 달리 취급하고 있었다.

우선 계산서의 작성과 감사와 관련하여 중회사와 소회사는 결산기별로 계산서류와 그 부속명세서를 작성하도록 하고 이사회의 승인을 받은 후(상법 281조 1항~3항) 계산서류를 감사에게 제출하여야 한다(상법 281조의2). 부속명세서는 그로부터 3주 이내에 제출한다. 다만 주식회사의 감사 등에 관한 상법의 특례에 관한 법률(이하 「특례법」이라고 한다)에 특례규정이 있다(23조 1항~3항).

43 회사법은 2005년 6월 29일에 성립하고 동년 7월 26일에 공포되었다.

44 금융상품에 관한 회계기준을 좇아 시장가격이 있는 자산의 경우 시가에 의하는 것을 용인하고 있다.

반면에 대회사의 경우 계산서류는 감사회와 회계감사인에 제출하고, 회계에 대해서도 회계감사인이 행한다. 감사와 감사회는 업무감사를 주로 하지만, 회계에 관해서 회계감사인의 감사방법 내지 감사의 결과가 부당하다고 인정될 경우에는 감사가 독자적으로 감사한다(특례법 14조 3항 1호).

감사보고서의 기재사항도 중회사와 대회사 간에는 큰 차이가 있다.[45] 반면에 소회사의 경우에는 감사는 회계감사만을 행하고, 감사보고서의 기재사항도 법정화되어 있지 않다(특례법 제22조 1항, 상법 281조의3).

한편 회계처리와 관련하여서는 주식회사의 규모, 업종, 주주구성 등에 따라 회계처리 관행이 다양하게 존재함을 인식하여 불문의 회계관행에 의하는 것을 인정하고 있다. 회사법 제정 후에도 중소기업의 경우 사업보고서 제출대상의 회사에 대한 회계처리와 상당히 다르다고 보고 있다. 현재 중소기업의 회계처리를 위하여 세무사연합회, 공인회계사협회, 상공회의소 및 기업회계기준위원회가 공포한 중소기업의 회계에 관한 지침이 마련되어 있다.

III. 계산서류의 종류와 용어

1. 현행 제도

(1) 계산서류의 종류

현재 상법과 증권거래법, 기업회계기준이라는 다층적 구조하에서 어느 규범에 따르는가에 따라 각각 작성하여야 하는 계산서류의 종류에는 다음과 같이 차이가 있다.

1) 상법

상법에 의해 작성해야 할 재무제표에는 대차대조표, 손익계산서, 이익잉여금처분계산서 또는 결손금처리계산서가 해당된다(447조). 즉 기업회계기준에 의한 재무제표인 현금흐름표와 자본명세서 등은 포함하고 있지 않다.

한편 상법상의 회사는 개별결산이 원칙인바 연결재무제표에 관해 규정이 없으며, 모자회사

45 기재사항의 차이에 대한 상세한 설명은 神田秀樹, 会社法(제4판 보정2판), 166면 이하 참조.

의 경우 지분법이 인정되지 않고 있다.

2) 증권거래법

반면, 증권거래법상 재무보고와 관련해서 연결재무제표가 원칙이며, 모자회사의 경우 지분법이 인정되어 있다.

3) 외감법

상법과 달리 기업회계기준상의 재무제표에는 대차대조표, 손익계산서, 이익잉여금처분계산서 또는 결손금처리계산서 외에 현금흐름표 및 주기와 주석이 포함된다(기업회계기준 5조 1항).

또한 외감법 2조와 연결재무제표준칙에 따라 일정한 경우 연결재무제표 작성이 의무화되어 있다.

(2) 용어[46]

용어에서도 규범간에 차이가 있다. 대표적으로 상법에서는 회사의 계산이라는 용어를 사용하고 있는 반면에 회계기준에서는 계산이라는 용어 대신 회계를 사용하고 있다.[47] 예컨대 상법 3편 4장 7절의 제목이 회사의 계산으로 되어 있다.

한편 기업회계기준에서는 자산이라는 용어를 사용하는 반면, 상법에서는 자산 또는 재산이라는 용어를 혼용하고 있다. 예컨대 상법 29조 1항과 상법 462조(배당가능이익)에서는 재산이라는 용어를 사용하는 반면, 상법 452조에서 457조의2까지에서 자산의 평가, 창업비, 개업비, 신주발행비, 액면미달의 금액, 사채차액, 배당건설이자, 연구개발비의 규정에서는 자산이라고 사용하고 있다.

또한 상법 451조에서는 자본을 발행주식의 액면 총액으로 규정하고 있는데 이는 기업회계기준의 자본금에 해당하는 것이다. 또한 상법 458조는 이익준비금의 용어를 사용하면서 제447조에서는 이익잉여금처분계산서라는 용어를 사용하고 있어 정합성면에서 떨어지고 있다.

46 이 부분과 관련하여 용어의 차이를 지적하는 다음의 글을 참고할 수 있다. 우선, 안경봉, 앞의 논문, 101-102면, 이민우 · 정식우 · 정규인, 앞의 논문, 26-28면.

47 일부에서는 계산과 회계의 용어를 구분하기도 한다. 예컨대 회사의 계산은 재산상태와 손익을 인식하는 작업이라는 점에서 기업회계와 뜻을 같이하지만 계산은 의사결정까지를 포함하는 작업이라는 점에서 회계와 상이한 개념이라고 한다. 이철송, 회사법 강의 14판, 박영사(2007), 744면 참조.

2. 문제점

(1) 계산서류상의 차이로 인한 문제점

양 규범간의 계산서류상의 차이로 인한 문제로 다음과 같은 점을 지적할 수 있다. 우선, 투자자 등 회사이해관계자에게 가장 의미 있는 계산서류인 현금흐름표와 회사 경영진의 의사결정의 적정성을 판단할 수 있는 자본명세서가 상법상 제공해야 할 계산서류에서 제외되어 있다.

또한 개별 회사의 진정한 재무상태를 알기 위해서는 연결재무제표의 작성이 필수적인데, 그러한 서류에 대해 기본규범인 상법에서는 아무런 규정을 두고 있지 않다.

(2) 용어의 차이로 인한 문제점

용어의 차이와 관련해서는 다음과 같은 점이 문제로 지적되고 있다. 우선, 현재 회계학계와 실무에서는 '계산' 보다는 '회계(accounting)' 라는 용어가 보편적으로 사용되고 있으며(예 : 기업회계기준, 회계학과, 회계부서), 그 의미는 기록, 계산, 분류, 요약 및 보고를 포괄하고 있다. 이외에도 회계의 중요성이 국 · 내외적으로 재인식되면서 경영의사결정에 유용한 정보로서의 회계를 중시하고 있다. 따라서 정합성 측면에서 용어를 통일하는 것이 바람직하다.

(3) 상법상 연결재무제표의 불인정

1) 연결베이스를 기본 원칙으로 할 필요성

완전모자회사 형성을 위한 주식교환 · 주식이전제도의 도입으로 인해 모회사의 주주와 자회사의 주주 및 채권자 보호장치의 강화를 위한 법제도가 모색될 필요가 있다. 이러한 차원에서 고려되는 방안으로서 무엇보다도 중요한 것은 모회사와 자회사 간의 연결베이스로 정보를 개시하는 것이다. 특히 자회사의 소수주주의 보호관점에서 결합기업의 전체적인 재정, 수익상황을 표시하는 연결계산서류는 물론, 모자회사간의 거래의 내용에 관해 개시하게 함으로써 거래조건의 공정성을 담보할 필요가 있다.

2) 국제적 추세와의 부정합

회계정보에 관한 공시가 종래의 개별정보 중심에서 연결정보 중심으로 옮겨가는 최근의 국제적 추세를 현행 상법은 반영하지 못하고 있는 점도 문제이다.

3. 개정방안

(1) 계산서류 관련 개선

우선, 회사이해관계자와 경영자에게 의미 있는 서류인 현금흐름표와 자본명세서를 상법상의 재무제표로서 도입할 필요가 있다. 기술적으로 이를 위한 가능한 개정안으로 다음과 같은 방법이 모색될 수 있다.

· 제1안 : 이들 서류들을 법에다 재무제표의 일 유형으로서 명시하는 방안.

· 제2안 : 시행령에 내려 지정하는 방법. 예컨대 대차대조표와 손익계산서를 제외한 것으로 재무제표에 포함시킬 서류들을 시행령에서 추가할 수 있는 근기를 마련하는 깃이다.

후자의 방법은 기업환경 변화에 따라 새롭게 발생하는 수요를 반영할 수 있는 이점이 있다. 입법적으로 제2안이 바람직하다.

이를 고려하여 결론으로서 제2안의 채택을 제시하며, 법무부 상법개정안에서도 제2안을 채택하고 있다(개정안 447조 1항 참조, 수정안 447조 1항 3호).

이와 함께 연결재무제표의 작성에 관한 근거규정과 작성방법에 관한 사항을 회계 기본법인 상법에 규정하여야 할 것이다.법무부 상법개정안에서는 대통령령으로 정하는 회사에 한해 연결재무제표 작성을 의무화하고 있다(개정안 447조 2항, 수정안 447조 2항).

(2) 용어

또한, 현재 기업회계관행 내지 기업회계기준에서 사용하는 용어들의 차이 및 상충되는 부분들을 조정할 필요가 있다. 상법에서 사용하는 용어들이 특별한 배경이나 의미를 갖지 않는 한 실무자 및 투자자들의 혼란을 막기 위하여 정리할 필요가 있다. 따라서 앞에서 지적한 용어의 차이를 조정할 경우 상법상의 관련 절의 세목은 "회사의 계산"에서 "회사의 회계"로 변경하는 것이 고려될 수 있으며, 재산 및 손익상태라는 표현에 대해서는 재무상태와 경영성과 등으로 표현될 수 있다.[48] 이외 재산은 자산이라는 용어로, 자본은 자본금이라는 용어 등도 개선사항이 된다.

다만 준비금은 상법상 독자적인 의미를 갖고 있으므로 적립금으로 바꾸지 않는 것이 타당하

48 상법 447조의 4에서는 재산 및 손익상태라는 용어로써 재산상태와 손익상태를 요약 표시하고 있다.

다. 법무부 상법개정안에서도 용어의 차이를 조정할 목적에서 용어의 변화를 반영하고 있다(수정안도 동일).

(3) 연결재무제표 작성의 기본원칙화

최근 주식교환이나 주식이전제도를 통해 기업결합이 활발하게 이루어지는 현실은 물론 국제적인 정합성 측면을 감안할 때 연결재무제표의 작성의 필요성은 부정할 수 없다. 특히 지주회사의 이용을 통한 기업결합이 증가하면서 개별 회사의 재무제표로는 당해 회사의 경제적 실체를 정확히 파악하는 것이 매우 어렵게 되었다. 따라서 이러한 현실의 변화를 반영하여 기본규범인 상법에 연결재무제표의 작성에 관한 근거규정을 마련할 필요가 있다.

다만 이 경우 연결재무제표를 주된 재무제표로 할 것인가는 논의가 여지가 있다. 그러나 증권거래법에서 기왕에 연결재무제표를 도입한 바 있고 금융감독기구는 이를 주된 재무제표로 이용하겠다는 입장을 발표한 바 있다.[49] 더욱이 많은 외국에서도 기업집단의 경우에는 연결결산서류를 작성하는 것을 원칙으로 하고 있다. 따라서 국 · 내외적으로 정합성 차원에서 기업집단의 모회사에 대해서 연결재무제표를 주된 재무제표로 이용하도록 하는 것이 바람직하다.

반면 상법상의 모든 회사가 연결재무제표를 작성하게 할 필요는 없으며 부담도 상당할 것임을 감안하여 일정한 규모 이상의 기업에 한정해서 적용하는 것이 현실적으로 타당하다. 따라서 이를 감안한 방안이 모색될 필요가 있다. 이러한 방안으로는 예컨대, 일본의 기존 상법에서처럼 대규모 회사에 한해서 인정하는 방안이나 회사법처럼 규모로 구분하지 않고 회계감사인설치회사 여부에 따라 인정 여부를 달리하는 방안 내지 시행령에서 지정한 회사에 제한하는 등 다양하게 검토될 수 있다.

49 재정경제부와 금융감독위원회의 자본시장 및 회계선진화 방안에 의해 2007년부터 상장법인으로서 종속회사가 있는 경우 사업보고서 제출시 현재의 개별재무제표가 아닌 연결재무제표를 주 재무제표로 하겠다고 발표하고 관련 규정을 이하와 같이 개정한 바 있다.

증권거래법 시행령 83조의3 (사업보고서) ④ 사업보고서를 제출하여야 하는 법인 중 종속회사가 있는 법인의 경우에는 1항 8호의 규정에 따른 재무에 관한 사항 및 그 부속명세는 연결재무제표를 기준으로 기재하되 그 법인의 재무제표를 포함하여야 하며, 1항 9호의 규정에 따른 감사인의 감사의견은 연결재무제표 및 그 법인의 재무제표에 대한 감사의견을 기재하여야 한다.

⑤ 4항의 규정에 불구하고 최근 사업연도 말 현재의 자산 총액이 2조 원 미만인 법인은 그 법인의 재무제표를 기준으로 재무에 관한 사항 및 그 부속명세를 기재하고 그 법인의 재무제표에 대한 감사인의 감사의견을 기재한 사업보고서를 그 제출기한까지 제출할 수 있다. 이 경우 그 사업연도의 종료 후 90일이 경과한 날부터 30일 이내에 연결재무제표를 기준으로 한 재무에 관한 사항 및 그 부속명세와 연결재무제표에 대한 감사인의 감사의견을 제출하여야 한다(개정 2005. 3. 28).

이 같은 점을 고려하여 다음과 같은 방안이 개정 방안으로서 고려될 수 있다.

· 제1안 : 연결재무제표를 상법상의 재무제표로 인정하는 것이다.

· 제2안 : 시행령에서 정한 회사에 대해서 연결재무제표의 작성의무를 부과하는 것이다.

결론적으로 위의 논의에 비추어볼 경우 제2안이 보다 타당하다. 제2소위에서도 제2안이 채택되었으며, 상법개정안에서도 기업회계의 투명성, 주주 등 이해관계자의 보호 및 연결회계방식으로 변화하고 있는 국제적 추세를 반영으로 시행령으로 정하는 회사에 대하여 연결재무제표의 작성의무를 부과하는 제2안을 채택하고 있다(개정안 447조 2항, 수정안 447조 2항).

4. 입법례

(1) 계산서류의 종류

1) 일본

결산의 중심이 되는 것은 계산서류의 작성 및 그 내용의 확정이다. 이 경우, 무엇이 계산서류인가와 관련하여 구 상법 하에서 계산서류라 함은 대차대조표, 손익계산서, 영업보고서 및 이익처분(손실처리)안을 총칭하고 있다.

이와 달리 회사법에서는 계산서류를 대차대조표, 손익계산서 기타 주식회사의 재산 및 손익상황을 나타내기에 필요하고 적당한 것으로서 법무성령에서 규정하고 있는 것이라고 정의하고 있다(435조 2항). 이에 의해 ① 이익(내지 결손)처분안과 ② 영업보고서가 삭제되었고, 주주지분변동계산서가 신설되었다.

이익(내지 결손)처분안을 삭제한 이유는 잉여금의 배당을 결정하는 주주총회는 이제 정기총회에 제한하지 않고 임시총회에서도 할 수 있게 되었고(회사법 454조 1항) 그 결과 잉여금의 분배와 정기주주총회의 관련성이 단절되었기 때문이다. 즉 종래 이익처분안(내지 손실처리안) 속에 포함되었던 사항들은 잉여금의 배당(회사법 454조), 임원의 상여(회사법 361조 1항), 자본의 부에 계수변동사항(회사법 448조, 450조~452조) 등으로 분해되었고, 이를 결산확정절차와는 관계없이 수시로 행할 수 있게 정리되었기 때문에 회사법상 특별히 재무제표확정과 주주승인을 위해 이익처분안(내지 손실처분안)안을 마련할 필요가 없게 되었기 때문이다.

이외 영업보고서는 사업보고로 용어가 대체되었고 계산서류에 포함하지 않고 있다. 왜냐하면 그 기재되는 내용이 반드시 계산에 관한 것이라고는 할 수 없고 서술식으로 되어 있어 계산과 맞지 않는다는 지적을 수용한 것이다. 또한 법문상 보고서라고 하지 않는 것도 당연히

전자화되는 서류를 연상시키는 문언은 의도적으로 피하려고 하였다는 분석이 있다.[50]

특히 종래 손익계산서의 말미 및 부속명세서에 기재되는 내용과 이제까지 계산서류 등에 기재되지 않았던 내용을 모아 별도의 서면으로 독립시켜, 이를 주주지분변동계산서(가칭)로 하여 계산서류 중에 포함시키고 있다. 이러한 서류를 신설한 이유는 회사법에서 잉여금 배당, 자본금감소에 의한 자본잉여금의 증가, 자기주식 처분에 의한 자본잉여금의 증감, 준비금 감소에 의한 자본잉여금의 증가, 자기주식 소각에 의한 잉여금의 감소 등, 소위 손익거래에 포함되지 않는 자본의 부에 계수를 변동시키는 것들이 다수인 반면, 현행 상법에서 이들 일부를 손익계산서 말미에 붙여 추가하는 형태로 계산서류에 기재하고 있지만 그 모두를 기재하지 않고 있는데다가, 그 내용에 비추어 손익계산서가 아닌 자본금 등의 증감을 표시하는 독립한 서류를 작성하는 것이 적당하다고 생각되어 별개의 독립한 계산서류로서 주주지분변동계산서에 의하도록 한 것이다.

(2) 연결계산서류

1) 미국[51]

미국 주 회사법상 연결계산에 관한 규정은 찾아볼 수 없지만, MBCA 16.20조에서는 연결재무제표와 결합재무제표 사용에 관한 근거규정을 두고 있다. 따라서 강제는 아니고, 다만 회사가 선택하는 경우 연결재무제표를 작성할 수 있다(16.20조 a항).

그러나 비록 법에 강제되어 있지는 않지만, 미국의 경우 연결재무제표의 역사는 매우 오래되었다.[52] 더구나 공개회사의 경우에는 연결재무제표의 작성이 필수로 여겨지고 있다.

이러한 역사적인 배경을 갖고 미국에서는 연결회계에 대해 지속적으로 관심이 행해졌다. 이에 관해 공식적으로 검토가 시작된 것은 미국공인회계사협회의 회계기준운용위원회가 1978년부터 1981년에 걸쳐 연결회계에 관한 문제점을 지적한 일련의 심의자료를 재무회계기

50 鳥飼重化 외 4인, 非公開會社のための新會社法, 상사법무(2005), 190면 이하.

51 松尾聿正 외 2인 편저, 持株會社と企業集團會計, 동문관(2001. 11), 87-103면 참조.

52 미국에서 연결재무제표는 역사적으로 제조업이 아닌 철도회사의 공표재무제표의 검토에서 비롯되었다. 이처럼 철도회사에서 연결회계가 발생한 이유는 철도산업에서 지주회사의 조기발달과 철도업간 경영상의 동질성이라고 하는 두 가지 이유에서이다. 즉 미국에서는 회사법이 주마다 다르고 다른 주의 회사는 외국 회사로 규정하고 그 영업은 극히 제한되었기 때문에 각주마다 연결되는 주간회사의 설립은 곤란하였다. 따라서 이를 해결하기 위해 특별 입법에 의해 철도회사에게 예외적으로 지주회사형태가 인정되었다. 또한 철도업은 친자회사라고 해도 영업내용이 동질적이고 일체적으로 경영을 하는 것도 그 원인이 된다. 따라서 철도회사는 주마다 다른 법적 실체로 구성되어도 실질적으로 단일의 회사 즉 합병회사로 보는 것으로 연결재무제표가 경영관리목적의 역할을 담당하게 되었다. 이렇게 철도업에서 생성한 연결회계는 그 후 일반 제조업에까지 확대되었다.

준심의회(FASB)에 송부하고 연결회계에 대한 재검토를 요청한 때부터라고 할 수 있다. 이를 받아 FASB는 1982년 1월에 "연결 및 지분법"이라고 하는 프로젝트 하에 연결회계기준 전반에 걸친 작업에 들어갔고, 그 후 검토작업의 일환으로 1987년 10월에는 재무회계기준서 94호 "과반수 소유 자회사의 연결"을, 1991년 9월에는 토의자료로 "연결방침 및 절차에 관한 문제의 검토"를, 1994년 8월에는 "연결방침에 관한 주요 문제에 관한 예비적 견해"를 그리고 1995년 10월에는 공개초안 "연결재무제표 : 방침과 절차"를 공표하였다. 그러나 이 초안은 채택되지 않았고, 이후 다시 검토를 재개하여 FASB는 1999년 2월에 연결방침에 관한 개정공개초안인 "연결재무제표 : 목적과 방침"을 공표한 바 있다.[53]

2) 영국

영국의 경우 회사법에서 개별 회사를 전제로 한 개별결산서류와 기업집단에 적용되는 계산서류 각각에 대해서 규정하고 있다. 즉 개별결산서류에 대해서는 회사법 226조와 Schedule 4에서, 기업집단결산서류에 대해서는, 227조와 Schedule 4A에서 규정하고 있다. 예외사유를 제외하고는 모든 모회사는 자회사의 사업 정보를 연결결산서류에 포함하여야 한다(회사법 229조 1항). 다만 공정하고 진실하게 서술하는 데 큰 문제가 없는 경우에는 자회사에 관한 정보를 포함시키지 않을 수 있다(회사법 229조 2항).

3) 독일

독일의 경우 회계기본규범인 상법에서 개별결산서류와 함께 연결결산서류 및 그에 대한 보고에 관한 규정을 마련되어 있다. 연결결산서류와 관련한 규정으로는 동법 290조에서 연결결산서류의 제출의무에 관해, 292조에서는 연결결산서류 작성의 면책을, 294조에서는 연결기업의 범위를, 297조에서는 연결결산서류의 내용과 서식을, 그리고 315a조에서는 국제회계기준에 의한 연결계산서류 작성에 관해 규정하고 있다.

4) 일본

⑴ 연결재무제표의 작성 및 연혁

53 FASB, Consolidated Financial Statements : Policy and Procedures, Proposed Statement of Financial Accounting Standards〔Exposure Draft (Revised)〕.

개별 회사의 재무제표만으로는 회사의 경제적 실체를 정확히 파악할 수 없다는 판단 하에 1975년에 기업회계심의회에 의해 연결재무제표원칙이 정해졌다. 이에 의하면 연결재무제표는 지배종속관계에 있는 2개 이상의 회사로 구성된 기업집단을 단일의 것으로 보고, 모회사가 당해 기업집단의 경영성적과 재정상태를 종합적으로 개시하도록 작성하는 것으로 연결대차대조표, 연결손익계산서, 연결잉여금계산서, 연결현금흐름계산서, 연결부속명세표가 포함된다.

증권거래법(금융상품거래법)에서도 유가증권신고서와 유가증권보고서에는 연결재무제표를 포함하도록 되어 있다(기업내용 등의 개시에 관한 내각부령 8조, 15조). 최근 공개회사의 경우 자회사 등을 다수 갖고 있는 것이 보통이기 때문에 1999년 4월 이래 개시된 회계연도부터는 증권거래법상 연결재무제표를 주된 재무제표로 하고 있다. 그리고 연결재무제표의 작성방법 등에 대하여 "연결재무제표의 용어, 양식 및 작성방법에 관한 규칙"에서 정하고 있다. 연결의 대상이 되는 자회사의 개념은 상법상의 자회사 개념보다도 넓다.

② 구 상법

2002년 상법을 개정하여 대회사 중에서 증권거래법 적용회사에 대해서는 연결계산서류제도를 도입하였다. 즉 상법특례법상 연결계산서류를 작성할 수 있는 것은 대회사에 국한하였다(2조 2항, 21조의32 6항 참조). 따라서 증권거래법에 의한 공시규제에 기초하여 연결계산서류를 작성하고 있는 주식회사라도 대회사에 해당하지 않은 경우에는 상법상 연결계산서류를 작성하고 감사를 받아 이를 주주에게 공시하는 것이 규정상 가능하지 않다.

아울러 부칙 9조에 의해 연결계산서류의 작성이 의무화된 기업은 증권거래법에 의해 사업보고서 제출기업으로 한정된다. 이 경우 연결계산서류란 대회사의 결산기에 당해 대회사, 그 자회사 및 연결자회사(특례법 1의2 4항, 상법시행규칙 142조)로 구성된 기업집단의 재산과 손익의 상황을 나타내기 위하여 필요하고 적당한 것으로서 법무성령에서 정한 것이며, 이에는 연결대차대조표와 연결손익계산서가 포함된다(상법시행규칙 143조~179조).

③ 회사법

회사법에서도 연결계산서류제도를 그대로 인정하고 있다. 다만 동법에서 연결계산서류의 작성이 의무화된 것은 사업연도 말일에 대회사인 경우로 증권거래법(금융상품거래법)상의 사업보고서제출회사에 한하고 있다(444조 3항). 반면에 회계감사인설치회사인 경우에는 법무성령의 정함에 의해 연결계산서류를 작성할 수 있다(회사법 444조).

연결계산서류란 모회사 및 그 자회사로 구성된 기업집단의 재산 및 손익의 상황을 나타내기 위하여 필요하고 적당한 것으로 법무성령에서 정한 것을 말한다(회사법 441조 1항). 이에는 연결대차대조표, 연결손익계산서, 연결주주자본등변동계산서, 연결주기표가 된다(계산규칙 93조).

제2절 배당법제의 합리화 방안 모색

I. 배당의 기능과 회사법적 과제

배당은 기업에 대한 자금조달과 투자활동의 결과를 투자자인 주주들에게 돌려주는 수단이 된다. 주주들은 주가상승에 따른 소위 양도차익(capital gain)을 중시하지만, 배당이 많을 경우 그러한 기업은 수익을 증대시켜 배당도 증가된 것으로 인식하는 경향이 있다. 경영자 역시 배당을 기업의 성과를 알려주는 신호장치로 이용할 수 있으며, 시장에서는 경영자에게 일정 수준의 배당을 하라는 압력을 주는 수단으로 이용될 수 있다.

또한 기업 내에 여유자금을 보유하고 있는 경우 수익성이 없는 사업에 투자하여 궁극적으로 투자자의 투자수익을 떨어뜨리기보다는 배당을 지급하는 것이 대리인문제를 해결하는 데 도움이 된다. 게다가 적절한 배당은 기업들의 성장속도를 조절하여 무리한 투자를 저지하는 기능을 할 수 있다. 배당의 지급이 없으면 배당에 적지 않은 의미를 두는 투자자는 투자수익상 불이익을 받으며 결국 보유주식을 매각하지 않을 수 없어 장래 이익에 참여할 권리를 상실하게 되고 투자의욕을 상실할 수 있다. 요컨대, 배당은 그 활용 여하에 따라 주주의 이익 및 투자 증대 이외에 대리인문제의 해소 등 다양한 효과를 기대할 수 있다.

그러나 종래 우리 회사법제는 이처럼 배당의 효과라든가 배당정책이 기업가치에 어떠한 효과를 미치는지에 대해서는 관심을 갖지 못했다. 대표적으로 배당을 재무관리 측면에서 파악하는 예는 거의 없었다. 그보다는 배당을 얼마만큼 주주에게 지급하는가와 관련하여 회사 채권자와 주주의 이해조정의 측면에만 주로 초점을 맞추고 있어 배당에 관해 매우 엄격한 입장을 취해 왔다. 즉 배당의 억제 측면에 주로 포커스가 맞추어져 있다. 이 때문에 실무로부터 종종 이러한 법제의 태도가 기업의 소극적인 배당정책을 옹호하는 결과를 야기하고 있다는 비난을 받고 있다.[54]

그러나 배당은 실제 재무관리와 밀접한 관련이 있고, 현실적으로 배당정책은 기업가치에 상당한 영향을 미치고 있다. 물론 기업가치에 보다 중요한 요소는 회사의 투자결정이고, 배당결정의 상당 부분은 투자결정에 좌우된다. 재무관리의 관점에서는 자금이 필요한 경우에는 은행차입이나 신주발행을 통해 자금을 조달하고, 반대로 자금이 남는 경우에는 이익배당 등

54 이에 관해서는 현행 배당법제의 실무상 문제점을 검토하고 개선방안을 제시한 다음의 보고서를 참고할 수 있다. 김건식 · 안수현, “투자자 보호 강화를 위한 증시제도 개선방안—상장법인의 배당제도 개선,” 한국증권거래소 용역보고서, 한국증권법학회(2002. 7).

을 통해 자금을 주주에게 반환하면 된다. 이처럼 배당은 자금조달수단인 유상증자와 동전의 앞뒷면과 같은 관계에 있다. 따라서 이에 관련한 결정들은 유연하면서도 전문적인 결정을 요하게 된다.

그러나 우리 상법은, 주주에게 있어 배당은 매우 중대한 이해관계가 있으며 기업의 실질적인 소유자로서 주주가 가진 수익권의 변형이라는 점에서 주주총회의 고유의 권한사항이라고 인식해 왔다. 이 때문에 오히려 법제는 주주에 의한 남용을 억제하여 채권자 보호 측면에서 기능하도록 배당제도를 설계해 왔다. 그러나 실무에서는 이러한 배당법제로 인해 회사의 배당결정절차가 장기화되고 배당의 유연화가 저해되며 배당재원에 대한 엄격한 규제와 획일화된 배당재산과 배당회수 등으로 인해 배당지급의 활성화에 장애가 된다는 점을 문제로 지적하고 있다.[55]

이 절에서는 배당법제로부터 파생되는 이론과 실무상의 문제점을 인식하고 향후 배당제도의 개선방안을 모색하는 것을 목적으로 현행 배당법제를 검토하기로 한다.

II. 재무제표의 승인 및 배당결정권한의 소재

1. 현행 제도

현행 상법상 정기배당을 지급하는 것에 대한 최종결정권한은 주주총회에 있다. 즉 이사회는 제안을 할 수밖에 없고, 주주총회에 출석한 주주들이 배당의 여부 및 범위를 결정하게 된다. 배당지급에 관한 사항은 매사업연도 종료일로부터 3월 내에 열리는 주주총회에서 결정하며(상법 354조 1항, 2항), 주주총회가 재무제표를 승인하면 재무제표가 확정되고 이로써 이사회가 경영전략적으로 결정한 이익잉여금처분계산서에 포함된 이익처분안의 효력이 발생한다(상법 449조 1항).

이러한 배당결정권은 재무제표승인과는 구분된다. 현행 상법상 이들 결정 주체는 결론적으로 주주총회로 동일하지만 배당결정권과 재무제표확정의 승인권은 그 내용과 기능이 다르다. 재무제표의 승인은 계산이 정당하다는 것을 승인하는 것이다. 이러한 기능에서 보면 계산의 정확성을 담보할 수만 있다면 다른 자에 의한 승인도 가능하다. 다만 계산의 내용은 주주에게 보고되어야 할 것이다. 이러한 점에서 입법정책적으로 재무제표의 확정을 반드시 주주가 승

55 상세내용은 김건식 · 안수현, 앞의 보고서, 10-14면 참조.

인할 필요는 없으며 보고만으로 충분하다.[56] 그러나 이와 달리 현행법은 주주가 배당결정권과 재무제표승인권을 당연히 갖고 있어야 하는 것으로 전제하고 있다.

이처럼 매 결산기마다 결산을 통해 이루어지는 정기배당의 경우 그 결정권한을 주주총회에 부여하고 있는 현행 규정이 갖는 장점은 지배주주나 경영자가 배당을 지나치게 적게 결정하고자 할 때 주주들이 압력을 가할 수 있는 기회를 제공하고 있다는 점이다.

한편 결산기가 아닌 영업연도 도중에 하는 중간배당의 경우는 정관의 정함에 의해 이사회 결의로 결정할 수 있으며(동법 462조의3), 분기배당의 경우는 상장법인에 한하여 정관이 정하는 바에 따라 이사회 결의로 분기배당을 결정할 수 있다(증권거래법 192조의3 1항).

2. 문제점

이처럼 재무제표 승인과 배당결정권을 주주총회의 권한으로 한 것은 이익의 처분은 회사의 소유자인 주주가 스스로 결정하는 것이 타당하다고 보고 이에 의해 주주에게 이사를 감독할 기회를 부여하기 위한 것이라고 할 수 있다.

그러나 이러한 사고는 실제 타당하지 않은데, 우선 전문적이고 매우 기술적인 계산에 기초하여 작성된 재무제표를 주주가 판단하기란 그리 용이하지 않은 일인데다, 승인은 형식적으로 끝나 버리는 경우가 대부분이기 때문이다.

게다가 현행 규정은 이론과 실무, 두 가지 측면에서 볼 때 각각 문제점을 갖고 있다.

(1) 이론상의 문제점

회사에 있어 배당에 관한 결정은 실제 투자정책은 물론 자금조달정책과 밀접하게 관련이 있다. 그 때문에 회사의 투자와 자금조달을 담당하는 이사회가 여유자금의 반환에 대한 결정권도 함께 갖는 것이 타당하다. 더구나 자기주식의 취득이 자유롭게 행해지는 법제로 정비되는 경향임을 감안한다면 자금의 반환이라는 경제적 기능이 실질적으로 동일함에도 불구하고 각각의 결정권자를 동일한 법세에서 다르게 취급하는 것은 불합리하다.

56 일본의 경우 회계감사인설치회사의 경우 계산서류가 법령 · 정관에 따라 회사의 재산 및 손익이 상황을 바르게 표시되어 있는 것으로서 법무성령에서 정한 요건에 해당하는 경우에는 주주총회의 승인을 요구하지 않고 이사회의 승인으로 확정할 수 있으며 이 경우 정기총회에 계산서류를 제출하여 그 내용을 보고하는 것으로 하고 있다(회사법 439조 ; 계산규칙 163조).

(2) 실무상의 문제점

실무상으로도 문제를 야기하고 있는데, 주주총회가 배당의 최종결정권을 가짐으로써 현실적으로 배당절차가 장기화되는 문제를 낳고 있다. 배당받을 자를 확정하는 기준시점과 배당액이 확정되는 주주총회일 간에 시차가 통상 4개월 정도의 장기가 소요되고 있다. 또한 현재 배당실무는 연말의 기준일 당시의 주주에 대해서 2월이나 3월에 개최되는 정기주주총회에서 배당액을 결정하는 것이 일반적인데, 이러한 실무로 인해 정기주주총회 전까지는 배당액이 확정되지 않아 기준일 후에 배당청구권이 포함되지 않은 주가를 시장에서 판단하기 어렵다는 어려움이 있다. 현재 이러한 문제를 시정하고자 상장회사의 경우 실무에서는 현금배당의 경우 이사회에서 정한 예정배당률을 자진해서 공시하도록 하고 있고, 주식배당의 경우에는 이사회 결의를 거쳐 당해 사업연도 말 15일 전까지 금융위원회, 거래소 등에 신고 또는 직접 공시를 하도록 하고 있다. 그럼에도 불구하고 결국 최종적으로 주주총회에서 변경될 가능성이 있기 때문에 불확실성을 완전히 피할 수는 없다.

3. 개정방안

(1) 가능한 방안들

배당정책이 고도의 경영판단을 요하는 것이라는 점과 실무에서 제기되는 문제점을 시정하면서, 한편으로 외국의 최근 입법례를 반영하여 배당법제를 개선하고자 할 경우 배당결정권한의 소재와 관련하여 다음과 같은 세 가지 방안이 고려될 수 있다.

· 제1안 : 정관의 정함에 의해 이사회에서 배당을 결정할 수 있게 함으로써 회사에게 선택권을 부여하는 방안이다. 이는 일본과 영국에서 취하고 있는 방식이다.

· 제2안 : 회사법에서 일률적으로 배당결정권한을 이사회에 부여하는 방안이다. 이는 미국에서 행해지는 방식이다.

· 제3안 : 상장법인에 한하여 이사회에서 배당을 결정하게 하는 방안이다.[57] 상장법인의 경우에는 시장의 압력이 있으므로 이사회가 배당을 억제하기 어렵다는 점을 고려하여 상장법인의 경우에만 이사회에 배당권한을 부여하는 방안이다.

57 이러한 방안을 제시하고 있는 연구보고서로는 기업법학회, 회사법 개정방향에 관한 연구, 한국상장회사협의회 (2004. 12).

(2) 각각의 방안 검토

이들 방안들의 장 · 단점을 평가해 보면 다음과 같다. 우선, 제2안의 경우 배당에 관한 기동성 있는 결정을 기대할 수 있다. 반면에 이사회가 배당에 소극적인 경우, 특히 폐쇄회사의 소수주주로서는 이익배당을 확보할 실효성 있는 방안이 없다는 점이 문제로 지적될 수 있다. 제3안은 시장의 압력 때문에 이사회가 배당을 억제하기 어렵다는 이점이 있지만, 회사의 선택권을 인정하지 않는다는 점이 경우에 따라서는 단점이 될 수도 있다. 외국의 경우에도 회사의 규모나 공개 여하에 따라 구분하여 달리 취급하지는 않고 있는 점을 고려하면 굳이 회사의 규모나 공개 여하를 구분할 필요는 없을 것으로 보인다.

기본적으로 배당정책이 투자 및 자본조달정책과 같은 재무관리상의 결정이라는 것을 고려한다면 회사 경영에 정통한 이사들이 배당을 결정케 하는 것이 합리적일 것이다. 또한 채권자 보호의 관점에서도 주주총회에 배당결정권을 주는 것은 바람직하지 않다. 오히려 채권자의 이익이 직접적으로 상충되는 주주에게 결정권을 부여하는 것보다 중립적이고 전문적인 이사에게 결정권을 맡기고 책임을 부과하는 것이 더 나을 수 있다.

이러한 점을 감안한다면 회사 경영의 유연한 결정 및 규제의 합리화 추세를 고려할 때 이사회에서 배당을 결정할 수 있게 하되, 제1안처럼 유연한 배당결정이 중요한 회사에게 정관의 규정으로 이사회에 배당권한을 부여할 수 있는 길을 열어줌으로써 사적 자치를 존중하는 입법방식이 보다 바람직한 것으로 보인다. 다만 회사가 그러한 선택을 하지 않는 경우에는 현재의 문제점이 그대로 존재하는 문제는 남는다. 그러나 상장회사의 경우 모범정관의 채택으로 이사회에서 결정하도록 하는 방식을 취할 것으로 기대된다.

(3) 경과

위에서 제시한 3개의 안 중 상법 개정위원회 제2소위에서는 다수로 제1안을 채택하였으며, 법무부가 입법예고한 상법개정안에서도 이 방안을 채택하였다(수정안 동일). 다만 상법개정안에 따르면 정관의 정함에 의하여 일정한 요건을 갖춘 경우에 한하여 재무제표확정의 승인을 이사회 결의로 할 수 있게 하고 있으며[58] 이러한 회사에 한해 이사회에서 배당을 결정하도록 하고 있다.[59] 즉 계산서류가 법령 및 정관에 따라 회사의 재무상태 및 경영성과를 적정하게 표시하고 있다는 외부감사인의 의견이 있고, 감사(감사위원회설치회사의 경우에는 감사위원) 전원

58 상법개정안 449조의2 1항 단서.

59 상법개정안 462조 2항 단서 ; 449조의2 1항.

의 동의가 있는 등의 요건을 갖춘 경우에는 주주총회의 승인을 요구하지 않고 이사회의 승인으로 재무제표를 확정할 수 있으며, 이사회에서 배당을 결정하게 된다.

이는 현행 상법상 본래 이익의 처분은 주주총회의 권한이지만, 배당정책은 고도의 경영판단을 요하는 부분이어서 주주의 관여를 제한할 필요가 있다는 정책적 사고를 수용한 것이다. 다만 이사회 결의로 배당을 결정할 수 있는 회사는 일정한 조건을 충족한 회사로서, 이사회 결의로 재무제표를 승인한 회사에 한하고 있다. 이는 외부감사인의 의견과 감사 (내지 감사위원) 전원의 동의를 전제로 이사회의 계산서류 작성 및 배당에 관한 경영책임을 지우고자 하는 취지에서라고 보인다.[60]

(4) 기타 관련 문제

이와 관련하여 부수적으로 검토할 사항으로서 이사회가 배당결정권한을 갖는 경우 주주가 어느 정도로 이익처분안에 관여할 수 있는 가가 문제될 수 있다.

이에 대하여 이사회 결의가 있는 경우 주주총회 결의로 본다고 할 것인지 아니면 정관의 정함으로 주주총회 결의로 할 수 있는 것으로 주주가 이익처분안에 관여하는 것을 인정할 것인지 여부를 검토할 필요가 있다. 후자의 경우에는 주주제안권을 인정하는 것이 되나, 이 경우 이사회 결의사항을 주주총회에서 결의하는 것이 가능하지 않다는 비판이 예상된다. 다만 후자의 방안이 전혀 불가능한 것은 아닌데, 즉 주주총회의 권고적 효력이라는 새로운 효력을 인정할 경우 주주제안권이 인정될 수 있다. 다만, 이경우 주주총회의 권고적 효력이라는 새로운 효력을 명문의 규정을 두어 인정할 필요가 있는가 하는 것이 쟁점이 될 수 있다.

이와 같은 새로운 효력을 인정함으로써 기대되는 이점은 비록 권고적 효력밖에 없어 구속력이 없다 하더라도 주주에게 배당에 관여할 수 있는 길을 열어준다는 점에서 주주총회 결의의 권고적 효력에 대해 검토의 필요성이 있다. 다만 여기에서는 이러한 문제를 제기하는 것에 그치기로 한다.

4. 입법례

우리 배당법제와 달리 외국에서는 배당결정권이 당연히 주주총회에 있지 않다. 이하에서는 이들 외국의 입법례로 미국, 영국, 독일, 일본의 순으로 간략히 살펴본다.

60 상법개정안의 배당법제에 대한 검토와 평가에 관해서는, 안수현, "상법개정안의 배당제도 및 실무상의 문제—기준일제도를 중심으로," BFL 제20호(2006. 11), 금융법센터, 122면 이하 참조.

(1) 미국

미국의 경우 기본적으로 이사회 결의에 의해 배당 여부와 배당재산의 범위가 결정된다. 대표적인 입법례로는 모범회사법과 델라웨어일반회사법을 들 수 있다.[61]

모범회사법 6.40조 (a)항에서는 정관의 정함과 (c)항의 제한 하에 이사회는 주주에게 분배할 것을 결정할 수 있다고 규정하고 있다.

델라웨어일반회사법도 마찬가지 입장인데, 즉 170조 (a)항에서는 각 회사의 이사는 동법 154조와 동법 244조에 의거하여 산출된 잉여금(surplus)의 범위 또는 잉여금이 없는 경우에는 배당이 선언된 당해 결산연도 또는 결산연도 전년도의 순이익(net profit)에서 배당을 선언하고 지급할 수 있다고 하고 있다.

(2) 영국[62]

영국의 경우 회사법상 배당은 정관에서 달리 규정하지 않는 이상 배당을 선언하기 전에는 배당을 할 수 없으며, 이러한 배당선언을 하는 주체에 대해서는 정관에서 규정하는 것에 달려 있다. 즉, 정관규정에 의해 Table A가 적용되는 회사인 경우[63]에는 주주총회가 배당결정권을 갖지만, 그 결정액은 이사회가 제안한 금액을 초과하여 결정할 수 없도록 하고 있다(1985년 회사

61 그 외에도 Alabama, 10-2B-6.40 (a) ; Alaska, Corporations Code Chap.6 §6.06.358 : Arizona, Corporation, Chap.6 Article 4 : Arkansas, §4-27-640 : California Corporations Code §316, 500-503 : Colorado, §7-63-113 : Connecticut, §33-684 : Florida, §607.06401 : Hawaii, Revised Statute §415-45 : Idaho, Corporations §30-1-640 : Illinois, Business Corporation Act of 1983, §805, ILCS 5/9.10 ; Indiana, Indiana Code, Title 23 Chap.28, IC 23-1-28-1-6 : Iowa, Subtitle II. §490.640 : Kansas, §17-6410 : Kentucky, Revised Statutes, Chap.271B06, §271B.06-400 : Louisiana, §§12 : 55, 12 : 61-12 : 63 : Maine, Business Corporation Act, Title 13-A §514 : Maryland, §2-301 : Massachusetts, §21A : Michigan, §450.1345 : Minnesota, Business Corporations §302A.551 (a) : Mississippi, §79-4-6.40 : Missouri, Chap.351, General and Business Corporation, §351.220 : Nebraska, Chap.21 §21-2050 : Nevada, Title 7 §78.288 : New Jersey, §14A : 7-14.1 : New Mexico, §53-11-44 : New York, Business Corporation §§510 : Ohio, §1701.32 : Pennsylvania, Subpart B, Article B, Chap.15, Subchap.C §1551 : South Carolina, Title 33, Chap.6 §33-6-400 : Tennessee, Title 48 §48-16-401 : Texas, Business Corporation Act Part.II. §2.38 : West Virginia, Chap.31 Corporation, Article 1 §31-1-99 : Wyoming, §17-16-640 etc. 참조.

62 영국의 입법례에 대해서는 Denis Keenan, Company Law(13th ed.), Pearson Longman, 2005, at 196-197.

63 Table A는 Secretary of State가 제정한 규정으로 회사는 Table A의 전부 내지 그 일부를 정관에 채택할 수 있다(영국 1985년 회사법 8조 1항).

법 규칙 Table A 102조). 이 경우 만약 이사회가 배당을 제안하지 않는 경우에는 주주총회는 배당을 선언할 수 없다. 따라서 주주총회는 이사회가 제안한 배당금액을 감소시킬 권한만 있다.

이와 달리 수시배당(interim dividends)의 경우에는 이사회가 수시로 결정할 수 있다(동 규칙 103조).

(3) 독일

주식법상 원칙적으로 배당은 이익처분결의를 위한 정기주주총회에서 결정된다(174조). 그러나 일정한 요건 하에 정관으로 이사회에 중간배당(내지 분할배당)을 할 권한을 부여할 수 있다(주식법 59조 1항).

독일의 경우 통상 배당결정절차는 다음과 같다. 즉 주주총회에서 배당을 결정하기 위해서 우선, 이사회는 연말결산서(Jahresabschluβ)와 대차대조표상 이익처분에 관한 주총 의안을 감사회에 제출하여야 한다. 이후 감사회는 이들 서류와 의안에 대한 감사와 승인을 하며, 결산서의 확정에 대해 주주총회에서 결의하도록 이사회와 감사회가 결의하지 않는 한 결산서는 감사회의 승인에 의해 확정된다(주식법 172조 1문, 173조 1항). 감사회가 결산서에 대해 승인하지 않으면 주주총회에서 결산서를 확정한다(주식법 1763조 2항).이후 주주총회는 영업연도 개시 후 8월 이내에(주식법 174조 2항) 위와 같이 확정된 결산서에 따라 대차대조표상 이익의 처분에 관해 결의하게 된다.

이익처분의 결의시에는 이익의 처분을 개별적으로 명시해야 한다(주식법 174조 2항). 여기에는 대차대조표이익, 주주에게 배당할 금액 또는 현물의 가치, 결산기에 이익준비금으로 적립하여야 할 금액, 차기이월이익에 관한 사항이 포함된다.

(4) 일본

1) 회사법

잉여금[64]의 결정은 원칙적으로 주주총회 결의로 결정되며, 동 결의에서 배당재산의 종류와 장부가액의 총액, 주주에 대한 배당재산의 배정에 관한 사항, 잉여금 배당의 효력발생일을 정하도록 하고 있다(454조 1항).

64 일본 회사법에서는 주주에 대한 배당은 이익 개념을 확대하여 자본금의 감소분, 준비금의 감소분 및 보유한 자기주식의 장부가액 등, 자본거래로부터 발생한 것도 포함하여 영미에서 채택하고 있는 용어인 '잉여금'으로 정의하여 규제하고 있다.

다만 예외적으로 이사회설치회사의 경우 회계감사인을 설치하고 이사의 임기를 1년으로 한 주식회사의 경우에는 정관의 정함에 의해 이사회 결의로 결정할 수 있다(459조 1항, 2항). 이 경우 최종사업연도에 관한 계산서류가 법령 및 정관에 의해 주식회사의 재산과 손익의 상황을 정확히 표시하는 것으로 법무성령에서 정한 요건(계산규칙 183조)을 충족하는 경우여야 한다.

한편, 이사회에 권한을 이관하는 규정을 정관에 둔 경우에는 이사회 결의사항을 주주총회에서는 결의할 수 없다고 하는 것을 정관에 규정하는 것도 가능하다.[65]

중간배당의 경우에는 위의 요건을 만족하지 않아도 이사회설치회사의 경우에는 정관의 정함에 의해 이사회 결의에 의하여 중간배당을 결정할 수 있다(454조 5항). 다만 이 경우에는 금전배당에 한한다.

2) 상법과의 차이

상법과 달리 회사법에서는 위원회설치회사인지 감사설치회사인지의 여부가 배당결정기관의 차이를 인정할 합리적인 이유가 될 수 없다는 판단에서 감사설치회사의 경우에도 다음의 요건을 갖추는 것을 전제로 이사회 결의로 통상의 배당을 결정할 수 있게 하고 있다.[66] 이 경우 갖추어야 할 요건은 i) 감사회설치회사일 것, ii) 외부감사를 받는 회사일 것, iii) 이사의 임기가 1년인 회사일 것, iv) 정관에 규정을 둘 것, v) 계산서류가 법무성령에 정하는 요건에 해당하여 적정한 경우(계산규칙 183조)가 그것이다. 이사의 임기를 1년으로 한 회사에 제한하고 있는 것은 주주에게 이사의 배당에 관한 결정과 관련하여 책임을 추급할 수 있도록 하기 위함이다. 이는 미국에서 배당정책에 관한 이사의 법적 책임을 사후적으로 추급하는 것이 사실상 곤란하다는 점을 인식하여 반영한 것이라고 할 수 있다.[67] 이사회 결의에 의해 잉여금의 분배를 가능하게 함으로써 주주총회를 기다리지 않고도 기동적으로 배당을 할 수 있게 하면서, 한편으로 이사의 임기를 1년으로 하여 배당정책에 불만이 있는 경우 주주로 하여금 다른 이사를 선임할 수 있게 하고, 특히 기중에 불만이 있는 경우에는 임시주주총회를 소집하여 보통결의로 이사를 해임할 수 있게 하고 있다

65 자세한 설명은 神田秀樹, 앞의 책, 251면 이하.

66 종래 상법에 의하면 위원회설치회사에 한해서만 이사회 결의로 배당을 결정할 수 있었다(상법 특례법 16조). 따라서 감사설치회사의 경우에는 주주총회의 결의로 결정하여야 하였다.

67 森本 滋 編著, 앞의 책, 97면.

III. 배당청구권자의 결정

1. 현행 제도

현행 상법상 어느 시점의 주주가 결산 후에 이루어지는 배당을 받을 권리가 있는지에 대하여는 직접 명문의 규정을 두고 있지 않다. 다만 정관으로 주주명부폐쇄 내지 기준일을 정하여 결정할 수 있도록 하고 있다(354조).

실무에서는 거의 대부분 결산일을 기준일로 하거나 또는 결산기를 기준일로 하면서 동시에 그 다음 날로부터 상당 기간 주주명부를 폐쇄하여 이익배당청구권자와 정기총회에서 의결권을 행사할 자를 일치시키고 있다. 대체로 기준일은 1년 결산기를 가진 회사의 경우 12월 31일이 된다. 따라서 결산일 현재의 주주가 주주총회에서 의결권을 가지며 배당청구권도 갖게 된다. 한편 결산 이후 행해지는 배당과는 달리 사업연도 중에 행해지는 배당에 대해서는 달리 취급을 하고 있다. 우선, 중간배당의 경우에는 배당받을 자를 확정하는 기준에 관한 규정을 상법에 명문으로 두고 있다. 즉 정관의 정함으로 이사회의 결의로 일정한 날을 정하여 그날의 주주에 대하여 금전으로 이익을 배당할 수 있다고 정하고 있다(상법 462조의3 1항). 또한 분기배당의 경우에는 획일적으로 권리행사자를 지정하고 있는데, 정관의 정함에 따라 3월 · 6월 · 9월 말일의 주주가 권리행사자가 됨을 명문화하고 있다(증권거래법 192조의3 1항).

2. 문제점

상장회사 또는 상장을 준비하는 회사들은 대체로 표준정관을 모델로 거의 대부분 결산일을 기준일로 하거나 결산기를 기준일로 하면서 동시에 그 다음 날로부터 상당 기간 주주명부를 폐쇄하여 이익배당청구권자와 정기총회에서 의결권을 행사할 자를 일치시키고 있다. 그러나 이처럼 결산기 말일을 배당과 관련한 권리행사자를 확정하는 기준일로 이용하는 실무와 관련해서는 다양한 문제점이 제기되고 있다.

우선, 정기배당시 행해지는 이러한 실무관행을 따르지 않는 경우, 즉 정기배당의 권리자 확정을 위하여 별도로 기준일 내지 주주명부 폐쇄조치를 취하지 않은 경우에는 이익배당청구권자를 어느 시점의 주주로 할 것인지는 명확하지 않다는 문제가 있다.[68] 이러한 경우 해석상 여러 가지 시점의 주주가 대상이 될 수 있어[69] 불명확한 점이 있다.

68 이에 대해 학설이 나뉘어 있다. 자세한 것은 권기범, 제2판 현대회사법론, 삼지원(2005), 927면.

69 예컨대 이익배당청구권자를 ① 결산기의 주주명부상의 주주로 볼 것인지, ② 정기총회에서 의결권을 행사할 자격을 갖는 주주로 볼 것인지, ③ 배당승인결의일 현재 주주명부상의 주주로 볼 것인지 등 다양한 경우가 상정된다.

둘째, 정기배당의 경우 권리행사자를 통상 실무와 같이 결산시점의 주주로 확정하는 방식은 이론과 실무운용면에서 문제가 있다. 우선, ① 배당을 받을 주주를 확정하는 시점이 결산일이 되는바, 이때의 주주는 차기 주주총회에서 의결권을 가지고 구체적인 배당액의 결정에 참여하게 되나, 당해 주주가 결산일 이후 주식을 매각한 경우 더 이상 주주가 아님에도 불구하고 주주명부상의 명의주주가 차기 주주총회에서 배당액의 확정을 위한 결정에 참여하게 된다. ② 다음으로 배당가능 예정액은 사전에 이사회 결의로 미리 공시되나 추후 주주총회에서 변경될 가능성이 있는바, 이러한 불명확성은 특히 주식배당의 경우 시장에서 배당금액에 대한 정보(배당락)의 불확실성을 높이는 요인이 된다. 즉 주식배당의경우, 배당락조치가 행해지고 이에 의해 주가하락이 발생하는데 실제 배당이 가능한지 여부는 결산기 이후 2~3개월 후 개최되는 주주총회에서 확정적으로 결정되므로 배당에 관한 불확실한 정보에 기초하여 주가가 감소하는 문제가 있다.

3. 개정방안

(1) 배당결정시 기준일을 정하여 권리자를 확정하는 방안

우리의 경우 실무상 제기되는 문제점을 해소하는 방안을 다음과 같이 제시할 수 있다. 즉 배당결정시 기준일을 해당 기관의 결의로 정하는 경우에는 그러한 기준일에 주주명부에 기재된 주주가 권리자로서 확정되는 것으로 하는 것이다.

(2) 배당결정시 기준일을 정하지 않은 경우

반면에 배당 결정시 이사회가 기준일을 정하지 않은 경우에는 결의일 당시의 주주가 구체적인 이익배당청구권의 권리자로 확정되는 것으로 하여야 할 것이다. 이는 기준일제도를 이용하지 않는 경우 디폴트(Default)로 사용되는 방법이다.

(3) 기준일을 정관에 기재하는 경우

배당받을 자의 예측 가능성을 위해 기준일을 정관에 기재하게 할 수도 있으나 정관에 기재한 경우라 하더라도 필요에 따라 결의로 기준일을 따로 결정할 수 있음은 물론이다.

(4) 경과

상법 개정위원회 제2소위에서 (1)의 배당결정시 기준일을 정하여 권리자를 확정하는 방안을 채택하였다. 그러나 상법개정안에서는 이사회 결의로 정기배당을 결정할 수 있게 하면서도, 정기배당의 권리행사자를 확정하는 방안에 대해서는 아무런 규정을 두고 있지 않다.[70]

4. 입법례

(1) 미국

미국의 경우 원칙적으로 이사회에서 이익배당의 권리자를 확정하는 기준일을 결정한다(모범회사법 6.40조).[71] 만약 이사회가 분배받을 권한 있는 자를 확정하기 위한 기준일을 결정하지 않은 경우에는 분배에 관한 이사회 결의일이 기준일이 된다.

델라웨어일반회사법도 마찬가지의 입장을 취하고 있다. 즉 213조 (c)항에서는 "이사회는 사전에 기준일을 정할 수 있으며, 기준일로부터 60일 이내에 지급하지 않으면 안 된다. 이사회가 기준일을 정하지 않은 경우 기준일은 지급결정일의 영업시간 종료시가 된다"[72]라고 규정하고 있다.[73]

(2) 영국

영국 회사법에서는 특별히 이익배당의 권리자를 확정하는 기준일에 대하여 별도의 규정을 두고 있지는 않다. 다만, 대체로 배당의 지급이 있기 직전에 기준일을 정하여 확정하는 절차를 거치는 경향이 있다.[74]

70 현재 배당실무는 결산기 말일을 기준으로 하고 있으나 이러한 실무는 문제가 있다. 배당의 권리행사자 확정을 위해 이용되고 있는 기준일제도에 관한 문제점을 검토하고 개선방안을 제시하고 있는 글로 우선, 안수현, 앞의 논문, 133면 이하 참조.

71 이 외에도 이사회는 배당지급액, 지급 대상의 유형, 지급일 등 배당 관련 사항을 확정한다.

72 1984 MBCA 6.40(b)도 같은 규정을 두고 있다.

73 그 외의 입법례로는 Cal Corp. Code, § 701 ; NY Bus Corp Law §604.

74 Denis Keenan, Company Law(13th ed.), at 198.

(3) 독일

독일의 경우 대차대조표상 이익이 법률이나 정관에 의하여 이익처분결의나 이익처분결의에 기한 추가비용으로서 주주에 대한 배당에서 공제되지 않는 한 주주는 그 대차대조표상 이익에 대한 청구권을 가진다(주식법 58조 4항).

(4) 일본

회사법상 정관에 달리 규정하지 않는 한 잉여금의 배당은 주주총회에서 결정하며, 이 경우 결의사항 중의 하나로서 배당의 효력발생일을 결정하도록 하고 있다(454조 1항).

다만 예외적으로 정관의 정함에 의해 이사회에서 결정하는 경우에는 이사회 결의로 배당의 효력발생일을 정한다(회사법 459조 1항 4호). 따라서 본래 이익배당청구권이 귀속되는 대상 주주는 효력발생일의 주주명부상의 주주가 된다.

회사가 기준일을 정한 경우에는 기준일 2주 전까지 기준일 주주가 행사할 수 있는 권리의 내용을 공고하여야 한다. 그러나 정관에 그러한 정함을 둔 경우에는 공고를 요하지 않는다(124조 3항).

IV. 배당재원의 규제

1. 현행 제도

현행 상법상 정기배당은 회사에 배당가능이익이 있는 경우에만 이익배당을 할 수 있다(462조 1항). 배당가능이익은 결산대차대조표상의 ① 순재산으로부터 ② 자본액 ③ 결산기까지 적립된 법정준비금(이익준비금+자본준비금), ④ 결산기에 적립하여야 할 이익준비금의 합계액을 공제한 금액이 된다(동조 동항). 즉 배당재원=[①−(②+③+④)]라는 산식이 성립된다. 물론 실제에는 이 외에도 추가로 결산기에 적립하여야 할 각종의 임의준비금액, 기타 법령에 의거하여 적립하여야 하는 법정준비금액, 당해 사업연도분 법인세비용 등을 공제한 잔액의 한도 내에서 이익배당을 하는 경우가 많다.

중간배당의 경우에도 그 재원에 대해서는 정기배당과 동일하게 엄격하게 규제하고 있다. 즉, 중간배당은 직전결산기의 대차대조표상의 순자산액으로부터 직전결산기의 자본액, 직전결산까지 적립된 자본준비금과 이익준비금의 합계액, 직전결산기의 정기총회에서 이익으로 배당하거나 또는 지급하기로 정한 금액, 중간배당에 따라 당해 결산기에 적립하여야 할 이익준비금을 공제한 잔액을 하도록 한다(상법 462조의 3 2항).

특히 상장회사의 경우 분기배당이 가능한데, 이 경우 역시 마찬가지로 배당재원에 대하여 엄격히 규제하고 있다(증권거래법 192조의3). 이러한 배당규제는 다음의 점에서 특징이 있는데, 우선 배당재원에 대해서는 사전에 엄격하게 규제하고 있는 점이다. 둘째, 자본제도와 배당제도가 한 세트를 이루고 있는 점이다. 즉 배당규제는 자본제도에 기초하고 있으며 자본이 배당 등으로 유출되지 않도록 함으로써 채권자를 보호하는 것을 주된 목적으로 하고 있다. 셋째, 배당은 배당 가능이익의 범위 내에서만 할 수 있다는 점이다.

2. 문제점

그러나 채권자 보호를 위해 상술한 바와 같이 현행법상 배당재원에 대해 사전에 엄격하게 규제하는 방식은 다음과 같은 이유에서 재고의 여지가 있다.

(1) 자본제도에 기초한 채권자 보호의 비실효성

우선, 무엇보다도 전통적으로 채권자 보호장치로서 기능했던 자본과 준비금에 대한 현대적 의미가 재조명되고 있는 상황[75]을 고려할 때 이를 기초로 한 엄격한 배당재원에 대한 사전적 규제는 실효성이 그리 크지 않다. 특히 자본은 회사의 현재의 지급능력이나 장래의 수익력과 하등의 관계가 없는 숫자로 이러한 액을 배당규제의 기초로 삼는 것은 사실상 재무상 위험한 상태에 있는 회사를 정확히 파악하는 데 도움이 되지 않는다.

(2) 기업의 과도한 법정준비금의 적립을 옹호하는 체제

현재 우리 기업들이 과도하게 법정준비금을 적립하는 것도 경직적인 법정준비금의 운용으로부터 기인한 것이라는 비판이 있다. 더구나 엄격한 배당제원의 규제는 재무관리의 신축성 확보에도 장애가 될 수 있다.

75 이에 대해서는 이 책에서의 자본제도의 재검토 및 준비금에 대한 논의를 참고할 수 있다. 윤영신 · 송옥렬, 제8장 자본제도 참조.

〈표 2〉 한 · 일기업의 법정자본금 적립현황

구분	금액	자본금대비적립률	일본	자본금 대비적립률
자본금	54조 7, 962억 원		51조 엔	
법정자본금	82조 6, 015억 원	150.7%	55조 엔	107%
자본준비금	81조 9, 336억 원	149.5%	—	
이익준비금	6, 679억 원	1.2%	—	

* 기준시점 : 한국—2003년 말 거래소 상장법인 616개사 사업보고서 기준
일본—2000년 3월 상장회사 기준

(3) 융통적인 배당재원 마련의 어려움

여기에 상법 자체에서 배당가능이익을 계산하는 것에 관한 고정식을 규정하고 있어 융통적으로 배당재원을 결정하는 것도 곤란하다. 외국의 입법례를 보더라도 법정준비금을 배당재원으로 이용할 수 있게 하는 것이 추세인바, 이를 고려해 볼 때 배당가능재원의 범위를 확대할 수 있도록 배당재원규제에 반영할 필요가 있다.

3. 개정방안

(1) 기본방향

배당재원에 대한 규제 합리화 차원에서 기본적으로 배당가능이익을 산출함에 있어 융통성을 부여할 필요가 있다. 즉 현재와 같이 배당가능이익을 산출하는 방식에 있어 순자산을 기초로 한 산식을 그대로 이용한다고 하더라도 수시로 잉여금분배가 이루어질 수 있는 방안을 마련하는 것이다. 기본적으로 배당은 잉여금의 존재를 전제로 하면서 여기에 종전보다 융통성 있게 배당가능이익을 산출할 수 있게 하는 방안을 모색할 필요가 있다.

(2) 개정안 및 검토

1) 개정안

이와 관련해서는 현실적으로는 법정준비금의 규제 완화 정도에 따라 다음과 같은 세 가지 방안의 이용이 가능할 것으로 보인다.

· 제1안 : 이익준비금은 물론 자본준비금 일부에서도 배당을 할 수 있도록 허용하는 것이

다. 다만 이 방안은 구체적인 방법에 따라 다음의 두 가지 방안으로 세분화될 수 있다. 예컨대 ① 준비금이 일정 한도를 초과한 경우 초과분은 배당가능이익으로 사용할 수 있도록 하게 하는 방안과 ② 현재와 같이 순자산에서 공제항목을 열거하는 방식을 활용하되 현재보다 공제항목을 축소하는 방안이 그것이다.

· 제2안 : 자본준비금 전액으로부터 배당을 할 수 있도록 허용하는 것이다.

· 제3안 : 대폭 완화하여 '순자산 〈 자본금' 인 한 배당을 허용하지 않는 것이다. 즉 배당으로 도산하지 않는 한 원칙적으로 배당할 수 있게 하는 방안이다.

2) 검토

외국의 경우를 보더라도 자본과 준비금의 합계액을 가지고 배당으로 인한 회사 재산의 사외유출을 억제하는 쿠션장치로 활용하는 방식은 대부분 폐기한 것으로 보인다. 그렇다고 제3안과 같이 배당재원에 대한 규제를 완전히 폐지하는 것 또한 현 시점에서는 적절하지 않은 것으로 보인다. 다만 적어도 현재처럼 과다하게 법정준비금이 쌓여 있는 상태에서 준비금을 과다하게 적립하여 배당을 억제하는 결과를 가져오는 현행 상법상의 배당재원규제관련 제도는 개선될 필요가 있다. 적어도 법정준비금의 적립을 완화하여 배당으로 이용할 수 있게 하는 방안이 입법적으로 모색되어야 할 것이다.

기본적으로 이익준비금을 주주에 대한 이익배당의 재원으로 하는 데에는 이론적인 문제는 없을 것이다. 반면에 자본준비금의 경우 자본에 준하는 것으로 보아 배당재원으로 활용하는 데에는 반대가 있을 수 있다. 그러나 미국[76]과 일본의 경우를 보더라도 준비금을 감소시켜 배당재원으로 활용할 수 있도록 조치한 바 있음을 참고할 수 있다. 따라서 준비금의 적립을 완화하여 자본준비금과 이익준비금 일부를 배당에 사용할 수 있게 하기 위해서는 이들 준비금이 일정 한도를 초과한 경우 당해 초과분을 배당가능재원으로 사용할 수 있도록 자본준비금과 이익준비금의 적립한도 및 사용처에 대한 현행법상의 엄격한 제한규정을 완화할 필요가 있다.[77]

76 구 모범회사법에서는 배당이라는 말을 사용하지 않고 분배(distribution)라는 용어를 사용하고 있으며 다음과 같은 조건을 충족한 경우 자본잉여금으로부터 주주에게 분배하는 것을 인정하고 있다(46조). 즉 ① 회사가 지급불능상태에 있지 않을 것, ② 기본정관에 규정 내지 주주총회 결의에 의한 경우, ③ 우선배당의 누적미지급금에 대하여 완전히 지급한 경우, ④ 잔여재산분배에 관한 우선권을 해치지 않을 것, ⑤ 주주에게 재원에 관해 통지할 것 등 다섯 가지 요건을 충족한 경우 자본잉여금으로부터 주주에게 분배하는 것이 가능하다. 사업이 궤도에 올라 안정된 수익을 보여 줄 때까지의 회사 초기단계에서는 특히 우선 주주에게 대한 배당지급을 확보하기 위하여 자본잉여금을 재원으로 이용하는 것이 필요하다고 보고 있다. 반면에 구 캘리포니아주 회사법의 경우 (납입)자본잉여금으로 분배하는 것은 배당우선권을 가진 유통주식을 발행한 경우에 한해 이 주식에 대해서만 자본잉여금으로 배당을 하는 것을 허용하고 있다(1500조 c항).

77 현행 상법상 회사는 자본의 2분의 1에 달할 때까지 매결산기의 금전에 의한 이익배당액의 10분의 1 이상의 금액

3) 경과

상법 개정위원회 제2소위에서 제1안의 ①이 다수의 안으로 채택되었다. 법무부가 입법예고한 상법개정안에서는 비록 종래대로 자본제도에 기초한 배당규제를 기본적으로 고수하고 있지만, 종래에 비해 자본제도와 배당제도의 연결고리를 완화하고 있다. 즉 이익준비금과 자본준비금 일부로부터 배당할 여지를 마련해 둠으로써 배당재원에 대한 엄격한 사전규제를 완화하고 있다. 구체적인 내용을 보면 준비금이 일정 한도를 초과한 경우 그 초과분을 배당가능이익으로 사용할 수 있게 하고 있다.[78] 수정안도 같다.

4. 입법례

(1) 미국

1) 우리 배당법제와의 차이

미국의 배당법제는 기본적으로 일부 주에서 자본제도를 폐지한 것에 기초하여 배당법제를 새로 설계하였다는 점에서 우리나라의 배당법제와 큰 차이가 있다. 미국의 경우 회사법상의 배당규제는 각 주별로 크게 다르나,[79] 대체로 배당규제의 기본구조는 다음과 같다.[80]

을 이익준비금으로 적립하도록 하고 있으며(458조), 자본준비금에 대해서도 적립할 사항에 대하여 법에서 정하고 있다(459조). 따라서 이러한 적립한도와 적립강제사항에 대하여 규제를 완화할 필요가 있다. 아울러 이들 법정준비금의 사용처도 자본의 결손전보에 충당하는 경우 외에는 이를 처분하지 못하게 하고 있는 규정도 배당의 유연화 차원에서는 삭제할 필요가 있다.

78 상법개정안 461조의2, 수정안 461조의2.

79 다만 이들 주의 배당법제는 크게 세 가지 유형의 배당법제로 구분될 수 있다. 즉 ① Model Business Corporation Act(MBCA), ② Delaware Corporate Code, ③ California Corporate Code 등이 그것이다. 대부분의 주 회사법들은 이들 유형의 하나를 취하고 있는 실정이다. 현재 MBCA와 캘리포니아회사법은 각각 개정되었기 때문에 분류를 보다 상세히 할 경우 구법과 신법을 포함하여 ① 1950년 모범회사법(구 모범회사법), ② 1980년 모범회사법(신 모범회사법), ③ 구 캘리포니아회사법, ④ 신 캘리포니아회사법, ⑤ 델라웨어회사법 등 5가지로 구분된다. 이들 유형들의 자세한 내용에 대해서는 김건식 · 안수현, 앞의 보고서, 54-61면 참조.

80 미국에서의 배당규제에 대해서는 여러 곳에서 소개된 바 있다. 우선, 김건식 · 안수현, 전게보고서, 54면 이하 참조 ; 김순식, 미국의 배당규제와 자기주식제도, 비교사법 제13권 2호(통권 33호) 2006. 6. 한국비교사법학회, 258-270면 참조 ; 손영화, 상법상 자본제도의 개선방안, 한국상사법학회 2006년 하계학술대회—신용사회와 상법의 발전방향 : 상법 개정안을 중심으로—96면 이하 참조(2006) ; 森本 滋 編著, 比較會社法研究(21世紀の會社法制を摸索して), 186면 이하 참조 ; 윤영신 · 송옥렬, 이 책 제8장 자본제도 참조

2) 배당규제의 기본구조

우선, 첫 번째 단계로 이른바 지급불능기준(insolvency)이라고 불리는 규제방식을 채택하고 있다. 즉 회사를 지급불능으로 하는 배당은 허락되지 않는 것이다.[81] 지급불능이란 부채가 자산을 상회하는 의미에서 즉 파산법상의 의미의 지급불능과 기한이 도래한 채무를 지급할 수 없다는 의미에서의 형평법상의 의미에서의 지급불능이 있지만, 회사제정법에서는 후자의 의미가 이용되고 있다.

이에 추가하여, 두 번째 단계에서 배당제한기준이 설정되어 있는데, 이에는 일반적으로 대차대조표기준이라고 불리는 것이 적용된다. 이 기준은 회사자산의 액이 부채와 법정자본액을 하회하는 경우 배당이 허용되지 않는 것이다. 즉 잉여금으로부터의 배당만이 허용되며 자본결손상태 하에서는(부채+법정자본 〉 자산) 배당은 허용되지 않는다. 이러한 방식은 뉴욕회사법[82]이 채택하고 있는 방식이다. 델라웨어일반회사법은 잉여금이 존재하지 않더라도 당기 또는 전기에 이익이 있으면 배당을 인정한다.[83]

모범회사법의 경우 과거에는 회사에 축적된 과거이익의 총체로부터 이익잉여금을 원칙적인 배당재원으로 인정하고 있다(2조, 45조 a항). 다만, 일정한 조건을 충족하는 경우에는 자본

81 지급불능기준만을 채택한 주에는 Mass. Gen. Laws Ann ch. 156B §61.

82 N.Y. Bus.Corp. Law §510. Dividends or other distributions in cash or property.
(a) A corporation may declare and pay dividends or make other distributions in cash or its bonds or its property, including the shares or bonds of other corporations, on its outstanding shares, except when currently the corporation is insolvent or would thereby be made insolvent, or when the declaration, payment or distribution would be contrary to any restrictions contained in the certificate of incorporation.
(b) Dividends may be declared or paid and other distributions may be made out of surplus only, so that the net assets of the corporation remaining after such declaration, payment or distribution shall at least equal the amount of its stated capital ; except that a corporation engaged in the exploitation of natural resources or other wasting assets, including patents, or formed primarily for the liquidation of specific assets, may declare and pay dividends or make other distributions in excess of its surplus, computed after taking due account of depletion and amortization, to the extent that the cost of the wasting or specific assets has been recovered by depletion reserves, amortization or sale, if the net assets remaining after such dividends or distributions are sufficient to cover the liquidation preferences of shares having such preferences in involuntary liquidation.

83 DEL. GEN. CORP. LAW §170(a) The statute provides that a corporation may pay dividends "either (1) out of its surplus* or (2) in case there shall be no such surplus, out of its net profits for the fiscal year in which the dividend is declared and/or the preceding fiscal year." *(Delaware does not distinguish between earned and capital surplus. DEL. GEN. CORP. LAW §154.) surplus는 순자산에서 자본을 공제한 것을 말한다(154조).

잉여금으로부터 주주에게 분배하는 것을 인정하고 있다.[84] 이후 표시자본제도를 폐기하면서 분배가능재원을 직접 규정하지 않는 대신 분배규제기준으로서 지급불능기준과 함께 새로운 대차대조표기준을 규정하였다(동법 6.40조 c항). 즉 분배 후 회사자산의 총액이 부채액(+잔여재산의 분배에 관해 우선권을 가진 주식에 지급하여야 하는 액)을 하회하는 경우에는 배당(배당 및 이를 포함한 분배를 말함)이 허용되지 않는다.[85] 이와 달리 비록 소수이지만 이익잉여금기준만이 채용된 주도 있다. 이는 이익잉여금[86]에서만 배당을 허용하는 기준이다. 이러한 기준을 채택하는 경우에도 기본정관규정과 주주총회 결의가 있는 경우 자본잉여금으로부터 배당을 허용하는 것이 일반적이기 때문에 실제상 대차대조표기준과 큰 차이는 없다.[87]

(2) 영국

영국의 경우 회사법상 기본적으로 (순자산 〉 자본+법정준비금)인 경우에 한하여 배당이 허용된다. 동법에 의거하여 배당기준은 원칙적으로 이전에 분배 내지 자본에 전입되지 않은 누적실현이익에서 이전에 적법하게 행해진 자본감소 내지 자본 재구성에 의해 전보되지 않은 누적실현손실을 공제한 금액으로 산출된다(회사법 263조 3항). 특히 공개회사의 경우에는 순자산이 분할납입청구가 이루어진 자본으로 최고후 발행이 완료된 주식자본(called-up share capital)과 분배할 수 없는 준비금[88]의 합계액 이상으로 존재하는 경우에 한하여 분배 후 잔존

84 즉 ① 회사가 지급불능상태에 있지 않을 것, ② 기본정관에 규정 내지 주주총회 결의에 의한 경우, ③ 우선배당의 미지급금에 대하여 완전히 지급한 경우, ④ 잔여재산분배에 관한 우선권을 해치지 않을 것, ⑤ 주주에게 재원에 관해 통지할 것 등 다섯 가지 요건을 충족한 경우에는 자본잉여금으로부터 배당이 가능하다.

85 ABA, Model Business Corporation Act Official Text with Official Comment and Statutory Cross-References Revised through June 2005, at. 6-60.

86 일반적으로 잉여금(surplus)이란 이익잉여금(earned surplus)과 자본잉여금(capital surplus)으로 분류된다. 전자는 사내에 유보되어 있는 이익의 누계(retained earnings 유보이익)를 말한다. 자본잉여금은 그 이외의 잉여금으로 납입잉여금(paid in surplus)을 말한다.

87 자세한 것은 森本 滋 編著, 앞의 책, 187면 이하 참조.

88 분배할 수 없는 준비금에는 share premium account(주식납입잉여금계정), capital redemption reserve(자본상각준비금), the amount by which the company's accumulated, unrealised profits, so far as not previously utilised by capitalisation of a description to which this paragraph applies, exceed its accumulated, unrealised losses(so far as not previously written off in a reduction or reorganisation of capital duly made)(이전에 자본전입에 사용되지 않은 누적미실현이익이 이전에 적법하게 행해진 자본 감소 내지 자본 재구성으로 전보되지 않은 누적미실현손실을 초과한 액, 즉 재평가준비금), any other reserve which the company is prohibited from distributing by any enactment(other than one contained in this part) or by its memorandum or articles(제정법 및 기본정관, 부속정관에 의해 회사가 분배하는 것을 금지한 기타 준비금) 등이 포함된다. 영국 회사법 264조 3항 참조.

순자산액이 이들 합계액을 하회하지 않는 범위 내에서 분배를 할 수 있다(회사법 264조 1항 a호, b호).

(3) 독일

독일 주식법상 배당은 대차대조표상의 이익을 기준으로 한다. 즉 대차대조표상 이익이란 (연도잉여금－이익준비금)이 된다(주식법 58조 1항 내지 2항 참조). 이사회와 감사회는 결산서가 확정되면 연도잉여금(Jahresüberschusse)의 1/2까지 이익준비금으로 적립이 가능한데(주식법 58조 2항 1문), 이익준비금으로 적립된 금액은 연도잉여금에서 공제되므로 주주총회가 결의할 대차대조표상 이익이 줄어들게 된다. 이와 관련하여 정관에 규정하여 1/2보다 적거나 많은 금액을 이익준비금으로 적립할 권한을 이사회와 감사회에 부여할 수 있으나, 그러한 정관규정에 의하여 기타의 이익준비금이 기초자본(Grundkapital)의 1/2을 초과하거나, 그 이익준비금의 적립에 의해 기초자본의 1/2을 초과하게 되는 때에는 이사회와 감사회는 기타의 이익준비금을 적립할 수 없다(58조 2항). 주주총회에서 대차대조표상 이익의 처분결의시에 그 이상의 금액을 이익준비금으로 적립하거나 이익으로 이월할 수도 있으므로(58조 3항) 주주에게 배당할 이익은 감소될 수 있다.

(4) 일본

1) 잉여금에 기초한 배당규제

일본의 경우 회사법 제정 후에는 기본적으로 배당은 잉여금을 전제로 분배가능액을 산출하고, 그 한도 내에서만 주주에게 배당 및 기타 잉여금의 분배를 할 수 있으며(회사법 461조), 여기에 순자산규제를 추가하고 있다. 따라서 잉여금과 분배가능액을 각각 산출하고 있으며 이에 대하여 별도로 정의하고 있다.

이와 관련하여 배당(분배)가능액의 산정은 매우 복잡하지만 기본적으로 잉여금을 전제로 하고 배당가능액 산정방식에 대해서는 회사법 461조에서 규정하고 있다.[89] 산정방법은 기본

89 종래 상법의 이익배당가능액, 중간배당가능액 및 자기주식의 매수가능액을 순자산으로부터 자본 등을 공제하여 산출한 것과 달리 최종의 대차대조표상의 유보이익 등을 기준으로 자기주식의 장부가액과 당기에 분배한 금전 등의 가액을 공제하는 방식으로 산출 방법이 변경되었다. 그러나 실제 방식의 변경 자체로 실질적인 분배가능액에 변화가 있지는 않다. 長島・大野・常松法律事務所 編, アドバンス新會社法, 商事法務(2005), 438면.

적으로 이하의 ①, ②를 가산한 데다 ③, ④, ⑤, ⑥을 감한 합계액이 된다. 즉 ① 잉여금의 액(446조),[90] ② 임시계산서류에 관한 주주총회 등의 승인(441조 4항 단서의 경우에는 441조 3항의 승인)을 얻은 경우 그 기간의 이익의 액으로서 법무성령에서 정한 각 계정과목에 계상한 금액의 합계액(계산규칙 184조) 및 그 기간 내에 자기주식을 처분한 경우 그 대가금액, ③ 자기주식의 장부가액, ④ 최종사업연도의 말일 후에 자기주식을 처분한 경우 그 대가금액 ⑤ ②의 경우 그 기간의 손실액으로서 법무성령에서 정한 각 계정과목에 계상한 금액의 합계액(계산규칙 185조), ⑥ 법무성령에서 정한 각 계정과목에 계상한 금액의 합계액(계산규칙 186조)이 이에 해당된다.

2) 순자산규제 병행

여기에 분배가능액규제 외에 순자산규제가 추가되는바, 자본금에 상관없이 순자산액이 300만 엔 미만의 경우에는 잉여금이 있어도 이를 주주에게 배당하는 것이 허용되지 않는다(회사법 458조). 다만 이러한 순자산규제는 자기주식의 취득에는 적용되지 않는다.

V. 배당재원산출의 근거인 순자산의 평가문제 —미실현평가이익 산입 여부—

1. 현행 제도

(1) 순재산평가의 이원적 구조

기업이 배당을 실시하기 위해서는 충분한 배당가능이익이 있어야 하고, 배당금을 지급하기 위한 충분한 자금을 보유하고 있어야 한다. 이러한 배당가능이익에 대한 규정으로는 상법 외에도 기업회계기준이 있다.

기본적으로 배당가능액을 결정하기 위한 기준과 배당가능액의 산정시 기초가 되는 순자산의 평가기준 등 배당에 관한 일반 규정은 상법에서 정하고 있다. 또한 동법은 순재산액을 기초로 이익배당금액을 결정하도록 하고 있고, 채권자를 보호하기 위하여 일반적으로 취득원가주의를 채택하고 있다.

90 간단히 말하면 잉여금은 자본잉여금과 기타 잉여금의 합계라고 할 수 있다.

이와 달리 기업회계기준에서는 구체적으로 배당에 관한 규정은 두고 있지 않으나 공정가액에 의한 평가를 넓게 인정하고 있다. 이 때문에 배당가능이익의 산정과 관련하여 상법과 기업회계기준에서 제시하고 있는 평가방법에는 큰 차이가 있다.

(2) 미실현이익에 대한 태도

재산의 평가방법과 관련하여 양 규범간 가장 차이가 나는 대표적인 것이 자산의 미실현이익이 된다. 현행 상법상으로는 자산의 평가시 보수적인 태도를 취하고 있기 때문에 미실현이익으로 배당하는 것이 가능하지 않다. 반면에 현행 기업회계기준에 의한 당기순이익에는 미실현이익을 포함하고 있다. 이는 기업회계기준에서 자산의 평가시 시가주의를 도입하고 있기 때문이다. 시가주의가 적용되는 범위는 점차 넓어지고 있는 추세이다.

기본적으로 이러한 자산평가문제는 비단 미실현이익의 문제에만 국한되는 것은 아니고 상법과 기업회계기준이라는 이원적 구조의 존재로 인해 발생하는 문제 중의 하나이다. 때문에 회계 및 계산에 관한 일반 문제에 속하는 것으로서 회계에서 다룰 수도 있으나, 한편으로 계산규정의 존재의의 자체가 회사의 배당재원을 산출하기 위한다는 점을 감안할 때 배당 부분에서 다루는 것이 보다 적절할 것으로 보여 이하에서 논의를 진행하기로 한다.

2. 문제점

(1) 기업회계기준을 택할 경우의 문제점

상법상 배당가능이익의 산정시 동법상의 계산규정을 적용해야 할 것이므로 현재 문제는 없다고 할 수도 있다. 그러나 현행 상법상의 계산규정을 폐지하여 기업회계기준으로 일원화하거나 상법상의 계산규정이 기업회계기준을 받아 적용되는 것으로 일원화하는 경우에는 재산의 평가 및 미실현이익의 처리에 따라 배당에 상당한 영향을 미칠 수 있다. 실무에서는 어느 쪽을 따라야 하는 것인지 의문이 적지 않다. 그러나 대체로 기업회계기준에 의하는 경향이 있다.

현행 기업회계기준에서는 시가평가를 원칙으로 하고 당기순이익에 미실현이익을 포함하고 있다. 미실현이익이 생기는 이유는 기업회계기준에서 자산의 평가시 시가주의를 도입하였기 때문이다. 기업회계기준에서 당기순이익에 포함되는 미실현이익은 유가증권평가이익, 외화환산이익, 파생상품평가이익, 그리고 지분법평가이익 등이 있다.[91]

91 ① 유가증권평가이익 : 유가증권 중 주식 및 채권은 매입가액에 부대비용을 가산하고 이에 총 평균법 · 이동평균

이러한 미실현이익들은 모두 실현 전에 미리 이익으로 계상되며 추후 자산의 처분으로 이익이 실현될 때에는 종전에 계상되었던 미실현이익과 규모면에서 상당한 차이가 있을 수 있다.

(2) 현금자산의 유출로 채권자에게 불리

이처럼 당기순이익의 계산시 미실현이익이 포함될 경우 실제 수익의 실현 여부가 불투명한 상태에서 현금유출이 발생할 가능성이 있게 된다. 이는 채권자에게 불리할 수 있다.

3. 개정방안

이익을 측정함에 있어 배당재원으로서 미실현이익의 포함은 현금유출의 가능성으로 인해 채권자에게 불리하다. 따라서 미실현이익은 순자산액에서 공제 대상으로 할 것과 이를 입법적으로 명확히 할 필요가 있다. 입법기술적으로는 일본의 구 상법이 참고가 될 수 있을 것으로 보인다.

다만 기업회계기준을 상법체계로 포섭시키는 경우 시가평가에 의한 미실현이익을 배당가능이익으로 처리하여야 하는 문제와 관련하여 상법상 이의 조정이 필요하다. 따라서 조정방법으로 다음과 같은 방안이 모색될 수 있다.

1) 개정안

· 제1안 : 대차대조표에 기재하여야 할 자산의 평가와 관련한 미실현이익 일체를 공제하는

법을 적용하여 취득원가를 산정하고, 공정가액을 대차대조표가액으로 계상한다(기업회계기준 56조). 이때 발생하는 유가증권 평가이익은 영업 외 수입으로 구분한다(기업회계기준 47조).
② 외화환산이익 : 화폐성 외화자산 및 화폐성 외화부채는 대차대조표일 현재의 적절한 환율로 환산한 가액을 대차대조표 가액으로 한다. 환산하는 경우 발생하는 외화환산이익 또는 외화환산손실은 당기손익으로 처리한다(기업회계기준 68조).
③ 지분법평가이익 : 투자주식 중 중대한 영향력을 행사할 수 있는 주식은 지분법을 적용하여 평가한 가액을 대차대조표가액으로 한다. 장부가액과 대차대조표가액의 차이가 피투자회사의 당기순이익 또는 당기순손실로 인하여 발생한 경우는 지분법평가이익 또는 지분법평가손실의 과목으로 하여 당기순이익의 증가 또는 감소로 처리한다. 그러나 이익잉여금의 증가 또는 감소로, 자본잉여금 및 자본조정의 증가 또는 감소로 인한 경우에는 투자유가증권평가이익 또는 투자유가증권평가손실의 과목으로 하여 자본조정의 증가 또는 감소로 처리한다(기업회계기준 59조).
④ 파생상품평가이익 : 파생상품은 당해 계약에 따라 발생된 권리와 의무를 자산·부채로 계상하여야 하며, 공정가액으로 평가한 금액을 대차대조표가액으로 한다. 파생상품에서 발생한 손익은 발생시점에 당기손익으로 인식한다. 다만, 위험회피를 목적으로 하는 경우에는 위험회피활동을 반영하기 위한 회계처리를 할 수 있다(기업회계기준 70조).

방안.

· 제2안 : 일부 항목의 미실현이익만 공제하는 방안.

· 제3안 : 미실현이익을 포함하는 방안.

2) 검토

배당가능이익에서 제외되는 평가손익과 관련해서는 금융상품 외에 넓게 재산의 미실현이익을 제외할 것인지 아니면 단기매매증권평가이익, 외환환산이익, 지분법평가이익 및 파생금융상품의 공정가액 위험회피회계로 인한 평가손익만 상법상 배당가능이익에서 제외할 것인지는 정책적으로 결정할 필요가 있다. 이 점을 고려할 때 제2안의 방식이 타당하다.

3) 경과

상법 개정위원회 제2소위에서는 제2안을 채택하였다. 법무부 상법개정안에서도 미실현이익을 순자산액에서 공제할 수 있게 하되 일부 항목의 미실현이익만 공제하는 방안을 취하고 있다. 수정안도 같다.[92] 배당가능이익에서 제외되는 평가손익과 관련해서는 금융상품 외에 넓게 재산의 미실현이익을 제외할 것인지 아니면 단기매매증권평가이익, 외환환산이익, 지분법평가이익 및 파생금융상품의 공정가액 위험회피회계로 인한 평가손익만 상법상 배당 가능이익에서 제외할 것인지는 정책적으로 결정할 필요가 있음을 고려하여 일부 항목만 취할 수 있는 방식을 취한 것으로 보인다.

4. 입법례

(1) 미국

자산가치가 상승한 경우 미실현평가이익을 배당가능이익의 산정에서 고려하는 것을 허용할지 여부에 대하여 명확한 태도를 취하고 있는 주는 소수이다. 그 외 대부분의 주는 법원의 해석에 맡기는 경향을 띠고 있다. 이를 유형화하여 보면 다음과 같다.

92 상법개정안 462조 1항 4호, 수정안 462조 1항 4호..

1) 배당 금지를 명문화한 경우

미실현평가이익으로부터 배당하는 것을 금지하는 것으로 명문화한 주 회사법으로는 대표적으로는 캘리포니아회사법을 들 수 있다. 특히 구 캘리포니아회사법에서는 자산의 미실현평가이익으로부터 배당하는 것을 금지하고 있다.[93] 즉 구 캘리포니아회사법 500조 b항은 당초 회사의 자산액을 결정하는 데 있어 시장에서 유통될 수 있는 유가증권을 제외하고는 미실현평가이익을 포함하여서는 안 된다고 규정하고 있다. 이후 1975년 개정 캘리포니아회사법에서도 종전에 시장성 있는 유가증권 관한 한 예외를 넓게 인정하고 있는 점, 회계원칙에서는 어떠한 경우에도 자산의 평가를 허용하고 있지 않는 점을 고려하여 일반적으로 인정된 회계원칙에 위임하는 취지에서 해당 부분을 삭제하여 회사의 자산액은 시가가 아닌 장부가액을 기초로 결정하도록 하였다. 그러나 이러한 신법의 입장에 대해서 너무 보수적이라는 비판이 없지 않다.[94]

2) 배당을 명문으로 허용한 경우

미실현이익으로부터의 배당을 허용하는 것을 명문화한 주 회사법으로 대표적으로 N. C. Gen. Stat를 들 수 있는데, 동법 55-49(e)조에서는 적절한 근거에 의해 성실하게 한 자산의 재평가로부터 발생한 자본잉여금을 재원으로 하는 배당을 허용하고 있다.

3) 법원의 판결

그 외의 주들은 법원의 판결에 따르고 있다. 주에 따라서는 판례로 인정한 경우도 적지 않다. 예컨대 뉴욕 법원은[95] 미실현평가익으로부터 배당을 할 수 있다고 판시한 바 있다. 그러나 이 판결에 대하여 원가주의에 기초하는 회계감사인과 법률가들은 모두 일치하여 비판적인 태도를 취하고 있다.[96] 또한 현실적으로 미실현평가익으로부터 배당이 지급될 가능성도 그다지

93 Cal. Corp. Code §502.

94 Dreyfuss, Distribution to Shareholders Under the New California General Corporation Law, 9 Loyala L. A. L. Rev.889(1976) at 853.

95 Randall v. Bailey, 23 N. Y. S. 2d 173(Sup. Ct. 1940), aff'd mem. 262 App. Div. 844, 29 N. Y. S. 2d 512(1st Dep't 1941). 이 판결에서는 장부가 150만 달러의 부동산을 870만 달러에 평가증하여 이것에 의해 발생한 잉여금으로부터 배당을 한 이사에 대해 회사의 파산관재인이 위법배당에 기초하여 책임을 추급한 사건이다.

96 de Capriles, The New York Business Corporation Law : Article 5-Corporate Finance, 11 Bufalo L. Rev. 461(1962) ; Hackney, Accounting Principles in Corporation Law, 30 Law & Contemp. Prob. 791(1965).

없어 보인다는 평가도 있다.[97] 이후 뉴욕회사법에서는 명문으로 배당가능이익으로부터 미실현평가이익을 공제한다는 내용을 규정을 둔 바 있다〔NY Bus. Corp Law §102(a)(6)〕.

델라웨어주에서도 미실현평가익으로부터 배당할 가능성을 적극적으로 해석하는 판례가 등장한 바 있고,[98] 모범회사법의 기초에 참여했던 자 중 미실현평가익으로부터 배당을 긍정하는 견해도 있었으며,[99] 1961년 뉴욕주 회사법 개정에서 입법자가 Randall 판결의 입장의 유지를 의도하려고 했다고 해석한 점[100] 등 미국의 여러 주에서 미실현평가익으로부터 배당하는 것을 긍정하는 입장들이 존재한다.

(2) 영국

영국의 경우 1985년 회사법에서 명문으로 금전에 의한 이익배당은 실현된 유보이익으로만 가능하다는 점을 밝히고 있다(263조 3항).[101]

(3) 일본

1) 상법 — 미실현이익의 공제 —

1999년 일본 상법 개정시 시장성 있는 일정한 금융상품에 대해서 회사 재무상태의 적절한 공시측면에서 시가평가를 허용한 바 있다[102] 이에 따라 채권자의 이익을 보호하기 위하여 시

97 Dean, Provision for Capital Exhaustion under Changing Price Levels, 65 Harv. L Rev. 1339(1952)에서 Randall v. Bailey는 미실현평가익을 배당재원으로 보는 것에 대해 반대하는 입장에 대하여 별다른 설득력을 주지 못한다고 비판하고 있다.

98 Moris v. Standard Gas and Elec. Co., 31 Del. Ch. 20, 63 A. 2d 577(1949), 순자산액의 산정에 있어 유가증권의 평가익을 포함한 것이 위법은 아니라고 판시하였다.

99 Seward, Earned Surplus—Its Meaning and Use in the Model Business Corporation Act, 38 Va. L. Rev. 435(1952) Seward는 순자산은 시가에 의해 측정되고 미실현평가익은 이익잉여금에 포함된다고 한다.

100 1961년 개정법에서는 가치(value)라는 표현을 삭제, 미실현의 평가익은 이익잉여금에는 포함되지 않는다는 취지를 규정하지만(102조 6항), 입법자료 중에는 미실현평가익을 포함, 어떠한 잉여금이든지 이들로부터 배당을 지급하는 것을 허용한다고 하는 점에서 근본적인 변경은 아니라고 말하고 있다. Note, The New York Finance Provisions : Some Problem Areas and a Need for Reform, 43 Albany L. Rev. 903(1979).

101 회사법 263조 3항(사회사) 배당가능이익에 대하여 이미 분배되거나 자본편입에 사용되지 않고 유보하고 있는 실현이익 중 이전에 적법한 자본감소 및 재구성에 의해 전보되지 아니한 유보미실현손실을 공제한 금액으로 산정된다.

102 시가평가제도의 도입에 관해서는 岸田雅雄, 商法改正と時價主義會計の導入, 商事法務 No.1543(1999. 11. 25),

가평가에 따른 평가손익에 대하여 배당에 대한 규제가 가해졌다.

즉 대차대조표에 기재하는 자산평가시 시가주의를 광범하게 도입함으로써 자산의 시가 총액이 취득가액의 총액을 초과하는 경우가 발생하게 된 경우 배당가능이익의 계산과 관련하여 시가평가에 의해 증가한 평가이익을 순자산액으로부터 공제하도록 한 것이다.[103]

이처럼 구 일본 상법이 시가평가에 의한 평가이익을 배당재원인 순자산액으로부터 공제하도록 한 것은 채권자 보호라는 정책적인 이유 때문이었다. 즉 금융자산의 경우 매각이 이루어지지 않았음에도 불구하고 시가평가를 허용하게 되면 실현되지도 않은 이익을 대차대조표에 계상하게 된다. 따라서 미실현이익이 회사자산으로 계상되며, 이러한 미실현이익을 배당재원으로 하여 배당하게 되면 회사 자산을 유일한 담보로 하는 채권자의 이익은 침해될 가능성이 높게 된다. 이와 함께 중간배당에 있어서도 미실현이익을 배당이익에서 제외하도록 하고 있다. 금융자산의 평가와 관련하여 발생한 미실현이익을 이익배당재원에서 제외함으로써 시가평가에 따른 문제점을 보완하는 해결책을 마련한 것이다.

이와 달리 파생금융상품에 대한 시가평가로 발생하는 평가이익에 대해서는 개정상법에서는 직접적인 규정을 두고 있지 않았다. 그러나 파생금융상품에 대하여 시가평가를 인정하고 있는 은행법과 증권거래법 등에서 파생금융상품의 평가이익에 대해서는 배당을 제한하고 있다.

2) 회사법

일본 회사법 461조에서 잉여금을 전제로 분배가능액을 산출하도록 하고 있으며(2항), 동법은 이러한 금액으로부터 법무성령에서 정한 각 계정과목에 계상된 금액의 합계액을 공제하도록 하고 있다(461조 2항 6호). 이에는 미실현평가익이 포함되어 있다. 예컨대 공제되는 금액을 정하고 있는 회사계산규칙 186조 2항을 보면 최종사업연도의 말일에 대차대조표상의 기타 유가증권평가차액금의 항목에 계상된 금액을 분배가능액으로부터 공제하는 대상으로 규정하고 있다.

실무에서도 이러한 입장에 찬성하고 있는데 일본 경단련(經團連)에서 수익계산서에 계상된 유가증권과 파생상품의 시가평가손익을 공제액에서 제거해야 한다고 주장한 바 있다.[104]

4면 ; 권종호, 기업회계제도에 관한 일본의 최근 동향과 회사법 개정, 상사법연구 제18권 제3호, 41면 이하 참조.

103 구 상법 290조 1항 4호 및 상법시행규칙 124조 3호, 125호 3항 3호 참조. 동 규정에서는 미실현이익이 발생하는 시가의 총액이 취득가액의 총액을 초과한 때에는 순자산액으로부터 시가로 산정한 것에 의해 증가된 순자산액을 공제하도록 하고 있다. 한편 미실현손실과 관련해서 매매목적의 유가증권인 경우 손익계산서에 당기의 손실로 계상하도록 하고 있다(기업회계기준 3.2.1).

104 會社法制の現代化に關する要綱試案に對する各界意見の分析, 별책상사법무 No.273, 49면.

VI. 배당재산의 확대 –현물배당의 인정–

1. 현행 제도

현행 상법상 중간배당에 관해서만 '금전'으로 이익을 배당한다고 명기하고 있고(462조의 3 1항) 정기배당과 관련해서는 그러한 명문의 제한은 없으나 많은 규정들은 금전을 전제로 한 내용으로 구성되어 있다(예 : 배당금, 지급 등). 따라서 현행 상법의 해석상 주식배당 이외에 현물배당이 허용되지 않는다고 보는 견해가 다수이다.

이와 달리 특별법에는 현물배당을 특별히 인정한 예가 있다. 예컨대 산업은행의 경우, 한국산업은행법 43조 3항에 의해 현물배당이 인정된다.

2. 문제점

(1) 정기배당시 현물배당이 금지되는지 여부의 불명확성

중간배당의 경우 명문으로 현물배당이 금지되고 있으나 이익배당의 경우에는 그러한 명문의 금지규정이 없어 반드시 현물로의 배당이 금지되는 것인지는 분명하지 않다.

(2) 실무의 수요에 대한 대응 곤란

실무에서는 배당 유형의 다양화에 대한 수요가 없지 않다. 이미 특별법에서 현물배당을 인정한 예가 있음을 찾아볼 수 있고, 배당 유형이 다양할수록 배당에 대한 관심이 높아지는 등 긍정적인 효과를 기대할 수 있다.

그러나 현행법은 정기배당의 경우 현물로의 배당이 가능한지에 대하여 해석상 불명확성을 주고 있어 실제 실무에서의 수요를 반영하고자 할 경우 주저하는 요인이 된다. 따라서 이러한 불명확성을 입법적으로 제거할 필요가 있다.

3. 개정방안

(1) 현물배당의 허용

배당재산의 유형 다양화에 대한 실무상의 수요에 대응하고, 주주의 배당에 대한 기대를 충족하는 측면에서 주식배당 이외에 현물배당의 범위를 확대할 필요가 있다. 따라서 상법상 정기배당의 경우 현물배당의 가부에 대한 해석상의 불명확성을 해소하는 차원에서 원칙적으로 동법에서 현물배당이 인정됨을 명문화할 필요가 있으며, 중간배당의 경우에도 현물로 배당할 수 있도록 허용할 필요가 있다.

(2) 절차 : 이사회 v. 주주총회

배당재산의 유형을 금전 이외에 현물로 확대하는 경우 금전과 현물로 받는 것의 가치에 문제가 있을 수 있다. 그 때문에 현물로 받을 것인지에 관해서는 주주들이 결정하여야 한다는 견해가 있을 수 있다. 이는 결국 금전에 대한 주주의 기대를 보호하는 방안이 모색되어야 한다는 것을 시사하고 있다.

1) 개정안

이 점을 감안할 때 몇 가지 방안이 개정안으로서 강구될 수 있다.

- 제1안 : 현물배당을 허용하고자 하는 회사는 적어도 정관의 정함을 둔 경우에만 가능한 것으로 하는 것이다. 또한 금전배당을 받을 수 있도록 하는 방안을 추가적으로 지원하는 것이다.
- 제2안 : 주주총회 특별결의로 결정하는 방안이다. 이러한 방안은 일본에서 채택한 방법으로 주주총회의 특별결의로 인정하되, 주주가 그 가액을 현금으로 받을 수 있는 권한이 있는 경우에는 보통결의를 요하고 있다.
- 제3안 : 이사회에서 배당의 유형을 정하는 방안이다.

금전에 대한 주주의 기대를 보호하는 차원에서 제1안을 개정안으로 제시한다.

2) 경과

법무부 상법개정안에서는 정기배당은 물론 중간배당의 경우에도 금전 외에 현물로 배당할 수 있게 하고 있다.[105] 즉 금전 이외 재산으로 배당할 수 있다고 규정하고 있다. 이는 종래 정기배당의 경우 현물배당의 가부에 대한 해석상의 불명확성을 해소하는 차원에서 원칙적으로

105 상법개정안 462조의4 1항, 462조의3 항 참조. 정기배당의 경우에는 동법 462조의4 1항에서 규정하고 있으며, 중간배당의 경우에는 462조의3 1항에서 "…금전으로" 배당할 수 있다는 법문을 "이익을"이라고 변경하였다.

현물배당이 인정됨을 명문화하였으며, 중간배당의 경우에도 현물배당이 인정되도록 한 것이다. 다만 현물배당은 정관의 정함을 둔 경우에만 가능하며[106] 주주가 배당되는 재산 대신 금전의 교부를 회사에 청구할 수 있게 하고 있다.[107] 또한 회사도 일정 수 미만의 주식을 보유한 주주에 대해서는 재산 대신 금전을 교부할 수 있게 하고 있다.[108] 그러나 배당의 대상이 되는 현물과 관련하여 상법개정안에서는 별도의 제한을 하지 않고 있다.[109]

배당재산의 유형을 금전 이외에 현물까지 확대하는 경우 금전과 현물로 받는 것의 가치에 문제가 있을 수 있다. 따라서 현물로 받을 것인지에 관해서는 주주들이 결정할 수 있는 기회를 제공할 필요가 있다. 이는 결국 금전에 대한 주주의 기대를 보호하는 방안이 함께 마련되어야 하는 것을 의미한다.

이러한 점을 감안하여 상법개정안에서는 현물배당을 허용하고자 하는 회사는 정관의 정함을 둔 경우에만 가능한 것으로 하고 있다. 이는 기본적으로 현물로 배당받을 경우 평가문제가 있을 수 있어 이사회가 결정하는 것이 간편하다는 견해가 있을 수 있는 한편, 주주들이 결정권을 가져야 한다는 견해도 제기될 수 있을 것이나 정관에 수권한 경우에 한하여 현물배당을 결정할 수 있게 하는 방안을 채택한 것이다. 이와 함께 주주로 하여금 금전배당을 받을 수 있게 하는 방안을 추가적으로 지원하고 있다. 수정안도 마찬가지로 정하고 있다. 타당한 입법이다.

(3) 현물의 범위

외국 입법례를 보면 단순히 재산이라고만 하거나, 주식, 사채, 옵션 등으로 열거하는 등 배당재산의 인정범위를 놓고 차이가 있다. 다만 일본의 경우에는 자사주식, 신주예약권, 사채는 현물에 포함되지 않는다고 규정하고 있다(회사법 454조 1항 1호). 이러한 경우에는 배당 이외의 별도 절차를 거치게 하고 있다. 즉 자사주식인 경우 주식분할과 주식배당(무상할당이 정식명칭), 신주예약권이라면 신주예약권 무상할당이라고 하는 절차를 거치게 하고 있다.[110]

이와 관련하여 배당의 대상이 되는 현물을 어디까지 허용할 것인지를 놓고, 대차대조표상

106 상법개정안 462조의4 1항, 수정안 462조의4 1항.

107 상법개정안 462조의4 2항 1호, 수정안 462조의4 2항.

108 상법개정안 462조의4 2항 2호, 수정안 462조의4 2항 2호.

109 상법개정안 462조의4 1항 "금전 이외의 재산"으로 하여 현물을 제한하지 않고 있다.

110 참고로 일본의 경우 종래부터 널리 행해져 왔던 주주우대, 예컨대 할인권을 부여하는 유형의 주주우대에 관해서 이를 현물배당에 준해서 규제하여야 하는 것은 아닌지 하는 논의가 있다. 그러나 이에 대해서는 회사의 자산이 교부되는 것에 해당하기보다는 회사가 장래 취득하는 대가를 인하할 것을 요구하는 권리가 교부되는 데 지나지 않는다고 보아 현물에 해당하지 않는다고 보는 견해가 유력하다. 武井一浩, 會社を活かす經營, 日本經濟新聞社(2006), 54면 참조.

의 자산의 부에 기재할 수 있는 것으로 법으로 한정할 필요가 있다는 주장이 제기될 수 있다. 또는 기업구조조정의 편의 등 필요한 부분에서만 현물배당을 이용할 수 있도록 주식, 사채 등 종류물로 제한하여야 한다는 주장도 제기될 수 있다. 그 외 타사가 발행한 주식의 포함 여부도 논의될 수 있다.

종류물이 아닌 이상 주주평등의 원칙이 문제될 수도 있고(물론 주주들이 모두 동의한 경우에는 그렇지 않다), 현물배당의 경우 현물을 평가하는 문제가 제기될 수도 있기 때문에 사견으로는 우선적으로 대차대조표상의 자산의 부에 기재할 수 있는 종류물에 제한하는 것이 타당한것으로 보인다.

그러나 재산유형을 제한할 필요가 없다는 견해도 적지 않다. 다수 논의를 받아들여 개정안은 제1안으로서 아무런 제한을 두지 않는 방안을 제시한다 상법 개정위원회 제2소위와 상법 개정안도 모두 제1안을 채택하고 있다(개정안 462조의4 1항). 수정안도 제1안을 견지하고 있다.

(4) 금전분배청구권의 부여 관련

현물배당을 인정한다고 하더라도 금전에 대한 주주의 기대를 보호할 필요가 있다. 이를 위해서는 주주에게 현물과 현물배당액에 상당한 금전의 지급을 청구할 수 있는 선택권을 부여하는 것이 필요하다.

상법개정안에서도 이를 인정하여 현물배당을 결정한 회사는 주주가 배당되는 재산 대신 금전의 교부를 회사에 청구할 수 있게 하고 있으며, 이 경우 회사로 하여금 그 금액 및 청구할 수 있는 기간을 정하도록 하고 있으며(462조의4 2항 1호), 일정 수 미만의 주식을 보유한 주주에 대해서 재산 대신 금전을 교부하기로 한 경우 그 일정 수와 금액을 결정하도록 하고 있다(462조의4 2항 2호). 수정안도 같다.

4. 입법례

(1) 미국

미국의 경우 주 회사법별로 근소한 차이가 있기는 하나 대체로 배당 유형과 시기에 관한 결정은 이사회의 권한사항에 속하여 필요에 따라 다양한 형태로 운용할 수 있도록 법제화되어 있다.

대표적으로 배당 유형과 관련해서는 델라웨어일반회사법 173조에서는 배당의 유형에 대하여 현금, 재산, 당해 회사의 주식으로 지급할 수 있음을 명문화하고 있다. 또한 뉴욕회사법 또한 510조에서는 현금, 사채 기타 재산의 형태로 배당을 지급할 수 있으며 나아가 다른 회사의 주식과 사채로도 지급할 수 있다고 규정하고 있다.

(2) 영국

영국 회사법의 경우 263조 2항에서 배당재산의 유형으로 현금 기타 유형(cash or otherwise)을 지급할 수 있음을 명시하고 있다.[111]

(3) 독일

1) 주식법

주식법상 주주총회는 정관에 현물배당에 관한 규정이 있는 때에는 현물배당에 대해 결의할 수 있음을 명문으로 규정하고 있다(58조 5항).

2) 개정의 경위

종전에는 이러한 명문의 규정이 없었으며, 통설은 현물배당을 인정하지 않았으나 2002년 Transparenz-und Publizitätsgesetz(TransPuG : 기업의 투명성 및 공시에 관한 법률)(2002. 7. 26. 시행)에 의해 주식법에 현물배당의 근거규정이 설치되었다. 회사들은 정관변경을 통해 정관에 현물배당에 관한 근거규정을 두고, 주주총회가 현물배당에 관해 결의하면(단순다수결요건인 출석주주의 과반수 동의를 요한다. 주식법 133조 1항) 현물배당을 할 수 있게 되었다.

현물배당의 목적물에 관해서 주식법은 "Sachausschüttung"이라고만 하고 있고, 명시적으로 어떠한 것이 현물배당의 대상이 될 수 있는지에 관한 규정은 두고 있지 않다. 학설은 목적물이 금전으로 환가할 수 있는 것이어야 한다는 점에는 이견이 없다. 정관의 현물배당의 목적물을 가급적 좁게 규정하는 것이 바람직하다고 보고 현물배당의 목적물은 항상 유통시킬 수 있고, 시장에서 처분할 수 있는 것으로 할 것을 권하고 있다. 이러한 목적물의 예로서 주로 주식(자기주식, 자회사의 주식)이나 거래소에 상장된 사채를 들고 있다.

111 §263 Certain distribution prohibited.
(2) In this Part, 'distribution' means every description of distribution of a company's assets to its members, whether in cash or otherwise, except distribution by way of….

(4) 일본

1) 상법

상법에서는 중간배당은 명문으로 금전의 지급만 허용하고 있었다(구상법 293조의 5). 따라서 현물에 의한 중간배당은 허용되지 않았다. 이에 비해 이익배당에 관해서는 명문의 규정을 두고 있지 않기 때문에 현물배당은 가능하다고 하는 견해가 있는 반면 가능하지 않다는 반대설도 있어 실무상 현물배당은 행해지지 않았다.

2) 회사법[112]

회사법에서는 개정 전 상법에서의 해석상의 불명확성과 실무에서의 수요를 감안하여 현물배당을 인정하는 절차와 요건 등을 규정하게 되었다.

① 현물배당의 절차

회사법에서는 현물배당을 지급하기로 하는 경우 그 절차에 관해 비교적 상세히 규정하고 있다.

우선, 현물배당을 하기 위해서는 주주총회의 특별결의에 의해 배당재산의 종류, 장부가액의 총액 등을 정하지 않으면 안 된다(회사법 309조 2항 10호). 다만 주주에 대하여 당해 재산의 가액 상당액의 금전분배청구권을 부여하는 경우에는 주주총회의 보통결의로 족하고, 이사회에서 잉여금의 배당에 관해 결의하는 경우에는 이사회 결의만으로 족하다(동법 309조 2항 10호, 45조 1항, 459조 1항 4호).

주주가 금전분배청구권을 행사할 수 있는 경우, 주식회사는 그 행사의 기회를 부여하기 위하여 행사기간의 말일의 20일 전까지 배당에 관한 사항을 주주에게 통지하지 않으면 안 된다(회사법 455조 1항). 주주가 금전분배청구권을 행사한 경우에는 회사는 당해 배당재산의 가액에 상당하는 가액(당해 배당재산이 시장가격이 있는 재산인 경우에는 그 배당재산의 시장가격으로서 법무성령에서 정한 방법에 의해 산정된 금액 내지 그렇지 않은 경우에는 주식회사의 신청에 의해 법원이 정한 금액)을 당해 주주에게 지급하지 않으면 안 된다(455조 2항). 법원이 이러한 재판을 하는 경우에는 당해 주주의 진술을 청취하여야 한다(870조 9호).

또한 주식회사는 일정한 수(기준주식수) 미만의 주식을 가진 주주에 대하여 배당재산의 배정

112 이하의 내용은 長島 · 大野 · 常松法律事務所 編, アドバンス新會社法, 商事法務(2005), 443면 이하를 참조하였다.

을 하지 않을 수 있다(454조 4항 2호). 이 경우 회사는 당해 주주에게 기준주식수의 주식을 가진 주주가 배정을 받은 배당재산의 가액으로서 정한 금액에 당해 기준 미만 주식의 수의 기준주식수에 대한 비율을 곱하여 얻은 액에 상당하는 금전을 지급하지 않으면 안 된다(동법 456조).

② 현물배당의 대상 등

회사법에서는 배당재산의 대상이 되지 못하는 경우를 규정하고 있다(454조 1항 1호). 이에 속하는 것에는 자사의 주식, 사채 및 신주예약권이 포함된다(107조 2항 2호). 다만 자회사가 갖고 있는 손회사의 주식 기타 자산을 모회사에게 인도하는 것은 가능하다.

VII. 건설이자제도의 폐지

1. 현행 제도

현행 상법상 설립 후 일정 기간 내에 잉여금이 없는 경우에도 주주에게 회사 재산의 반환을 인정하는 것으로서 건설이자제도를 인정하고 있다(463조). 즉 회사는 그 목적인 사업의 성질에 의하여 성립 후 2년 이상 그 영업 전부를 개시하기가 불가능하다고 인정하는 때에는 정관으로 일정한 주식에 대하여 그 개업 전 일정 기간 내에 연 5분을 초과하지 아니하는 범위 내에서 일정한 이자를 주주에게 배당할 수 있다. 이러한 건설이자배당에 관한 정관규정과 그 변경은 법원의 인가를 얻도록 하고 있다(상법 463조 2항).

이는 회사가 성립하였더라도 그 사업의 성질상 곧 영업을 개시할 수 없기 때문에 장기간 이익배당을 할 수 없는 경우를 고려하여 예외적으로 엄격한 요건을 갖추어 개업하기까지 일정한 이자를 배당하도록 하는 것이다.

2. 문제점

학설상 건설이자의 지급에 대한 법적 성격에 대하여 출자의 일부환급으로 보는 견해와 장래 발생할 이익배당의 선지급이라고 보는 견해, 또는 이 두 가지 성격을 모두 가진 것 등으로 나뉘어 있으나,[113] 어느 것으로 보든 회사 채권자에게는 불리한 영향을 미친다.

113 각각의 견해에 대해서는 권기범, 앞의 책, 944면 ; 최준선, 회사법 제2판, 2006, 658면.

3. 개정방안 : 건설이자제도의 폐지

1) 개정안

앞서 제안한 바와 같이 자본잉여금과 이익잉여금 등 재원규제의 완화가 상법에 반영될 경우 보다 유연하게 배당할 수 있어 건설이자제도를 유지할 필요성은 대폭 감소될 것으로 예상된다. 따라서 건설이자제도는 폐지되는 것이 타당하다.

2) 경과

상법개정위원회 제2소위에서도 폐지를 채택하였고, 법무부 상법개정안에서도 건설이자제도가 폐지되었다. 자본잉여금과 이익잉여금 등 재원규제의 완화가 상법에 반영됨으로써 보다 유연하게 배당할 수 있어 건설이자제도의 유지 필요성이 대폭 감소되는 점과 각국의 입법례를 보더라도 건설이자제도를 인정하고 있는 국가는 거의 없는 점을 감안하여 폐지한 것이다.

4. 입법례

(1) 일본

1) 구 상법의 태도 및 비판

구 상법에서는 건설이자제도를 마련하고 있었다. 이에 의해 상법시행규칙 41조에서는 건설이자의 경우 대차대조표의 자산의 부에 계상할 수 있으며, 이 경우 1년간 자본 총액의 100분의 6을 초과하는 이익을 배당하는 경우 그 초과액과 동일한 액 이상의 금액을 상각하도록 하고 있다. 즉 일정 기간 동안 상각을 요구하지 않고, 일정 부분을 초과하는 금액을 배당하는 경우에만 그 초과액과 동액 이상의 금액을 상각할 것을 요구하고 있는데, 그 이유는 건설이자의 배당을 중지한 후에는 배당을 가능하게 하기 위함이다.

그러나 이 제도에 대하여 비록 주주에게 유리한 측면이 있지만 채권자를 해하는 것이 된다는 이유로 건설이자제도를 폐지하여야 한다는 견해가 학계에서 유력하게 대두되었다.

2) 회사법—건설이자제도의 폐지—

회사법에는 종전에 그다지 이용되지 않은 건설이자제도를 폐지하였다. 대신 회사법상 이익이 발생하기 전에 주주에게 금전 등을 분배하는 방안으로서 준비금 내지 자본금의 감소절차를 통해 잉여금의 분배를 할 수 있게 되었다.

VIII. 위법배당에 대한 구제

1. 현행 제도

배당가능이익을 초과한 위법한 배당에 대한 사후규제로서 현행 상법이 취하고 있는 조치에는 주주의 반환의무와 이사 · 감사의 손해배상의무가 있다.

(1) 주주의 반환의무

배당 가능이익이 없이 한 이익배당은 본래 무효이기 때문에 회사가 주주에게 부당이득의 반환을 청구할 수 있다(민법 741조). 이러한 청구를 함에 있어서 주주의 선의 · 악의를 고려하지 않는다.

또한 배당가능이익을 초과하거나 이익이 없음에도 배당을 한 경우에는 채권자를 위한 책임재산을 감소시키므로 회사 채권자도 직접 주주를 상대로 배당금의 반환을 청구할 수 있게 하고 있다(상법 462조 2항, 462조의3 6항).

(2) 이사 · 감사의 의무에 관한 일반규정에 따른 배상책임과 벌칙 부과

위법한 내용의 배당안을 작성 · 집행한 이사는 회사 · 주주 · 채권자 등에 대해 손해배상책임을 지며(상법 399조, 401조), 이사회에서 위법한 배당안을 승인한 이사들, 그리고 감사를 게을리한 감사(또는 감사위원회 위원)도 손해배상책임을 진다(상법 399조, 414조, 415조의2 6항). 위법배당과 관련하여 외부감사인 또한 과실이 있는 경우 회사 및 제3자에 대해 책임을 진다(외감법 17조).

아울러 관련 임원들에는 벌칙이 적용되고(상법 625조 3호, 462조의3 5항) 해임사유가 된다(상법 385조).

(3) 중간배당의 경우

중간배당의 경우 배당제한에 관한 규정의 실효성을 확보하기 위하여 상법은 중간배당을 한 결과 당해 결산기의 대차대조표상의 순자산액이 462조 1항 각호의 금액의 합계액에 미치지 못하게 된 경우 이사 등이 회사에 대하여 연대하여 그 차액을 배상할 책임을 지고, 배당액이 그 차액보다 적을 경우에는 배당액을 배상할 책임이 있다고 규정하고 있다(상법 462조의3 4항).

그러나 이러한 책임은 이사 등이 상법상의 재원규제규정을 위반하지 않도록 하는 데 주의를 게을리 하지 아니하였음을 증명한 때에 면책된다(상법 462조의3 4항).

2. 문제점

(1) 선의의 주주 보호 필요성

배당가능이익을 초과하여 행해진 배당은 본래 무효이기 때문에 회사가 주주의 선의, 악의를 불문하고 부당이득의 반환을 청구할 수 있으나, 이에 대해서는 주주의 보호라는 관점에서 문제가 있다.

(2) 주주에 대한 반환청구의 비실효성

현실적으로 다수의 주주에게 각각의 배당금에 관하여 개별적으로 반환청구를 하는 것은 소송기술상 곤란하고, 채산성이 없어 주주에 대한 반환청구는 실효성이 떨어지는 조치가 된다. 이 때문에 현실적으로 이사나 감사 등에 대하여 법령위반에 따른 배상책임을 지우고 있는 실정이다.

따라서 다수의 주주에게 지급된 배당의 반환을 청구하는 방안은 현실적으로 곤란하다는 점을 고려하여 이를 대체하는 방안이 모색될 필요가 있다. 예컨대 위법배당에 관여한 임원에 대해 직접 초과된 배당액을 지급하도록 하는 의무를 부과하는 방안이 그것이다.

3. 개정방안

(1) 선의의 주주 보호

배당가능이익이 없이 한 이익배당은 본래 무효이기 때문에 회사가 주주에게 부당이득의 반환을 청구할 수 있다(민법 741조). 따라서 이러한 청구를 함에 있어서 주주의 선의 · 악의를 고려하지 않는다.

그러나 외국의 예에서 보이듯이 적어도 선의의 주주는 보호받는 추세이다. 그러한 점을 감안할 때 악의의 주주 및 중대한 과실로 알지 못한 주주에 대해서만 반환청구를 허용하는 것을 검토할 필요가 있다.

1) 개정안

다만 현재 크게 문제되는 이유가 아니라는 점에서 다수의견에 따라 제1안으로서 현행유지를 채택하였다 제2안은 악의의 주주 및 중대한 과실로 알지 못한 주주에 대해서만 반환을 인정하는 방안이다.

2) 경과

상법개정안에서는 이 점에 대해 취급하지 않았다.

(2) 주주에 대한 반환청구의 실효성 보완

현실적으로 다수의 주주에게 각각의 배당금에 관하여 개별적으로 반환청구를 하는 것은 소송기술상 곤란하고, 채산성이 없어 주주에 대한 반환청구는 실효성이 떨어진다. 때문에 이를 대신하여 이사나 감사 등에 대하여 법령위반에 따른 배상책임을 지우는 것을 선호하는 실정이다. 그러나 위법배당에 관여한 임원에 대해 직접 초과된 배당액을 지급하도록 하는 의무를 부과하는 방안을 추가적으로 입법화하는 것을 검토해 볼 필요가 있다. 이 경우 위법배당에 관여한 임원 및 배당을 지급받은 주주에 대하여 구상할 수 있음은 물론이다.

(3) 위법배당 배상책임자의 명문화

(2)에서 제안한 대로 위법배당에 관여한 임원에 대해 직접 초과된 배당을 지급하도록 하는 경우, 실효성을 위하여 그러한 의무를 지는 자의 범위를 법에서 보다 명확히 하는 것을 고려할 필요가 있다. 다만, 상법 개정위원회 제2소위와 법안은 현행을 유지하고 있다.

4. 입법례

(1) 미국

상당수의 주가 채택하고 있는 모범회사법의 경우 배당기준을 위반한 위법배당을 결정하는 데 참여하거나 동의한 이사에 대하여 당해 적법하게 분배될 수 있었던 금액을 초과하여 지급된 분배액에 대하여 회사에 책임을 지도록 하고 있다〔MBCA 8.33조 (a)항〕.

분배액을 지급한 이사는 지급결정에 참여한 다른 이사에 대하여 구상을 할 수 있으며〔8.33조 (b)항 1호〕, 알면서 부적절하게 지급받은 주주를 상대로 반환을 청구할 수 있다〔8.33조 (b)항 (2)호〕. 따라서 위법배당임을 모르고 지급받은 주주에 대해서는 반환을 청구할 수 없다.[114]

(2) 영국

위법배당에 대한 구제조치로서 영국 회사법에는 주주의 반환의무와 회사의 반환청구를 규정하고 있다.

우선, 주주의 반환의무에 대해서는 분배 당시를 기준으로 이 규정에 위반하였고, 이를 알고 있거나 위법하다고 믿을 만한 합리적인 근거를 가진 자는 당해 금액(경우에 따라서는 그 일부) 또는 (현금 이외의 분배의 경우에는) 분배 당시의 분배물의 가치에 상당하는 금액(또는 그 일부)을 회사에 반환할 의무가 있다고 규정하고 있다(회사법 277조 1항).

회사 또한 위법한 배당을 받은 주주에 대하여 반환청구를 할 수 있다. 다만 위법배당을 결정한 이사에 대한 형사처벌의 제재는 두고 있지 않다.

(3) 독일

독일 주식법상 회사는 주주에 대하여 반환을 청구할 수 있다. 다만 위법배당과 관련하여 주주가 악의인 경우와 중대한 과실로 알지 못한 경우에 한하여 위법한 배당을 반환할 의무를 인정하고 있다(주식법 62조 1항).

114 American Bar Association, Model Business Corporation Act annotated : Official Text, with official comments and statutory cross-references, revised through 2005, ABA(2005), at 8-79.

(4) 일본

1) 주주의 반환의무

회사는 주주에 대하여 반환을 청구할 수 있다(회사법 462조 1항). 회사가 반환을 요구하는 경우에는 선의 · 악의를 불문하고 주주는 회사에 반환의무를 진다.

2) 회사 채권자의 반환청구

회사 채권자는 직접 주주에 대하여 위법한 분배액을 자기에게 반환할 것을 청구할 수 있다(회사법 463조 2항). 다만 반환을 청구할 수 있는 금액을 당해 채권자의 채권액으로 제한된다.

3) 위법배당 배상책임자의 명문화

회사 내지 채권자가 다수의 주주로부터 반환을 받는 것은 실무상 곤란하기 때문에 회사법에서는 별도로 배상책임을 질 자에 대하여 명문의 규정을 두고 있다. 이에 해당하는 자로는 업무집행자(업무집행이사〈위원회설치회사인 경우 집행역〉 기타 당해 업무집행이사가 하는 업무의 집행에 직무상 관여한 자로서 법무성령에서 정하는 자, 계산규칙 187조) 및 주주총회 내지 이사회에서 잉여금분배의안을 제안한 이사가 해당되며, 이들은 분배액(교부한 금전 등의 장부가액에 상당하는 금전)을 지급할 의무가 부과된다(회사법 462조 1항).

이 경우 이들은 직무를 행함에 있어서 주의를 게을리하지 않음을 증명한 경우에는 위의 의무를 면할 수 있다(회사법 462조 2항). 이러한 책임을 다한 이사 등이 주주에게 구상하는 경우에는 악의의 주주에 한해서만 구상이 가능하다(회사법 463조 1항).

제10장

주식제도

송옥렬

I. 자기주식취득

1. 현행 제도

자기주식취득은 상법과 증권거래법에서 서로 상반된 규제를 취하고 있다. 증권거래법에서는 배당가능이익 한도 내에서 자기주식을 자유롭게 취득할 수 있도록 하고 있으며, 주주평등을 고려하여 취득방법의 제한만을 두고 있음에 비하여(189조의2), 상법에서는 주식소각 등과 같이 특별한 경우 이외에는 원칙적으로 금지하는 종래의 태도를 유지하고 있다(341조).

2. 문제점 및 이론적 검토

종래 상법은 자기주식취득의 형식적 측면에 집착하여 이를 주식의 거래로 보고, 이에 대하여 부정적 입장을 취하고 있었다. 그러나 자기주식취득은 본질적으로 회사의 재산을 주주에게 반환하는 거래에 불과하기 때문에 실질적으로는 배당과 특별히 다르지 않으며, 다만 자기주식취득을 일부 주주에 대해서만 하는 경우에는 그 취득가격에 따라 주주간 부의 이전의 문제가 생길 따름이다. 따라서 특히 모든 주주에게 지분비율에 의하여 이루어지는 자기주식취득은 주주간 부의 이전의 문제도 가지고 오지 않고 순수하게 회사 재산의 반환의 효과만 가지게 된다.

혹자는 자금의 반환에 대응되는 '주식의 취득'이라는 점이 다르다고 할 수 있으나, 이 경우 주식은 일종의 휴지조각으로서 회사가 주식을 취득하는 순간 소각하는 것으로 보아도 아무런 지장이 없다. 회사가 나중에 자기주식을 재발행하는 경우는 단순히 신주발행으로 보면 그만이다. 다만 우리나라에서는 신주를 주주에게 먼저 배정하여야 한다는 원칙이 자기주식취득의 경우에는 적용되지 않는다고 이해되고 있기 때문에, 제3자 배정의 문제에 있어서만 차이가 난다. 그러나 신주를 배정할 경우에는 주주에게 먼저 배정하여야 하고 그와 모든 면에서 동일한 자기주식을 배정할 때는 제3자에게 아무 제한 없이 배정할 수 있다는 것은 규제의 일관성에 반한다는 문제가 있다.

자기주식취득이 근본적으로는 배당과 아무런 차이가 없기 때문에 증권거래법에서는 공개회사의 경우 자기주식취득을 완전히 풀고 있다. 배당이 금지되지 않는 이상, 동일한 이유에서 배당가능이익을 가지고 자기주식을 취득하는 것을 금지할 수 없다는 것이다. 그럼에도 불구하고 상법은 폐쇄회사의 경우 자기주식취득을 엄격히 규제하고 있는데, 이를 뒷받침하는 설득력 있는 논거가 별로 없다. 오히려 폐쇄회사의 경우에는 본래 주주간 부의 이전의 문제를 주주간 계약에 의하여 해결하도록 유도하는 것이 바람직하다는 전제에서, 주주간 협상에 의하여 일부 주주에 대해서만 자기주식취득이 이루어질 가능성까지 열어둠으로써 주주에게 투하자본을 회수할 수 있는 길을 하나 더 열어주는 것이 바람직할 수도 있다.

3. 개정방안

· 제1안 : 현행 증권거래법과 동일하게 주주평등을 유지하는 방법으로만 자기주식을 취득할 수 있도록 하면서, 자기주식취득에 대하여 배당과 동일하게 재원규제를 하는 방안.

· 제2안 : 상법에서는 주주평등에 반하여 일부 주주로부터의 직접취득도 허용하고 대신 주주총회 의결요건을 강화하는 방안.

· 법무부 개정안 : 제1안 채택.

자기주식취득을 금지하는 것은 국제적 조류에 전혀 부합하지 않는다. 따라서 상법상으로도 자기주식취득을 전면적으로 허용하고, 이를 재원규제로 전환하는 것이 바람직할 것으로 보인다. 독일을 제외한 대부분의 입법례에서는 자기주식취득을 자유롭게 허용하면서 다만 배당가능이익을 한도로 하고 있으며, 심지어 독일의 경우에도 과거 우리나라의 증권거래법에서와 같이 10% 한도를 두고 있기는 하지만 주식법에서 원칙적으로 주주총회의 수권에 의한 자기주식취득을 허용하고 있다. 이러한 자유화는 모두 이론적으로도 훨씬 정합성을 가진다고 하겠다.

구체적으로 이미 우리나라 증권거래법은 상장회사에 대하여 선진 회사법과 동일한 입장을 취하고 있으므로, 이러한 태도를 상법에서 그대로 반영하면 특별한 문제는 없을 것이다. 제1안이 바로 그러한 입장이며, 이번 법무부 최종안에서 채택한 입장이기도 하다. 따라서 원칙적으로 자기주식취득제도의 개정은 증권거래법 조항을 상법에 수용하는 선에서 이루어졌다고 보면 된다. 다만 주식소각을 위한 경우 등 특별한 목적이 있는 경우에는 회사 재산의 반환과 상관이 없으므로, 현행 상법규정과 마찬가지로 재원규제 없이 자기주식취득을 허용하는 것이 옳다.

그런데 이러한 재원규제로의 전환은 결국 실질적으로는 배당과 자기주식취득을 통합하여 회사 재산의 배분(distribution)이라는 개념을 채택한 것과 마찬가지이므로, 상법 개정에 있어서도 이에 따라 규제를 통일시킬 필요가 있다. 현재 배당과 자기주식취득의 큰 차이는 결정권한 및 처분방식에 있다. 결정권한의 경우, 배당이 주주총회의 결의로 이루어진다면 자기주식취득의 경우에도 주주가 관여할 수 있는 방법이 마련되어야 한다. 물론 반대로 배당과 자기주식취득을 모두 이사회의 권한으로 할 수도 있다. 어느 경우든 그 실질이 동일한 이상 결정권한을 가지는 자도 동일하게 하는 것이 순리라고 보인다. 또한 처분방식의 경우, 자기주식의 재발행은 신주발행과 동일한 실질을 가짐에도 불구하고, 자기주식 재발행의 경우에는 주주의 신주인수권이 인정되지 않는다는 문제가 있다. 이렇게 되면 임의적인 제3자 배정 증자를 법에서 금지하고 있음에도 불구하고 자기주식의 처분을 통해 이러한 목적을 우회적으로 달성할 수 있다. 주주에게 신주인수권을 인정하든 그렇지 않든, 어느 경우든 신주발행과 자기주식의 처분은 같은 규제가 이루어지는 것이 옳다고 보인다. 이번 법무부 최종안에서는 배당에 관한 의사결정을 주주총회와 이사회 가운데 어디에서 하는지에 따라 자기주식취득의 의사결정권한도 일치시키도록 하였고, 자기주식취득의 경우에도 주주의 신주인수권 규정이 준용되도록 함으로써 이러한 규제의 일관성이 유지되도록 제도를 보완하였다. 이번 법무부 최종안에서는 배당에 관한 의사결정을 주주총회와 이사회 가운데 어디에서 하는지에 따라 자기주식취득의 의사결정권한도 일치시키도록 하였으나, 자기주식의 처분을 신주발행으로 구성하는 것은 성취되지 못하였다. 가장 결정적으로 상법 제418조의 주주의 신주인수권에 관한 규정의 준용이 이루어지지 않았는데, 그렇다면 사실 나머지 신주발행에 관한 기술적인 조항들을 준용하는 것도 논리에 맞지 않는다. 이처럼 결정된 이유는, 자기주식을 처분할 때에도 기존 주주에게 먼저 평등하게 배분되어야 한다면 이미 기업들이 막대하게 쌓아둔 자기주식을 경영권방어의 목적으로 사용할 수 없게 되기 때문이다. 그러나 사실 이러한 의도 자체가 자기주식의 처분이 신주발행과 동일한 효과를 가지고 온다는 것을 재계에서도 인식하고 있다는 것을 의미한다고 볼 수 있다. 신주발행으로는 달성할 수 없는 것을 자기주식의 처분으로 달성할 수 있도록 하는 것은 법리적으로는 옳지 않다.

4. 입법례

(1) 미국

미국에서 자기주식취득은 대부분의 법적 측면에서 배당과 동일하게 다루어지므로, 배당가능이익이 있는 한 그것을 가지고 자기주식을 자유롭게 취득할 수 있는 것이 원칙이다. 따라서 취득목적 및 취득방법에 아무런 제한이 없으며, 배당과 마찬가지로 오직 재원규제만 존재하는데, 이는 배당에 대하여 각 주법이 취하고 있는 규제와 완전히 동일하다. 예를 들어 델라웨어 또는 뉴욕회사법에서는 잉여금으로만 자기주식취득을 할 수 있고, 캘리포니아회사법 또는 개정모범회사법에서는 잉여금 개념을 폐기하였기 때문에 (지급불능기준+1.25배 쿠션)의 제한 내에서 자기주식취득이 가능하다는 식이다.

배당과 동일하다는 점에서 특히 관심을 둘 부분은 그 결정권한을 누가 가지는가 하는 점이다. 미국에서 자기주식취득의 결정권한은 이사회에 있는데, 이는 배당의 의사결정권한이 이사회에 있기 때문임을 이해하여야 한다. 마찬가지로 일본의 예에서 자기주식취득에 주주총회 결의를 요구하는 것은 일본에서는 원칙적으로 배당의 의사결정기관이 주주총회로 되어 있기 때문이라고 할 수 있다. 이러한 관점에서 우리나라 증권거래법에서 자기주식취득을 이사회의 권한으로 하고 있는 것은 우리나라에서 배당의 결정권한이 주주총회에 있다는 점을 고려하지 못하였다는 비판을 면하기 힘들 것으로 보인다.

(2) 일본

일본에서는 이미 1990년대 중반부터 자기주식의 해금이 논의되기 시작하였으며, 구체적으로는 상법에서 취득목적을 다양하게 인정하는 방식으로 자기주식취득의 허용범위를 확대하여 왔다. 그러다가, 2001년 상법 개정에서는 완전히 자기주식취득을 원칙적으로 허용하는 방식으로 전환하였으며, 이러한 태도는 신회사법에 그대로 들어와 있다. 자기주식취득은 주주에 대한 주식회사 재산의 반환과 다르지 않기 때문에, 채권자와 주주 간의 이해관계를 조정하기 위한 재원규제를 하는 것이 원칙이고, 그 필요가 없는 경우에는 재원규제도 하지 않고 있다. 예를 들어, 회사법은 155조에서 자기주식을 취득할 수 있는 사유를 열거하고 있어 형식적으로는 자기주식취득을 제한하고 있는 것으로 보이나, 156조 이하에서 주주총회의 보통결의에 의하여 취득할 수 있는 경우,[1] 160조 이하에서 특정 주주에게 취득할 수 있는 경우,[2] 165조 이하에서 이사회 결의로 시장에서 또는 공개매수의 방법으로 취득할 수 있는 경우[3] 등을 규정하여, 사실상 자기주식취득은 거의 완전하게 자유화되어 있다. 특히 재원규제의 필요가 없는 경우로서 합병 후 소멸하는 회사로부터 자기주식을 취득하는 경우, 흡수분할의 분할회사로부터 자기주식을 취득하는 경우, 사업 전부의 양수에 의하여 자기주식을 취득한 경우, 주주의 매수청구에 대응하여 자기주식을 취득하는 경우 등을 들고 있다.

특히 회사법 461조 1항은, "다음에서 열거하는 행위에 의하여 주주에게 교부되는 금전 등(당해 주식회사의 주식을 제외한다. 이하 이 절에서 같다)의 장부가액의 총액은 당해 행위가 그 효력을 발생하는 날에 있어서 분배가능액을 초과할 수 없다.

① (생략), ② 156조 1항의 규정에 의한 결정에 기한 당해 주식회사의 주식의 취득(163조에 규정한 경우 또는 165조 1항에 규정한 경우에 있어서 당해 주식회사에 의한 취득의 취득에 한한다). ③ (이하 각종 자기주식취득의 경우) ⑧ 잉여금의 배당"이라고 규정함으로써, 배당과 자기주식취득을 하나의 개념으로 파악하고 있는 것으로 볼 수 있으며, 사실상 회사 재산의 배분(distribution) 개념을 도입한 것으로 평가할 수 있다.

(3) EU

1976년 EU 회사법 제2지침은 자기주식취득에 대하여 19조부터 24조에 걸쳐 대단히 자세한 규정을 두고 있다. 원칙적으로 회사는 주주총회의 결의에 의하여 18개월 이내에 발행주식의 10% 한도 내에서 자기주식을 취득할 수 있으나(19조 1항), 자기주식은 의결권이 없으며, 주식 취득대금에 해당하는 금액이 부채성 준비금으로 적립되어야 한다(22조 1항). 자기주식취득에

1 156조 (주식의 취득에 관한 사항의 결정) ① 주식회사가 주주와 합의하여 당해 주식회사의 주식을 유상으로 취득하는 것은, 그 전에 주주총회의 결의에 의하여 다음에 열거한 사항을 정하여야 한다. 다만 3호의 기간을 1년을 초과할 수 없다. 1. 취득하는 주식의 수(종류주식을 발행한 회사는 주식의 종류 및 그 수), 2. 주식을 취득하는 거래에 대하여 교부되는 금전 등(당해 주식회사의 주식 등을 제외한다. 이하 본관에서는 같다)의 내용 및 총액, 3. 주식을 취득할 수 있는 기간. ② (생략).

2 160조 (특정 주주로부터의 취득) ① 주식회사는 156조 1항 각호에 열거한 사항을 결정하면서, 동항의 주주총회의 결의에 의하여 158조 1항의 규정에 의한 통지를 특정 주주에 대해서 행하는 취지를 정할 수 있다. ②, ③ (생략) ④ 1항의 특정 주주는 156조 1항의 주주총회에서 의결권을 행사할 수 없다. 다만 1항의 특정 주주 이외의 주주의 전부가 당해 주주총회에서 의결권을 행사할 수 없을 때에는 그러하지 아니하다. ⑤ (생략).

3 165조 (시장거래 등에 의한 주식의 취득) ① 157조부터 160조까지의 규정은, 주식회사가 시장에서 행하는 거래 또는 증권거래법 27조의2 6항에 규정된 공개매수의 방법(이하 이 조에서는 '시장거래 등'이라 한다)에 의하여 당해 주식회사의 주식을 취득하는 경우에는 적용하지 않는다. ② 이사회설치회사는 시장거래 등에 의한 당해 주식회사의 주식을 취득하는 것을 이사회의 결의에 의하여 정할 수 있다는 취지를 정관에 정할 수 있다. ③ (생략).제12장

대한 자금지원(23조), 자기주식의 질취(24조) 등에 대한 규정도 두고 있다. 기본적으로는 매우 엄격한 입장을 견지하고 있다고 하겠다.

(4) 영국

미국에서는 형식적으로 자기주식이 아직 발행되어 있는 것으로 취급하면서 다만 실질적으로 주식소각과 같이 처리하지만, 영국에서는 아예 자기주식취득을 형식적으로도 주식소각과 비슷하게 취급한다. 따라서 미국과 달리 회사가 취득한 자기주식은 당연히 소각되기 때문에〔CA 1985 s 162(2), 160(4), (5)〕, 미국과 같이 금고주로 보관되는 것도 아니고 다시 재발행될 수 있는 것도 아니다.

자기주식취득은 취득목적에 제한이 없이 주주총회의 결의로 언제든지 할 수 있으며, 다만 재원규제가 존재할 따름이다. 구체적으로 공개회사의 경우에는 정관의 규정이 있는 경우에 시장에서 자기주식을 취득할 수 있는데, 그 요건은 ① 주주총회 보통결의를 거치고〔s 166(1)〕, ② 취득재원은 배당가능이익에 한정되며〔s 162(2)〕, ③ 분배금지 적립금을 재원으로 하여 자기주식을 취득할 수도 있으나, 이 경우에는 취득한 주식의 액면 총액을 자본상환 적립금으로 적립하여야 하고, ④ 시장에서 발행주식 총수의 15% 이상의 자기주식을 취득하고자 할 때는 공개매수에 의하여야 하며, ⑤ 취득 후 15일 이내에 이를 등기하여야 한다는 것 등이다. 공개회사의 경우 시장 밖에서도 자기주식을 취득할 수 있는데, 이 경우에는 주주총회 특별결의를 요구하고 있다.

여기서 더 나아가 폐쇄회사(private company)의 경우에는 심지어 자본금을 가지고서도 자기주식을 취득할 수 있다(s 171). 그러나 최근 백서(White Paper)에 이은 회사법 개정안(Company Law Reform Bill)에서는 이러한 폐쇄회사의 경우 자기주식취득에 관한 특례를 폐지하는 것을 정하고 있으므로, 향후 이러한 특례는 폐지되면서 배당가능이익이라는 재원규제가 공개회사와 폐쇄회사 모두에 적용될 것으로 예측된다.

종래 영국은 특히 자기주식취득에 대한 금융지원을 금지하는 특별한 입법을 가지고 있었다. 1985년 회사법에 따르면, 회사의 주식을 취득하려는 자에게 회사 또는 그 자회사가 직접 또는 간접으로 사전에 또는 취득과 동시에 금융지원을 하는 것은 금지된다〔사전적 금융규제, s 151(1)〕. 또한 이미 회사의 주식을 취득하여 그로 인한 부채를 지고 있는 자에 대하여, 회사 또는 그 자회사가 그 부채의 감소 또는 면제를 목적으로 금융지원을 하는 것도 금지된다〔사후적 금융규제, s 151(2)〕. 그러나 최근 회사법 개정안(Company Law Reform Bill)에서는 폐쇄회사에 관해서는 이를 폐지하는 것을 규정하고 있다. 여기에서는 폐쇄회사의 경우 이러한 직접적인 규제보다는 이사의 책임이나 wrongful trading 또는 market abuse 등으로 규제하는 것이 더 바람직하다고 판단하여 폐쇄회사에 한하여 모든 금융지원에 관한 금지규정을 삭제하고 있다.

(5) 독일

독일에서는 전통적인 접근에 따라 자기주식취득에 대하여 원칙적 금지와 예외적 허용이라는 구조를 그대로 유지하고 있으나, 최근에는 예외사항을 확대하고 있고, 현재는 취득목적에 구애됨이 없이 자기주식을 취득하는 것을 허용하고 있는 실정이다. 원래 주식법은 자기주식취득을 원칙적으로 금지하고 예외적인 경우에 취득을 허용하고 있었다(71조 1항 1호 내지 7호).[4] 그러나 1998년 기업의 감독 및 투명성에 관한 법률(Gesetz zur Kontrolle und Transparenz im Unternehmensbereich, 이하 "KonTraG")에 의해 새로이 8호가 추가되었다.

이 주식법 71조 1항 8호는 "주주총회가 18개월의 기간 동안 자기주식취득을 사전 수권한 경우"를 취득허용 사유로 규정하고 있는데, 이 수권결의에서 취득의 최저가, 최고가, 기본자본에 대한 비율을 정해야 한다. 이때 자기주식의 취득한도는 기본자본의 10% 한도를 초과하지 못한다(1문). 자기주식취득과 매각시에 주식법 53a조(주주평등의 원칙)를 준수하여야 하며(3문), 이와 관련하여 거래소를 통한 취득과 매각은 주주평등의 원칙을 따른 것으로 본다(4문). 기타의 매각방법은 주주총회의 결의를 얻어야 한다.

위와 같이 자기주식취득이 예외적으로 허용되는 경우에도, 취득에는 다음과 같은 제한이 가해지고 있다(주식법 71조 2항). 먼저 1호 내지 3호, 7호, 8호의 경우에는 회사가 이전에 취득한 부분과 합한 자기주식이 기본자본의 10%를 초과할 수 없다(1문). 또한 이 경우 기본자본이나 법률이나 정관에 따라 적립하여야 할 준비금을 감소시키지 않고, 회사가 대차대조표에 자기주식을 위한 준비금항목을 설정한 경우에만 취득이 허용된다(2문, 상법 272조 4항). 나아가 1호, 2호, 4호, 7호, 8호의 경우에는 주식에 대해 발행금액이 전부 납입된 경우에만 허용된다(3문). 다만 5호(포괄승계)와 6호(자본감소)의 취득의 경우에는 어떠한 제한도 없다. 이처럼 독일의 경우에도 10% 한도 내에서는 자유로운 자기주식취득을 인정하고 있다고 하겠다.

4 주식법 71조 1항 각 호에서 정하는 예외적 취득사유 : ① 회사가 직접 중대한 손해(Schwerer Schaden)를 입을 것이 임박해 있고, 이를 방지하기 위해 필요한 경우, ② 당해 회사 또는 당해 회사의 결합기업과 근로관계에 있거나 있었던 자에게 취득시키기 위한 목적인 경우, ③ 주식법 305조 2항, 320b조 또는 조직변경법 29조 1항, 125조 1문, 207조 1항에 따라 주주에게 보상하기 위한 경우, ④ 자기주식의 취득이 무상취득이거나 혹은 금융기관(Kreditinstitut)이 매수위탁을 실행하기 위한 경우, ⑤ 포괄승계를 통한 취득인 경우, ⑥ 기본자본의 감소에 관한 규정에 따라 소각하기 위해 주주총회가 결의한 경우, ⑦ 금융기관, 투자 관련 회사 등의 회사가 주주총회의 결의에 의해 유가증권거래를 목적으로 하는 경우.

(6) 프랑스

1966년 회사법은 ① 한 사람이 채권자인 동시에 채무자일 수 없고, ② 회사 자본은 회사 채권자들의 담보물이며 불가침성을 갖는다는 이유(자본충실)로 원칙적으로 회사의 자기주식취득을 금지하였고, 다만 여러 예외를 두는 방법을 선택하였다(1966년법 217조, 현 225-20조). 그러나 회사의 채권자들의 담보 역할을 하는 것은 회사 자본이 아니라 회사의 경영 활동 자체라는 생각이 점점 대두되어 위 논리는 점차 설득력을 잃게 되었고, 구 은행위원회(COB, 현 금융시장감독청)도 Esambert 보고서를 통해 회사의 자기주식취득 금지원칙에 대한 수정을 요구하였다. 이 보고서의 내용은 1998년 7월 2일 DDOEF법(la loi portant diverses dispositions d´ordre économique et financier)에 반영되었고 프랑스의 자기주식취득 제도는 크게 완화되었다.[5]

자기주식취득은 회사의 자산을 감소시키므로 다른 주주 및 채권자들의 이익을 해칠 위험이 있다. 이러한 위험을 막기 위해 프랑스 상법전은 회사가 자기주식취득을 하는 경우 일정한 준비금을 보유하게 하고, 회사 자본의 10%의 범위 내에서만 자기주식취득을 허용하며, 순수 자본금보다 많은 액수의 자기주식을 취득하는 것을 금지하는 등 주주 및 채권자 보호 규정을 두고 있다. 이외에 제3자에게 자기주식취득을 목적으로 금전 대여, 보증채무를 부담하는 행위 등을 금지시킴으로써, 회사의 계산으로 제3자가 자기주식을 취득할 가능성을 원천적으로 봉쇄하였다.

구체적으로 보면, 증권시장에 상장된 주식회사의 경우, 보통주주총회 결의로 회사 자본의 최대 10%의 범위 내에서 이사회가 자기주식을 취득할 수 있다. 이때 주주총회는 자기주식취득의 목적과 방법, 취득한도 등을 정하여 18개월의 기간 내에서 이사회에 권한을 부여한다(Decret n.67-236, 1967. 3. 23. 179-1조). 회사는 이렇게 취득한 주식을 회사 자본의 10%의 범위 내에서 소각할 수도 있다. 이 경우 특별주주총회의 결의가 필요하고, 주주총회는 자본의 감소를 결정하거나, 그 권한을 이사회에 위임할 수 있다. 또한 주식회사는 직원들에게 그 성과에 따라 주식을 분배하거나 스톡옵션을 부여할 수 있는데, 이 경우 회사는 자신이 발행한 주식을 취득할 수 있다. 다만 이러한 주식이나 옵션은 취득한 날로부터 1년의 기간 내에 분배되거나 행사되어야 한다(225-208조).

이러한 자기주식취득에 대해서는 몇 가지 제한이 존재한다. 주식회사는 직·간접적으로 각 종류의 주식 별로 10%를 초과하여 자기주식을 보유할 수 없다(225-210조 1항). 회사는 법정 준비금과는 별도로 자신이 보유하는 주식의 총액보다 많은 준비금을 보유하여야 하고(3항), 회

5 이러한 변화로 자기주식 공개취득(OPRA, offres publiques de rachat d´actions) 역시 널리 사용되기 시작했다. 1999년 구 은행위원회(COB)는 총 402건의 자기주식 공개취득을 승인했고, 2002년에는 총 484건을 승인하였다. COB, Rapport 1999 28면 ; Rapport 2002 340면.

사가 자기주식을 보유하고 있는 동안 이를 계속 보유하고 있어야 한다. 또한 자기주식취득으로 인해 회사의 순자산이 자본금과 분배할 수 없는 준비금의 합보다 작아져서는 안 된다(2항). 이는 유럽 회사법 제2지침을 수용한 결과이다. 물론 자기주식의 권리는 제한된다. 자기주식에는 의결권과 배당권이 존재하지 않고(225-111조, 255-210조 4항), 신주발행시 신주인수권을 행사할 수도 없다(255-210조 5항).

프랑스도 자기주식취득을 위한 자금지원을 금지하는 명문의 규정을 두고 있으며(225-216조 1항), 자기주식의 질취 등에 대한 금지규정도 두고 있다(225-215조 1항).

(7) 호주

2001년 회사법에서는 ① 자기주식취득으로 인하여 회사가 채권자에게 상환불능이 되지 않아야 하고, ② 주주총회 결의나 통지요건 등 법에서 정하는 일정한 절차를 거쳐야 한다는 조건하에 회사가 자유롭게 자기주식을 취득할 수 있도록 허용하고 있다(CA 2001 a 257A). 자기주식취득에 필요한 절차는 취득 유형에 따라 257B조부터 257H조에서 정하고 있는데, 근로자에게 지급하기 위한 자기주식취득이나 시장에서의 자기주식취득의 경우에는 별다른 절차가 요구되지 않으나, 주주평등을 유지하는 방식으로 취득하는 경우에는 주주총회의 일반결의를, 일부 주주에 대해서만 취득하는 경우에는 주주총회의 특별결의를 요구하는 등 보다 강한 요건을 요구하고 있음을 알 수 있다.

II. 이익소각

1. 현행 제도

회사의 이익소각이란 자본의 감소 없이, 회사가 재산을 주주에게 반환하는 방법이다. 종래 우리나라에서 회사가 주주에게 배당할 이익으로 주식을 소각할 수 있는 경우는 상환주식의 상환(상법 345조) 및 원시정관에 이익소각이 규정되어 있는 경우(상법 343조 1항 단서) 이외에는 불가능하였으나, 2001년 상법 개정으로 주주총회 특별결의로 이익소각을 할 수 있는 제도를 도입하였다(상법 343조의2). 이익소각의 경우에는 취득가액의 총액이 배당가능이익을 초과하지 못한다는 재원에 관한 제한 이외에는 특별한 제한이 없으며, 따라서 재원이 충분하다면 발행주식 대부분을 소각하는 것도 가능하다.

또한 주주총회에서 이익소각을 결정한다고 하여 반드시 소각하여야 하는 것은 아니며, 주주총회가 정한 범위 내에서 이사의 경영판단으로 소각의 여부 및 시기를 결정하는 것이고, 이익으로 소각하기 때문에 자본에는 아무 영향이 없고, 따라서 발행주식 액면 총액과 자본 사이에 괴리가 발생하게 된다(상법 451조 참조).

이익소각제도는 이처럼 상법에 도입되어 있으나, 증권거래법에도 상장법인 또는 코스닥상장법인 등에 대한 이익소각에 관한 규정이 있으며(189조), 상법과 달리 이사회의 결의만으로 가능하고(189조 1항), 자기주식취득의 경우와 같이 시장매수 또는 공개매수의 방법만이 가능하고(189조 3항 1호), 소각기간이 3월 이내로 한정되고 있다(시행령 84조 1항 1호)는 등의 특칙이 있다.

2. 문제점 및 이론적 검토

이익소각이란 결국 회사가 재산을 주주에게 반환하는 것으로서, 그 본질은 배당이나 자기주식취득과 사실상 동일하다. 그럼에도 불구하고 서로 다른 제도로서 결정권자들도 다르고, 서로 다른 절차를 거쳐야 하는 것은 바람직하지 않다. 특히 이익소각의 경우 폐쇄회사는 주주총회가 특별결의로 결정함에 비하여 상장회사는 이사회가 결정하는 것은 아무런 합리적인 근거가 없으며, 이러한 결정권자 역시 배당과 자기주식취득의 결정권자와 통일되어야 할 필요성이 있다. 결국 이익소각은 "주식을 소각한다"라는 차원에서 접근할 것이 아니라, "이익을 분배한다"라는 측면에서 접근하여야 하고, 따라서 이익소각도 분배(distribution)의 한 형태에 불과하기 때문에, 배당이나 자기주식취득과 함께 통일적인 규율을 하는 것이 옳다고 하겠다.

3. 개정방안

이익을 반환하는 방법의 하나로서 주식을 소각하게 되면, 채권자 보호를 위한 자본은 건드리지 않으면서 이익을 반환하는 것이 되므로, 실질적으로는 자기주식취득 후 주식을 소각하는 것과 경제적으로 완전히 동일하게 된다. 따라서 자기주식취득이 자유롭게 허용되는 경우에는 그냥 단순하게 자기주식을 소각하면 그만이고, 자기주식취득이 다소 어렵게 규정되어 있는 경우에는 자기주식취득과는 별개로 이익소각제도를 마련하게 되는 것이다. 결국 규정을 어떻게 둘 것인가는 자기주식취득에 관한 취급을 어떻게 할 것인가에 달려 있다.

만일 상법에서도 자기주식취득을 자유화하는 것을 전제로 한다면, 자기주식취득 또는 배당과 구별되는 이익소각제도를 따로 둘 실익은 거의 없다고 하겠다. 이를 구별하여 서로 특별한 경우로 이해하는 것보다는 분배의 개념을 채택하여 자기주식취득이나 배당과 동일한 것으로 이해하는 것이 의사결정권자나 재원규제 등에 있어서 통일적인 규제를 할 수 있는 장점이 있기 때문이다. 따라서 궁극적으로는 이익소각제도를 폐지하고, 대신 이를 자기주식취득 후 주식소각의 형태로 규정하는 것이 바람직하다.

법무부 개정안에서도 종래 상법 343조의2를 삭제하여 이익소각제도를 폐지하였으며, 대신 동법 343조 1항 단서에 자기주식을 소각할 수 있다고 하여 규제의 일관성을 도모하였다.

4. 입법례

(1) 미국

회사는 배당가능이익으로 자기주식을 취득할 수 있고, 이 경우 취득된 자기주식은 경제적으로는 소각된 것으로 보기 때문에(issued but not outstanding), 형식적으로도 언제든 쉽게 소각할 수 있으므로 이익소각제도를 따로 마련할 필요가 없다.

(2) 일본

우리나라 현행 상법 323조의2는 사실 일본의 예를 본받아 규정한 것이다. 일본에서도 종래 이사회의 결의로 회사가 보유하고 있는 자기주식을 소각하는 경우(구 상법 212조 1항) 및 회사가 보유하는 주식을 자본감소의 절차에 따라 또는 배당가능이익으로 하는 이익소각의 절차에 따라 소각하는 경우(구 상법 213조 1항) 두 가지를 구분하고 있었다. 그러다가 최근의 신회사법에서는 이를 모두 삭제하고 178조를 두어 자기주식의 소각이라는 형태로 규정하고 있다.[6]

다시 말해서, 종래 일본 상법 213조 1항의 규정 가운데 자본감소절차에 따른 주식소각의 규정은, 이제 일본에서는 자본의 액과 주식수와 아무 상관이 없어졌기 때문에 특별히 주식수가 줄어든다는 것이 어떤 의미를 가지는 것은 아니라는 인식하에 이를 삭제하였다. 그리고 이익소각의 절차는 결국 자기주식취득 이후 그 주식을 소각하면 되는 것이므로 — 사실 동일한 재원규제를 하고 있다 — 자기주식취득에 의하여 보유한 주식을 소각하는 것으로 제도를 통일한 것이다. 이처럼 이익소각제도를 폐지하고 자기주식취득과 통합하는 것은 일본에서도 자기주식취득이 자유화되었기 때문에 가능한 것임을 주의하여야 한다.

6 178조 ① 주식회사는 자기주식을 소각할 수 있다. 이 경우 소각되는 자기주식의 수(종류주식발행회사에 있어서는 자기주식의 종류 및 그 수)를 정하여야 한다. ② 이사회설치회사에 있어서는 전항 후단의 규정에 의한 결정은 이사회의 결의에 의한다.

(3) EU

EU 회사법 제2지침은 자본감소나 주식소각에 대하여 30조부터 40조까지 매우 중요하게 다루고 있다. 원칙적으로 주식소각은 자본감소절차에 의하여 주주총회 특별결의에 의하여 이루어지지만(30조, 40조 참조), 자본감소 없이 이익으로만 주식을 소각하는 경우에는 주주총회의 일반결의로도 가능하다(35조). 이 경우 사용할 수 있는 재원은 제2지침 15조에서 정하는 배당한도 이내이어야 한다[35조 (b)]. 이는 결국 이익소각제도를 말한다. 이처럼 EU 회사법 제2지침에서도 아직 자기주식취득이 완전히 자유롭게 되지 못하였으므로 대신 우리나라 상법과 동일한 이익소각제도를 마련하고 있다.

(4) 영국

영국의 경우에는 상환주식(redeemable shares)제도가 마련되어 있고 주주총회 특별결의에 의한 자본감소제도는 있지만, 이익을 가지고 상환하는 이익소각제도는 특별히 규정하고 있지 않다.

(5) 독일

독일은 여전히 전통적인 이익소각제도를 유지하고 있는데, 이는 자기주식취득이 아직 자유롭게 인정되고 있지 않기 때문이라고 짐작할 수 있다. 독일에서는 원칙적으로 주식의 소각은 자본감소에 관한 규정에 따라야 한다고 하면서(주식법 237조 2항), 다음과 같은 경우 주식의 발행가액이 전부 납입되었다면 자본감소에 관한 규정에 따르지 않고 소각할 수 있다고 한다(주식법 237조 3항). 즉, 주식이 무상으로 회사의 처분에 맡겨진 때(1호), 대차대조표상 이익(Bilanzgewinn)이나 이익준비금(Gewinnrücklage)을 소각을 위한 목적으로 이용할 수 있는 때에 이 대차대조표상의 이익이나 이익준비금의 적립금으로서 소각하는 때(2호), 무액면주식의 소각(3호) 등이 그 경우이다. 이 가운데 2호가 이익소각을 규정하고 있다. 이익소각의 경우에는 소각된 주식의 금액과 같은 금액을 자본준비금(Kapitalrücklage)으로 적립하여야 한다(주식법 237조 5항)는 제한이 있다.

(6) 프랑스

프랑스 회사법에는 우리법과 동일한 이익소각제도는 존재하지 않는다. 대신 이와 유사한 제도로 자본상환(amortissement du capital)이라는 독특한 제도를 두고 있다. 본 제도는 특별주주총회의 결의나 정관의 규정에 의해 배당가능이익으로 주식을 상환하는 제도로서 회사의 자본은 감소되지 않는다는 점에서 우리법의 이익소각과 유사하다(225-198조). 다만 특별결의를 요구한다는 점과, 이익소각과 달리 상환된 주식은 소각되지 않고 배당주(action de jouissance)의 형태로 존속한다는 점이 다르다. 상환된 주식인 배당주는 상환 후에도 의결권을 보유한다는 점에서 일반주와 같으나, 배당에 있어서는 일반주보다 후순위가 된다는 특징이 있다.

(7) 호주

2001년 회사법에서는 채권자의 이익을 침해하지 않는 한 회사는 어떠한 방식으로든 주식을 소각할 수 있다고 규정하고 있으나[CA 2001 s 256B(1)], 이 규정이 자본금에는 변동이 없이 이익만으로 주식을 소각하는 이익소각까지 규정하고 있는지는 확실하지 않다. 구체적으로 소각의 유형을 예시하고 있는 258E조의 경우에도 상환주식의 상환이나 자기주식의 취득을 통한 주식소각만 언급하고 있을 뿐 따로 이익소각을 언급하고 있지는 않다. 따라서 이익소각이 별개의 제도로서 성립되어 있지는 않은 것으로 보인다.

III. 차등의결권

1. 현행 제도

차등의결권 주식이란 의결권 있는 보통주식을 2종 이상으로 분류해서 발행하고 각 종류마다 다른 수의 의결권을 인정하는 것을 허용하는 제도를 말한다. 우리나라에서는 상법 369조 1항이 규정하고 있는 1주 1의결권의 원칙상 차등의결권을 가진 보통주를 발행할 수 없으며, 무의결권 주식은 우선주에 한하여 인정되므로(370조 1항), 과거 1% 우선주와 같은 무의결권 보통주는 위법한 것으로 본다.

이처럼 보통주의 의결권을 가지고 차등의결권을 만들어 낼 수 없다면, 현행법상 그 대신 우선주를 통하여 차등의결권을 만들어 낼 수는 없는가? 예를 들어 상법 370조 1항의 문언을 참조하면 이론적으로 0개와 1개의 의결권이 허용되는데, 그렇다면 우선주에 0.5개의 의결권 또는 특정 사안에 대해서만 1개의 의결권을 붙이는 것은 해석상 허용된다고 볼 수 있는지 생각해 볼 수 있다. 현재 논의는 없으나, 주식의 내용에 관한 규정은 특히 강행규정이라고 보는 것이 일반적인 견해이므로, 우선주를 위와 같은 제한적 의결권으로 발행하는 것은 상법에 명시적 규정이 없는 한 허용되지 않는 것으로 해석된다고 하겠다.

2. 문제점 및 이론적 검토

이처럼 우리나라에서는 차등의결권이 원칙적으로 인정되지 않고 있으나, 최근 우리나라 대기업이 외국 자본에 의한 적대적 기업인수의 위협에 노출되어 있다는 지적이 많아지면서, 경영권 방어수단의 한 방법으로 차등의결권 주식이 논의되고 있다. 그러나 차등의결권은 단순히 이와 같은 경영권방어뿐만 아니라 기업공개, 신규투자자 유치, 전략적 제휴, 합작투자 등 기업이 당면하는 다양한 상황에서 당사자들이 복잡한 이해관계를 조절하는 데 유용하게 사용될 수 있는 수단이다. 실제로 차등의결권제도의 최대의 효용은 기업공개시에 공개기업으로 하여금 대주주, 벤처캐피털, 종업원 등 이해관계자들이 원하는 형태의 지배구조와 경영권방어를 가능하게 해 주어 기업공개를 촉진하는 데 있다. 따라서 공개회사의 경우보다는 오히려 폐쇄회사단계에서 인정될 실익이 크다고 하겠다.

특히 경영권방어와 관련하여 차등의결권을 인정하는 것은, 그 방어과정에서 주주에게 비효율적인 의사결정을 하도록 인센티브를 왜곡시키는 강압(coercion)의 문제가 발생하기 때문에 바람직하지 않다. 이것은 일반 소액주주에게 의결권은 거의 의미가 없다는 점 때문에 발생하는 문제인데, 예를 들어 1개의 의결권을 가진 보통주만으로 된 주식회사가 새로이 0.1개의 의결권을 가지면서 대신 10% 높은 배당률을 가진 다른 종류의 보통주를 발행하여 기존의 주주에게 보유하고 있는 보통주와 교환할 수 있도록 한다고 하자. 일반 소액주주들로서는 무의결권이지만 10% 많은 이익배당을 받을 수 있는 주식과, 자신들에게는 아무런 가치도 없는 의결권을 많이 가지고 있고 대신 낮은 이익배당을 받는 주식 사이에서의 선택이기 때문에, 결국 10% 높은 배당률을 가진 보통주로의 교환을 선택할 것이다. 따라서 지배주주 또는 경영진은 보유하고 있는 주식을 그대로 가지고 있기만 하면 지분율이 높아질 수 있어 지배권을 공고히 유지할 수 있다. 문제는 이러한 의결권의 재편성이 설사 기업가치를 낮추는 방향으로 작용한다고 하더라도 결과가 달라지지 않는다는 것이다. 주주들은 그 경제적 효과를 알더라도 죄수의 딜레마에 처한 결과 결국 0.1개의 의결권을 가지면서 10% 높은 배당을 주는 주식을 택하게 된다.

이처럼 차등의결권제도는 기업지배권거래의 왜곡을 가져올 뿐만 아니라, 소유구조의 측면에서 보더라도, 회사의 현금흐름에 대한 권리(cash flow right)와 기업에 대한 지배권(control right)을 분리시킴으로써, 분산소유구조와 지배주주구조의 모든 대리비용을 함께 발생시킬 수 있다는 점이 문제로 지적되고 있다. 이러한 이유로 OECD 기업지배구조원칙을 비롯한 여러 연구에서는 1주 1의결권원칙을 바람직한 소유구조로 파악하고 있다. 이러한 관점에서 본다면 결국 차등의결권은 소액주주가 많은 공개회사의 경우에는 바람직하지 않고, 다만 소액주주가 거의 없고 주주계약을 유효하게 회사에 강제하는 것이 더 중요한 폐쇄회사의 경우에 생각해 볼 수 있는 제도라고 하겠다.

3. 개정방안

· 제1안 : 상법에서 무의결권 보통주 및 차등의결권에 관한 규정을 두고 이를 증권거래법에서는 적용하지 않는 방안.

· 제2안 : 상법에서 무의결권 보통주 및 차등의결권에 관한 규정을 두고 이를 공개회사에도 적용하는 방안.

· 법무부 개정안 : 차등의결권의 문제는 좀 더 논의하기로 하고 채택을 보류함(대신 의결권과 관련된 다양한 종류주식을 허용함으로써 실질적으로는 차등의결권과 유사한 것을 만들어 낼 수 있도록 함).

현재 많은 국가에서 차등의결권 또는 이와 비슷한 메커니즘을 도입하여 주주간의 계약이 회사의 소유구조를 통하여 반영될 수 있도록 하고 있다. 그러나 이에 대한 반대 입장도 만만치 않다. 특히 경영권의 고착화나 지배구조의 악화라는 측면을 무시할 수 없다.

경영권 분쟁상황에서 회사가 저렴한 비용으로 이용할 수 있는 방어수단이 별로 없는 우리나라의 경우, 차등의결권제도와 같이 다른 의사결정을 왜곡시키지 않으면서 단순히 방어적 역할로서만 기능하는 방어수단의 역할은 중요할 것으로 판단된다. 그러나 자본구조의 재편과정에서 주주로 하여금 항상 의결권을 포기하도록 하는 압력이 존재하기 때문에 비록 현재의 경영진이 비효율적인 경우라 하더라도 이러한 수단을 활용할 수 있다는 문제가 있으며, 입법례 등을 보더라도 차등의결권이 경영권방어의 측면에서 널리 이용되는 경우는 많지 않고, 나아가 기업지배기준에 관한 국제규범에서 1주 1의결권을 바람직한 원칙으로 보고 있으므로, 이러한 점을 고려한다면 경영권방어의 관점에서 차등의결권을 특별히 인정하는 것은 바람직하지 않다. 따라서 설사 차등의결권을 인정하더라도 공개회사의 경우에는 제1안과 같이 증권거래법에서 그 적용을 배제하는 것이 필요할 것이다.

또한 주주간 계약을 반영하기 위해 차등의결권이나 의결권제한주식을 인정한다고 하더라도 우선주 및 보통주를 모두 포함한 무의결권 주식 또는 의결권제한주식의 상한을 정할 필요가 있다. 이는 현행 상법에서 취하는 태도를 그대로 유지하는 것이다. 나아가 일본에서 인정되는 의결권제한주식의 경우에도 주주총회 결의사항 전부에 대하여 의결권이 없는 주식을 인정하는 것보다는 단순히 의결권제한주식만을 도입하는 것이 바람직할 것이다. 요컨대, 설사 주주간 의결권의 배분을 달리 가져가고자 하는 적극적 이유가 있다고 하더라도 이를 극단적인 형태로까지 남용할 수 있는 여지는 사전에 차단하는 것이 현재로서는 가능한 대안이라고 본다.

이처럼 차등의결권의 문제는 단순히 기업의 자본구조의 유연성의 문제만 생각할 수 없기 때문에, 법무부 최종안에서도 결국 논의의 결론을 보지 못하고 추후 검토과제로 미루게 되었다. 대신 최종안에서는 상법 344조에서 의결권에 관한 다양한 종류주식을 도입하고, 특히 제344조의3에서 의결권의 제한에 관한 종류주식을 둘 수 있도록 하여 실질적으로는 거의 차등의결권에 유사한 구조를 만들어 낼 수 있는 제도적 환경을 제공하고 있다.

4. 입법례

(1) 미국

미국에서는 주 회사법의 차원에서는 차등의결권 주식에 관한 규제가 없으므로 차등의결권을 가진 보통주를 발행하는 것은 허용된다고 보면 된다. 그러나 실제로 차등의결권 주식이 발행되는 경우는 별로 없는 것으로 알려져 있다.

다만 증권거래소의 상장규칙에 의한 규제가 존재한다. 전통적으로 NYSE는 무의결권보통주 또는 복수의결권보통주의 상장을 허용하지 않았으며, AMEX는 무의결권보통주에 대하여는 엄격하였으나, 복수의결권보통주의 경우에는 일정 요건을 충족하면 상장이 허용되었고, NASDAQ 시장에서는 모든 차등의결권 주식이 거래될 수 있었다. 그런데 1980년대 들어서 차등의결권 주식이 경영권방어에 유용하다는 인식이 퍼지면서, 재계에서는 NYSE에 보다 유연한 상장기준을 채택할 것을 주문하게 된다. 이에 대하여, SEC는 1988년 아예 Rule 19c-4를 제정하여 차등의결권 주식의 상장을 금지하는 규정을 통과시켰는데, 1990년 D.C. 항소법원은 SEC에는 그러한 권한이 없다고 판시함으로써,[7] 결국 SEC의 시도는 수포로 돌아가게 되었다. 그러나 SEC는 이후 거래소 및 NASD와의 교섭을 통하여 NYSE, AMEX 및 심지어 NASDAQ에서도 원칙적인 1주 1의결권원칙을 채택하도록 유도하였으며, 그 결과, 예를 들어 현재는 NYSE의 경우 원칙적으로 차등의결권 주식의 상장을 금지하고 있다(상장매뉴얼 §313.00).

(2) 일본

일본은 여전히 보통주의 1주 1의결권을 유지하고 있으나(회사법 308조 1항 참조), 특히 의결권과 관련된 종류주식의 다양화를 통하여 실질적으로는 차등의결권 주식을 만들어 낼 수 있도록 되어 있다. 일본에서 차등의결권을 만들어 낼 수 있는 방법으로는 의결권제한주식을 이용하는 방법과 단원주제도를 이용하는 방법 두 가지로서, 모두 2001년 상법 개정을 통해 도입되었으며, 새로 제정된 신회사법에 그대로 수용되었다. 나아가 본래 의미의 차등의결권은 아

7 Business Roundtable v. SEC, 905 F.2d 406(D.C.Cir. 1990).

니지만, 주주간 합의를 유효하게 보장할 수 있는 메커니즘으로서 이사 등의 선임에 대한 Class Voting 제도도 도입하고 있다.

먼저 의결권제한주식을 통한 차등의결권을 보자. 일본은 2001년 상법 개정을 통하여 의결권제한주식의 발행을 허용하였으며, 새로 제정된 회사법 108조 1항 3호에서도 "주주총회에서 의결권을 행사할 수 있는 사항"에 관하여 다른 내용을 가진 주식을 발행할 수 있도록 하여 이를 승계하고 있다. 의결권제한주식은 주주총회의 결의사항 전부에 대하여 의결권이 없는 완전무의결권 주식과 일부 결의사항에 대해서만 의결권이 없는 의결권제한주식이 모두 인정되며, 그 내용과 수를 정관에 기재하고 등기하여야 한다. 이러한 의결권제한주식은 무의결권인 경우에도 반드시 이익배당에 관한 우선권과 연계되지 않고 있다는 점에서 독자적인 수종의 주식에 속하고, 따라서 설사 이익배당이 이루어지지 않더라도 의결권이 부활하지 않는다. 다만 의결권제한주식의 의결권은 있거나 없거나 둘 중의 하나이며, 0.7개 또는 10개 등과 같은 방식으로 구성할 수 없기 때문에 완전한 차등의결권으로 기능하기는 한계가 있다.

다음으로 단원주제도를 이용하여 차등의결권을 만들 수 있다. 2001년 상법 개정에서는 통상의 보통주를 발행한 경우에도 일정 수의 주식을 하나의 단원(單元)으로 하여 1단원 1의결권을 부여할 수 있도록 하고 있으며(회사법 308조 1항 단서), 이 경우 1단원 미만의 보통주는 의결권이 없어지므로 무의결권 보통주를 발행한 것과 비슷한 효과를 거둘 수 있다. 뿐만 아니라, 예를 들어, 보통주를 발행하고 그 1단원의 주식수를 1,000주로 하고, 다시 이 보통주와 내용이 매우 근소하게 다른 수종의 주식을 발행하면서 그 1단원의 수를 100주로 하면—모두 의결권은 부여되는 것을 전제로 한다—실질적으로는 보통주보다 10배의 의결권을 가지는 주식을 발행하는 결과가 된다.

본래 의미의 차등의결권은 아니지만 2001년 상법 개정에서 미국의 Class Voting 제도를 받아들여 제한적으로 이사 및 감사의 선임에 관한 의결권을 가지는 주식을 발행할 수 있도록 하였으며, 새로 제정된 회사법 108조 1항 9호에서 수종의 주식이라는 제목 하에 이를 그대로 유지하고 있다. Class Voting 권한을 가지는 주식이 발행되면 이사 및 감사의 선임은 이러한 각 종류주주총회 단위로 이루어지며, 따라서 전체 주주총회는 개최될 필요가 없다. 이처럼 종류주주총회에서 선임한 이사 및 감사를 해임하는 경우에는 정관에 다른 정함이 없는 경우를 제외하고는 그 선임을 한 종류주주총회의 결의에 의해서만 해임할 수 있으므로, 결과적으로는 다른 종류주주의 영향력을 배제할 수 있게 되는 것이다. 다만 이와 같이 종류주주총회에서 이사 및 감사를 선임할 수 있는 주식은 회사법 제정 이전에도 오직 주식양도제한회사에서만 인정되었고, 이번에 제정된 신회사법 하에서는 위원회 설치회사 및 공개회사는 그 적용 대상에서 제외되었다(108조 1항 단서). 이처럼 공개회사와 같은 대규모 회사에서 Class Voting을 인정하지 않은 이유는, 본래 Class Voting 제도는 주주간 계약을 구체화하는 메커니즘으로서 합작

회사 등과 같이 주주가 매우 적은 경우에만 의미가 있기 때문이다.

(3) EU

EU 회사법 제2지침에는 1주 1의결권원칙에 대한 언급이 없다. 따라서 원칙적으로 차등의결권 주식을 발행하는 것이 가능하다. 일반적으로 차등의결권은 유럽에서 널리 이용되고 있는 제도라고 알려져 있는데, 유럽은 개별 국가에 따라 차등의결권을 인정하는지 여부가 차이가 있지만, 실제로도 2003년에 발표된 자료에 의하면 조사 대상인 5,162개의 EU 상장회사들 중 약 20%인 1,035개의 회사가 복수의결권 주식을 발행하고 있다고 한다. 그러나 스웨덴 정도를 제외하면, 설사 제도적으로 허용되는 경우라도 하더라도 일반적으로 유럽에서도 차등의결권이 널리 이용되고 있지는 않다.

(4) 영국

영국 1985년 회사법은 무의결권으로 '보통주'를 발행하는 것은 허용하고 있다. 통상 이러한 주식을 'A' 주식이라고 부르는데, 이러한 무의결권 보통주는 독립적인 종류의 주식으로 간주된다. 그러나 이러한 주식발행에 대해서는 논란이 많이 있었으며, 실제로도 널리 이용되고 있는 것은 아니다. 특히 런던 증권거래소의 상장규정에서는 이러한 주식의 상장을 금지시키고 있다(상장규정 s 9.04, 11문단).

(5) 독일

독일 주식법 12조 1항은 "각 주식은 의결권을 갖는다. 우선주는 주식법의 규정에 따라 의결권 없는 주식으로 발행할 수 있다"라고 하면서, 12조 2항에서는 "복수의결권 주식은 허용되지 않는다"라고 규정한다. 이는 "의결권 없는 주식은 없으며, 주식 없이는 의결권 없다"라는 원칙을 표명한 것이다. 무의결권 우선주의 도입은 정관의 규정에 의해서만 가능하다는 것이 학설의 일반적인 태도이며, 이익배당우선권을 주지 않고 의결권을 배제하는 정관규정은 설사 주주총회 결의가 있었다 하더라도 주주총회 결의의 무효사유가 된다고 해석되고 있다. 따라서 무의결권 우선주와는 달리, 무의결권 보통주는 발행할 수 없다는 것이 독일에서도 원칙이다.

그러나 1998년 이전에는 주식법 12조 2항 2문에서 "전체 경제의 이익 유지를 위해 필요한 때에는 주의 최상급 경제관청의 동의를 얻어서 복수의결권이 허용된다"라고 규정되어 있었기 때문에 독일에서는 복수의결권(Mehrstimmrecht) 주식이 인정된다고 이해하는 것이 일반적이었다. 그러나 이 규정은 1998년 4월 28일 제정된 「기업의 감독 및 투명성에 관한 법률(Gesetz zur Kontrolle und Transparenz im Unternehmensbereich, KonTraG)」 Art.1 Nr.3에 의해 삭제되었기 때문에, 복수의결권 주식은 앞으로 더 이상 발행하지 못하게 되었다. 그리고 기존의 복수의결권 주식도 주주총회의 결의를 얻지 않는 한, 2003년 6월 1일부터 복수의결권이 폐지되는 것으로 하였다.[8]

다만 종전의 최고의결권 주식은 비상장회사에 한하여 여전히 허용하고 있다. 독일 주식법 134조 1항 2문은 "주주가 다수의 주식을 소유한 경우에 비상장회사에 있어서는 정관으로 최고액(Höchstbetrag) 또는 소유주식수에 따라 부여되는 의결권의 수에 관한 구조(Abstufungen)를 확정함으로써 의결권을 제한할 수 있다"라고 규정하고 있는데, 여기서 말하는 최고의결권이란 다수의 주식을 소유한 주주가 행사할 수 있는 의결권에 최고한도를 설정하는 것을 말한다. 주주가 일정한 수의 주식에 대해서만 의결권을 행사할 수 있도록 하는 것으로서, 대주주의 잠재적 영향력을 제한하기 위한 것이다. 여기서 최고액은 보통 기본자본의 5% 또는 10%를 최고액으로 정하며, 소유주식의 수에 따라 의결권의 수가 달라지게 하는 방법으로는 일정한 수의 주식에 대해서는 의결권을 전부 인정하되, 그 이상의 주식에 대해서는 의결권을 축소하는 형태가 일반적이다. 예를 들어 1,000주 이상의 주식에 대해서는 10주당 1의결권을 준다든가, 2,000주 이상의 주식에 대해서는 20주당 1의결권을 준다든가 하는 식이다.

개정 전 주식법 134조 1항 2문에서는 의결권제한을 무제한적으로 허용하였으며, 사후적으로 정관변경을 통해 해당 주주의 의사에 반해서도 의결권제한을 도입하는 것이 가능했다. 그 결과 BASF, DB, Mannesmann 회사들과 같이 이것을 이용해 적대적 M&A에 방어를 한 예도 있다. KonTraG Art.1 Nr.20은 이 규정을 개정하여, 이제 상장회사에 대해서는 최고의결권이 허용되지 않고, 오직 비상장회사에 있어서만 허용되도록 되었다. 상장회사에서 존재하던 기존의 최고의결권은 2000년 6월 1일부터 소멸된다(주식법 시행법, EGAktG 5조 7항). 이처럼 상장회사에 대해서 최고의결권을 폐지한 것은 최고의결권이 기업인수와 자본시장의 발전에 방해가 된다는 이유에서였다.

(6) 프랑스

프랑스에서는 근대 이후로 오랫동안 복수의결권 주식이 인정되었다. 대개는 회사의 설립자

8 주식법 시행법(EGAktG) 5조 1항 내지 6항에서는 복수의결권주식의 폐지에 관한 경과규정을 두고 있다. EGAktG 5조 1항 1문에 의해 2003년 5월 31일까지는 기존의 복수의결권 주식은 보호된다. 다만 2003년 6월 1일 이전이라도 주주총회는 복수의결권의 폐지에 관해 결의할 수 있으며(EGAktG 5조 2항 1문, 2문), 복수의결권을 폐지할 경우 회사는 당해 복수의결권 주식의 주주에게 보상을 하여야 한다(EGAktG 5조 3항).

가 주주총회를 장악하는 것을 허용하기 위함이었는데, 1주가 10개의 의결권을 보유하는 경우도 비일비재하였다. 그러다 1933년에 이르러 1주 1의결권원칙이 확립되었고(1933. 11. 13.법), 현재는 두 개의 의결권을 가진 주식만이 허용된다(이중의결권 주, actions a droit de vote double ; 225-123조). 이 제도는 충성도가 높은 주주들에게 혜택을 주고, 적대적 경영권 인수에 대항할 수 있는 수단을 제공한다. 이중의결권주를 발행하기 위해서는 ① 정관에 규정하거나, 특별주주총회의 승인이 있어야 한다. 또한 ② 주금을 모두 납입하고 적어도 2년 이상 동일인 명의로 주주명부에 등록된 주식의 소지자에 대해서만 이중의결권의 부여가 가능하다.

프랑스에서는 무의결권 보통주도 발행이 가능하다. 프랑스에 의결권 없는 주식이 도입된 것은 1978년 7월 15일 법이 무의결권 우선주(action a dividende prioritaire sans droit de vote)제도를 입법하면서부터였다 이 제도는 지배주주가 경영권을 유지하면서도 자금 조달을 할 수 있는 방법을 열어주었다는 점에 의의가 있다. 다만 의결권이 항구적으로 박탈되는 것은 아니고, 3개 회계연도 동안 우선적 배당이 이루어지지 않는 경우에는 의결권이 다시 살아난다는 특징이 있었다(228-13조 1항, 2항, 4항). 그러나 본 규정은 2004년 6월 24일 오르도낭스로 폐지되었고, 새롭게 확립된 우선주 조건의 자유화에 따라, 이제는 이러한 제한 없이 의결권 없는 주식을 발행할 수 있다.

구체적으로, 회사법 228-11조 1항은 "회사는 설립시나 설립 후에 의결권이 있거나 없는 모든 성질의 특정한 권리를 가진 수종의 주식을 일시적이거나 항구적인 증권으로 발행할 수 있다"라고 규정하고 있다. 이 규정에 의해 회사는 우선적 배당의 보장이나 의결권의 부활 등의 제한 없이 어떠한 형태로든 의결권 없는 주식을 발행할 수 있다. 예를 들면 사안에 따라 의결권을 행사할 수 있는 경우를 제한하거나 일정 기간 동안 의결권행사를 금지하는 주식도 가능하다. 또한 일반주주총회에서는 의결권을 행사할 수 있지만 특별주주총회에서는 행사할 수 없는 주식이나, 평소에는 의결권이 없다가, 일정 기간 동안 추가적인 배당이 이루어지지 않은 경우에 의결권이 부활하는 내용의 주식도 발행할 수 있다. 회사가 발행할 수 있는 의결권 없는 주식의 비율은 제한된다. 비상장회사의 경우 전체 주식의 2분의 1 이내, 상장회사의 경우 4분의 1 이내의 범위에서만 발행할 수 있다. 이 범위를 넘어 이루어지는 발행은 취소될 수 있다(228-11조 3항, 4항).

(7) 호주

2001년 회사법에는 1주의 주식은 1개의 의결권을 가진다는 조문이 있을 뿐이고(CA 2001 s 250E), 그 이외에 차등의결권에 관한 규정은 발견되지 않는다.

제11장

사채제도

정순섭 · 윤영신*

상법 중 사채에 관한 규정은 신주인수권부사채와 전환사채에 관한 부분을 제외하고는 상법 제정 이래 한 번도 개정검토가 이루어지지 않았다. 그러다 보니 불필요한 규제가 잔존하기도 하고, 규율의 명확화 또는 합리화가 필요한 부분도 나타나게 되었다. 또한 새로운 기술 발달에 따라 개정이 필요한 부분도 발생하게 되었다. 사채의 발행과 관련하여 사채발행한도를 비롯한 규제는 첫 번째 예라고 할 수 있을 것이다. 사채의 발행의 기동성을 위하여 사채발행사항의 결정을 이사회가 위임할 수 있는 범위를 명확하게 하는 것도 요망되었고, 사채모집의 위탁을 받은 회사의 역할을 합리화하고 사채권자집회결의의 신속성을 도모하는 것도 필요하게 되었다. 또한 전자통신 및 기술의 발달로 사채권의 무권화(전자화)와 의결권행사방법 등에서 새로운 제도의 도입이 필요하게 되었다.

개정검토가 필요한 부분은 워낙 방대하지만, 상법 개정작업의 시간이나 자원은 한계가 있으므로 회사법 개정작업의 자료에서 모든 논점을 다루지는 못하였다. 이 책에서는 그 외의 몇 가지 논점에 대해서도 추가적으로 검토하였다.

* 제1절은 정순섭 교수, 제2절~제6절은 윤영신 교수가 집필하였다.

제1절 사채종류의 다양화

1. 현행제도

현행 상법상 사채의 종류에 대해서는 상법 469조에서 사채의 발행에 관한 일반적인 규정을 두고,[1] 상법 513조와 516조의2에서 각각 전환사채와 신주인수권부사채에 관한 발행근거를 두고 있다.[2] 상법상 사채에 관한 규정을 둔 것은 회사의 자본조달수단으로 사채를 규정하고, 전환사채와 신주인수권부사채 등 신종사채에 대한 발행근거와 방법을 규정하기 위한 것이라고 할 수 있다. 사채도 그 법적 성질은 은행차입과 동일하지만, 특별규정을 둔 이유는 첫째, 유가증권화할 필요성, 둘째, 공중에 대한 기채에 따른 집단성으로 발행에 관하여 특별한 기술적 처리가 필요, 셋째, 다수의 사채권자에 대한 보호 또는 집단적 취급의 필요성 등으로 설명할 수 있을 것이다.

2. 문제점 및 이론적 검토

그러나 상법상 사채의 종류와 발행방법에 대해서는 비탄력적인 해석과 운용이 지배해 왔다. 현행법상 사채 종류의 다양화와 관련하여 문제된 것은 상법 469조의 '사채'를 비탄력적인 개념으로 이해하고, 전환사채에 관한 상법 513조 내지 516조와 신주인수권부사채에 관한 상법 516조의2 내지 516조의10을 신종사채의 종류를 특별히 허용한 규정으로 해석 · 운용해 온 관행에 따른 것이라고 할 수 있다. 이러한 태도는 증권거래법 191조의4에서 신종사채의 발행이라는 제목으로 이익참가부사채와 교환사채를 특별히 허용하는 규정을 별도로 두고 있는 사실에서도 확인할 수 있다.[3]

1 상법 469조 (사채의 모집) 회사는 이사회의 결의에 의하여 사채를 모집할 수 있다.

2 상법 513조 (전환사채의 발행)
① 회사는 전환사채를 발행할 수 있다.
②~④ (생략)
상법 516조의2 (신주인수권부사채의 발행)
①회사는 신주인수권부사채를 발행할 수 있다.
②~⑤ (생략)

3 증권거래법 191조의4 (신종사채의 발행)
①주권상장법인 또는 코스닥상장법인은 상법 513조 제1항 및 동법 제516조의2 1항에 규정된 사채와 다른 종류의 사채로서 이익배당에 참가할 수 있는 사채, 주식 기타 다른 유가증권과의 교환을 청구할 수 있는 권리가 부여된 사채 기타 대통령령이 정하는 사채를 발행할 수 있다.
②1항의 규정에 의하여 발행하는 사채의 내용 및 발행방법 등 필요한 사항은 대통령령으로 정한다.

이와 같은 사채의 종류와 발행방법에 대한 비탄력적 해석 · 운용의 결과 자본시장에서 발행 수요가 있는 신종증권에 대해서는 증권거래법을 통한 해결을 시도할 수밖에 없었다. 증권거래법 시행령 2조의31항 6호, 7호, 8호에서 워런트, 주식연계증권, 파생결합증권을 규정한 것은 대표적인 예라고 할 수 있다.[4] 이러한 증권은 증권거래법 191조의4 1항의 '기타 대통령령이 정하는 사채'로 규정하는 방안도 검토되었으나, 위에서 본 '사채의 종류와 발행방법에 대한 비탄력적 해석 · 운용'에 따른 문제의 소지를 미연에 제거하기 위해 증권거래법 2조 1항 9호에 따라 유가증권으로 지정하는 방식을 채택하였다.

3. 개정방안

(1) 개관

사채발행제도에 대해서는 발행근거만을 두고 사채의 유형 내지 내용에 대한 규제가 필요한지에 대한 정책판단이 선행되어야 한다. 사채발행에 대해서는 발행근거에 대한 규정만을 두고 유형 내지 내용에 대한 통제는 이사회의 책임 하에 시장기능에 위임하는 것이 적절할 것으로 본다. 다만, 회사제도의 기본원칙에 위반하는 내용의 사채발행을 방지하기 위해 주식으로의 전환 가능성을 내포한 사채에 대해서는 극히 제한적으로 내용통제규정을 둘 필요가 있다.

4 증권거래법 시행령 2조의3 (유가증권의 지정)

① 법 2조 1항 9호의 규정에 의한 유가증권은 다음 각 호의 어느 하나에 해당하는 것으로 한다.

1~ 4. (생략)

5. 삭제(2005. 1. 27)

6. 재정경제부령이 정하는 기준에 따라 발행하는 증권이나 증서로서 당사자 일방의 의사표시에 의하여 유가증권시장 · 코스닥시장 또는 이와 유사한 시장으로서 외국에 있는 시장에서 매매거래되는 특정 주권의 가격이나 주가지수의 수치의 변동과 연계하여 미리 정하여진 방법에 따라 주권의 매매나 금전을 수수하는 거래를 성립시킬 수 있는 권리를 표시하는 증권 또는 증서.

7. 재정경제부령이 정하는 기준에 따라 발행하는 증권이나 증서로서 유가증권시장 · 코스닥시장 또는 이와 유사한 시장으로서 외국에 있는 시장에서 매매거래되는 특정 주권의 가격이나 주가지수의 수치의 변동과 연계하여 주권 또는 금전(그 주권 · 증권 또는 증서의 가치에 상당하는 금전을 말한다)의 지급청구권을 표시하는 증권 또는 증서.

8. 재정경제부령이 정하는 기준에 따라 다음 각목의 어느 하나에 해당하는 것의 변동과 연계하여 미리 정하여진 방법에 따라 이익을 얻거나 손실을 회피하기 위한 계약상의 권리를 나타내는 증권 또는 증서(6호 및 7호에 해당하는 것을 제외한다).

가. 법 2조 1항 각호의 규정에 따른 유가증권의 가격 · 이자율 또는 이를 기초로 하는 지수의 수치.

나. 재정경제부령이 정하는 것의 가격 · 이자율 또는 이를 기초로 하는 지수의 수치 또는 지표.

다. 신용위험(당사자 또는 제3자의 신용등급의 변동 · 파산 또는 채무재조정 등을 말한다. 이하 같다)의 지표.

구분	요약	세부 내용
제1안	사채의 내용에 관한 규제를 폐지	· 현재의 사채발행 권한 이외에 주식에 대한 옵션의 발행이 가능하다는 규정을 도입하고, · 전환사채에 관한 상법 513조 내지 516조와 신주인수권부사채에 관한 상법 516조의2 내지 516조의10을 폐지한 후, · 사채의 내용에 대해서는 이사회의 책임을 묻는 방안
제2안	사채의 내용에 관한 규제를 일부 유지	· 주식으로의 전환 또는 변경을 가능하게 하는 내용의 사채발행이 가능하다는 규정을 도입하고, · 전환사채에 관한 상법 513조 내지 516조와 신주인수권부사채에 관한 상법 516조의2 내지 516조의10을 폐지하고, 주식에 대한 옵션으로 일원화하여 내용통제를 도모하는 방안
제3안	현행 사채발행 제도의 유지+예시규정임을 명시	· 현행 사채발행제도를 유지하면서 사채의 유형에 관한 한 예시규정임을 별도로 명시 · 예컨대, 미국의 모범회사법에서 회사가 발행할 수 있는 주식의 종류를 열거하고 있지만[§6.01(c)], · 이러한 종류는 한정적인 것이 아니고 단지 예시임을 명시적으로 밝히고 있는 규정[§6.01(f)]을 참조[5]

(2) 사채의 발행근거

상법 469조의 사채발행근거를 탄력적 · 무제한적 규정으로 해석 · 운용할 수 있는 장치가 필요하며, 그 방안으로는 위의 세 가지를 생각할 수 있을 것이다.

사채의 내용에 관한 규제를 일부 유지하는 제2안이 적절한 것으로 판단되며, 증권거래법에 명시되어 있는 이익참가부사채나 교환사채 및 파생결합증권의 개념을 포괄하는 정의규정이 필요한 것으로 판단된다.

상법개정안에서는 제469조에 제2항을 신설하여 "사채에는 이익배당에 참가할 수 있는 사채, 주식 기타 다른 유가증권으로 교환 또는 상환할 수 있는 사채 및 유가증권이나 통화 기타 대통령령에서 정하는 자산이나 지표 등의 변동과 연계하여 미리 정하여진 방법에 따라 상환 또는 지급금액이 결정되는 사채를 포함한다"라고 하여 증권거래법상의 이익참가부사채와 교환사채, 그리고 파생결합증권을 포함하는 사채의 포괄적인 정의를 규정하고 있다. 전환사채와 신주인수권부사채에 대해서는 현행 제도를 유지하고 있다.

5 §6.01(f) The description of the preferences, rights and limitations of classes or series of shares in subsection (c) is not exhaustive.

(3) 사채의 유형(내용)통제

사채의 발행근거에 대한 제2안을 채택할 경우 사채의 유형과 관련하여 현재의 전환사채와 신주인수권부사채에 대한 규정을 폐지하고 주식으로의 전환 또는 변경을 내용으로 하는 옵션(call option과 put option을 포함)에 대한 일반 규정을 두어 내용을 통제한다. 구체적인 내용은 주식에 대한 옵션, 즉 신주예약권에 관한 제도정비와 함께 검토되어야 할 것이다. 옵션이 결합된 신종사채에 대한 내용통제의 필요성은 그 기초자산의 종류에 따라 달라진다. 아래의 참고자료에서 보는 바와 같이 자사주를 기초자산으로 하는 콜옵션을 제외한 신종사채에 대해서는 내용통제의 필요성이 크지 않다고 본다.

〈참고〉 사채발행과 내용통제 필요성

[사례 A] 자사주 관련 사채 – 주주의 공익권에 영향 : 내용통제 필요–

- 전환형 사채는 사채권자가 발행회사로부터 매입한 발행회사 주식에 대한 매수선택권(call option)이 결합된 사채를 발행회사가 발행하고, 동 옵션의 행사로 취득하는 주식에 대한 대금을 사채원금으로 납입하는 형태가 됨(옵션프리미엄만큼 금리 감소).
- 신주인수형 사채는 사채권자가 발행회사로부터 매입한 발행회사 주식에 대한 매수선택권(call option)이 결합된 사채를 발행회사가 발행하고, 동 옵션의 행사로 취득하는 주식에 대한 대금을 현금으로 납입하는 형태가 됨(옵션프리미엄만큼 금리 감소).
- 강제전환형 사채는 발행회사가 사채권자로부터 매입한 발행회사 주식에 대한 매도선택권(put option)이 결합된 사채를 발행회사가 발행하고, 만기시 발행회사의 주식으로 사채를 상환하는 형태가 됨(옵션프리미엄만큼 금리 증가).
- 이러한 유형은 신주발행을 수반할 경우 내용통제가 필요하게 됨.

[사례 B] 자사이익 관련 사채 – 주주의 자익권에 영향 : 내용통제 필요–

- 이익참가형 사채는 기업의 수익 증가로 주주가 일정률 이상의 배당을 받을 때 사채권자도 배당에 참가할 수 있는 권리가 부여되어 있는 사채로서 당해 연도에 배당을 받지 못했을 때 권리가 이월되는가에 따라 누적적 이익참가부사채와 비누적적 이익참가부사채로 구분됨.
- 이익참가형 사채는 배당가능이익을 주주와 사채권자가 분배하는 구조이므로 주주 입장에서는 불이익이 있음.
- 이러한 유형은 기업지배권에는 영향이 없으나, 주주의 이익에 대한 권리에 영향을 줄 수 있으므로 일정한 내용통제가 필요하게 됨.

- 기업지배권에 관한 사항과는 달리 정관에 발행근거를 두는 정도로 충분한 것으로 생각되지만, 추가적인 검토를 요함.

[사례 C] 타사주 관련 사채 – 주주의 공익권 · 자익권에 영향 없음 : 내용통제 불요 –

- 교환형 사채는 사채권자가 발행회사로부터 매입한 발행회사 주식 이외의 주식에 대한 매입선택권이 결합된 사채를 발행회사가 발행하고, 동 옵션의 행사로 취득하는 주식에 대한 대금을 사채원금으로 납입하는 형태가 됨(옵션프리미엄만큼 금리 감소).
- 주식연계 사채는 (1) 사채권자가 발행회사로부터 매입한 발행회사 주식 이외의 주식에 대한 매수선택권(주가상승 예상시, 원금보장형)이나 (2) 사채권자가 발행회사로부터 매수한 발행회사 주식 이외의 주식에 대한 매도선택권(주가하락 예상시, 원금보장형)이 결합된 사채, 또는 (3) 사채권자가 발행회사로부터 매입한 발행회사 주식 이외의 주식에 대한 매수선택권과 사채권자가 발행회사에 매도한 발행회사 주식 이외의 주식에 대한 매도선택권(주가상승 예상시, 원금손실형) 또는 (4) 사채권자가 발행회사로부터 매입한 발행회사 주식 이외의 주식에 대한 매도선택권과 사채권자가 발행회사에 매도한 발행회사 주식 이외의 주식에 대한 매수선택권(주가하락 예상시, 원금손실형)이 결합된 사채를 발행회사가 발행하고, 동 옵션의 행사로 취득하는 이익(손실)을 만기시에 사채원금에 추가(공제)하여 상환하는 형태가 됨.
- 이러한 유형은 제3회사의 기발행주식을 대상으로 하는 것이므로 발행회사 주주의 권리에 전혀 영향을 미치지 않으므로 내용통제 불요

[사례 D] 파생결합증권 – 주식과 관련 없음 : 내용통제 불요 –

- 파생결합증권은 사채권자가 발행회사로부터 매입한 주식 이외의 기초자산에 대한 매수선택권이 결합된 사채를 발행회사가 발행하고, 동 옵션의 행사로 취득하는 이익을 만기시에 사채원금에 추가하여 상환하는 형태가 됨.
- 이러한 유형은 발행회사 또는 제3회사의 신규 또는 기발행주식과 전혀 무관한 기초자산을 대상으로 하는 것이므로 발행회사 주주의 권리에 전혀 영향을 미치지 않으므로 내용통제 불요.

사채의 내용에 대해서는 기본적으로는 발행계약에 의하여 다양한 내용으로 발행하는 것이 가능해야 한다.

4. 입법례

(1) 미국

증권의 발행에 대하여 최소한도의 제한만을 하고 있으며, 기본적으로 증권의 종류에 대한 규제를 하고 있지 않으므로, 회사가 증권의 종류를 자유롭게 설계할 수 있다. 이러한 상법의 태도가 각종 신종증권발행 활성화의 토대가 되었다.

미국의 경우 회사법상 사채 유형에 대한 규율이 존재하지 않는다. 미국 모범회사법은 주식에 대해서는 각종 규정을 두고 있지만, 사채에 대해서는 회사가 차입을 하고 사채 등을 발행할 수 있다는 회사의 권한에 관한 규정〔모범회사법 §3.02(7)〕과[6] 의결권 부여를 금지하는 규정〔모범회사법 §7.21(a)〕만을 두고 있다.[7] 이사회가 옵션 또는 워런트를 발행할 수 있다는 명문의 근거규정을 두고 있다(모범회사법 §6.24).[8]

6 §3.02 GENERAL POWERS
Unless its articles of incorporation provide otherwise, every corporation has perpetual duration and succession in its corporate name and has the same powers as an individual to do all things necessary or convenient to carry out its business and affairs, including without limitation power :
(7) to make contracts and guarantees, incur liabilities, borrow money, issue its notes, bonds, and other obligations (which may be convertible into or include the option to purchase other securities of the corporation), and secure any of its obligations by mortgage or pledge of any of its property, franchises, or income;

7 §7.21. VOTING ENTITLEMENT OF SHARES
(a) Except as provided in subsections (b) and (d) or unless the articles of incorporation provide otherwise, each outstanding share, regardless of class, is entitled to one vote on each matter voted on at a shareholders' meeting. Only shares are entitled to vote.

8 §6.24. SHARE OPTIONS
(a) A corporation may issue rights, options, or warrants for the purchase of shares or other securities of the corporation. The board of directors shall determine (i) the terms upon which the rights, options, or warrants are issued and (ii) the terms, including the consideration for which the shares or other securities are to be issued. The authorization by the board of directors for the corporation to issue such rights, options, or warrants constitutes authorization of the issuance of the shares or other securities for which the rights, options or warrants are exercisable.
(b) The terms and conditions of such rights, options or warrants, including those outstanding on the effective date of this section, may include, without limitation, restrictions or conditions that :
(1) preclude or limit the exercise, transfer or receipt of such rights, options or warrants by any person or persons owning or offering to acquire a specified number or percentage of the outstanding shares or other securities of the corporation or by any transferee or

(2) 호주

회사법상 사채에 대해서는 회사의 사채발행권한 및 절차에 관한 규정[§120(7)]을 두고 있다.[9·10] 회사가 차입을 할 수 있는 점에 대해서도 별도 규정을 두고 있다.[11] 또한, 회사가 옵션

transferees of any such person or persons, or
(2) invalidate or void such rights, options or warrants held by any such person or persons or any such transferee or transferees.

9 124 Legal capacity and powers of a company
(1) A company has the legal capacity and powers of an individual both in and outside this jurisdiction. A company also has all the powers of a body corporate, including the power to :
(b) issue debentures (despite any rule of law or equity to the contrary, this power includes a power to issue debentures that are irredeemable, redeemable only if a contingency, however remote, occurs, or redeemable only at the end of a period, however long);

10 사채발행절차에 관한 규정은 다음과 같다.
Chapter 2L–Debentures
Part2L.1–Requirement for trust deed and trustee
283AA Requirement for trust deed and trustee
283AB Trust deed
283AC Who can be a trustee
283AD Existing trustee continues to act until new trustee takes office
283AE Replacement of trustee
Part2L.2–Duties of borrower
283BA Duties of borrower
283BB General duties
283BC Duty to notify ASIC of name of trustee
283BD Duty to replace trustee
283BE Duty to inform trustee about charges
283BF Duty to give trustee and ASIC quarterly reports
283BG Exceptions
283BH How debentures may be described
283BI Offences for failure to comply with statutory duties
Part2L.3–Duties of guarantor
283CA Duties of guarantor
283CB General duties
283CC Duty to inform trustee about charges
283CD Exceptions
283CE Offences for failure to comply with statutory duties
Part2L.4–Trustee
283DA Trustee's duties
283DB Exemptions and indemnifications of trustee from liability
283DC Indemnity
Part2L.5–Meetings of debenture holders
283EA Borrower's duty to call meeting

을 발행할 수 있다는 명문의 근거규정을 두고 있다.[12] 호주 회사법상 옵션 규제의 특이한 점은 증권의 신규발행을 통하여 결제되는 옵션(이른바 'naked option')을 증권으로 규제하고 있는 점이다.[13] 기발행증권을 통하여 결제되는 옵션은 워런트라고 하여 파생상품에 속하는 것으로 처리하고 있다.

283EB Trustee's power to call meeting
283EC Court may order meeting
Part2L.6-Civil liability
283F Civil liability for contravening this Chapter
Part2L.7-ASIC powers
283GA ASIC's power to exempt and modify
283GB ASIC may approve body corporate to be trustee
Part2L.8-Court
283HA General Court power to give directions and determine questions
283HB Specific Court powers
또 하나의 사채상환에 관한 규정으로 563AAA가 있음.
563AAA Redemption of debentures
Priorities
(1) Debentures of a company under a trust deed that are issued in place of debentures under that deed that have been redeemed have the priority that the redeemed debentures would have had if they had never been redeemed.
Deposit of debentures to secure advance
(2)Debentures of a company are not to be taken to be redeemed merely 8
(a) the debentures secure advances on current account or otherwise ; and
(b) the company's account ceases to be in debit while those debentures remain-available.

11 8 Funding the company's operations
The company may also borrow money from banks and other financial organisations.

12 124 Legal capacity and powers of a company
(1) A company has the legal capacity and powers of an individual both in and outside this jurisdiction. A company also has all the powers of a body corporate, including the power to :
(c) grant options over unissued shares in the company;

13 92 Securities
(2) The expression *securities*, when used in relation to a body, means :
(a) shares in the body ; or
(b) debentures of the body ; or
(c) interests in a managed investment scheme made available by the body ; or
(d) units of such shares;
but does not include :
(e) a derivative (as defined in Chapter 7) other than an option to acquire by way of transfer a security covered by paragraph(a), (b), (c) or (d) ; or
(f) an excluded security.
Note : A derivative does not include an option to acquire a security by way of issue(see the

(3) 독일

주식에 대해서는 유형규제를 하고 있지만, 사채에 대해서는 유형규제를 하고 있지 않다. 주식법 221조에서 신종사채에 관한 규정을 두어 전환사채, 신주인수권부사채, 이익참가부사채, 향익권에 관하여 규정하고 있다. 그러나 포괄적으로 발행근거를 명시하고 있을 뿐 이러한 증권의 구체적인 내용에 대한 제한은 없다.[14] 이 중 이익참가가 인정된 채권 내지 증권으로서 향익권(Genuβrecht) 내지 이를 유가증권화한 향익증권(Genuβrechein)을 이용함으로써 자유도를 높인 증권설계가 가능하게 되어 있다.

향익권은 ① 회사에 대한 채무법상의 청구권에 불과하고 사원법상의 지위는 아니다. ②그럼에도 불구하고 향익권자에게는 사원에게 귀속하는 것과 같은 전형적인 재산권이 인정된다는 2가지 특징을 가진 권리이다. 향익권을 유가증권화한 향익증권은 1980년대 이후 금융기관 외의 일반사업법인도 자기자본비율향상을 목적으로 활발히 발행하고 있다. 향익권과 향익증권의 내용은 이익 또는 잔여재산분배에 대한 청구권, 이익참가권, 손실을 부담하는 의무 및 신주인수권의 유무와 태양 등에 관해 매우 다양하지만, 통설은 '이익 및 손실의 양방에 참가하는 것' 이라고 정의하고 있다. 따라서 주식과 향익권의 차이는 사원법상의 지위인가, 채무법상의 청구권인가에 귀착하게 된다. 향익권은 채무법상의 청구권이고, 자유로이 유가증권화할 수 있고, 증권거래법상도 향익증권은 유가증권에 해당되는 외에(증권거래법 2조 1호) 기본적으로 계약자유의 원칙이 적용된다(통설, 판례). 주식과 유사한 향익증권에 관해서는 "우선주식이 아니면 무의결권으로 할 수 없다"라는 강행규정을 잠탈하는 것은 아닌가라는 견해도 주장되고 있지만, 소수설이다.

note to subsection (1)].

Note to subsection (1).

Note : A derivative does not include an option to acquire a security by way of issue (see the combined effect of paragraph 761D(3)(c), paragraph 764A(1)(a) and paragraph (d) of the definition of *security* in section 761A).

14 독일 주식법 221조

① 채권자에게 주식으로 전환 또는 인수할 권리가 부여된 사채(전환사채)와 주주의 이익지분에 참가할 권리가 부여된 사채(이익참가부사채)는 주주총회의 결의가 있어야만 발행할 수 있다. 이 결의는 의결에 참석한 기초자본의 4분의3 이상의 다수의 동의를 얻어야 한다. 정관으로 다른 자본다수결과 기타의 요건을 정할 수 있다. 이때 제182조 2항이 적용된다.

② 전환사채발행에 관한 이사회의 수권은 최대한 5년 동안 부여될 수 있다. 이사회와 감사회 의장은 전환사채의 발행에 관한 결의서와 그 발행에 관한 통지서를 상법등기부에 첨부하여야 한다. 결의와 통지에 관한 사항은 회사 공고지에 공고하여야 한다.

③ 제1항은 향익권의 부여에 관하여 준용한다.

④ 주주는 전환사채 · 이익배당부사채와 향익권에 관한 인수권을 가진다. 제186조는 이에 준용된다.

(4) 프랑스

주식에 관해서는 유형규제를 하고 있지만, 사채에 대해서는 전통적인 유형규제를 1985년 개정에 의해 완화하였다. 1966년 상법에서 전환사채, 교환사채에 대해 규정하고, 1978년 개정에 의해 신주인수권부사채에 대해 구체적으로 규정하고 있었지만, 1985년 12월 14일 법에 의하여 근본적인 방향전환이 이루어졌다.

1985년 개정에 의해 복합유가증권(valeurs mobilière composées)에 관한 일반 규정을 두었다.[15]

1985년 개정에서는 근거규정을 포괄적으로 두고 증권의 내용은 기본적으로 당사자의 계약에 맡기는 방식으로 규정하였다. 주주총회의 특별결의로 "주식회사는 언제든지 또는 일정 기간에 증권의 전환, 교환, 상환, 제출 기타 방법에 의하여 현재 또는 장래에 발행할 발행회사의 자본을 표창하는 증권을 배정받을 권리를 부여하는 유가증권을 발행할 수 있다"라고 규정함으로써 주식을 취득할 권리 또는 자본참가권을 주는 어떠한 종류의 증권도 발행할 수 있음을 명시하였다. 증권의 내용에 대해서는 자본증권을 채권을 표창하는 증권으로 전환 또는 변경하는 규정은 자본감소를 가져오기 때문에 무효라고 규정하는 외에는 기본적으로는 발행계약에 의하여 다양한 내용으로 발행하는 것이 가능하다. 실무적으로는 프랑스 증권거래위원회(Commissions des Opérations de Bourse, COB)가 관여하여, 주식으로 상환되는 사채(회사가 put option을 가지는)와 결합기업에 있어서 모회사주식전환사채 등이 발행되고 있다.

15 프랑스 상사회사법

· 228-91조(구법 제339-1조)

① 주식회사는 언제든지 또는 일정 기간에 증권의 전환, 교환, 상환, 제출 기타 방법에 의하여 현재 또는 장래에 발행할 발행회사의 자본을 표창하는 증권을 배정받을 권리를 부여하는 유가증권을 발행할 수 있다.

② 1항의 회사의 주주는 지주수에 비례하여 1항의 유가증권을 인수할 우선권을 가진다.

③ 2항이 정하는 인수권에는 이 법 183조, 186조 내지 186-4조가 준용된다.

④ 자본의 일부를 표창하는 유가증권을 채권을 표창하는 다른 유가증권으로 전환 또는 변경할 것을 예정 또는 허용하는 모든 규정은 무효로 한다.

· 228-92조(339-2조)

① 339-1조가 정하는 유가증권의 발행은 집행위원회 또는 이사회의 보고서와 회계검사인의 특별보고서에 근거한 주주총회의 특별결의로 정한다.

② 1항의 주주총회의 특별결의가 있으면 그 유가증권의 소지인의 이익을 위하여 법률상 당연히 주주는 당해 유가증권을 인수할 우선권을 포기하는 것으로 본다.

· 228-93조(339-3조)

① 자회사는 모회사(자회사 자본의 1/2 이상을 직접 · 간접으로 소유하는 회사를 말한다)의 자본의 일부를 표창하는 증권을 배정받을 권리를 표창하는 증권을 발행할 수 있다.

② 1항의 경우, 당해 유가증권의 발행을 위해서는 자회사 및 모회사의 주주총회의 특별결의로 이를 정하여야 한다.

· 228-94조(339-4조) (1985. 12. 14. 법률 85-1321호로 신설)

① 투자증권의 소지인은 당해 유가증권이 투자증권의 배정에 대신할 수 있는 경우, 339-1조가 정하는 유가증권의 인수권을 가진다. 이 권리는 339-1조, 339-2조, 339-3조 및 339-5조가 정하는 조건에 의하여 행사된다.

(5) 일본

1) 신주예약권제도의 도입

신주예약권을 통하여 주식에 대한 매수선택권(call option)을 자유화하였다. 신주예약권이란 2001년 11월 상법 개정으로 도입된 개념으로서, 이를 보유하는 자(신주예약권자)가 회사에 대하여 이를 행사한 때에 신주를 발행하거나 또는 그 대신에 회사가 가지는 자기주식을 이전할 의무를 가지는 것을 말한다(일본 상법 280조의19 1항). 회사가 writer로서 발행하는 그 회사의 주식에 대한 매수선택권으로서 사전에 정하여진 일정 기간(행사기간)내에 사전에 정하여진 일정 금액(행사가액)을 납입함으로써 행한다.[16] 또한 신주예약권의 발행은 그 가치에 대응한 대가로(즉 유상으로) 행하여지는 것이 통상이지만, 무상으로 발행하는 것도 인정된다. 이러한 매수선택권에 관하여 종래 스톡옵션, 전환사채, 신주인수권부사채의 경우에만 한정적으로 발행을 인정한 것에 대하여 2001년 11월 개정은 이러한 옵션의 일반적인 발행을 허용하여 상법의 입장을 크게 변경하였다.

신주예약권의 발행절차는 원칙적으로 이사회 결의로 법정사항을 정하고, 이에 따라 발행할 수 있지만(상법 280조의20 1항, 2항), 신주예약권을 주주 이외의 자에 대하여 '특히 유리한 조건'으로 발행하는 경우에는 정관에 이에 관한 정함이 있는 때라도 그 신주예약권에 관하여는 법이 정하는 사항과 각 신주예약권의 최저발행가액(무상으로 발행하는 때는 그 취지)에 관하여 주주총회의 특별결의가 필요하다(상법 280조의21 1항).

② 1항의 조건에 따라 발행되는 투자증권에 대응하는 의결권증권은 기존의 의결권증권의 소지인에게 귀속한다.
③ 이러한 배정은 소지인이 공동으로 또는 그들이 보유하는 의결권증서의 수에 비례하여 각자 포기될 수 있다.
④ 제1항이 정하는 인수권에는 283-1조, 283-4조 및 283-5조가 준용된다.
· 228-95조(339-5조) (1985. 12. 14. 법률 제85-1321호로 신설)
① 주주총회는 특별결의로, 집행위원회 또는 이사회의 보고서에 근거하여, 또한 경우에 따라 회계검사인의 특별보고서에 근거하여, 다른 모든 증권의 발행과 무관하게 발행회사의 자본의 일부를 표창하는 증권의 인수권을 그 소지인에게 부여하는 증권을 발행할 수 있다. 이러한 증권에는 유가증권에 관한 규정이 적용된다.
② 이러한 증권의 발행을 위해서는, 먼저 당해 증권의 인수권의 대상이 되는 주식의 발행이 주주총회의 특별결의로 결정 또는 승인되었어야 하고, 또한 주주들이 당해 주식의 인수권을 포기하였어야 한다.
③ 주주들이 이 조에서 정하는 인수권을 포기한 경우, 당해 증권은 2항이 정하는 주주총회의 결의일부터 1년 내에 발행되어야 하고, 그 인수권의 대상이 되는 주식은 당해 증권의 발행으로부터 5년 내에 발행되어야 한다.
④ 271조 2항, 434조 5호 및 435조의 규정 "권리주양도금지규정 위반에 대한 벌칙"은 이 조가 정하는 증권에는 적용되지 아니한다.
⑤ 신주인수권증권의 소유자의 권리보호에 관한 450조 4호, 5호 및 451조의 규정은 339-1조, 339-3조 및 이 조가 정하는 유가증권 또는 증권에도 적용된다

16 일본 회사법 2조 (21) 신주예약권 주식회사에 대하여 행사함으로써 당해 주식회사의 주식을 교부받을 수 있는 권리를 말한다.

2) 사채 개념의 정의

회사법 2조 23호는 사채를 "회사법의 규정에 따라 회사가 행하는 배정에 의하여 발생하는 당해 회사를 채무자로 하는 금전채권으로서 676조 각호에서 정하는 사항에 관한 정함에 따라 상환되는 것"이라고 정의하고 있다.

3) 신주예약권부사채의 도입

개정 전의 전환사채의 전환권과 신주인수권부사채의 신주인수권에 관하여도 신주예약권으로 명칭을 변경하여 매수선택권에 관하여 전체로서의 정합성이 있는 형태로 규정을 개정하였다.

① 전환사채에 관하여는 신주예약권부사채로서 신주예약권의 분리양도가 불가능하고 사채의 발행가액과 신주예약권 행사시의 납입금액(행사가액)을 동액으로 한 후에 신주예약권을 행사한 때는 반드시 사채가 상환되어 사채의 상환액이 신주예약권의 행사시에 납입되어야 할 금액의 납입에 충당되는 것으로서 규정을 정비하였다.

② 분리형의 신주인수권부사채에 관하여는 회사가 사채와 신주예약권을 동시에 모집하고, 양자를 동시에 배정하는 것이므로 사채의 규정과 신주예약권의 규정이 동시에 적용되는 것으로 하여 별도의 규정은 두지 않았다.

③ 비분리형의 신주인수권부사채에 관하여는 신주예약권부사채로서 신주예약권을 분리하여 양도할 수 없는 것으로 규정을 정비하였다.

신주예약권부사채는 원칙적으로 이사회 결의로 사채의 총액, 사채의 발행가액, 신주예약권의 발행가액(무상이라도 무방)과 그 납입기일, 신주예약권의 내용(신주예약권 행사에 따라 발행 또는 교부하는 주식의 종류와 수, 그 행사가액, 행사기간, 납입기일 등) 등을 결정한 후에 발행(상법 341조의3 1항-회사법 238조 1항)한다. 신주예약권부사채를 기존의 주주 이외의 제3자에 대하여 발행하는 경우에는 신주예약권의 발행과 마찬가지로 '특히 유리한 조건'으로 발행하는 때에는 '유리발행'으로서 주주총회의 특별결의가 필요하다(이유를 공시하여 법정 사항에 관하여 결의하고, 결의는 1년간 유효)(상법 341조 3항-회사법 238조 3항).

신주예약권부사채에 대한 내용통제는 ① 신주예약권부사채에 붙이는 신주예약권의 수는 당해 신주예약권부사채에 관한 사채의 금액별로 균등하게 정하지 않으면 안 된다(상법 341조의2 3항-회사법 236조 2호). ② 신주예약권부사채에서는 신주예약권 또는 사채의 일방만을 양도할 수 없다(어느 일방이 소멸한 경우는 별론)(상법 341조의2 4항-회사법 254조 2항, 3항)

제2절 사채의 규정체계

I. 사채에 관하여 회사법에서 규정할 것인가 여부

1. 현행 제도

사채는 회사의 부채로서의 성격을 가지고 있는데 일반적인 부채에 의한 자금조달에 대해서는 채권자의 이익보호나 채권자간의 이해조정에 대하여 상법에서 특별한 규정을 두고 있지 않지만, 사채에 대해서는 상법의 주식회사편에서 규정을 두고 있다. 또한 담보부사채에 대해서는 담보부사채신탁법이라는 별도 입법으로 규율하고 있다.

2. 문제점 및 이론적 검토

상법에서 일반적인 회사에 대한 채권과는 달리 사채에 대해 규율하고 있는 것은 i) 유가증권 발행을 가능하도록 하고, ii) 공중에 대한 기채라는 점에 기인한 집단성 때문에 그 발행에 관한 특별한 기술적 처리를 할 필요가 있고, iii) 다수의 사채권자를 보호 또는 집단적 취급을 할 필요가 있기 때문이라고 한다.[17]

그러나 이러한 필요성 때문에 법적 규율이 필요하다고 해서 이를 상법에 규정하여야 할 필연성은 없다. 전환사채나 신주인수권부 사채와 같이 주주와의 이익충돌의 문제가 있어서 이를 조정하기 위한 경우에는 회사법에서 규율을 하여야 할 논리적 필연성이 있다고 볼 수 있지만, 사채권자의 보호와 사채권자간의 이해조정을 위한 규정은 반드시 상법에서 규정할 필요는 없다. 담보부사채신탁법을 별도로 입법하여 담보부사채에 대한 관리를 규율하고 있는 점만 보더라도 이를 알 수 있다. 따라서 사채에 관해 상법에서 규율하는 것이 일관성 없는 것이 아닌가라는 의문이 있을 수 있다.

17 神田秀樹, 会社法(제8판), 弘文堂(2006), 270면.

3. 개정방안

(1) 개정안

· 제1안 : 현행 유지.
· 제2안 : 사채의 관리에 관한 사항을 담보부사채신탁법과 통합하여 단일법으로 규정.
· 제3안 : 담보부사채신탁법에서 사채의 관리에 관한 사항을 상법에서 통합하여 규정.

(2) 검토

제3안은 담보부사채신탁법에는 사채의 관리에 관한 사항뿐만 아니라 신탁업자에 대한 감독에 관한 규정도 있으므로 이를 상법에 통합하는 것은 적절하지 않다는 점이 문제된다. 또한 사채의 관리에 관한 사항도 상법에서 규정하기에는 너무 상세한 부분이 있어 상법의 다른 규정과 균형이 맞지 않는다는 문제가 있다.

제2안은 사채에 관한 규율을 한 곳에서 할 수 있다는 점이 장점이지만, 지금 당장 이러한 방향으로 전환하는 것은 이번 개정작업의 시간상의 한계 때문에 적절하지 않은 것으로 보인다.

결론적으로 제1안이 적절한 것으로 보인다. 현행 체제가 규율의 정합성 및 통일성면에서는 문제가 있으나 실무상 문제를 야기하는 것은 아니므로 일단 현행 체제를 유지하는 것이 바람직하다. 다만 이 문제에 대해서는 법무부의 상법 개정작업에서 검토가 이루어지지 않았다.

4. 입법례

(1) 미국

미국의 경우 회사법에서는 사채에 관한 규정을 두고 있지 않다. 사채권자의 이익보호 등에 대해서는 신탁증서법(Trust Indenture Act)이라는 별도의 단행법에서 규율한다. 전환사채나 신주인수권부사채 등은 회사법상 옵션발행이 허용되므로 채권과 옵션을 결합시킴으로써 발행할 수 있다.

(2) 일본

일본은 2005년 회사법에서 주식회사, 지분회사와 대등한 독립적 편으로 사채에 관해 규정하고 있다.

(3) 영국

사채권자 명부, 수탁회사의 책임, 영구사채의 유효성, 상환한 사채의 재발행, 유동담보(floating charge)에 의해 담보되는 사채에 관해서 회사법에 규정을 두고 있다.

(4) 독일

주식법에서는 일반적 사채발행에 관한 규정은 두고 있지 않고, 전환사채, 신주인수권부사채, 이익참가부사채의 발행에 관해서만 규정하고 있다. 일반적인 사채는 민법의 무기명채권증서에 관한 규정에 따라 발행할 수 있다고 보고 있고, 사채권자집회, 사채권자 대표, 사채권자의 이익조정에 관해서 「사채법〔Schuldverschreibungsgesetz(SchVG)〕」(1899)이라는 별도의 단행법이 제정되어 있다.

제3절 회사법에 사채 관련 규정을 두는 경우 그 위치

1. 현행 제도

현행법은 사채에 관해 주식회사에 관한 장에서 규정하고 있다. 그 결과 합명회사 및 합자회사의 사채에 대해서는 규정이 없고, 유한회사에서는 사채발행의 직접적 금지규정은 없지만 주식회사는 사채의 상환을 완료하지 아니한 경우에는 유한회사로 조직변경을 할 수 없다(상법 604조)는 규정에서 사채발행이 허용되지 않는다고 본다.

2. 문제점 및 이론적 검토

현행법에서는 합명회사와 합자회사에 사채발행에 관한 규정이 없기 때문에 이러한 회사가 사채를 발행할 수 있는지가 명확하지 않다. 일본에서는 종래부터 발행이 가능하다고 해서되어 왔지만,[18] 명시적인 규정이 없어 불분명하다. 유한회사에서는 비공개성을 이유로 사채발행을 허용하고 있지 않은데, 이러한 점이 유한회사형태를 택하지 않는 이유가 되고 있기도 하다.

3. 개정방안

(1) 개정안

· 제1안 : 사채에 관한 규정을 주식회사의 장에 두고 이를 다른 종류의 회사에서 준용하는 방안.
· 제2안 : 사채 관련 규정을 별도의 독립한 장으로 규정하여 회사의 종류를 불문하고 적용되도록 하는 방안.

(2) 검토

사채가 기본적으로 회사에 대한 채권이라는 점을 고려한다면 주식회사 이외의 회사에서 사채를 발행하지 못하도록 하는 것은 논리적 필연성이 부족한 것으로 보인다. 따라서 모든 종류

18 鴻常夫, 社債法, 有斐閣(1958), 2면.

의 회사에서 사채발행이 가능함을 명시하여야 할 터인데, 별도의 장으로 독립하기에는 조문의 분량이 부족할 것으로 판단되므로 제1안이 더 나을 것으로 보인다. 이 문제도 상법 개정작업에서 검토사항이 아니었다.

4. 입법례

일본의 2005년 회사법에서는 사채에 대해서 별도의 編으로 규율함으로써 사채 관련 규정이 모든 종류의 회사에 공통적으로 적용될 수 있게 되었다. 그 결과 회사의 종류를 불문하고 사채를 발행할 수 있음이 명확하여졌다.

제4절 사채의 발행

I. 사채발행사항의 결정 위임

1. 현행 제도

회사는 이사회의 결의에 의하여 사채를 모집할 수 있다(상법 469조).

2. 문제점 및 이론적 검토

사채발행은 이사회 결의사항이다. 이사회 결의사항에서 세부적 사항의 결정은 대표이사에게 위임할 수 있다고 해석되는데, 이 경우 이사회에서 어느 정도 구체적으로 기준을 정하여야 할 것인가가 문제된다. 이사회에서 상당히 구체적인 부분까지 정하여야 한다면 사채발행의 기동성이 떨어지게 된다. 특히 최근 사외이사가 증가하여 이사회가 수시로 개최될 수 없는 상황에서는 이는 더욱 심각한 문제이다. 법적 명확성을 위하여 위임이 가능함이 명시되어야 할 것인가가 문제이다.

3. 개정방안

(1) 개정안

· 제1안 : 현상을 유지하고 해석에 맡기는 방안.
· 제2안 : 발행사항의 구체적 결정을 대표이사에게 위임할 수 있음을 명시.

(2) 검토

현행법의 해석으로도 사채발행사항의 결정을 대표이사에게 위임하는 것은 가능하지만, 현재와 같은 규정 하에서는 사채가 발행된 이후에 이사회의 결정이 없다는 이유로 문제가 될 수 있다. 이러한 위험성은 회사의 자금조달에 심각한 장애가 되므로 제2안이 바람직하다.

법무부의 상법 개정안에서도 제2안의 방향에 따라 회사는 이사회 결의에 의하여 사채를 발행할 수 있고(469조 1항), 정관에 정함이 있는 경우에는 이사회는 1년을 초과하지 않는 기간 내

발행될 사채의 금액과 종류를 정하여 대표이사에게 사채의 발행을 위임할 수 있도록 하였다(469조 4항).

4. 입법례

(1) 미국

미국에서는 사채발행에 관하여 별도의 규정이 없으므로 회사의 의사결정의 일반 법리에 의하게 된다. 따라서 위임의 구체적 기준은 규정되어 있지 않다.

(2) 일본

2005년 회사법에서는 사채발행시 결정하여야 하는 사항으로 ① 모집 총액, ② 각 사채의 금액, ③ 이율, ④ 상환의 방법 및 기한, ⑤ 이자지급의 방법 및 기한, ⑥ 사채권을 발행하는 경우에는 그러한 뜻, ⑦ 사채권자가 기명식과 무기명식 간의 전환을 청구할 수 있는 권리가 있는 경우에는 그러한 뜻, ⑧ 사채관리자가 사채권자집회결의에 의하지 않고 당해 사채 전부에 대하여 하는 소송행위 또는 파산절차, 재생절차, 갱생절차 또는 특별청산에 관한 절차에 속하는 행위를 하는 것이 가능하도록 하는 경우에는 그러한 뜻, ⑨ 각 사채의 납입금액 또는 그 최저금액 또는 이의 산정방법, ⑩ 납입기일, ⑪ 일정일까지 모집사채의 총액에 관하여 할당을 받을 자를 정하지 아니한 경우에는 모집사채의 전부를 발행할 수 없는 것으로 하는 때에는 그러한 뜻과 기일, ⑫ 기타 법무성령에서 정한 사항을 구체적으로 열거하고 있다(676조).

위원회설치회사의 이사회는 그 결의에 의하여 위원회설치회사의 업무집행의 결정을 집행역에게 위임할 수 있으므로(회사법 416조 4항) 사채발행사항의 결정을 집행역에게 위임하여 기동적 대응을 할 수 있다.

이사회설치회사에서는 이사회 결의로 676조 1호(모집 총액)와 기타 사채를 인수할 자의 모집에 관한 중요한 사항으로서 법무성령이 정하는 사항을 결정하여야 한다(회사법 362조 4항 5호). 따라서 이들 사항 이외는 이사회에서 결정하지 않고 이사에게 결정을 위임할 수 있다. 그 결과 이사회 결의로 발행할 사채의 총액을 정하고 구체적인 발행은 수회로 나누어 이사가 결정하여 발행할 수 있고[19] 매출발행의 방법도 인정되게 되었다.[20]

19 이는 시리즈(Series) 발행이라고 한다. 발행시기는 차이가 나도 1종류의 사채가 된다(神田秀樹, 앞의 책, 273면).

20 사채의 발행방법은 i) 특정인(복수라도 가능함)이 사채의 총액을 포괄적으로 인수하는 방법인 총액인수, ii) 직접 공중으로부터 모집을 하는 공모발행, iii) 일정 기간을 정하여 기간 내에 공중에게 개별적으로 사채를 매출하는 방

(3) 영국

사채는 정관규정에 따라 발행되는데 대개는 이사회 결의에 의하도록 하고 있다.[21] 통상은 이사회 하에 위원회를 구성하여, 이사회에서 일정 기간의 자금조달계획을 결정하면 위원회에서 그 계획에 기하여 사채발행을 포함한 구체적 자금조달을 결정한다.

II. 사채발행 관련 규제 삭제

1. 사채발행 총액 제한

(1) 현행 제도

사채의 총액은 최종의 대차대조표에 의하여 회사에 현존하는 순자산액의 4배를 초과하지 못한다(상법 470조).

(2) 문제점 및 이론적 검토

상법에서 회사의 부채에 의한 자금조달 액수에 대한 제한은 하고 있지 않다. 회사나 회사의 다른 채권자에게 미치는 영향은 은행 대출과 같은 부채에 의한 자금조달이나 사채발행이나 차이가 없는데도 불구하고 사채발행 총액만을 제한하는 것은 논리적 근거가 없다. 실제로 일반 부채에 의한 자금조달보다 사채발행을 통한 자금조달이 유리한 경우에도 위의 제한으로 인해 오히려 불리한 자금조달방법을 택할 수밖에 없어 기업활동에 장애가 되고 있다. 따라서 이러한 제한을 삭제할 것인가가 문제된다.

(3) 개정방안

1) 개정안

· 제1안 : 현행 유시.

법인 매출발행이 있다. 개정 전 상법에서는 인정되지 않는다고 해석되었다(神田秀樹, 앞의 책, 273-274면).

21 Geoffrey Morse, Charseworth's Company Law(17th ed), Sweet & Maxwell(2005), 497면.

· 제2안 : 사채발행 총액 제한규정(상법 470조) 삭제.

2) 검토

채권자에게 지급불능위험을 증가시킴으로써 손해가 될 우려가 있는 것은 부채 총액 전체이지 사채발행의 총액만이 아니므로 제2안이 타당하다. 상법 개정안에서도 470조를 삭제하였다.

(4) 입법례

이탈리아를 제외하고는 선진국 중 유일하게 사채 총액 제한을 하고 있는 일본도 1993년 상법 개정에서 사채발행한도에 관한 규정을 삭제하였다.

2. 기존사채 미납이 있는 경우 사채발행 금지

(1) 현행 제도

회사는 전에 모집한 사채의 총액의 납입이 완료된 후가 아니면 다시 사채를 모집하지 못한다(상법 471조).

(2) 문제점 및 이론적 검토

이 제도는 사채의 남발을 방지하기 위한 것이다. 그러나 자금조달의 기동성을 저해하는 문제가 있다.

(3) 개정방안

1) 개정안

· 제1안 : 현상 유지.
· 제2안 : 상법 471조 삭제.

2) 검토

제2안이 타당하다. ① 납입완료 전의 새로운 사채발행이 반드시 사채남발이 되는 것은 아니라는 점, ② 동조를 위반하여 발행된 사채도 무효가 되는 것은 아니라고 해석되는 점, ③ 실제로 총액이 납입되지 않는 경우도 없으므로 실효성 없는 규제라는 점을 고려하여 이 규정을 삭제하여야 할 것이다. 상법 개정안에서도 471조를 삭제하였다.

(4) 입법례

1) 일본

일본은 2005년도 회사법에서 이러한 제한규정을 삭제하였다.

2) 기타

미국, 영국, 독일 등은 아예 이러한 제한을 하고 있지 않다.

3. 권면액 초과상환의 동률성

(1) 현행 제도

사채권자에게 상환할 금액이 권면액을 초과할 것을 정한 때에는 그 초과액은 각 사채에 대하여 동률이어야 한다(상법 473조).

(2) 문제점 및 이론적 검토

이 규정은 할증상환이 도박으로 악용되는 것을 방지하기 위한 것이라고 한다.[22] 그러나 이 규정으로 말미암아 상환기간의 장단에 따라 다른 할증금을 주는 상환(예를 들어 발행 후 5년간은 105%, 그 후 5년간은 103%, 그 이후에는 101%)이 허용되는지와 추첨할증상환이 적법한 것인가

22 이 규정의 연혁에 대해서는 鴻常夫, "社債の發行に關する商法の規定について," 社債法の諸問題Ⅰ, 有斐閣(1987), 138면 이하.

에 대한 의문의 여지가 있다.

(3) 개정방안

1) 개정안

· 제1안 : 현상 유지.
· 제2안 : 상법 473조 삭제.

2) 검토

사행심에 대한 규제는 형벌규정 등으로도 할 수 있으므로 상법에 의한 규제는 불필요하다. 따라서 제2안이 바람직하고 상법 개정안에서도 이를 삭제하였다.

(4) 입법례

일본은 2005년 회사법에서 이러한 규정을 삭제하였고, 미국, 영국, 독일은 이러한 제한이 없다.

4. 사채의 권면액 규제

(1) 현행 제도

각 사채의 금액은 1만 원 이상으로 하여야 하고, 동일 종류의 사채에서는 각 사채의 금액은 균일하거나 최저액으로 정제할 수 있는 것이어야 한다(상법 472조).

(2) 문제점 및 이론적 검토

이 규정은 사채권자집회에서 의결권산정을 용이하게 하기 위한 것이다. 그렇지만 의결권의 산정을 위해 반드시 사채의 금액에 대해 제한할 필요가 있는지 의문이다. 의결권의 산정은 사채권자가 가지고 있는 미상환 사채의 합계액을 기준으로 하는 것이 가장 합리적이므로 사채의 금액에 대한 제약은 불필요하다.

(3) 개정방안

1) 개정안

· 제1안 : 현상 유지.
· 제2안 : 상법 472조를 삭제.

2) 검토

의결권산정을 미상환사채의 합계액에 따라 하는 것이 더 합리적인 상황에서 권면액의 규제는 과잉규제가 되므로 삭제할 필요가 있다. 상법 개정안에서도 이를 수용하였다.

(4) 입법례

일본은 2005년도 회사법에서는 이러한 제한을 폐지하였고, 미국, 영국, 독일에서는 이러한 제한이 존재하지 않는다.

III. 사채권, 사채의 양도 및 사채원부

1. 사채권 불발행

(1) 현행 제도

「공사채등록법」에서는 발행회사가 지정하는 등록기관에 공사채의 등록을 할 수 있고(4조 1항, 2항) 등록된 공사채에 대해서는 채권을 발행하지 않거나 기발행된 채권을 회수한다(5조 1항). 실무에서는 거의 모든 사채가 공사채등록법에 따라 증권예탁결제원 명의로 일괄등록되어 사채권이 발행되지 않고 있다.

(2) 문제점 및 이론적 검토

실물유가증권은 발행 및 유통, 보관에 따른 비용과 위험 등의 문제가 있다. 실무에서 거의 모든 사채에 대해 사채권이 발행되고 있지 않다는 것은 무권화(전자화)의 필요성을 나타낸다고 볼 수 있다. 우리나라에서는 거의 대부분의 사채가 「공사채등록법」에 의하여 등록제도를 이용함으로써 사채권불발행과 유사한 효과를 거둘 수 있지만, 이 제도는 개념적으로 사채권을 발행하는 것을 전제로 한 것이라는 점에서 이론적 한계가 있고, 사채의 유형이 점차로 다양화되어 가는 상황에서 등록제도를 이용하기 어려운 경우가 발생할 수 있다.

(3) 개정방안

1) 개정안

· 제1안 : 현상 유지.
· 제2안 : 포괄적 사채권불발행제도 도입.

2) 검토

현재 주식에 대해서도 무권화 논의가 진전되고 있는데, 주권불발행제도가 도입되는 경우에는 사채에 대해서도 통일적으로 사채권불발행을 위한 근거 규정을 둘 필요가 있으므로 제2안이 바람직할 것이다. 이 경우 사채의 발행사항 결정시 사채권을 발행할 것인지 여부를 결정하도록 하여야 할 것이고, 사채의 양도 및 권리행사에 관한 기본적 원칙을 규정하여야 할 것이다.

상법 개정안에서도 사채권불발행제도를 도입하였다. 회사는 채권을 발행하는 대신 정관에 정하는 바에 따라 전자등록기관의 공인된 전자등록부에 채권자의 권리를 등록할 수 있다(상법 개정안 478조 3항). 채권의 기재사항(상법 개정안 474조 2항)도 전자등록부에 기재되고 전자등록부에 등록된 채권자의 권리에 관해서는 상법 356조의2(주식의 전자등록)를 준용한다(478조 3항).

(4) 입법례

1) 미국

주식에 대해서는 회사법상 주권을 발행하지 않아도 됨을 명시하고 있다〔RMBCA §6.25(a)〕. 정관에서 달리 규정하지 않는 이상 이사회는 주권으로 표창되지 않는 주식을 발행할 수 있다〔RMBCA §6.26(a)〕. 주권으로 표창되지 않는 주식의 발행, 양도 등에 대해서는 통일상법 8조에서 규정한다.

2) 일본

가) 무권화(전자화)

일본에서는 증권결제제도개혁의 일환으로서 단기사채, 사채 및 국채, 주식의 순으로 증권불발행제도를 마련하였다. 기존의 「단기사채 등의 대체에 관한 법률」을 2002년 「사채 등의 대체에 관한 법률」을 제정함으로써 변경하였다. 이 법에서는 일반적 사채와 국채 등을 무권화하는 새로운 대체제도를 창설하고, 이를 대체기관과 구좌관리기관으로 구성되는 다층구조의 보유제도로 하였다. 2004년에는 이를 「사채, 주식 등의 대체에 관한 법률」로 변경하여 주식에 대해서도 종래의 보관대체제도를 새로운 대체제도로 이행하였다. 이와 아울러 상법을 개정하여 주권불발행을 원칙으로 하도록 하였다(개정 전 상법 214조 참조). 2005년 회사법에서는 사채권에 관해서도 사채권을 발행한다는 뜻을 발행결의에서 정한 경우에만 사채권이 발행되도록 하였다(회사법 676조 6호).

나) 사채의 양도 및 질권 설정

2005년 회사법에서는 사채권을 발행하기로 정한 사채의 양도 및 입질에는 사채권의 교부가 필요하다고 규정하고 있다(687조). 그러나 사채권 불발행의 경우에는 사채권을 전제로 한 규정은 적용될 수 없으므로 이에 대한 각종 규정을 두고 있다.

우선 사채권불발행의 경우에는 의사표시만으로 양도 · 입질할 수 있다. 그러나 취득자 또는 질권자의 성명 또는 명칭 및 주소를 사채원부에 기재 내지 기록하지 않으면 그 양도 또는 입질을 사채발행회사와 기타 제3자에게 대항할 수 없다(회사법 688조 1항, 693조 1항). 기명사채의 사채권을 발행하기로 정한 경우에는 양도에 관해서는 제3자에게는 사채권의 교부에 의해 대항할 수 있고, 회사에 대해서는 사채원부의 기재에 의해 대항할 수 있다(회사법 688조 2항). 무기명사채의 사채권을 발행하기로 정한 경우에는 양도에 관해 사채원부에 기재하지 않는다(회사법 688조 3항). 질권에 관해서는 사채권을 발행하기로 정한 경우에는 질권자는 사채권을 계속하여 점유하지 않으면 질권을 사채발행회사와 제3자에게 대항할 수 없다(회사법 693조 2항).

2005년 개정 전 상법에서는 기명사채는 취득자의 성명 및 주소를 사채원부에 기재 또는 기록하고 이를 사채권에 기재하지 않으면 회사 기타 제3자에게 대항할 수 없다고 규정하고 있었다(개정 전 상법 307조). 그러나 2005년 회사법에서는 사채권에 기재를 하도록 하는 규정을 삭제하였고, 사채권을 발행하기로 정한 경우에 기명사채 이전시 제3자에 대하여 대항하기 위해서는 사채원부의 기재가 불필요하도록 하였다.

3) 영국

영국에서는 1989년 회사법 개정에 의하여 전자증권의 결제를 허용하는 근거규정을 제정하였다(CA 1989 s 207). 이 규정에 근거하여 1995년 12월 무증서증권규칙(The Uncertificated Securities Regulations)[23]이 제정되어 실물유가증권의 발행 없이 전자증권결제 시스템이 구축되게 되었다.[24]

4) 프랑스

프랑스에서는 1982년 금융법 94조-II(94-II de la Loi des Finances pour l'exercise 1982)에 따라 전자증권제도를 도입하였고, 전자증권제도 하에서는 증권 실물을 전제로 한 회사법상 규정이 필요 없게 됨에 따라 1983년 1월 3일자 법률 제2장에서 회사법의 개정이 이루어졌다.

2. 사채원부 관리인

(1) 현행 제도

현행법상 회사는 사채원부를 작성하여야 하고(상법 488조), 주주명부의 명의개서대리인에 관한 규정의 준용에 의하여 정관이 정하는 바에 의하여 명의개서대리인을 둘 수 있으며(479조 2항, 337조 2항), 사채원부에 대하여는 주주명부의 효력에 관한 규정을 준용한다(489조 1항).

(2) 문제점 및 이론적 검토

명의개서대리인을 정관기재사항으로 하는 경우에는 새로이 명의개서대리인을 두거나 교체하려고 하는 경우에 정관개정을 하여야 하는 불편함이 있다.

(3) 개정방안

· 제1안 : 현행 유지.

23 SI 2001/3755.
24 증권예탁원, 증권예탁결제제도(전정판, 2003), 521면.

· 제2안 : 사채원부에 대한 명의개서대리인을 정관기재사항에서 삭제.

명의개서대리인제도는 채권자의 이해에 중대한 영향을 미치는 것이 아니므로 정관에의 기재를 요하지 않도록 하는 것이 바람직할 것이다. 상법 개정안에서는 현행을 유지하였다.

(4) 입법례

1) 일본

일본에서는 2005년 회사법에서 사채원부 관리인을 둘 때 정관에의 기재를 요하지 않고 업무집행기관의 결정에 의하여 설치할 수 있도록 하였다(683조).

2) 기타

미국에서는 회사법상 주주명부 작성의무가 인정되고(RMBCA §16.01), 신탁증서법에 따라 사채권자명부를 작성하여야 하지만, 명의개서대리인에 대하여는 법에서 규정하고 있지 않다. 영국에서는 사채원부(register of debenture holders)의 작성이 의무사항이 아니다. 다만 작성하는 경우 보관장소에 대해서만 규정을 두고 있다(CA 1985 s 191). 사채원부 작성 및 보관은 컴퓨터를 이용할 수 있다(CA 1985 s 723). 역시 명의개서대리인에 대해서는 규정이 없다.

3. 사채청약서

(1) 현행 제도

현행법상 사채의 모집에 응하고자 하는 자는 사채청약서 2통에 그 인수할 사채의 수와 주소를 기재하고 기명날인 또는 서명하여야 한다(상법 474조 1항). 사채청약서에는 일정한 사항을 기재하여야 한다(상법 474조 2항).[25] 다만, 총액인수의 경우에는 사채청약서에 관한 규정의

25 기재사항은 다음과 같다. ① 회사의 상호, ② 자본과 준비금의 총액, ③ 최종의 대차대조표에 의하여 회사에 현존하는 순재산액, ④ 사채의 총액, ⑤ 각 사채의 금액, ⑥ 사채발행의 가액 또는 그 최저가액, ⑦ 사채의 이율, ⑧ 사채의 상환과 이자지급의 방법과 기한, ⑨ 사채를 수회에 분납할 것을 정한 때에는 그 분납금액과 시기, ⑩ 채권을 기명식 또는 무기명식에 한한 때에는 그 뜻, ⑪ 전에 모집한 사채가 있는 때에는 그 상환하지 아니한 금액, ⑫ 구 사채를 상환하기 위하여 470조 1항의 제한을 초과하여 사채를 모집하는 때에는 그 뜻, ⑬ 사채모집의 위탁을

적용을 받지 않는다(상법 475조).

(2) 문제점 및 이론적 검토

사채권자의 이익에 중요하다고 생각되는 일정한 법정사항을 기재한 사채청약서에 의해 사채를 인수하도록 하는 제도는 사채권자의 이익을 보호하기 위하여 정보를 개시한다는 의미가 있다. 그런데 사채청약서를 통한 정보개시가 큰 효과가 없으면서 회사에 부담을 주는 것이 아닌가 하는 의문이 있다.

또한 사채청약서에 의한 인수 규정의 적용을 배제하기 위하여 총액인수 개념이 상법에 등장하게 되는데, 이 용어가 증권거래법상의 총액인수와 개념의 혼동을 불러일으킨다. 증권거래법상 총액인수(underwriting)는 공중인 투자자에게 증권을 분매하는 것을 전제로 하는 개념으로서 유가증권의 발행시 매출의 목적으로 그 전부 또는 일부를 취득하는 것을 의미한다. 사채의 발행형태를 직접발행과 간접발행으로 나누는 경우에 있어서 간접발행에 해당되는 것이다. 반면 상법에서의 총액인수는 발행의 상대방이 특정되어 있는가에 따라 발행의 형태를 공모발행과 총액인수로 나누는 경우를 의미한다. 여기서 인수란 취득(subscription)의 의미를 뜻한다. 따라서 상법상의 총액인수에는 증권거래법상의 분매를 목적으로 총액인수까지 포함하여 총액에 대하여 취득한다는 개념이라고 할 수 있다.

(3) 개정방안

1) 개정안

· 제1안 : 사채청약서에 의한 인수제도는 유지한다. 다만, 사채청약서 기재사항의 적절성에 대해서는 검토할 필요가 있다.

· 제2안 : 사채청약서에 의한 인수제도는 유지하지만, 총액인수의 경우에 대한 상법 475조를 삭제하여 총액인수이건 공모발행이건 불문하고 사채청약서를 사용하도록 한다. 이에 따라 상법에서 총액인수라는 용어를 사용할 필요가 없게 됨으로써 증권거래법과의 혼동을 없앨 수 있을 것이다. 이 경우에도 제공될 정보에 대해서는 검토가 필요하다.

받은 회사가 있는 때에는 그 상호와 주소, ⑭ 제13호의 위탁을 받은 회사가 그 모집액이 총액에 달하지 못한 경우에 그 잔액을 인수할 것을 약정한 때에는 그 뜻, ⑮ 명의개서대리인을 둔 때에는 그 성명, 주소 및 영업소.

· 제3안 : 사채청약서에 의한 청약제도를 폐지한다. 사채권자에 대한 정보제공은 증권거래법 등에 맡기고 상법에서는 규율하지 않는다.

2) 검토

제2안을 택하는 것이 적절할 것으로 생각된다. 제3안에 의하는 경우에 증권거래법은 공모사채에 대해서만 규율하게 되는바, 공모사채가 아닌 경우에도 투자자에게 정보제공의 필요성이 있을 수 있다. 게다가 공모사채의 경우에도 우리나라에서는 사업설명서를 투자자에게 직접 교부하지 않고 증권회사 등에 비치하고 있으므로 투자자의 정보접근이 어렵다. 제1안은 총액인수 용어가 혼동을 일으킨다는 문제가 계속하여 남게 된다.

사채청약서제도가 회사에 부담스러운 제도라면 폐지를 하거나 이용을 축소할 필요가 있겠지만, 사채청약서제도는 회사에 큰 부담을 주지는 않는다고 생각된다. 따라서 총액인수의 경우에까지도 사채청약서에 의해 정보를 제공하도록 하는 것이 큰 비용증가는 아닐 것이고, 오히려 증권거래법과의 개념 혼란의 여지를 제거함으로 인한 이익이 더 클 것으로 판단되므로 제2안을 택하기로 한다.

상법 개정위원회에서 이 논점이 검토 대상이 되기는 하였으나 시간의 제약상 금번 상법 개정에서는 다루지 않고 사후의 과제로 미루었다.

(4) 입법례

1) 일본

2005년 회사법에서는 정보개시를 사채청약서가 아니라 어떠한 형식이든 통지하도록 하였다(677조 1항). 다만 ① 모집사채를 인수하려는 자가 그 총액을 인수하는 계약을 체결한 경우(679조), ② 증권거래법 2조 10항에서 규정하고 있는 사업설명서를 교부하는 경우(677조 4항), ③ 모집사채의 청약자의 보호에 흠결의 우려가 없는 것으로서 법무성령에서 정하는 경우(677조 4항)에는 위의 통지를 생략할 수 있다.

제공되어야 할 정보는 ① 회사의 상호, ② 676조의 사항(사채 총액, 각 모집사채의 금액, 이율, 상환의 방법 및 기간, 이자지급의 방법 및 기한, 사채권을 발행하는 경우 그 뜻, 기명식 사채와 무기명식 사채 간의 전환청구를 할 수 없는 것으로 하는 경우 그 뜻, 사채관리자가 사채권자집회의 결의에 의하지 않고 당해 사채 전부에 관해 소송행위 또는 도산절차상의 행위를 할 수 있도록 정한 경우 그 뜻, 각 모집사채의 납입금액 또는 그 최저금액 또는 이의 산정방법, 납입시기, 일정 기일까지 모집사채의 총액에 관하여 배정받을 자를 정하지 못한 경우 모집사채 전부를 발행하지 않는 것으로 할 때에는 그 취지, 기타 법무성령에서 정하는 사항), ③ 전 2호에 기재된 것 외에 법무성령에서 정하는 사항이다(677조 1항).

모집사채의 인수의 신청을 하는 자는 ① 신청인의 성명 또는 명칭과 주소, ② 인수할 모집사채의 금액과 수, ③ 회사가 납입금액의 최저한을 정한 때에는 희망하는 납입금액을 기재한 서면을 회사에 교부하여야 한다(677조2항).

2) 기타

미국이나 영국법상으로는 사채청약서제도가 존재하지 않는다.

제5절 사채관리회사제도

I. 사채관리회사의 설치

1. 수탁회사의 명칭변경 및 사채관리기능으로의 일원화

(1) 현행 제도

현행법상 사채모집의 위탁을 받은 회사(수탁회사)를 둘 수 있다. 수탁회사는 그 명의로 위탁회사를 위하여 사채청약서를 작성하고 사채의 납입을 받을 수 있다(상법 476조 2항). 또한 수탁회사는 사채권자를 위하여 사채의 상환을 받음에 필요한 재판상 또는 재판 외의 모든 행위를 할 권한이 있다(상법 484조 1항).

(2) 문제점 및 이론적 검토

우리 상법상 수탁회사는 발행회사를 위한 업무와 사채권자를 위한 업무 양자를 수행할 것이 기대된다. 그런데 상호 대립되는 이익을 가지고 있는 발행회사와 사채권자 양자를 위해 업무를 한다는 양면적 지위가 사채권자 보호견지에서 바람직한 것인가가 문제된다.

또한 상법상의 수탁회사와 증권거래법상 유가증권의 응모를 권유하는 행위를 하는 회사, 즉 인수인과의 관계가 불분명하다. 이러한 불분명한 관계는 이 규정이 모델로 하고 있는 일본 상법의 규정이 증권업과 은행업의 겸영 금지로 인하여 상법상의 '모집'의 의미와 증권거래법상의 '모집'의 의미가 달라지게 되어서 발생한 것으로 보인다. 일본에서는 증권거래법 시행 이전에 증권업과 은행업을 겸영하였다. 따라서 은행이나 신탁회사가 발행사무와 사채의 응모를 권유하는 현재 증권거래법상의 모집사무를 모두 취급하였다. 이러한 회사들에게 사채의 관리에 관한 권한을 인정할 논리필연성은 없었으나, 모집사무를 하는 수탁회사에 대한 공중의 신뢰를 고려하여 사채의 상환을 받기 위하여 필요한 행위 등 사채관리에 관하여 한정된 범위의 권리 및 의무를 상법에서 특별히 인정하고 있는 체제였다. 그러나 1948년 증권거래법 시행 이후 유가증권인수 및 모집업무는 증권회사만이 할 수 있게 되었고, 증권회사는 상법상의 수탁회사가 되는 것이 금지되었다. 이에 따라 은행이나 신탁회사만이 상법상의 수탁회사가 될 수 있었다. 따라서 증권회사는 발행회사와 인수 및 모집주선계약을 체결하여 사채모집의 주선과 잔액인수를 하고, 은행이나 신탁회사는 발행회사와 사채모집위탁계약을 체결하여 발행사무를 하는 위탁인수모집의 방법이 고안되어 이용되었다. 이러한 과정을 거쳐 일본 상법상 모집의 위탁이란 '모집'이라는 용어에도 불구하고 모집업무는 제외되고 사채의 '발행'사무의 위탁이라는 의미로 쓰이게 된 것이다.[26] 이러한 과정을 거쳐 우리나라 현행 상법과 동일한 내용을 가지고 있던 1993년 상법 개정 전 일본 상법상의 사채모집의 위탁이란 증권거래법상의 모집이 아니라 발행회사에 갈음하여 발행사무를 처리하는 것을 의미하게 되었다.[27] 즉, 사채청약서 작성, 응모자에게 사채의 납입을 시키며 납입금을 발행회사에 인도하는 등의 사무를 위탁받은 자를 말한다. 따라서 증권거래법과 상법상의 모집의 개념이 차이가 나게 되어 혼동이 발생하였다.

(3) 개정방안

1) 개정안

· 제1안 : 현상 유지.

· 제2안 : 사채모집의 위탁을 받은 회사를 사채관리회사로 명칭을 변경하고 기능을 사채관리로 단일화.

2) 검토

수탁회사가 발행회사와 사채권자의 양자의 업무를 수행하는 양면적 지위를 가지는 것은 이익충돌의 문제가 있으므로 지양하는 것이 바람직하고, 모집이라는 용어사용으로 인한 혼란을 줄이기 위해서는 제2안이 바람직하다. 제2소위의 결론도 동일하다.

현행법상으로는 수탁회사가 모집에 관한 사무, 즉 발행사무를 할 수 있다(사채청약서 작성, 납입에 관한 행위). 그런데 제2안에 따라 기능을 단일화하는 경우에는 발행사무를 할 수 없게 될 것이다. 그러나 이는 계약에 맡겨서 처리할 수 있으므로 문제가 되지 않을 것이다.

상법 개정안에서도 사채관리회사제도를 두었다.

26 稻葉威雄, "社債法改正の方向(下)," 商事法務 No.1142(1988. 4. 15), 11면.

27 神崎克郎, 新版注釋會社法(10)(編輯代表 上柳克郎, 鴻常夫, 竹內昭夫)(1988), 82-84면.

(4) 입법례

1) 일본

1993년도 상법 개정에서 사채관리회사로 변경하고 기능을 사채관리로 단일화하였다. 2005년 회사법에서는 사채관리자(회사법 702조 이하)로 수정을 하였는데, 이는 법인 이외의 자도 사채관리자가 될 수 있도록 하기 위해서이다.

2) 기타

미국이나 영국 모두 사채관리로 기능이 일원화된 수탁회사(미국에서는 indenture trustee, 영국에서는 trustee of debentures)를 둔다. 독일에서는 이러한 제도가 없다.

2. 사채관리회사의 강제 여부

(1) 현행 제도

사채모집의 수탁회사를 둘 것인가는 임의적이다. 사채청약서의 기재사항으로 사채모집의 위탁을 받은 회사가 있는 때에는 그 상호와 주소를 기재하도록 규정하고 있는 것에서(상법 474조 13호) 이를 알 수 있다.

(2) 문제점 및 이론적 검토

사채권자의 이익보호가 적절히 이루어지기 위해서는 ① 적절한 교섭에 의해 사채권자의 이익을 실제로 보호할 수 있는 내용의 계약이 체결되어야 하고, ② 계약의 이행에 대한 감독과 위반시의 구제가 충분히 이루어져야 하며 ③ 계약의 강제가 오히려 사채권자의 손해가 되는 경우에는 계약내용의 조정이 이루어질 수 있어야 한다. 그런데 다수의 분산된 사채권자가 존재하는 경우에는 집단행동문제로 인하여 사채권자 개인이 사채관리를 하는 것이 쉽지 않을 뿐만 아니라, 발행회사의 입장에서도 다수의 사채권자와 교섭하는 것이 실제로 거의 불가능하다. 이와 같이 사채권자 개인에 의한 사채관리에는 한계가 있으므로 이를 극복하기 위해 사채관리회사를 반드시 두도록 강제할 것인가가 문제된다.

(3) 개정방안

1) 개정안

· 제1안 : 사채관리회사 설치를 강제하는 방안. 다만 사채의 금액이 일정액수 이상인 경우 (거액투자자)와 사모사채의 경우는 그러하지 아니하다.
· 제2안 : 공모사채에 대해서 사채관리회사 설치를 강제하는 방안.
· 제3안 : 상법에서는 규정하지 않고 증권거래법에서 사채관리회사 설치를 강제하는 방안.
· 제4안 : 상장규정 등 자율규제에 맡기는 방안.

2) 검토

제1안이 바람직한 것으로 판단된다. 제1안에 의하면 공모사채이지만 거액의 투자자에 대한 발행의 경우에는 사채관리회사를 둘 것이 강제되지 않는다. 거액의 투자자는 자위능력이 있고 투자자의 수가 소수라서 집단행동의 문제가 없을 것이기 때문이다. 제2안의 경우에는 증권거래법상의 공모의 경우에 사채관리회사의 설치를 강제한다는 형식의 규정이 기존 상법의 규정체계와는 잘 맞지 않는다는 문제가 있다. 제3안은 증권거래법에서 사채의 경우에 대해서만 별도의 규정을 두는 것은 균형이 맞지 않는다는 문제가 있다.

법무부의 상법 개정 제2소위원회는 제1안으로 결론을 내렸으나, 최종적으로 상법 개정안에서는 사채관리회사의 설치는 임의로 하였다(상법 480조의2).

(4) 입법례

1) 미국

증권법상 등록을 하여야 하는 무보증의 부채증권은 유가증권신고서 제출시 신탁증서 사본을 제출하여 인증(qualification)을 받아야 하므로(Trust Indenture Act of 1939 §§304~308) 수탁회사의 설치가 강제된다.

2) 일본

1993년 상법 개정에서는 각 사채의 금액이 1억 엔 이상인 경우 또는 사채의 총액을 사채의 최저액으로 나눈 수가 50 미만인 경우를 제외하고는 사채관리회사 설치를 강제하였다(개정 전 상법 297조). 그러나 2005년 회사법에서는 사채관리자를 두는 것이 원칙이지만, 각 사채의 금액이 1억 엔 이상인 경우 및 기타 사채권자의 보호에 흠결의 우려가 없는 경우로서 법무성령에서 정하는 경우에는 사채관리회사 설치가 임의적이다(회사법 702조).

3) 영국

영국에서는 회사법상으로는 수탁회사 설치를 강제하는 규정은 없다. 실무에 있어서는 영국 내 민간기업의 국내 사채의 경우에는 담보 유무를 불구하고 모두 수탁회사를 두고 있다고 한다.[28]

4) 독일

독일에서도 회사법상 수탁회사에 관한 규정이 없다.

3. 사채관리회사의 자격

(1) 현행 제도

현행법상 수탁회사는 은행, 신탁회사 또는 증권회사만이 할 수 있다(상법부칙 6조). 사채의 모집주선을 하는 인수인이 수탁회사가 될 수 없다는 규정은 없고, 실무에서는 주간사회사인 증권회사가 수탁회사가 되고 있다. 수탁회사의 수수료는 극히 명목적인 금액이고, 실제로 인수업무에 대한 부가서비스로 처리되고 있다.

(2) 문제점 및 이론적 검토

사채의 인수인이 사채관리회사를 하는 경우에는 이익충돌의 문제가 있다. 인수인은 발행회

28 유로채는 수탁회사를 두지 않고 fiscal agent만 두는 경우가 많다. 그 이유는 사채발행회사가 일반적으로 초일류 우량기업이고, 상환기한이 미국에서처럼 30년 등 장기가 아니고 5년 내지 10년의 비교적 단기무담보채이고, 특약조항도 비교적 간단한 내용이기 때문이다. fiscal agent란 원리금 지급사무 대행, 발행사무, 본권과 이권의 관리, 사채권자로부터의 지급불능선언의 통지 수령 등을 하는 자로서 어디까지나 발행회사의 대리인이다. 영국에서는 principal paying agent로 부른다.

사와의 거래관계를 계속하기 위하여 발행회사의 이익을 우선적으로 고려할 유인이 있다. 사채관리계약은 결국 발행회사와 인수인 간의 협상에 따라 결정될 것인바, 이러한 상황에서 인수인이 사채관리회사가 된다면 인수인이 사채관리자로서의 자신의 의무 및 책임을 정하는 데 있어서 소극적으로 될 수밖에 없다.

그러나 인수인의 이익충돌을 이유로 인수인은 사채관리회사가 될 수 없도록 하는 경우에는 현재와 같이 명목적 액수로 사채관리 서비스를 제공할 수는 없을 것이다. 수수료 상승으로 인한 사채발행비용 증가 가능성이 있다.

인수인은 사채관리회사가 될 수 없도록 하는 경우에는 현행법상으로는 은행과 신탁회사만이 사채관리회사의 자격이 있다. 이 외에도 보험회사 등도 사채관리회사가 될 수 있도록 할 것인가도 문제된다.

(3) 개정방안

1) 개정안

· 제1안 : 현행 유지.
· 제2안 : 증권회사를 포함하여 신탁업인가를 받은 회사는 사채관리회사가 될 수 있도록 하지만, 인수인은 사채관리회사가 될 수 없도록 금지하는 방안.
· 제3안 : 증권회사는 사채관리회사가 될 수 없도록 하는 방안.

2) 검토

제2안이 적절한 것으로 보인다.

제1안은 이익충돌문제가 있다. 특히, 사채발행회사와 계열관계에 있는 증권회사가 다수 존재하는 경우 그 폐해가 더 심각할 수 있다. 제3안은 사채관리회사의 자격을 가장 좁게 인정하는 것인데, 사채관리회사가 되고자 하는 인센티브가 크지 않은 상황에서 사채관리회사가 될 수 있는 자의 범위를 축소시켜서 사채관리회사를 구하기 어렵게 만들 우려가 있다.

제2안에 의해 인수인이 사채관리회사가 될 수 없도록 하는 경우에는 대개 은행이 사채관리회사가 될 것이다. 은행이 사채관리회사가 되는 경우에도 은행이 발행회사에 대하여 대출채권자로서의 지위를 겸하게 될 때에는 자신의 대출채권자로서의 이익을 사채권자의 이익에 우선시킬 우려가 있고 수수료 상승으로 인한 사채발행비용 증가 가능성도 있다. 그러나 발행회사와 이익이 일치하는 인수인으로 하여금 사채권자의 이익을 위한 사채관리를 하도록 규율하는 것 보다는 은행이 대출채권자로서의 이익을 우선시키는 행위를 하는 것을 규율하는 것이 더 쉬울 것으로 판단되고, 수수료상승은 사채관리의 효율성 증가에 의해 상쇄될 수도 있음을 고려한다면 제2안이 적절하다.

상법 개정안에서는 은행, 신탁회사 기타 대통령령에서 정하는 자가 아니면 사채관리회사가 될 수 없다고 규정하고(상법 개정안 480조의3 1항), 사채의 인수인은 당해 사채의 사채관리회사가 될 수 없다고(480조 2항) 규정하고 있다.

(4) 입법례

1) 미국

미국에서는 실무상 은행이나 신탁회사가 수탁회사가 되고 있다. 수탁업무를 할 것이 법에 의하여 허용되어 있고 감독을 받는 회사이어야 하고 자본금 및 잉여금의 합계가 15만 달러 이상이어야 한다〔TIA §310(a)(1)〕. 12 USC 92(a)에 의하여 전국 은행에 신탁업무권한이 부여되어 있고 주(州) 은행과 신탁회사는 주법에 따라 신탁업무의 허가를 받을 수 있다.

2) 일본

2005년 회사법 이전에는 은행, 신탁회사, 담보부사채신탁법 52조의 면허를 받은 회사(은행 등의 금융기관으로 한정됨)가 사채관리회사의 자격이 있었다. 2005년도 회사법에서는 그 범위를 확대하였다(703조). 은행, 신탁회사 이외에 이들에 준하는 자로서 법무성령에서 정한 자(703조)가 사채관리자가 될 수 있다. 이미 보험업법상의 업무범위에 명기되어 보험회사로 확대되고 그 이후 확대도 가능하다.

4. 사채관리회사의 독립성

(1) 현행 제도

현행 상법에는 발행회사와 일정한 관계가 있는 자는 수탁회사가 될 수 없다는 것과 같이 수탁회사의 독립성을 제고하기 위한 규정이 없다. 다만 「유가증권인수업무에 관한 규칙」에서 수탁회사가 발행회사와 일정한 관계에 경우에는[29] 수탁회사가 될 수 없도록 함으로써 수탁회사의 독립성을 보장하고자 하고 있다(12조 5항).

(2) 문제점 및 이론적 검토

사채관리회사는 사채권자의 이익보호를 목적으로 하는데, 발행회사(인수인 포함)와 사채관리회사가 관련이 있는 경우에는 사채관리회사가 사채권자의 이익보다 발행회사의 이익을 우선시킬 우려가 있다. 따라서 일정한 이해관계가 있는 자는 사채관리회사가 되지 못하도록 할 필요가 있는가가 문제된다.

(3) 개정방안

1) 개정안

· 제1안 : 현재와 같이 업무규정에서 규율하는 것을 생각해 볼 수 있다. 단, 현재는 「유가증권의 인수업무에 관한 규칙」에서 규율하고 있는데, 사채관리회사의 자격에 관한 개정방안대로 인수인이 사채관리회사가 될 수 없도록 하는 경우에는 다른 규정에서 규율해야 할 것이다. 그리고 현행의 이익충돌사유가 적절한 것인지에 대해서도 검토를 할 필요가 있다.

· 제2안 : 이익충돌이 있는 자는 사채관리회사가 될 수 없도록 상법에 규정하는 방안.

· 제3안 : 상법에 사전의 자격제한규정을 두지 않고 이익충돌이 현실화되는 경우에 특별대리인을 선임하도록 하는 방안.

2) 검토

제2안이 바람직하다. 제2소위도 동일한 결론에 이르렀다.

29 증권금융회사가 발행하는 경우를 제외하고 무보증사채에 관하여 수탁회사가 발행회사와 다음 관계에 있으면 안 되는 것으로 규정하고 있다.

1. 발행회사 및 발행회사의 이해관계인이 수탁회사의 주식(의결권 없는 주식을 포함한다), 전환사채, 신주인수권부사채, 자기주식을 교환 대상으로 하는 교환사채 및 신주인수권증권(이하 '주식 등'이라 한다)을 100분의 5 이상 보유하고 있는 경우 및 수탁회사가 발행회사의 주식 등을 100분의 1 이상 보유하고 있거나, 수탁회사의 이해관계인이 발행회사의 주식 등을 100분의 5 이상 보유하고 있는 경우.
2. 수탁회사의 주식 등을 100분의 5 이상 보유하고 있는 주주와 발행회사의 주식 등을 100분의 5 이상 보유하고 있는 주주가 동일인이거나, 이해관계인인 경우. 다만, 그 동일인 또는 이해관계인이 기관투자자 또는 고수익간접투자기구인 경우에는 그러하지 아니하다.
3. 수탁회사의 임원이 발행회사의 주식 등을 100분의 1 이상 보유하고 있는 경우.
4. 수탁회사 또는 발행회사의 임원이 발행회사 또는 수탁회사의 이해관계인인 경우.

제1안은 이익충돌시의 사채관리회사 자격제한과 같은 기본적 원칙을 업무규정에서 규율하는 것은 적절하지 않고, 제3안은 이러한 규정을 두지 않아도 사채관리회사의 해임과 승계사채관리회사 선임방법으로 동일한 효과를 거둘 수 있을 것이므로 불필요할 것이다.

제2안에 따라 상법에 조문을 신설하는 경우에는 상법의 기본법으로서의 성격상 추상적으로 규율하고 자세한 사항은 시행령에 위임하는 등의 방법이 불가피할 것이다.

상법 개정안에서는 사채를 발행한 회사와 특수한 이해관계가 있는 자로서 대통령령이 정하는 자는 사채관리회사가 될 수 없다(상법 개정안 480조의3 3항)고 규정하였다.

(4) 입법례

1) 미국

미국 신탁증서법에서는 사채발행 당시에 일정한 이익충돌관계에 있는 자는 수탁회사가 될 수 없도록 하였다〔TIA §310(a)(5)〕. 즉, 발행회사를 직접 또는 간접적으로 지배하는 자, 발행회사에 의하여 직접 또는 간접적으로 지배되는 자 또는 발행회사와 직접 · 간접적으로 공동의 지배 하에 있는 자는 수탁회사가 될 수 없다.

그리고 채무불이행이 발생한 후에 일정한 관계에 있는 자는 이익충돌상황을 제거하거나 사임하도록 하였다. 발행회사는 승계수탁회사가 임명되도록 신속한 조치를 취하여 한다〔TIA §310(b)(i)〕. 수탁회사의 사임은 승계수탁회사가 지명되어 승계에 동의한 때 효력이 발생한다. 수탁회사가 이러한 조치를 취하지 않은 경우에는 사채권자에게 90일의 기간 경과 후 10일 이내에 통지하여야 하고〔TIA §310(b)(ii)〕, 최소한 6개월 이전부터 당해 사채를 보유한 사채권자는 수탁회사에게 §310(b)에 따를 것을 서면으로 요청한 후 수탁회사가 이를 준수하지 않은 경우 법원에 수탁회사의 해임을 신청할 수 있다.

여기서 일정한 관계란 ① 둘 이상의 사채에 대한 수탁회사 지위의 겸병, ② 수탁회사와 발행인 · 인수인의 관련성,[30] ③ 발행회사 · 인수인과 수탁회사 간의 증권의 상호 소유관계,[31] ④ 수탁회사가 채권자의 지위를 겸유하는 경우이다.

30 ⅰ) 수탁회사나 수탁회사의 이사 등이 발행회사를 위한 인수인인 경우, ⅱ) 수탁회사가 인수인의 관련자(affiliate)인 경우, ⅲ) 발행회사 또는 인수인의 이사나 임원 등이 수탁회사의 이사 또는 임원 등을 겸직하는 경우.

31 ⅰ) 발행회사나 발행회사의 이사, 무한책임사원, 간부임원 등이 수탁회사의 의결권 있는 증권의 10%를 실질소유하거나, 위에 게기한 자 중 2인 이상이 수탁회사의 의결권 있는 증권의 20% 이상을 소유하는 경우, 또는 인

2) 일본

2005년 개정 전 상법에서는 이익충돌로 인한 자격제한에 관해 규정하지 않았고, 2005년 회사법에서도 마찬가지이다.

주거래은행이 사채관리회사의 자격을 겸유하는 것을 인정할 것인가에 관해 많은 논란이 있었으나, 주거래은행이 발행회사의 재무상태를 잘 알고 있으므로 적절한 판단을 내릴 수 있다는 점을 중시하여 이를 제한하지 않았다.

다만, 사채권자와 사채관리자 간에 이익이 상반되는 때에는 사채관리자가 사채권자를 위하여 재판상 · 재판 외의 행위를 할 필요가 있을 때에는 법원은 사채권자집회의 청구에 의해 특별대리인을 선임해야 한다(회사법 707조).

5. 사채관리회사의 사임과 해임 및 사무승계

(1) 현행 제도

수탁회사의 사임과 해임에 관하여 상법에서 다음과 같이 규정하고 있다. 우선 사채모집의 위탁을 받은 회사는 사채를 발행한 회사와 사채권자집회의 동의를 얻어서 사임할 수 있다. 부득이한 사유가 있는 경우에 법원의 허가를 얻은 때에도 같다(상법 481조). 사채모집의 위탁을 받은 회사가 그 사무를 처리함에 부적임하거나 기타 정당한 사유가 있을 때에는 법원은 사채를 발행하는 회사 또는 사채권자집회의 청구에 의하여 이를 해임할 수 있다(상법 482조).

수탁회사의 사임과 해임의 경우에 발행회사와 사채권자집회의 일치로서 그 사무의 승계자를 정할 수 있고(상법 483조 1항) 부득이한 사유가 있는 때에는 이해관계인은 사무승계자의 선임을 법원에 청구할 수 있다(상법 483조 2항).

(2) 문제점 및 이론적 검토

이러한 규정은 사채관리회사의 사임 및 해임의 경우에 사채관리회사가 부재하는 공백을 우

수인이나 인수인의 이사, 무한책임사원, 간부임원이 단독으로 또는 2인 이상이 수탁회사의 의결권 있는 증권을 10% 이상 소유하는 경우〔§310(b)(5)〕, ii) 수탁회사 발행회사의 의결권 있는 증권의 5% 이상을 실질소유하거나, 발행회사의 다른 종류의 증권을 10% 이상 소유하는 경우 또는 원금지급채무불이행이 30일 이상 계속되는 채무에 대한 담보로서 위의 증권을 보유하는 경우. 단, 당해 신탁증서에 의한 증권과 당해 수탁회사가 동시에 수탁회사가 되고 있는 별개의 신탁증서에 의한 증권은 이익충돌사유에서 제외한다.

려하여 둔 규정인데, 발행회사가 사무승계자 선정에 적극적이지 않은 경우에 사채권자 보호의 공백 우려가 있다.

(3) 개정방안

1) 개정안

· 제1안 : 현행 유지.

· 제2안 : 사채관리회사의 사임 또는 해임시 사채관리 업무에 공백이 없도록 하기 위해서 승계사채관리회사가 선임되도록 할 의무를 발행회사에 부과한다. 이 경우에 사채권자집회의 동의를 얻도록 할 것에 대해서도 검토를 요한다.

2) 검토

제1안은 발행회사가 사무승계자를 "정할 수 있다"라는 형식으로 규정되어, 발행회사가 사무승계자를 선임하지 아니하는 경우에 대한 대비가 미약하다.

따라서 제2안에서와 같이 사무를 승계할 사채관리회사를 정하는 것을 발행회사의 의무사항으로 할 필요가 있다. 승계사채관리회사를 정할 때 사채권자집회의 동의를 얻도록 하는 것은 신속한 선임에 장애가 될 수 있으므로 바람직하지 않은 것으로 판단된다.

상법 개정안에서는 사무승계자 선임을 사채발행회사의 의무사항으로 하였다. 즉, 사채관리회사의 사임 또는 해임으로 인하여 사채관리회사가 없게 된 때에는 사채를 발행한 회사는 그 사무를 승계할 사채관리회사를 정하여 사채권자를 위하여 사채의 관리를 행할 것을 위탁하여야 한다. 이 경우 회사는 지체 없이 사채권자집회를 소집하여 동의를 받아야 한다고 규정하였다(상법 개정안 483조).

(4) 입법례

1) 미국

수탁회사에 신탁증서법 §310(b)의 이익충돌사유가 발생하면 채무불이행이 발생한 후에는 이러한 이익충돌상황을 제거하든가 아니면 이익충돌이 있다는 것이 확인된 날로부터 90일 이내에 사임하여야 한다. 발행회사는 승계수탁회사가 임명되도록 신속한 조치를 취하여 한다(TIA

§310(b)(i)〕. 수탁회사의 사임은 승계수탁회사가 지명되어 승계에 동의한 때 효력이 발생한다.

수탁회사가 이러한 조치를 취하지 않은 경우에는 사채권자에게 90일의 기간 경과 후 10일 이내에 통지하여야 하고〔TIA §310(b)(ii)〕, 최소한 6개월 이전부터 당해 사채를 보유한 사채권자는 수탁회사에게 §310(b)에 따를 것을 서면으로 요청한 후 수탁회사가 이를 준수하지 않은 경우 법원에 수탁회사의 해임과 승계인의 선임을 청구할 수 있다〔TIA §310(b)(iii)〕.

2) 일본

사채관리회사는 사채발행회사와 사채권자집회의 동의를 얻어 사임할 수 있다(회사법 711조 1호). 이 경우에는 사무를 승계할 사채관리자를 미리 정하여야 한다. 부득이한 사유가 있는 때에는 법원의 허가를 얻어서 사임할 수 있다. 그러나 사채관리계약상의 사유 발생시에는 동의 없이도 사임할 수 있다. 이 경우 당해 계약에 사무를 승계하는 사채관리자에 관한 정함이 없는 때에는 사임할 수 없다(회사법 711조 2호).

법원은 사채관리자가 그 의무에 위반한 때, 사무처리에 부적임한 때 기타 정당한 이유가 있는 때에는 사채발행회사 또는 사채권자집회의 신청에 의해 당해 사채관리자를 해임할 수 있다(회사법 713조).

사채권자의 사임이나 해임, 사채관리자의 자격상실, 사채관리자의 해산으로 사채관리자가 없게 된 때에는 사채발행회사가 지체 없이 사채권자집회를 소집하여 사채권자의 동의를 얻어(동의를 얻을 수 없었던 경우에는 법원의 허가) 사채관리자를 선임하여야 한다. 발행회사가 지체 없이 사채권자집회를 소집하지 않거나 법원에 허가신청을 하지 않은 경우에는 기한이익을 상실한다(회사법 714조).

II. 사채관리회사의 권한

1. 사채관리회사의 상환청구권

(1) 현행 제도

수탁회사의 사채관리와 관련된 법정 권한으로서 우리 상법은 사채권자를 위하여 사채의 상환을 받음에 필요한 재판상 또는 재판 외의 모든 행위를 할 권한을 규정하고 있다(상법 484조).

(2) 문제점 및 이론적 검토

모집의 위탁계약에서 명시적으로 규정하고 있지 않은 경우에도 수탁회사는 사채의 상환을 받음에 필요한 모든 행위를 할 권한이 있다. 그런데 '상환' 이라는 용어를 좁게 해석하면 원금의 상환만을 의미하고 이자지급청구권이나 이자지급청구의 소의 제기권 및 채권의 보전행위 포함되지 않는다고 해석될 여지가 있다. 사채청약서 기재사항에서는 '사채의 상환과 이자지급의 방법과 기한' 으로 구별하여 규정하고 있다(상법 474조 8호)는 점은 이러한 해석의 근거가 될 수 있다. '상환' 을 이와 같이 좁게 해석하는 경우에는 사채관리회사를 두는 실효성이 없게 될 수도 있다. 또한 사채권의 변제는 변제 자체에 관한 행위 외에 이를 확보하기 위한 여타 행위에 의하여 더욱 강화될 수 있으므로 사채관리회사의 법정권한의 범위를 확대할 필요는 없는 것인가가 문제된다.

(3) 개정방안

1) 개정안

· 제1안 : 현상 유지.
· 제2안 : 사채관리회사의 법정권한에 이자지급에 관한 권한과 채권보전행위를 할 권한이 포함됨을 명시.
· 제3안 : 사채관리회사의 법정권한에 2안의 행위를 하기 위한 필요가 있는 경우 법원의 허가를 얻어 사채발행회사의 업무 및 재산상황을 조사할 수 있는 권한이 있음을 명시.

2) 검토

우선 제1안은 사채권자의 원리금지급청구권은 사채권자의 가장 기본적인 권리로서 양자를 분리하여 취급할 필요가 없다는 점에서 타당하지 않으므로 사채관리회사의 법정권한을 확대하여야 할 것이다.

이 경우 법정권한의 범위는 필요한 경우에는 사채관리계약에서 사채관리회사에게 일정한 약정권한을 부여할 수 있으므로 사채관리를 위해 필요한 최소한도로 하는 것이 타당할 것이다. 다만, 법정권한 이외의 사항에 대해 사채권자집회결의를 하는 경우에는 법원의 허가를 얻어야 한다는 현행법 체제(상법 490조)가 그대로 유지되는 경우에는 신속한 사채관리를 위해서 법원의 허가를 얻지 않고도 사채권자집회의 결의를 할 수 있도록 할 필요 때문에 법정권한을 좀 더 넓게 규정할 필요가 있다. 그렇지만 뒤에서 언급할 개정방안에서 사채권자집회결의사항에 대한 허가요건을 삭제하는 방향으로 개정을 한다면 이 부분에 대한 고려는 필요하지 않을 것이다. 그리고 사채권자집회결의의 허가제도를 유지하는 경우에도 현행법보다 제2안이나 제3안이 사채관리회사의 법정권한범위가 더 넓으므로 제2안이나 제3안 선택에 지장이 없다.

사채관리회사의 조사권한은 발행회사의 기업비밀의 누설이나 조사에 따르는 부담이 문제될 수 있으므로 신중히 생각하여야 하지만 법원의 허가를 얻도록 함으로써 이러한 문제점을 완화할 수 있을 것이므로 제3안이 적절하다고 생각한다.

상법 개정안에서는 제3안에 따라 사채관리회사의 법정권한을 명확하게 하였고, 조사권한을 규정하였다. 개정안에 의하면 사채관리회사는 사채권자를 위하여 사채에 관한 채권의 변제의 수령 또는 채권의 실현을 보전하기 위해 필요한 재판상 또는 재판 외의 모든 행위를 할 수 있고(상법 개정안 484조 1항), 사채관리회사가 그 관리의 위탁을 받은 사채에 관하여 1항 또는 4항 각호에 정한 행위를 위하여 필요한 때에는 법원의 허가를 얻어 사채를 발행한 회사의 업무와 재산상태를 조사할 수 있다(484조 7항).

(4) 입법례

1) 미국

수탁회사는 신탁증서법상 ① 수탁회사의 청구에도 불구하고 발행회사가 지급을 하지 않는 경우에 수탁회사의 명의로 위의 금액의 추심을 위하여 제소 등의 사법절차를 취할 권한〔TIA §317(a)(1)〕, ② 발행회사에 대한 사법절차에서 채권의 신고나 기타 서류를 제출할 권한〔TIA §317(a)(2)〕이 있다.

도산법(Bankruptcy Act)에서는 ① 다른 확정채권자 2인과 함께 일정한 요건 하에서 도산신청을 할 수 있는 권한〔§303(b)(1)〕, ② 도산채권의 신고〔§501(a) 및 도산규칙 §3003(c)〕, ③ 발행회사 상황이나 절차진행에 관해 일정한 보고 및 통지를 받을 권한〔§1106(a)(4)(B)〕, ④ 갱생절차에서 이해관계인으로서 이의를 제기하고 의견을 진술할 권한〔§1109(b)〕, ⑤ 갱생계획안제출〔§1121(c)〕, ⑥수탁회사의 비용 및 보수 등이 도산절차에 실질적으로 기여한 경우 절차비용으로서 우선적으로 지급받을 권리〔§503(b)〕, ⑦ 관재인, 조사위원의 선임을 신청할 권한(§1104), ⑧ 갱생계획인가에 대한 이의 및 다른 장의 절차로의 이행을 신청할 권한〔§1112(b)〕을 규정하고 있다.

2) 일본

2005년 회사법에서는 사채권자를 위하여 사채에 관한 채권의 변제를 수령하거나 또는 사채에 관한 채권의 실현을 보전하기 위하여 필요한 일체의 재판상 또는 재판 외의 행위를 할 수 있고(705조 1항), 위의 행위를 하기 위한 필요가 있는 경우 법원의 허가를 얻어 사채발행회사의 업무 및 재산상황을 조사할 수 있다고(705조 4항) 규정하고 있다.

2. 사채관리회사의 권한의 한계

(1) 현행 제도

수탁회사는 현행 상법상 사채의 상환을 받음에 필요한 재판상 또는 재판 외의 모든 행위를 할 권한이 있고(484조), 그 외 사채모집의 위탁계약에서 수탁회사의 권한에 관하여 약정함에 따른 권한이 있다. 또한 현행 상법에는 사채권자집회에 관한 규정을 두고 사채권자의 이해에 중대한 영향을 미치는 사항은 법원의 허가를 얻어 사채권자집회가 결의할 수 있다고(490조) 규정하고 있다.

(2) 문제점 및 이론적 검토

우리나라에서는 사채권자집회에 관한 규정을 두고 있고, 상법 490조를 사채권자의 이해에 중대한 영향을 미치는 사항은 반드시 사채권자집회를 열어서 결정하여야 하는 것으로 해석하고 있다. 사채관리는 신속한 조치가 관건인 경우도 있는데 이러한 해석 하에서는 적기에 사채관리가 이루어지지 못하여 오히려 사채권자에게 손해가 될 수도 있다. 반면에 사채관리회사의 단독적인 결정에 맡기는 경우에는 사채권자의 의사에 부합하지 않는 사채관리의 가능성도 있다. 따라서 사채관리회사가 사채권자집회의 동의 없이 단독으로 결정하여 행사할 수 있는 권한의 범위를 어떻게 설정할 것인가가 문제된다.

(3) 개정방안

1) 개정인

· 제1안 : 현상 유지.

· 제2안 : 사채관리회사가 단독적으로 결정할 수 없고 반드시 사채권자집회의 동의를 얻어야 하는 사항을 규정하는데, 사채관리회사의 재량을 넓게 인정하는 것이 총사채권자의 이익이 되는 경우가 있을 수 있으므로 사채권자의 이해에 핵심적인 영향을 미치는 사항에 대해서만 사채관리회사가 단독으로 결정할 수 없도록 한다. 사채권자의 이해관계에 영향을 미치는 사항으로서는 지급의 유예, 지급기한 도과로 인한 손해배상책임의 전부 또는 일부를 무상으로 소멸시키는 것, 원리금 감액, 기한이익상실청구권 포기, 사채관리계약 위반에 대한 권리 포기(waiver of past default), 재무제한조항의 변경 등 사채관리계약의 변경, 강제집행, 상소, 도산절차의 신청권한 등 여러 가지가 있다. 이 중 한계를 어디서 획정할 것인가가 문제되는데, 만기에 원리금지급청구권을 침해하는 내용 정도에 대해서만 사채권자집회결의에 의하도록 한다.

2) 검토

현행법상으로는 사채권자집회의 동의를 얻어야 하는 사채관리행위의 범위가 명확하지 않으므로 제2안과 같이 사채관리회사의 권한의 한계설정이 필요하다.

상법 개정안은 사채관리회사가 당해 사채 전부에 대한 지급의 유예, 그 채무의 불이행에 의해 발생한 책임의 면제 또는 화해행위를 하는 경우에는 사채권자집회의 결의에 의할 것으로 하였다(상법 개정안 484조 3항 1호). 당해 사채 전부에 관한 소송행위 또는 채무자회생 및 파산에 관한 절차에 속하는 행위를 하는 경우에는 원칙적으로 사채권자집회의 결의에 의하여야 하지만, 사채를 발행하는 회사가 사채권자집회결의에 의하지 아니하는 것으로 정할 수 있도록 하였다(484조 3항 3호).

(4) 입법례

1) 미국

미국에서는 사채관리권한은 기본적으로 수탁회사에 있다. 다만 개별 사채권자의 최소한도의 권리보호를 위해 지급기일 및 그 이후에 원금과 이자의 지급을 받거나 이의 지급을 구하는 소를 제기할 권리를 사채권자 개인의 동의가 없으면 침해할 수 없다는 조항〔TIA §316(b)〕에 따라 사채관리회사가 만기를 유예하거나 원리금을 감액하는 등의 행위를 할 수 없다는 한계가 있다. 이러한 경우를 제외하고 수탁회사가 권한을 가지는 것으로 약정할 수 없는 사항은 없다.

그러나 대개의 신탁증서에서 일정한 행위(예 : 기한이익상실조치의 취소, 신탁계약의 변경)는 일정 비율 이상의 사채권자들의 동의를 얻도록 규정하고 있다.

미국에서는 수탁회사의 권한을 넓게 인정하고 있기 때문에 권한이 사채권자의 의사에 부합되지 못하도록 행사될 우려가 있고, 그 때문에 사채권자의 지시권한에 대한 규정을 두고 있다. 신탁증서에서 명시적으로 배제하지 않는 이상 모든 신탁증서는 사채의 총액 또는 신탁증서에서 명시적으로 규정하고 있는 경우라면 series 증권의 50% 이상을 소유하는 사채권자가 수탁회사가 취할 수 있는 구제방법 또는 권한의 행사에 관하여 그 시기, 방법, 행사의 장소 등을 지시할 수 있다는 조항을 포함한 것으로 본다고 규정하고 있다〔TIA §316(a)(1)(A)〕. 신탁증서에서 명시적으로 배제하지 않는 이상 과반수 이상의 사채권자의 지시에 따라 성실하게 행위한 수탁회사는 면책시키는 규정이 자동적으로 포함된 것으로 본다고 규정하고 있다〔TIA §315(b)(1)〕.

또한 사채관리계약위반에 대한 권리포기(waiver of past default) 규정, 사채의 총액 또는 신탁증서에서 명시적으로 규정하고 있는 경우라면 series 증권의 50% 이상을 소유하는 사채권자가 기발생한 채무불이행에 관한 권리를 포기할 수 있다는 규정이 신탁증서에서 명시적으로 배제하지 않는 이상 자동적으로 포함되어 있는 것으로 본다고 규정하고 있다〔TIA §316(a)(1)(B)〕.

2) 일본

2005년 회사법에서 사채관리자와 사채권자집회의 권한범위에 관해서는 세 가지 규정이 있다. 첫째, 절대적으로 사채권자집회의 결의를 얻어야 하는 사항과 둘째, 원칙적으로는 사채권자집회결의를 얻어야 하지만 사채발행사항 결정시에 미리 사채권자집회결의를 얻지 않기로 정해 둘 수 있도록 하는 사항, 셋째, 원칙적으로 사채권자집회결의를 얻지 않아도 되지만 사채관리계약에서 사채권자집회결의에 의할 것을 약정할 수 있는 사항으로 구분하여 규정하고 있다.

첫째 범주의 규정은 당해 사채 전부에 대하여 하는 지급의 유예, 기타 채무의 불이행으로 발행한 책임의 면제 또는 회해는 사채권자집회결의 없이 할 수 없다는 것이다(회사법 706조 1항 1호).

둘째의 경우는 당해 사채의 전부에 관하여 하는 소송행위 또는 파산절차, 재생절차, 갱생절차 또는 특별청산에 관한 절차에 속하는 행위(위의 첫 번째 범주에 있는 행위를 제외한다)를 함에는 사채발행사항결정시 사채권자집회에 의하지 않을 것을 정하지 않는 이상(회사법 676조 2항 이하) 사채권자집회결의가 필요하다(회사법 706조 1항 2호)는 것이다.

셋째는 개정 전 상법에서는 각종 채권자 보호절차에서 사채권자가 이의를 함에 있어서는 사채권자집회의 결의에 의하여야 하였으나(개정 전 상법 376조 3항, 289조 4항, 374조의4 4항, 374조의20 2항, 416조 2항), 2005년 회사법에서는 사채관리위탁계약에 별단의 정함이 없는 한 사채관리자는 사채권자집회의 결의 없이도 이의를 할 수 있는 것으로 한 것이다(740조 2항).

3. 사채관리회사의 권한행사방식

(1) 현행 제도

현행 상법에는 수탁회사가 소송행위 또는 기타 사채관리 행위를 할 때 개별적 사채권자 표시를 생략할 수 있다는 규정이 없다.

(2) 문제점 및 이론적 검토

사채권자가 다수인 경우 예컨대, ○○회사 제○○회 사채권자 명의로 행위할 수 있는 것인지 아니면 개별 사채권자의 명의를 표시하여야 할 것인지에 대해 의문이 있을 수 있다.

(3) 개정방안

· 제1안 : 현상 유지.
· 제2안 : 사채관리회사의 명의로 행위 할 수 있다는 명시적 규정 설치.

현행법의 해석으로도 개별 사채권자의 명의를 표시하지 않을 수 있다고 해석될 수 있으므로 별도의 규정을 두지 않는다. 이 논점은 상법 개정검토단계에서 논의되지 않았다.

(4) 입법례

1) 미국

수탁회사의 청구에도 불구하고 발행회사가 지급을 하지 못하는 경우, 수탁회사는 '수탁회사의 명의'로 위의 금액의 추심을 위하여 제소 등의 사법절차를 취할 권한이 있다고 명시하고 있다〔TIA §317(a)(1)〕.

2) 일본

사채관리자 또는 특별대리인이 사채권자를 위하여 재판상 또는 재판 외 행위를 하는 때에는 개별의 사채권자를 표시하지 않을 수 있음을 명시하고 있다(회사법 708조).

3) 영국

규정이 존재하지 않는다.

III. 사채관리회사의 의무 및 책임

1. 현행 제도

현행 상법에서는 수탁회사의 의무 및 책임에 관해서 규정하고 있지 않다.

2. 문제점 및 이론적 검토

사채관리회사가 권한행사를 제대로 하지 못한 경우 등에 있어서 사채권자에게 어떠한 책임을 부담할 것인지가 현행법상으로는 명확하지 않다. 따라서 사채관리회사의 의무와 책임에 대해 정리할 필요가 있다. 의무와 책임의 정도에 대해서는 사채관리회사의 의무와 책임 강화는 수수료 증가로 인해 사채발행비용이 증가하게 되므로 적절한 수준에서 균형점을 찾는 것이 중요하다.

3. 개정방안

(1) 개성안

· 제1안 : 현행 유지.

· 제2안 : 사채관리회사의 공평 · 성실의무 및 선량한 관리자의 주의의무를 규정. 사채관리회사가 대출채권자 지위를 가지는 경우의 의무에 대해 별도의 규정을 두지 않고 성실의무 일반규정에 의해 처리.

(2) 검토

사채관리회사의 의무와 책임이 명확하지 않은 경우에는 적절한 사채관리는 기대하기 어렵다. 사채관리계약에서 수탁회사가 선량한 관리자의 주의의무를 부담한다고 규정하고 있지만, 사채관리계약은 발행회사와 사채관리회사 간의 계약이므로 사채관리회사가 사채권자에 대하여 선량한 관리자의 주의의무를 부담한다고 볼 수 있는 것인지도 명확하지 않다. 그러므로 제2안에 의한다.

상법 개정안에서도 제2안에 따라 사채관리회사의 사채관리에 있어서의 공평 · 성실의무(상법 개정안 484조의2 1항)와 선관의무(484조 2항)를 규정하고 사채관리회사가 상법 또는 사채권자집회결의에 위반한 행위를 한 때에는 손해배상책임을 부담함을 명시하였다(484조 3항).

4. 입법례

(1) 미국

미국에서는 채무불이행 발생 전후의 주의의무를 달리 규정하고 있다.[32] 채무불이행 발생 전에는 명시적으로 배제하는 규정이 없는 이상 수탁회사는 신탁증서에 특정적으로 규정되어 있는 의무만 이행하면 면책된다〔TIA §315(a)(1)〕. 채무불이행 발생 후에는 수탁회사는 신탁증서상의 권한을 신중한 사람이 그 상황에서 자신의 업무를 수행하는 경우 행사하였을 주의에 따라 행사하여야 한다〔TIA §315(c)〕. 수탁회사가 신탁증서 위반 여부에 대하여 조사할 의무는 없다. 발행회사 임원의 신탁증서준수확인서(no-default certificate)가 신탁증서의 요건에 맞는 경우에는 이를 신뢰할 수 있다(TIA §314).

수탁회사가 채무불이행을 아는 경우 채무불이행 발생일로부터 90일 이내에 사채권자에게 우편으로 통지하여야 한다〔TIA §315(b)〕. 명시적으로 배제하지 않는 이상, 원금이나 이자의 지급, 감채기금적립의무 불이행 이외의 채무불이행은 수탁회사가 통지를 하지 않는 것이 사채권자에게 이익이 된다고 성실하게 결정한 경우에는 통지의 유보에 대하여 책임을 지지 않는다는 조항이 신탁증서에 자동적으로 포함된 것으로 본다〔TIA §315(b)〕.[33] 수탁회사의 책임에 관하여

32 신탁증서법에서는 채무불이행의 개념에 대해 정의하고 있지 않다. 각각의 신탁증서에서 정의하도록 맡기고 있는데 일반적으로 단순한 채무불이행이 아니라 기한이익상실사유 발생을 의미하는 것으로 약정함이 보통이다.

33 여기서 채무불이행에 대해서도 신탁증서법에서 정의하고 있지 않고 각각의 신탁증서에서 약정하도록 하는데, 모범신탁증서에는 기한이익상실사유가 아니라 단순한 채무불이행을 가리키는 것으로 규정하고 있다.

는 신탁증서에 면책조항을 규정하는 것에 대해 제한을 한다. 신탁증서에 수탁회사의 과실에 의한 작위 또는 부작위 또는 고의(wilful misconduct)에 대해서 책임을 면제하는 조항을 규정할 수 없다〔TIA §315(d)〕. 다만, 명시적으로 배제하는 규정을 두지 않는 이상 다음과 같은 조항이 규정되어 있는 것으로 본다. ① §315(a)에서 규정하고 있는 채무불이행 발생 전의 수탁회사의 주의의무로서 i) 신탁증서상 명시되어 있는 의무, ii) 발행회사가 제출한 확인서나 의견서가 신탁증서의 요건을 충족시키는 것인지의 여부를 조사할 의무만을 이행하면 면책되고, ② 수탁회사의 책임 있는 임원이 선의로 한 판단의 과오에 대해서는 면책된다. 다만, 관련사실의 확인에 과실이 있으면 면책될 수 없다. ③ 사채 총액의 과반수 이상을 소유하는 사채권자의 지시에 따라 성실하게 행해진 선의의 작위 또는 부작위에 대해서는 면책된다.

수탁회사가 발행회사에 대하여 대출채권을 가지는 경우 등에 관해서도 구체적 규정을 두고 있다. 수탁회사가 발행회사의 채권자의 지위를 가지는 경우 채무불이행 전 3개월 이내에 수탁회사가 변제를 받거나 또는 변제나 담보를 위하여 재산을 제공받았다면 이를 특별계정에 별도 예치하고 이 특별계정을 수탁회사와 사채권자간의 채권액에 따라 분배한다〔TIA §311(a)〕.

(2) 일본

사채관리자는 사채권자를 위하여 공평 · 성실하게 사채의 관리를 하여야 하고(회사법 704조 1항), 사채권자에 대하여 선량한 관리자의 주의로써 사채를 관리하여야 한다(704조 2항).

공평의무는 불공정한 행위의 취소권만으로는 발행회사의 사채권자를 평등하게 취급할 의무를 인정하기 어렵다는 인식에서 1993년 상법 개정에서 신설된 조항이다. 성실의무는 사채권자와 사채관리회사의 이익이 충돌하는 경우 사채권자의 이익을 우선하도록 하는 의무이다.

사채관리회사의 약정권한행사가 '사채의 관리'에 포함되는가가 문제되는데, 회사법제 현대화 요강에서는 약정권한행사도 사채관리에 포함된다고 정리함으로써 약정권한행사에 대해서도 선관주의의무와 공평 · 성실의무가 적용되고 위반한 경우에 면책규정을 두는 것이 금지되는 효과가 기대되었다. 그러나 2005년 회사법에서는 해석으로 대응이 가능하다는 이유로 동법 702조의 '사채의 관리'에 약정권한이 포함되는지를 명기하지 않았다.

사채관리자는 이 법률 또는 사채권자집회결의에 위반한 행위를 한 때에는 사채권자에 대하여 연대하여 손해배상의무를 부담한다(회사법 710조 1항). 사채관리자는 사채발행회사가 사채의 상환 또는 이자의 지급을 게을리 하거나 사채발행회사에 대하여 지급의 정지가 있기 전후 3개월 이내에 다음에 기재한 행위를 한 때에는 사채권자에 대하여 손해배상책임을 부담한다. ① 당해 사채관리자의 채권에 관한 채무에 관하여 사채발행회사로부터 담보의 공여 또는 채무의 소멸에 관한 행위를 받은 때(회사법 710조 2항 1호), ② 당해 사채관리자와 법무성령에서 정하는 특별한 관계를 가지는 자가 채권을 양수하여 변제 등을 받는 경우(회사법 710조 2항 2호), ③ 사채관리자가 사채발행회사에 대하여 가지는 채권을 자동채권으로 하는 상계는 물론 재산의 구입과 채무의 인수에 의해 수동채권을 만들어서 상계한 경우(회사법 710조 2항 3호), ④ 사채관리자가 사채발행회사에 대하여 채무를 부담하고 있는 경우에 사채발행회사에 대한 채권을 양수받음으로써 자동채권을 만들어 상계하는 경우(회사법 710조 2항 4호), 사채권자에 대하여 당해 사채관리자가 성실하게 하여야 할 사채의 관리를 해태하지 않았다거나 당해 손해가 당해행위로 인해 발생한 것이 아님을 증명한 때에는 그러하지 아니하다(회사법 710조 2항 단서).

(3) 영국

영국에서는 수탁회사의 면책을 제한하는 규정을 두고 있을 뿐이다. 수탁자로서의 주의의무 위반에 대한 책임을 면제하는 조항은 무효이다(CA 1985 s 192).

제6절 사채권자집회

I. 사채권자집회 결의사항

1. 사채권자집회 결의사항 허가제도

(1) 현행 제도

사채권자집회의 결의사항은 법원의 허가 대상이다. 즉, 사채권자집회는 본법에 다른 규정이 있는 경우 외에는 법원의 허가를 얻어 사채권자의 이해에 중대한 관계가 있는 사항에 관하여 결의를 할 수 있다(상법 490조).

(2) 문제점 및 이론적 검토

이 조항은 사채권자집회에서 다수결로 소수자의 이익을 침해할 수 있다는 점을 우려하여 규정된 것이다. 그러나 법원의 허가절차를 밟아야 함으로써 부담이 증가하고 지연으로 인하여 사채관리를 실기할 수 있다는 점이 문제된다.

(3) 개선방안

1) 개정안

· 제1안 : 현행 유지.
· 제2안 : 폐지.

2) 검토

담보부사채신탁법에서는 결의의 허가 및 인가에 관한 제한이 없다는 점, 다수자에 의한 소수자의 이익침해는 결의인가절차에 의하여 방지될 수 있다는 점을 고려한다면 제2안이 타당하다. 상법 개정안에서는 허가요건을 삭제하였다(상법 개정안 490조).

(4) 입법례

1) 일본

2005년 회사법에서는 법원의 인가단계에서 다수결의 횡포가 방지될 수 있다는 이유로 결의사항에 관한 법원의 관여를 폐지하였다.

2) 기타

미국이나 영국에서는 이러한 제한이 존재하지 않는다.

2. 기한이익상실제도

(1) 현행 제도

이자지급채무불이행이나 정기에 사채의 일부를 상환하여야 할 경우에 그 상환을 해태한 때에는 사채권자집회의 결의에 의하여 회사에 대하여 2개월 이상의 기간을 정하여 이 기간 내에 변제를 하지 아니할 때에는 사채의 총액에 관하여 기한의 이익을 잃는다는 뜻을 통지할 수 있고 이 기간을 단축할 수 없다(상법 505조).

(2) 문제점 및 이론적 검토

이 조항은 사채에 관하여 기한의 이익 상실조치를 취하기 위해서는 사채권자집회를 개최하여 동의를 얻어야 하고, 그 경우에도 발행회사의 이익을 고려하여 2개월 이상의 유예기간을 허용하여야 한다는 강행규정으로 해석될 여지가 있다. 이러한 해석은 적기의 사채관리에 심각한 장애가 된다.

(3) 개정방안

1) 개정안

· 제1안 : 현행 유지.

· 제2안 : 폐지.

2) 검토

제2안이 적절할 것으로 생각된다. 사채관리에 있어서는 신속성이 관건인 경우가 많다. 그런데 원금상환이나 이자지급은 사채권자의 가장 기본적인 권리인데, 이것이 보호되지 못하는 상황에서 사채권자집회의 결의를 요구하는 것은 신속한 사채관리에 장애가 된다.

상법상 규정이 없어도 사채권자집회는 필요한 경우 기한이익을 상실시키는 결의를 할 수 있다. 사채권자집회결의사항에 대해 법원의 허가를 얻도록 한 경우에는 상법에 규정을 둠으로써 허가 없이 사채권자집회에서 결의할 수 있다는 점에서 규정의 의의가 있었으나 사채권자집회결의사항에 대한 허가제도가 폐지되는 경우에는 더구나 이 규정을 존치할 필요가 없다고 생각한다.

사채권자집회결의에 의한 기한이익상실의 경우의 2개월의 유예기간은 기한이익상실조치로 인하여 회사가 파탄을 촉진하게 될 것을 우려하여 둔 것이지만 실무에서도 일정 사유 발생 시에는 유예기간 없이 즉시 기한이익을 상실시킬 수 있도록 하고 있다(표준무보증사채수탁계약서 3-1조).[34] 상법 개정안에서도 505조를 삭제하였다.

(4) 입법례

1) 미국

신탁증서법상 기한이익상실조치를 취함에 있어서 사채권자의 동의를 얻어야 한다든가 일정한 유예기간을 정하여야 한다는 요건이 없다. 실제 신탁계약에서는 수탁회사가 일정 사유가 발생하면 즉시 기한이익상실선언을 할 수 있고, 사채 총액의 일정 비율(대개의 경우 25%)을 소유하는 사채권자도 할 수 있다고 약정함이 보통이다.[35]

34 「유가증권인수업무에 관한 규칙」 12조에 의하여 무보증사채의 발행인과 사채모집의 수탁회사(이하 '수탁회사'라 한다) 간에 표준무보증사채수탁계약서(이하 '표준수탁계약서'라 한다)에 의한 계약이 체결된 무보증사채만을 인수할 수 있다. 인수인이 없이 사채를 발행하는 경우는 많지 않기 때문에 표준수탁계약서가 거의 대부분의 사채발행에서 실제적으로 강제된다고 볼 수 있다.

35 American Bar Foundation, Commentaries on Model Debenture Indenture Provisions 1965 Model Debenture Indenture Provisions All Registered Issues 1967 and Certain Negotiable Provisions which may be included in a particular Incorporation Indenture(1971), §502(이하 모범신탁증서로 인용).

2) 일본

일본의 2005년 회사법에서는 우리 상법 505조와 동일한 내용의 조항을 존치하고 있다(739조).

3) 영국

규정이 존재하지 않는다.

II. 사채권자집회의 의사

1. 의결권수의 계산

(1) 현행 제도

사채권자집회에서 사채권자는 각 사채의 최저액마다 1개의 의결권이 있다(상법 492조).

(2) 문제점 및 이론적 검토

위에서 개정제안이 이루어진 것과 같이 사채 권면액에 대한 제한을 폐지하는 경우에는 사채권집회에서의 의결권을 산정하는 기준을 새로이 규정하여야 한다.

(3) 개정방안

· 제1안 : 미상환사채의 합계금액에 의한다.

이는 의결권 산정기준의 실질적 변경은 아니고, 권면액의 제한 폐지에 따른 개정이다. 상법 개정안에서도 각 사채권자는 그가 가지는 당해 종류의 사채의 금액의 합계액(상환받은 액을 제외)에 따라 의결권을 가지는 것으로 하였다(상법 개정안 492조).

(4) 입법례

1) 미국

미국 신탁증서법에서는 사채 총액의 일정 비율 이상의 사채권자의 동의를 얻어야 되는 경우가 있는데, 사채 총액이란 기발행되어 이미 상환이 된 부분을 제외하고 현재 잔존하는(outstanding) 부분의 총액을 의미한다.

2) 일본

일본의 2005년 회사법에서는 사채권자가 가지는 당해 종류의 사채의 금액의 합계액으로부터 상환액을 제한 금액에 따라 의결권을 가지는 것으로 하였다(723조 1항).

2. 사채권자의 의결권 행사

(1) 현행 제도

현행법에서는 사채권자집회의 결의에서 서면에 의한 의결권 행사에 관한 상법 368조의3 규정을 준용하고 있지 않다.

(2) 문제점 및 이론적 검토

다수의 사채권자가 존재하는 경우에는 사채권자집회결의의 정족수를 충족시키는 데 어려움이 있다. 특히 우리나라에서는 사채가 대부분 무기명식으로 발행되는데, 무기명식 사채의 사채권자가 다수 존재하는 경우에는 이러한 문제는 더욱 심각해질 것이다.

(3) 개정방안

1) 개정안

· 제1안 : 현상 유지.
· 제2안 : 사채권자집회에서도 서면투표를 인정.

2) 검토

주주총회에서도 인정되는 서면투표제도를 사채권자집회에서 이용하지 않을 이유가 없으므로 제2안이 바람직하다. 이와 아울러 주주총회에서 전자적 방법에 의한 의결권행사제도를 도입하는 경우에는 사채권자집회에서도 이를 도입하여야 할 것이다.

상법 개정안에서도 서면에 의한 의결권행사를 인정하였고(상법 개정안 495조 3항), 전자적 방법에 의한 의결권행사규정(동법 개정안 368조의4)을 준용하였다(동법 개정안 495조 6항).[36]

(4) 입법례

1) 미국

신탁증서법에서는 사채권자의 동의가 필요한 경우에 사채권자집회를 개최할 것이 요구되고 있지 않고 개별 사채권자의 동의를 얻을 수 있도록 하고 있다.

2) 일본

2005년 회사법에서는 사채권자집회에 출석하지 않은 사채권자는 서면으로 의결권을 행사할 수 있고(726조 1항), 서면에 의한 의결권행사는 의결권행사서면에 필요한 사항을 기재하여 법무성령에서 정하는 때까지 당해 기재를 한 의결권행사서면을 소집자에게 제출함으로써 한다(726조 2항). 전자적 방법에 의한 의결권행사도 가능하다(회사법 727조).

3. 결의요건

(1) 현행 제도

사채권자집회결의에는 주주총회의 특별결의에 관한 상법 434조를 준용한다(상법 495조). 따라서 출석한 사채권자의 의결권의 3분의 2 이상의 수와 발행사채의 의결권의 3분의 1 이상의

36 주주총회에서의 서면투표의 경우에는 정관이 정한 바에 따라 총회에 출석하지 아니하고 서면에 의하여 의결권을 행사할 수 있다(상법 368조의3). 사채권자집회에서의 서면에 의한 의결권행사에서는 정관에 규정을 두어야 한다는 요건을 두지 않았다. 일본의 2005년 회사법에서는 정관에 규정할 것을 요구하지 않은 것(726조)과 마찬가지이다. 그러나 일본에서는 주주총회에서의 서면투표도 정관규정을 요하지 않는다(회사법 311조).

수로써 하여야 한다. 수탁회사의 사임(상법 481조), 수탁회사의 해임(상법 482조), 수탁회사의 사무승계자(상법 483조) 및 사채발행회사의 대표자의 출석청구(상법 494조)의 경우에는 출석한 사채권자의 의결권의 과반수로 결정할 수 있다(상법 495조).

(2) 문제점 및 이론적 검토

다수의 사채권자가 존재하는 경우에는 사채권자집회결의요건을 충족시키는 것이 쉽지 않아 합리적 사채관리에 장애가 될 수 있다.

(3) 개정방안

1) 개정안

· 제1안 : 현행 유지.

· 제2안 : 과반수 이상의 출석과 같은 정족수 요건은 규정하지 않음. 사안의 경중에 따라 보통결의는 출석한 사채권자의 과반수, 중요한 사항은 출석한 사채권자의 일정 비율 이상의 찬성과 총사채권자의 의결권의 일정 비율 이상이라는 형식으로 규정하는 방안.

2) 검토

우리나라에서 아직까지는 다수의 분산된 사채권자가 존재하는 경우가 흔하지 않았기 때문에 문제가 되지 않았지만, 예외 없이 무기명사채가 발행된다는 점을 고려한다면 결의요건을 완화할 필요가 있을 것이다.

이 부분도 금번 상법 개정작업에서는 검토되지 않은 논점이다. 그런데 상법 개정안에서 주주총회의 특별결의는 의결권을 행사할 수 있는 주주의 의결권의 과반수에 해당하는 주주의 출석과 출석한 주주의 의결권의 3분의 2 이상의 다수로써 하여야 하는 것으로 하고 있다(상법 개정안 434조). 사채권자집회결의는 상법 434조를 준용하므로 이러한 개정안이 통과되는 경우에는 사채권자집회결의에도 과반수 출석의 정족수 요건이 추가된다. 추후 상법 개정작업에서 결의요건 완화에 대한 논의가 필요할 것이다.

(4) 입법례

1) 미국

사채권자집회제도가 없으므로 출석한 사채권자의 의결권의 몇 분의 일이라는 형식의 규정은 없다. 다만, 신탁증서법에서는 신탁증서에서 명시적으로 배제하지 않는 이상 사채 총액의 50% 이상을 소유하는 사채권자가 일정한 권한을 행사할 수 있다는 조항이 신탁증서상 규정되어 있는 것으로 본다는 조항이 존재한다〔TIA §316(a)(1)(A), §316(a)(1)(B)〕.

결국 사채권자의 총의의 결정은 각 신탁증서에서 자율적으로 정해지게 된다. 실제로 신탁증서상의 약정으로는 사안에 따라 사채 총액의 25%를 규정하기도 하고, 신탁증서의 변경과 같은 경우는 3분의 2의 동의를 약정하기도 한다(모범신탁증서 §902).

2) 일본

2005년 회사법에서는 사채권자집회의 보통결의는 출석한 사채권자의 의결권 총액의 과반수로 결정한다. 정족수 규정은 없다(회사법 724조 1항). 일정한 중요 사항에 관한 특별결의는 사채권자 의결권 총액의 5분의 1 이상, 출석한 사채권자 의결권 총액의 3분의 2 이상의 동의가 필요하다(회사법 724조 2항). 특별결의사항은 ① 당해 사채 전부에 관한 지급의 유예, 그 채무불이행으로 발생한 책임의 면제 또는 화해(회사법 706조 1항 1호)와 당해사채 전부에 관한 소송행위 또는 파산절차, 재생절차, 갱생절차 또는 특별청산에 관한 절차에 속하는 행위(회사법 706조 1항 2호), ② 대표사채권자의 선임(회사법 736조 1항), 사채권자집회결의의 집행자의 선임(회사법 737조 1항 단서), 대표사채권자의 해임(회사법 738조)이다.

개정 전 상법에서는 사채권자집회의 특별결의의 정족수를 총사채권자의 의결권의 3분의 1 이상으로 하고 있었는데, 이를 확보하는 것이 실무상 어려워서 갱생계획안이 가결되지 못하는 사태가 발생하였다. 이에 따라 2005년 회사법에서는 특별결의에 관한 정족수요건을 폐지하였다.

3) 독일

사채법에서 보통결의는 출석한 사채권자의 단순다수결(사채법 10조)로써 결의한다. 사채권자의 권리 포기나 제한에 관한 결의, 특히 이자율의 인하나 지급유예에 관한 결의는 지급정지나 파산절차 개시를 방지하기 위해서만 허용되는데(사채법 11조), 이 결의는 출석 사채권자의 의결권의 4분의 3과 액면 총액의 2분의 1 이상의 동의로써 가결된다.

III. 사채권자집회결의의 효력

1. 사채권자집회결의 인가제도

(1) 현행 제도

사채권자집회결의는 법원의 인가를 얻음으로써 그 효력이 생긴다(상법 496조). 법원은 다음과 같은 경우에는 사채권자집회의 결의를 인가하지 못한다. ① 소집의 절차 또는 결의방법이 법령이나 사채모집의 계획서의 기재에 위반한 때(상법 497조 1항 1호), ② 결의가 부당한 방법에 의해 성립한 때(497조 1항 2호), ③ 결의가 현저하게 불공정한 경우(497조 1항 3호), ④ 결의가 사채권자의 일반의 이익에 반하는 때(497조 1항 4호).

(2) 문제점 및 이론적 검토

이 조항은 사채권자집회에서의 다수결의 남용으로 소수 사채권자가 피해를 입는 것을 방지하기 위한 후견적 규정이다. 그러나 사채권자집회결의의 시간과 비용이 증대한다.

(3) 개정방안

1) 개정안

· 제1안 : 현행 유지.
· 제2안 : 사채권자집회결의 인가제도 폐지.

2) 검토

제2안이 바람직한 것으로 판단된다. 우선 현행 규정은 ① 신속한 결정이 필요한 경우 장애가 되고, ② 법원의 판단이 사채권자집회의 판단능력보다 낫다는 보장이 없고, ③ 담보부사채신탁법에서 사채권자집회결의의 인가제도를 두고 있지 않으며, ④ 회사에 대하여 투자자란 점에서는 공통되는 주주에 대해서는 이러한 후견적 보호를 하지 않는다는 점에서 타당하지 않다. 사후적 구제방법을 이용할 수 있을 것이다.

이 문제도 금번 상법 개정에서는 검토되지 않았고, 개정안에서는 현행을 유지하고 있다.

(4) 입법례

1) 일본

일본은 2005년 회사법에서 사채권자집회결의사항에 대한 허가제도는 폐지하였으나 사채권자집회결의인가제도는 존치하였다(734조).

2) 기타

미국이나 영국, 독일에서는 이러한 제약이 없다. 다만 미국에서는 신탁증서상 규정된 지급기일 및 그 이후에 원금 및 이자의 지급을 받거나 이의 지급을 구하는 소를 제기할 절대적 권리가 있고, 이러한 권리는 사채권자 개인의 동의가 없으면 침해할 수 없고[TIA §316(b)], 독일에서는 사채의 액면가에 기한 청구권을 포기시키는 결의는 할 수 없다(사채법 12조 3항). 이러한 규정에 의하여 사채권자집회에서의 다수결 남용에 대한 최소한의 보장이 인정되고 있다는 점이 우리나라의 경우와 차이가 있다.

제12장

상장회사에 관한 특례규정*

최문희

I. 머리말 : 상장회사 특례규정의 정비

1. 상장회사 법제의 이원화 및 그 문제점

우리나라에서 상장회사에 관한 회사법적 규제는 상법의 회사편과 증권거래법상 '상장법인등에 관한 특례규정'[1](이하 '특례규정')으로 이원화되어 있다.[2] 주지하듯이 증권거래법상 특례규정의 존재는 법령 정비작업에 기인한 다분히 우연적 소산에 지나지 않다. 연혁적으로 애초에 증권거래법에는 회사법적 사항이 규정되지 않았지만, 1997년에 「자본시장 육성에 관한 법률」이 폐지되면서 이 법에 포함되어 있던 특례규정 중 존치가 필요한 규정들을 증권거래법에

* 이 장은 김건식/최문희, 상법특례규정의 문제점 및 개선방안, 법무부 보고서, 2007의 일부에서 기초하고, 쟁점을 추가 · 보완한 것이다.

1 증권거래법 제9장 제3절 제189조 내지 제193조.

2 증권거래법에서는 '상장법인'이라는 용어를 쓰고 있지만, 후술하는 법무부 상법개정안에서는 '법인'이라는 용어보다 '회사'라는 용어가 적합하다는 지적에 따라(법무부, 상법 회사편 개정시안 공청회, 2007, 7면) '상장회사'라는 용어를 쓰고 있다(2008년 상법개정안 제13절). 상장회사란 "대통령령이 정하는 증권시장에 상장된 주권을 발행한 주식회사"라고 정의하고 있다(2008년 상법개정안 542조의2).

계승 · 수용한 것이다.[3] 이후 계속해서 증권거래법에 상법의 특례가 규정되면서 증권거래법은 상장회사에 관해 회사법적 규제를 담당하게 되었다.

증권거래법에서 회사법적 규제를 포함한 점에 대해서는 여러 가지 측면에서 의문이 제기된다. 비교법적 측면에서 볼 때 미국, 일본 등 선진 외국의 입법례는 주식회사에 관해 단행법으로 규제하고 있으며, 증권거래법에 회사법적 규제를 포함하는 예는 없다.[4] 상장회사에 관한 규율은 원칙적으로 주식회사를 규율하는 성문법이 담당하되, 예외적으로 증권법의 일부규정,[5] 거래소의 상장규정,[6] 모범실무규정(Code of Best Practice)[7] 형태의 규정이 있을 뿐이다. 이처럼 회사법과는 별개의 법령 또는 자율규제규정에서 회사법적 영역의 규제를 단편적으로 규정하는 예는 있지만, 우리나라처럼 상장회사에 대해 회사의 조직, 기관구성, 회사재무 영역에 두루 걸쳐 회사법적 규제를 증권거래법에 의탁하여 포괄적 특례규정을 둔 입법례는 존재하지 않는다.

둘째, 상법의 유명무실화 내지 공동화를 초래한다는 점을 지적할 수 있다.[8] 증권거래법은 상장회사의 기관구성, 소수주주권 등 광범한 사항에 관하여 특례를 규정하고 있는데, 이들 규정은 단순히 상장회사에 관하여 상법을 보완하는 데 그치는 것이 아니라 상법 규정을 대체하는 경우가 많다. 그리하여 실제 국민경제상 중요한 상장회사에 관한 한 상법은 유명무실한 상태로 전락하게 되었다고 해도 과언이 아니다.

셋째, 규제 목적의 관점에서 상법과 증권거래법은 각기 기업법과 시장규제법으로서 규제 대상이나 목적이 상이함에도 불구하고 회사법적 사항이 증권거래법에 포함된 것에 대해서는 비판적인 시각이 지배적이다.[9]

넷째, 상법 규정과 특례규정 사이의 부조화에서 파생되는 문제점이다. 특례규정은 유사한

3 국회 재정경제위원회, 증권거래법중개정법률안심사보고서(1996. 12), 2면 이하.

4 자세한 것은 김건식/최문희, 상법 특례조항의 문제점 및 개선방안, 법무부 보고서, 2007, 57-75면.

5 대표적인 예로서 미국 살배인-옥스리법(Sarbanes-Oxleys Act of 2002)에 의해 도입된 감사위원회의 독립성에 관한 규정〔Securities Exchange Act of 1934의 Sec.10A(m)〕과 이사에 대한 대출금지규정〔Securities Exchange Act of 1934의 Sec.13(k)〕 및 이사 등의 주식소유 · 거래보고규정(Securities Exchange Act of 1934의 Sec.16)을 들 수 있다.

6 미국 뉴욕증권거래소(NYSE)의 상장규정(Listed Company Manual) 중 이사회의 구성에 관한 규정〔§303A.02(a)〕, 영국의 상장규정(Listing Rule) 중 이해관계자의 거래에 관한 규정(§9.8.8R), 자기주식취득규정(12.4.1.R, 12.4.5R)이 그 예이다.

7 독일 회사지배구조위원회(일명 'Cromme위원회')가 제정한 회사지배구조기준(Deutscher Corporate Governance Kodex. 2002. 2. 26)과 영국의 통합모범규준(Combined Code) 등 참조.

8 김건식, 증권거래법, 제4판(2006), 두성사, 44면.

9 김건식, 앞의 책, 44면 ; 이철송, "상법과 증권거래법의 상관적 변천," 상사법연구 제22권 제1호(2003), 25면 ; 최기원, "개정 증권거래법과 상법 특례규정," 인권과 정의 제248호(1997. 4), 67면 이하 ; 최준선/김순석, 회사법 개정방향에 관한 연구, 한국상장회사협의회 보고서(2004. 12), 5면.

사항에 관하여 상법 규정과 다르게 규정하거나 규정이 미비한 등 일관성을 결하고 있다. 이로 인해 상법과 특례규정을 체계적이고 조화롭게 해석하는 것이 곤란하고, 특례규정상 상법 규정 준용상 오류로 인해 개별 제도들의 취지에 충실하도록 해석하는 것은 어려움이 있다. 이와 같은 문제점은 최근에 벌어졌던 몇 건의 사례에서도 드러난 것처럼 회사의 실무운영에도 혼선을 야기한다.[10]

2. 상장회사 법제 정비의 경과

위와 같은 문제점은 증권거래법을 비롯하여 현행 자본시장에 관한 법률들을[11] 통폐합한 「자본시장과 금융투자업에 관한 법률」(이하 '자본시장통합법')[12]의 제정과 더불어 해소될 기반이 마련되었다. 자본시장통합법에 의해 증권거래법은 폐지되고 증권거래법의 규정들은 자본시장통합법으로 흡수 · 통합되는데, 이중 특례규정들은 통합의 범위에 포함되지 않았기 때문이다.

자본시장통합법에 포함되지 않은 특례규정의 처리와 관련하여 상장회사에 관한 법률의 정비방안으로서 크게 세 가지를 고려해 볼 수 있다.[13] 제1안은 종래 증권거래법에 산재한 특례규정을 분리하여 별도의 특별법으로 제정하는 방안, 제2안은 특례규정을 상법의 회사편으로 이관하는 방안, 제3안은 상법의 주식회사에 관한 장(제3편 제4장)과 특례규정을 통합한 하나의 독립된 회사법으로 제정하는 방안이다.[14]

법무부와 종전 재정경제부(현 기획재정부) 간에는 특례규정의 처리와 관련하여 소관부서 및 구체적 방안에 관해 이견이 있었다. 재정경제부는 제1안처럼 특례규정과 거의 동일한 내용으로 「상장회사에 관한 법률안」(이하 '재경부 2007년 상장회사법률안')을 입법예고하였다.[15] 법무부는 '상법특례법제정특별위원회'를 구성하여[16] 특례규정의 처리를 모색하였는데, 동 위원회에서는 제2안을 따라 「상법 회사편 일부개정법률」(이하 '2007년 상법개정안')을 입법예고하였

10 판례로는 세간에 널리 알려진 KT&G 사건(대전지방법원 2006. 3. 14. 선고 2006카합242 결정) 이에도 조일알미늄 사건(대구지방법원 2007. 3. 15. 2007카합166 결정)과 일성신약 사건(서울서부지방법원 2007. 3. 15. 2007카합392 결정)이 그 예이다.

11 구체적으로 증권거래법, 선물거래법, 간접투자 및 자산운용업법, 신탁업법, 종합금융회사에 관한 법률, 증권선물거래소법이다.

12 2007. 8. 3. 제정(법률 제8635호). 자본시장통합법은 공포 후 1년 6개월이 경과한 후인 2009. 2. 3. 시행된다.

13 자세한 것은 김건식/최문희, 앞의 보고서, 78면 이하.

14 이러한 정비방안에 대한 검토는 이 글의 주된 연구목적이 아니므로 행하지 않고 장기적인 과제로 남겨 둔다.

15 2007년 2월 23일.

16 2007년 3월에 법무부는 특례규정을 비롯한 제법에 규정되어 있는 상법의 특례규정을 정비하여 상법특례법 제정을 위한 특별위원회를 구성한 바 있다.

17 2007년 8월 27일 법무부공고 제2007-97호.

다.[17] 동일한 규제 대상에 대해 두 가지 법률안이 입법예고되는 기이한 현상이 일어난 것이다. 그러나 이들 부서의 이견은 결국 회사지배구조에 관한 규정은 법무부의 소관영역으로, 회사재무에 관한 규정은 재정경제부의 소관영역으로 하는 것으로 조정됨으로써 소관부서를 둘러싼 갈등은 일단락되었다. 현재는 국무총리가 동 법률안의 제안자가 되고, 금융위원회가 소관부서가 되는 것으로 되어 있다.

법무부는 2008. 5. 27. 입법예고한 「상법 일부개정법률안」(이하 '2008년 상법개정안')에서 별도의 절을 마련하여 회사지배구조에 관한 특례규정들을 신설하였다(제13절 542조의2 내지 542조의12). 2008년 상법개정안은 2007년 상법개정안 중에서 회사재무에 관한 규정 및 소규모회사에 관한 특례규정을 제외한 내용으로 구성되어 있다. 한편, 재정경제부에서 담당하기로 했던 회사재무 영역의 특례규정의 입법은 이제는 금융위원회의 소관사항으로 바뀌었으며, 현재 새로운 법률안이 마련 중이다. 그 내용은 2007년 법률안 중에서 회사지배구조에 관한 규정들을 제외하는 것 외에는 2007년 법률안과 동일한 내용으로 구성될 전망이다.[18]

3. 연구의 범위

원래 이 책은 '회사재무' 영역에 관한 회사법 개정의 이론을 검토하는 것을 목적으로 하고 있다. 그러나 종래 회사법의 이원화로 인하여 제기되었던 여러 가지 쟁점과 실무상 혼선의 문제점은 회사지배구조 영역에서 보다 빈번하게 발생하였다. 따라서 상장회사의 특례규정에 관한 한 회사지배구조 영역의 특례규정의 검토 및 법 형성은 보다 중요하다 할 것이므로 이 글에서는 회사재무 영역에 국한하지 않고 회사지배구조 영역도 두루 포괄하여 특례규정에 대한 검토와 개선방안을 제시하고자 한다. 또한 이 글은 상장회사 특례규정의 검토에 초점을 맞추지만, 주식회사에 관한 일반규정이 특례규정에 비해 불합리하여 특례규정에 맞추어 개정안이 제시됨으로써 이에 수반하여 특례규정의 내용이 변경되는 예가 있다. 따라서 이러한 영역에 관해서는 일반규정에 대한 검토를 병행한다.

이 글에서 검토할 상장회사에 관한 특례규정은 법무부의 2008년 상법개정안 및 재경부의 2007년 상장회사법률안 중 회사재무에 관한 규정이다.[19] 특례규정 중에서 특히 상법상 주식회사에 관한 일반규정과 모순이 있거나 의미가 모호하여 해석 및 실무운영상 혼선을 가져오는 규정을 중심으로 그 문제점을 분석 · 검토한다. 본론에서는 특례규정 중에서 먼저 회사지배구조에 관한 특례규정들을 다룬 후 이어서 회사재무에 관한 특례규정들을 살펴본다.

18 이 책을 교정할 즈음 금융위원회는 자본시장통합법 개정안(2008. 8. 19. 입법예고)을 마련하였는데, 동 개정안에서는 회사재무분야의 특례규정을 다시 포함시키고 있다.

19 이 글이 작성된 2008년 6월 20일 현재 나와 있는 법률안임을 밝혀 둔다.

II. 소수주주권

1. 현행 제도

(1) 증권거래법상 소수주주권의 행사요건

〈표 1〉에서 보는 바와 같이 증권거래법상 소수주주권의 행사요건은 상법에 비해 완화되어 있다. 최근 사업연도 말 자본금이 1천억 원 이상인 대규모 회사의 경우 이 요건은 다시 2분의 1로 완화되어 있다. 또한 증권거래법은 집중투표청구권을 제외하고는 소수주주권 행사를 위해서 주식을 취득하는 자에 의한 소수주주권 행사의 남용을 막고 상당 기간 소수주주로서의 이해관계가 정착된 자에게만 소수주주권 행사를 인정하기 위해 소 제기 전 소급하여 6월간 계속하여 주식을 보유할 것을 요구하고 있다.

〈표 1〉 상법, 증권거래법, 2008년 상법개정안의 소수주주권의 행사요건

사항	상법	증권거래법		2008년 상법개정안	
		지분요건(%)	6개월 보유요건	지분요건(%)	6개월 보유요건
해산판결청구권	10(520조)	–	–	–	–
주주총회 소집청구권	3 (366조)	3(1.5)* (191조의13 5항)	○	1.5 (안 542조의5 1항)	○
업무검사권 (검사인선 임청구권)	3 (467조)	3(1.5)* (191조의13 5항)	○	1.5 (안 542조의5 1항)	○
이사 · 감사 · 청산인 해임청구권	3 (385조 2항, 415조, 539조 2항)	0.5(0.25)* (191조의13 4항)	○	0.5(0.25)** (안 542조의5 3항)	○
주주제안권 (363조의2 1항)	3 (191조의14)	1.0(0.5)* (안 542조의5 2항)	○	1.0(0.5)**	○
회계장부열람권 (466조)	3 (191조의13 3항)	0.1(0.05)* (안 542조의5 4항)	○	0.1(0.05)**	○
집중투표청구권	3 (382조의2 1항)	1.0 (191조의18 1항)	×	1.0 (안 542조의7 1항)	×
유지청구권	1 (402조, 542조)	0.05(0.025)* (191조의13 2항)	○	(안 542조의5 5항) 0.05(0.025)**	○
대표소송제기권	1 (403조)	0.01 (191조의13 1항)	○	0.01 (안 542조의5 6항)	○

* : 괄호 안의 수치는 자본금 1천억 원 이상 법인의 지분요건.

** : 괄호 안의 수치는 대통령령이 정하는 상장회사의 지분요건. 대통령령안은 아직 마련되지 않았다.

(2) 상법상 소수주주권과의 차이

소수주주권에 관하여 특례규정과 상법 규정은 다음 2가지 사항에서 차이를 보이고 있다. 상법은 소수주주권에 관해 지분요건만 규정하고 있음에 반하여, 특례규정은 i) 집중투표청구권과 같이 지분요건만 요하는 규정(증권거래법 191조의18)과 ii) 지분요건 외에도 6개월간 보유를 요하는 규정(증권거래법 191조의11 등)으로 나뉘어 있다. 또한 〈표 2〉에서 보는 것처럼 지분율 계산시에 기준으로 하는 주식에 관해서 개별 소수주주권에서 어느 사항을 기준으로 하는가에 관해 양법은 차이가 있다.

〈표 2〉 상법과 증권거래법의 지분율 기준 주식의 비교

사항	상법	증권거래법
의결권 있는 주식 기준	주주제안권 집중투표청구권	주주제안권 집중투표청구권 주주총회소집청구권
발행주식 총수 기준	유지청구권 대표소송제기권 이사 · 감사해임청구권 회계장부열람권 업무검사권	유지청구권 대표소송제기권 업무검사권 이사 · 감사해임청구권 회계장부열람권

2. 문제점 및 검토

(1) 지분요건의 세분화

소수주주권의 요건에 관해서 상법은 1%와 3%의 2가지로 나누고 있음에 반하여, 특례규정은 여러 가지로 구분하여 요건을 다르게 규정하고 있다. 더욱이 집중투표청구권을 제외하고는 자본금 1천억 원 이상 법인은 지분율이 다시 2분의 1로 완화되어 있는바, 이 점까지 고려할 때 특례규정상 지분요건의 종류는 0.025, 0.05, 0.01, 0.25, 0.1, 0.5, 1, 1.5, 3(%)로서 9가지에 이른다.

위와 같은 지분요건의 세분화는 각각의 제도 도입시에 재계나 소수주주 등 이해관계를 달리하는 집단 간의 이해 절충이나 상이한 의견의 조율 결과인 것으로 보인다. 그러나 이러한 차이가 어떠한 근거에 입각한 것인지 불분명하며 지나치게 세분화되어 있다.

(2) 지분율 계산시 기준 주식

〈표 2〉에서 보는 바와 같이 소수주주권의 사항별로 지분율 계산시 기준주식이 총 발행주식인지 아니면 의결권 있는 주식인지에 관해서 상법과 증권거래법은 차이가 있다. 상법에서는 대부분의 사항이 총 발행주식을 기준으로 하되 주주제안권(363조의2 1항)과 집중투표청구권(382조의2 1항)은 의결권 있는 주식을 기준으로 하고 있다.

다만 상법상 주주총회소집청구권에서 3%의 지분요건을 계산함에 있어서 의결권 없는 주식(자기주식도 포함)이 포함되느냐에 관해서는 견해가 갈리고 있다. 이때의 발행주식 총수는 의결권 있는 주식을 의미한다는 견해는 의결권 없는 주식의 주주는 주주총회를 소집할 실익이 없다는 점을 논거로 하고 있다(제1설).[20] 이에 대해 의결권 없는 주식을 포함한 총 발행주식을 의미한다는 견해는 주주총회소집청구권은 회사의 병리적 현상의 시정을 위한 공익권이라는 점을 강조한다(제2설).[21]

한편 증권거래법은 주주제안권(191조의14)과 집중투표청구권(191조의18 1항) 외에 주주총회소집청구권(191조의13 5항)도 의결권 있는 주식을 기준으로 한다는 점을 명시하고 있다. 이것은 기준주식을 명정함으로써 상법상 논쟁을 종식시킨 것으로 볼 수 있다.

소수주주의 의결권을 전제로 한 소수주주권의 경우에는 의결권 있는 주식을 기준으로 하는 것이라고 볼 수 있다. 주주제안권이나 집중투표청구권은 주주총회에서의 의사결정에 참여할 수 있는 주주에게만 부여하여야 실익이 있다는 점에서 의결권 있는 주식을 기준으로 한 것이라 볼 수 있다. 주주총회소집청구권도 이들 소수주주권처럼 의결권 행사가 가능한 경우에 보다 실익이 있다는 점에 초점을 맞추면 제1설의 태도가 옳은 것으로 볼 수 있고, 따라서 증권거래법에서 의결권 있는 주식을 기준으로 한 것은 수긍할 수 있다.

(3) 상법 또는 증권거래법의 선택적 적용의 가부

1) 문제의 소재

소수주주권의 행사요건에서 증권거래법은 한편에서는 상법보다 지분율 요건이 완화되어 있지만, 다른 한편에서는 '6개월 보유요건'을 규정하고 있다. 상장회사의 주주는 상법이나 증권거래법 중 어느 한쪽이 요건을 갖추면 다른 한쪽의 요건을 갖추지 못한 경우에도 소수주주

20 손주찬, 상법(상), 박영사, 2001, 697면 ; 이철송, 회사법강의, 박영사, 2007, 401면.

21 권기범, 현대회사법론, 삼지원, 2001, 537면 ; 정동윤, 회사법, 법문사, 2001, 316면 ; 최기원, 앞의 논문, 78면.

권을 행사할 수 있는지에 관해서 종래 자주 논쟁이 일었다.

동일한 사항에 관하여 상법과 증권거래법이 상이하게 규정하는 경우에는 그 적용에 관해 해석상 두 가지 견해가 가능하다. 하나는 증권거래법을 상법의 특별법이라고 보아 항상 상법의 규정에 우선하여 적용한다고 보는 견해이다. 상장회사의 임시주주총회소집청구권이 문제된 사례에서 하급심 판례는 이러한 견해를 취하였다.[22]

다른 하나의 견해는 증권거래법의 규정은 투자자 보호를 위한 규정으로서 투자자에게 유리한 경우에는 상법과 증권거래법 규정을 선택적 · 중첩적으로 적용하여야 한다는 견해이다(선택적 적용설).[23] 대법원 판례는 선택적 적용설을 취하고 있는 예가 있지만,[24] 주주제안권의 행사 등 다른 소수주주권의 개별규정의 해석에 있어서도 이러한 태도가 이론적으로 확립되었다고 볼 수 있는 것은 아니다.[25]

이와 같이 상법과 증권거래법의 선택적 적용의 가부에 관해서는 의문이 제기되는데, 이 문제는 증권거래법의 지분요건이 상법의 지분요건보다 완화되어 있는 경우와 상법의 지분요건과 동일한 경우로 나누어 검토할 필요가 있다.

2) 증권거래법의 지분요건이 상법의 지분요건보다 완화되어 있는 경우

상장회사의 주주가 6개월 보유요건을 갖추지 못하고 주식을 1% 보유한 때에, 증권거래법상 대표소송은 제기할 수 없지만 보유기간요건이 없는 상법 규정을 적용하여 대표소송을 제기할 수 있는가? 이에 관해서는 6개월 보유요건을 갖추지 못하였다고 하더라도 상법상 지분요건은 증권거래법보다 강화되어 있으므로 상법의 요건을 갖추면 상법을 적용할 수 있다고 하는 것이 일반적인 견해이다.[26]

상장회사의 주주는 상법상 지분요건을 갖추기가 어려우므로 증권거래법은 지분요건을 완화하는 반면, 소수주주권의 남용을 방지하기 위해 6개월 보유요건을 두고 있다[27]는 점을 고려하면 증권거래법과 상법의 규정을 선택적으로 적용할 수 있다고 볼 수 있다.

22 서울지방법원 2002. 9. 5.자 2002비합23 결정 ; 서울지방법원 2002. 9. 30.자 2002비합50 결정.

23 장상균, "상법상 소수주주의 주주총회소집청구권의 행사요건," 대법원 판례해설 통권 제51호(2005. 6), 423면.

24 임시주주총회소집청구권규정(상법 366조와 증권거래법 191조의13 5항)에 관해 대법원 2004. 12. 10. 선고 2003다41715 판결.

25 송옥렬, "감사위원회의 구성을 통한 경영권 방어," BFL 제20호(2006. 11), 97면.

26 이철송, 앞의 논문, 28면 ; 임재연, 증권거래법(개정판), 2002, 581면 ; 정동윤, 앞의 책, 466면 참조.

27 이 점에서 증권거래법의 '6개월 보유요건'은 지분율 완화와 상계되는 기능을 갖고 있다고 한다. 이철송, 앞의 논문, 27면.

3) 증권거래법의 지분요건이 상법의 지분요건과 같은 경우

증권거래법상 주주총회소집청구권과 업무검사권의 경우 자본금이 1천억 원 미만인 상장회사의 지분요건은 상법과 동일하게 3%로 규정되어 있다(증권거래법 191조의13 5항). 따라서 이들 소수주주권은 6개월 보유요건이 필요한 점을 감안하면 결과적으로 소수주주권의 행사요건이 상법보다 더 강화되어 있다고 볼 수 있다.

이 경우에 양법의 적용관계에 관해서는 견해가 갈려 있었다. 하급심 판례는 증권거래법을 상법의 특별법으로 보아 증권거래법을 적용해야 한다고 하였다(증권거래법 적용설).[28] 이 판례는 그 근거로서 상법의 지분율만 충족되면 주주총회소집청구권을 행사할 수 있다고 해석할 경우에는 소수주주에 의한 총회소집에 관하여 증권거래법이 현행 상법과 동일하게 소수주주의 주식보유 비율을 발행주식 총수의 3%로 규정하면서 상장법인에 대하여 '6개월 보유요건'을 추가하고 있는 규정 자체를 사문화하게 된다는 점을 들었다.

그러나 이 하급심 판례에 대해서는 다음과 같은 점에서 반대하면서 양자를 선택적으로 행사할 수 있다는 견해가 있다(선택적 적용설). 증권거래법에서 상법보다 소수주주권을 전체적으로 용이하게 행사할 수 있도록 특례를 두면서 유독 주주총회소집청구권과 업무검사권에 관해서만 상법보다 소수주주권 행사를 어렵게 하려는 입법 의도가 있다고 보기는 어렵기 때문이라는 것이다.[29]

이 문제는 임시주주총회소집청구권에 관한 사안에서 대법원이 "… 증권거래법 제191조의13 제5항은 상법 제366조의 적용을 배제하는 특별법에 해당한다고 볼 수 없고, 주권상장법인의…주주는 증권거래법 제191조의13 제5항이 정하는 6월의 보유기간요건을 갖추지 못한 경우라 할지라도 상법 제366조의 요건을 갖추고 있으면 그에 기하여 주주총회 소집청구권을 행사할 수 있다 …"라고 하면서 선택적 적용설을 채택한 판시를 함으로써[30] 해석상의 다툼은 일단락되었다고 볼 수 있다.

4) 검토

이 문제는 증권거래법의 지분요건 완화의 취지, 증권거래법의 특별법성, '6개월 보유요건'의 취지를 감안하여 해결해야 할 것이다. 그러나 세 가지 요소 중 어느 것에 중점을 두느냐에

28 서울지방법원 2002. 9. 5.자 2002비합23 결정 ; 서울지방법원 2002. 9. 30.자 2002비합50 결정.
29 이철송, 회사법 강의(제15판), 박영사, 2008, 12면.
30 대법원 2004. 12. 10. 선고 2003다41715 판결.

따라 선택적 적용의 가부의 결론은 달라지며, 세 요소를 모두 고려하다 보면 선택적 적용 여부의 문제를 해결하기 어렵고 해석상 혼선이 있다.

우선 증권거래법의 특별법적 성격을 강조하면 2)와 3)의 경우 모두 증권거래법만 적용하게 되고 선택적 적용은 불가능하다. 이에 반해 상장회사에서는 어지간해서는 상법상 지분요건을 갖추기 어려우므로 지분요건을 완화하였다는 점을 강조하면 2)와 3)의 경우 선택적 적용이 가능하다. 그러나 소수주주권 행사의 남용 방지를 위해 '6개월 보유요건'을 둔 점을 강조하면 2)와 3)의 경우 선택적 적용이 불가능하다.

증권거래법상 특례규정들이 '지분율 완화'와 '6개월 보유'를 공통요건으로 함에 반해, 유독 주주총회소집청구권과 업무검사권(증권거래법 191조의13 5항)에 관해서만 지분요건은 상법상 요건과 '동일'하면서 6개월 보유를 추가로 요구하므로 이와 같은 문제가 발생한다. 증권거래법 제191조의13은 1997년 개정시에 신설되었는데, 당시 상법상 소수주주권의 지분요건은 5%였지만, 이를 전체적으로 완화하되 보유기간에 관한 요건을 설정하였다. 그런데 1998년 상법 개정에 의해서 주주총회소집청구권과 업무검사권의 지분요건이 증권거래법의 규정처럼 3%로 완화되었다. 이에 따라 결과적으로 상법보다 증권거래법의 요건이 더 엄격해져 버린 것이다.[31] 이것은 상법과 증권거래법의 개정이 상호간에 유기적 · 체계적으로 이루어지지 못한 탓이다. 생각건대 증권거래법이 유독 주주총회소집청구권과 업무검사권(증권거래법 191조의13 5항)에 대해서만 상법보다 소수주주권의 행사를 어렵게 하려는 취지를 갖고 있다는 것은 납득하기 어렵다.[32] 궁극적으로 이 문제는 입법을 통해 해결할 필요가 있다.

3. 2008년 상법개정안

(1) 지분요건

2008년 상법개정안은 앞의 〈표 1〉에서 보는 바와 같이 증권거래법의 태도를 거의 그대로 유지하고 있다(안 542조의5). 다만 전술한 것처럼 주주총회소집청구권과 업무검사권의 지분요건이 상법의 지분요건과 동일하게 된 것은 양법이 유기적으로 개정되지 못하고 개정시기의 차이 때문에 생긴 것이므로 두 소수주주권의 지분요건은 자본금의 여하를 묻지 않고 모든 상장회사에 대해 1.5%로 완화하였다.

31 이 점은 대법원 2004. 12. 10.선고 2003다41715 판결도 설시하고 있다.

32 이철송, 앞의 책, 12면.

(2) 정관에 의한 요건 완화

상장회사는 정관의 규정으로써 소수주주권 행사를 위한 지분요건을 완화하거나 6개월보다 단기의 요건을 둘 수 있다(안 542조의5 7항). 단 집중투표청구권은 지분요건을 완화할 수 없다(안 542조의7 참조).

(3) 소수주주의 의미의 확장

소수주주인지 여부를 1인의 보유주식 수만을 가지고 판단하지 않고 수인의 소유주식을 합산하여 지분요건을 계산한다는 점은 현행 상법과 2008년 상법개정안의 상장회사에 관한 특례규정이 동일하다. 그러나 2008년 상법개정안은 증권거래법 시행령의 규정(84조의20 2항)을 본받아 소수주주인지의 여부는 '보유'에 의해 판단하며, 주식의 소유 · 주주권 행사에 관한 위임을 받은 자와 2명 이상 주주의 주주권을 공동으로 행사하는 자를 포괄하고 있다.

4. 개정방안

2008년 상법개정안도 소수주주권의 행사요건에 관해서 소폭으로만 개정안을 마련하고 있으므로 앞서 살펴본 특례규정의 문제점은 남아 있다. 이들 문제점을 해소하기 위해서 다음 몇 가지 개정방안을 제안한다.

첫째, 지나치게 세분화된 지분요건을 정비하여 지분요건을 간소화하고 그 적정성을 제고할 필요가 있다.[33] 이러한 관점에서 상장회사의 자본금 규모에 따라서 지분요건의 차이를 두지 않았던 2007년 상법개정안(542조의6)의 태도가[34] 바람직한 것으로 보인다. 이것은 상장회사의 자본금과 지분의 분산도가 반드시 밀접한 관련성이 없다는 점과, 자본금 규모가 작은 회사일수록 사외이사(또는 감사위원회)에 의한 감시 기능이 부족하므로 소수주주에 의한 감시가 더욱 필요하다는 점에서 그러하다.[35]

33 상법특례법제정특별위원회에서는 필자의 견해와 같이 지분요건을 단순화하는 것이 바람직하다는 의견도 있었지만 향후 과제로 넘기기로 하고 현행법을 유지하기로 하였다고 한다. 임재연, 주제발표 : 상장회사 및 소규모회사에 관한 상법개정시안, 법무부 상법 회사편 개정시안 공청회, 2007. 9. 5, 주15.

34 2007년 상법개정안은 자본금 1천억 원 이상인지 여부를 묻지 않고 모든 상장회사의 지분요건을 동일하게 규정하였다.

35 고창현/박권의, 상법개정안 중 주주총회 관련 특례규정에 관한 소고, BFL 제27호(2008. 1), 81면.

둘째, 2008년 상법개정안의 소수주주권 지분요건이 유독 주주총회소집청구권과 업무검사권의 경우에만 자본금 규모를 묻지 않고 모든 상장회사에 대해서 동일하게 규정되어 있다. 회사의 자본금 규모에 따라 행사요건에 차별을 둘 것인지의 여부의 문제에서 이들 소수주주권과 나머지 소수주주권에 차이를 두는 이유는 납득되지 않는다. 이것은 자본금 1천억 원 미만 회사의 주주총회소집청구권과 업무검사권의 지분요건을 상법보다 완화하는 과정에서 생긴 차이라고 할 수 있다. 소수주주권 규정이 체계성을 결하고, 지분요건이 그때그때의 사정에 따라 우연적으로 결정됨을 보여 주는 단적인 예라고 할 수 있다. 첫 번째에서 제시한 개정방안의 취지대로 자본금 규모에 차이를 두지 않고 지분요건을 정하면 이 같은 문제점은 해소될 수 있을 것이라 본다.

셋째, 특례규정 또는 상법상 일반규정의 선택적 적용의 가부에 관해서 대법원 판례는 선택적 적용설을 취하고 있지만,[36] 상법의 일반규정의 요건은 갖추었으나 특례규정의 요건은 갖추지 못한 사안에서 이러한 문제는 재차 발생할 수도 있다. 대법원 판례는 선택적 행사가 허용된다고 판시하고 있지만, 이와 같이 해석할 경우 양법상 지분요건이 같은 소수주주권의 경우 증권거래법상 '6개월 보유요건'은 불필요하고 무의미한 장식요건에 지나지 않게 된다. 다행히 2008년 상법개정안에서 소수주주권 여하를 막론하고 상장회사의 지분요건을 상법의 일반규정보다 낮게 설정하였으므로 '6개월 보유요건'이 무의미해지는 문제점은 해소되었다고 볼 수 있다.

2008년 상법개정안에서 주주총회소집청구권과 업무검사권의 지분요건이 정비되면서 선택적 적용의 문제는 어느 정도 해소되었지만, 이 문제는 추후 상법상 일반규정의 지분요건이 특례규정의 지분요건과 같거나 낮게 규정되는 한 언제든지 발생할 수 있다. 또한 후술하는 것처럼 현재 주주제안권의 경우에는 그 행사시기 및 제한사유가 상이하게 규정되어 있으므로, 임시주주총회소집청구권에 관해서 대법원이 선택적 적용이 허용된다는 판시를 하였다고 하더라도 이러한 결론이 주주제안권의 경우에도 적용될 수 있는지에 관해서는 의문이 있다.[37] 이와 같은 관점에서 재경부의 2007년 상장회사법률안(8조 7항)에서 "상장회사의 소수주주권에 관한 특례규정은 상법상 해당규정의 소수주주권의 행사에 영향을 미치지 않는다"라고 명시한 예는 참고할 만하다.

36 대법원 2004. 12. 10. 선고 2003다41715 판결.

37 김건식/최문희, 앞의 논문, 105면 ; 박준 외, 좌담회 : 주주총회 운영에 관한 법률과 실무, BFL 제27호(2008. 1), 29면(고창현 발언).

III. 주주제안권과 이사후보추천권

1. 주주제안권의 제안 내용의 제한과 제안시기

(1) 현행 제도

1) 주주제안권의 제한사유

상법은 주주제안의 제한사유에 관해 이사회는 주주제안의 내용이 법령 또는 정관에 위반되는 경우를 제외하고는 이를 주주총회의 목적사항으로 하여야 한다고 규정하고 있다(상법 363조의2 3항). 이에 비해 증권거래법은 주주제안의 내용이 법령 또는 정관에 위반되는 경우 외에도 기타 시행령이 정하는 경우를 제한사유로 정하고 있다(191조의14 3항).

증권거래법시행령(84조의21)은 구체적으로 주주총회에서 부결된 내용과 동일한 의안을 부결된 날로부터 3년 내에 다시 제안하는 경우(반복제안의 경우)(2호)를 비롯해 주주 개인의 고충에 관한 사항(3호), 법 제191조의13에서 규정하는 소수주주권에 관한 사항(5호), 임기 중 임원의 해임에 관한 사항(6호), 회사가 실현할 수 없는 사항, 주주총회의 의안으로 상정할 실익이 없거나 부적합한 사항 또는 제안이유가 명백히 허위이거나 특정인의 명예를 훼손하는 사항(7호)을 규정하고 있다.

2) 주주제안권의 제안시기

상법상 주주제안권을 행사하기 위해서는 주주총회 회일의 6주 전에 서면으로 제안하여야 한다(상법 363조의2 1항). 증권거래법은 임시주주총회의 경우에는 제안시기를 상법과 같이 하지만, 정기주주총회의 경우에는 직전 연도의 정기주주총회일에 해당하는 당해 연도 해당일의 6주 전까지 서면으로 행사하도록 하고 있다(191조의14 1항, 시행령 84조의21 2항). 정기주주총회의 경우에는 직전 사업연도의 정기주주총회일의 6주 전까지 행사하도록 함으로써 주주제안권을 행사하려는 주주에게 예측 가능성을 주고 있다.

(2) 문제점과 검토

1) 주주제안권의 제한사유와 선택적 행사의 가부

증권거래법의 제한사유 중 대부분은 법령 · 정관위반과 무관한 사항이며 그 사유가 불합리

하다는 것이 일반적 인식이다.[38]

한편 상장회사의 주주가 상법상 주주제안의 소수주주 요건을 갖추고, 또한 증권거래법상 소수주주 요건도 충족하여 주주제안권을 행사한 경우에 주주제안의 내용이 증권거래법의 제한사유에 해당하면 이사회는 동 주주제안을 목적 사항으로 하지 않아도 되는가? 증권거래법상 제한사유가 상법보다 구체화되어 있는데, 상법상 제한사유에는 해당하지 않더라도 증권거래법상 제한사유에는 해당하면 주주제안권을 행사할 수 없는가의 문제이다.

이 문제를 정면으로 다룬 학설이나 대법원 판례는 찾아볼 수 없다. 그러나 하급심 판례 중에는 논의의 실마리를 제공하는 것이 있다. 유명한 SK와 소버린 간에 벌어진 소수주주의 임시주주총회소집허가신청에 관한 상사비송사건에서 법원은 증권거래법상 주주제안의 제한사유에 해당하는 경우에는 동일한 안건을 위해 임시주주총회소집청구를 할 수 없다고 판시하였다.[39]

사안은 신청인인 소버린이 피신청인인 SK주식회사에 대해 "금고 이상의 형의 선고가 확정된 이사가 있는 경우 이사의 결원으로 보아 당해 이사를 그 직무로부터 배제"하는 정관변경안건('제1안건')에 관한 것이다.[40] 신청인은 먼저 정기주주총회를 앞두고 주주제안권을 행사하여 제1안건을 제안하였으나 이 안건은 출석주식 과반수의 찬성을 얻었지만 정관 변경을 위한 특별결의 요건을 충족하지 못하여 부결되었다. 이에 소버린은 상법 및 증권거래법상 임시주주총회소집청구에 관한 소수주주권 요건을 갖추어 SK주식회사의 이사회에 대해 제1안건을 회의목적 사항으로 하는 임시주주총회 소집을 요구하였으나 거부당하자 법원에 임시주주총회소집허가신청을 한 것이다.

이에 대해 법원은 "다시 주주제안권을 행사했다면 3년 이내에 다시 동일한 내용의 주주제안을 할 수 없다"라는 주주제안의 제한사유(증권거래법 191조의14 3항, 시행령 84조의21 3항 2호)에 해당하였을 안건을 임시주주총회소집을 통하여 실현하는 것은 권리남용에 해당한다는 이유로 신청을 기각하였다.[41] 이 판례는 상장회사는 상법상 소수주주 요건을 갖춘 경우라 하더라도 증권거래법 시행령의 주주제안의 제한사유에 해당하는 경우에는 주주제안을 제한할 수 있음을 당연한 전제로 깔고 있다.

그런데 대법원 판례는 소수주주권의 행사에 있어서 상법 또는 증권거래법 규정을 선택적으

38 김건식/최문희, 앞의 보고서, 21-22면 ; 이철송, 앞의 책, 415면 ; 정준우, "주주제안권의 행사요건과 그 문제점," 상사법연구 제21권 제3호(2002), 304면.

39 서울중앙지방법원 2004. 12. 15.자 2004비합347 결정과 이 사건의 항고심인 서울고등법원 2005. 5. 13.자 2004라885 결정.

40 소버린은 SK주식회사의 정관 제25조에 제3항을 신설하여 이사가 금고 이상의 형의 선고가 확정된 때(제4호) 등 몇 가지 사항을 이사결원의 사유로 추가할 것을 안건으로 상정하였다.

41 같은 취지에서 주주제안권의 법적 제약을 회피하기 위해 주주총회소집청구권을 이용하는 것은 허용되지 않는다는 견해로는 이철송, 앞의 책, 415면.

로 행사할 수 있으며, 어느 한쪽의 요건을 갖춘 주주는 어느 법에 의해서라도 소수주주권을 행사할 수 있다고 한다.[42] 이러한 논지에 따르면 상장회사가 상법상 요건만 갖추었다면 주주제안권을 행사할 수 있다는 해석이 논리적 일관성이 있을 것이다. 이러한 해석은 입법연혁에 있어서도 뒷받침된다. 주주제안권은 원래 1997년 증권거래법에 먼저 도입되었고 상법에 도입된 것은 1998년의 일이다. 증권거래법에서 주주제안의 제한사유를 폭넓게 규정한 것은 주주제안권의 남용을 방지하기 위해서이다. 1998년의 상법에 주주제안권을 도입하면서 제한사유를 '법령 또는 정관위반'으로 한정한 것은 증권거래법상의 제한사유가—특히 상법상 요건을 갖춘 3%의 주주가 주주제안을 하는 경우에도 그대로 적용하기에는—적절하지 않다는 판단에 따른 것이다.[43] 그러나 증권거래법상 주주제안권의 제한사유가 명문으로 규정되어 있으므로 필자의 해석은 제한사유의 존재를 간과한 것이라는 비판을 받을 수도 있다.

증권거래법상 주주제안의 제한사유는 상법상 주주제안 사유를 보다 구체화하므로 상법의 해석상 지침을 얻을 수 있다는 장점이 있지만,[44] 이러한 구체화에 의해 소수주주권 중 주주제안권에 대해서만 지분요건 외에 행사요건을 추가하게 되는 결과가 되고 종국적으로 소수주주권 행사요건을 강화하게 된다. 일반적으로 소수주주권 행사의 용이를 도모하는 특례규정의 취지에 비추어 볼 때 특별히 주주제안권의 경우에만 예외를 두는 것은 의문이다.

2) 주주제안권의 행사시기

임시주주총회의 경우에 주주제안권은 상법상으로, 그리고 증권거래법상으로도 주주총회일 6주 전에 행사하여야 함은 살펴본 바와 같다. 그런데 임시주주총회의 개최 여부는 이사회에서 결정하며 이사회는 2주 전에만 주주총회 소집통지를 발송하면 되므로 주주로서는 주주총회일 6주 전에는 주주총회의 개최 여부를 알 수 없다. 이사회에서 주주총회 개최를 결의한 후 2주 후에 바로 임시주주총회를 소집하는 사례도 있는데, 이 경우 주주는 '6주 전' 행사요건을 충족하지 못하여 주주제안권을 행사할 수 없게 되므로 주주의 주주제안권 행사는 무력해진다.[45]

42 대법원 2004. 12. 10. 선고 2003다41715 판결.

43 김건식/최문희, 앞의 논문, 108면. 1998년 상법 개정위원으로 참여하였던 김건식 교수에 의하면 당시 개정위원들은 증권거래법상의 제한사유를 개별적으로 검토한 후 법령과 정관 위반행위 외에 별도의 제한을 두지 않기로 결정하였다고 한다.

44 이철송, 앞의 책, 414면.

45 임재연, 앞의 발표문, 77면 ; 박준 외, 앞의 좌담회, 29면(최영익 발언).

(3) 2008년 상법개정안

주주제안권의 제한사유와 관련해서 2008년 상법개정안은 주주제안권에 관한 일반규정인 363조의2를 개정하면서, 동조에 주주제안권의 제한사유로서 법령 또는 정관에 위반되는 경우 외에 대통령령으로 추가할 수 있도록 하고 있다(안 363조의2 3항). 이와 같이 일반규정에 제한사유가 추가되면서 특례규정에서는 지분요건 외에 따로 주주제안권의 제한사유를 규정하지 않았다(안 542조의5 2항).

주주제안권의 행사시기에 관해서도 일반규정에서 주주총회일 6주 전에 서면으로 제안하도록 하면서, 정기주주총회의 경우에는 직전 연도 정기주주총회일에 해당하는 당해 연도의 해당일의 6주 전에 제안하면 되도록 하였다(안 363조의2 1항, 안 542조의5 2항).

(4) 개정방안

1) 시행령에 의한 주주제안의 제한사유의 합리성 제고

2008년 상법개정안에 의하면 상장회사에서 주주제안권 행사가 일반규정에 의할 때에는 가능하지만 특례규정에 의할 때에는 불가능하게 되는 불합리한 사례는 발생하지 않을 것이다. 양자의 선택적 행사의 가부 문제도 발생하지 않게 된다. 이와 같이 2008년 상법개정안이 일반규정에서 제한사유를 규정하고 이를 그대로 특례규정이 따르도록 한 것은 합리적이라고 본다.

그러나 장차 시행령에서 주주제안의 제한사유를 구체화할 경우 현재의 특례규정상 불합리한 제한사유는 대폭 삭제함이 바람직하다. 다만 증권거래법 특례규정상 제한사유 중 반복제안금지 사유(시행령 84조의21 2호)는 주주총회에서 부결된 의안이 단기간 내에 가결될 가망이 없음이 보통이므로 동 안건을 재차 제안하는 것은 주주제안권의 남용으로 볼 여지가 있다는[46] 점에서 존치해도 무방하다고 본다.[47]

2) 주주제안의 행사시기의 제한

2008년 상법개정안에 의하면 정기주주총회의 경우에는 직전 연도 총회일을 기준으로 6주 전에 주주제안을 하면 되므로 주주로서는 주주제안의 종기를 명확하게 예측할 수 있고 주주

46 이철송, 앞의 책, 414면.

47 일본 회사법 제305호 제4항도 반복제안 금지를 제한사유로 규정하고 있다.

제안권 행사에 문제가 없다.

그러나 임시주주총회의 경우에는 여전히 회일의 6주 전에 제안하여야 하고, 소집통지 후 회일까지 2주의 기간만 남아 있으므로 주주제안권을 행사하지 못하게 된다. 6주의 기간을 설정한 취지는 회사 측에서 주주총회의 의안정리, 위임장 송부 등 주주총회 준비에 소요되는 시간을 감안한 것이라고 할 수 있다.

이와 같이 임시주주총회에 있어서는 주주제안권에 의한 주주의 권리제고라는 주주제안권의 취지와 회사의 주주총회 준비를 위한 시간 확보의 필요성이 상충하게 된다. 이러한 문제에 대해서는 다음과 같은 2가지 주장이 있을 수 있다. 첫 번째로는 주주가 구태여 임시주주총회에서 주주제안을 하고 싶다면 주주 측에서 임시주주총회소집청구권을 행사하면 되고, 회사가 소집한 임시주주총회에서 의제나 의안을 다루어야 하는 것은 아니라는 점이다. 그러나 상장회사에 있어서 임시주주총회소집청구권 행사의 지분요건이 주주제안권보다 높기 때문에 주주에게 불리하다는 점을 간과할 수 없다.[48] 또한 주주제안권 행사의 방편으로 임시주주총회소집청구권을 행사하는 것에 대해서는 비판이 가해질 수 있으며, 장차 상법개정안 시행령이 현행 증권거래법 시행령의 주주제안의 제한사유인 소수주주권(191조의13)을 주주제안으로 할 수 없다는 규정(시행령 84조의21 5호)을 답습하게 될 경우에는 주주제안을 위해 임시주주총회소집청구권을 행사하는 것이 허용되지 않을 수 있다. 두 번째 가능한 입론으로는 임시주주총회에 있어서는 주주제안의 행사시기를 단축하여야 한다는 주장이다. 그러나 이 경우 회사의 주주총회 준비 업무에 상당한 지장을 초래할 것임은 분명하다.

결국 임시주주총회의 경우에도 현행대로 회일 6주 전에 주주제안권을 행사하도록 하는 규정을 유지할 수밖에 없다. 다만 다음과 같이 유연한 해석에 의해 주주제안권의 실효성을 도모할 수 있을 것이다. 우선 주주가 회일 6주 이내의 주주제안을 한 경우에도 회사로서는 그 주주제안을 당해 주주총회에서 다룰 수 있는 것으로 해석하여 6주의 시기 제한에 관한 규정은 주주만을 구속하는 편면적 규정으로 보는 것이다. 이러한 해석은 현행법 하에서도 가능할 것이다. 또한 6주 이내에 주주제안이 있는 경우에 시기의 제한을 준수하지 않은 것으로 보아 동 제안을 바로 효력이 없다고 할 것이 아니라 차기 주주총회에 대한 주주제안으로서 효력을 갖는 것으로 보는 것이다.[49]

48 증권거래법 제191조의13 제5항과 제191조의14 및 2008년 상법개정안 제542조의5 제1항과 제542조의 제2항을 각각 비교.

49 비슷한 취지로 송현웅, 주주제안권 행사의 제문제, BFL 제27호(2008. 1), 54면 ; 이철송, 앞의 책, 416면.

2. 주주제안권과 이사 · 감사 후보추천권

(1) 주주제안권 또는 사외이사후보추천권의 선택적 행사

1) 현행 제도

가) 주주제안의 요건

상법상 의결권 없는 주식을 제외한 발행주식 총수의 3% 이상을 가진 주주는 회일의 6주 전에 주주제안을 할 수 있고(363조의2 1항), 증권거래법상으로는 6월 전부터 계속하여 의결권 있는 발행주식 총수의 1%(자본금 1천억 원 이상 법인은 0.5%)이상의 주식을 보유한 주주는 회일의 6주 전에 주주제안을 할 수 있다(191조의14 1항, 시행령 84조의21 2항).

나) 사외이사후보 추천자격과 요건

상법상 이사는 주주총회에서 선임하는 것으로만 규정하고(382조 1항) 이사의 종류를 불문하고 추천자격에 관한 제한규정은 없다. 이에 비해 증권거래법은 자산총액 2조 원 이상 법인이 사외이사를 선임할 때에는 사외이사후보추천위원회의 추천을 받은 자 중에서 선임하도록 하되, 주주제안의 요건을 갖춘 주주(191조의14)가 사외이사후보를 추천하는 경우에는 그 후보를 포함시켜야 한다고 규정한다(191조의16 3항→191조의16 1항 단서→시행령 84조의23 2항, 54조의5 3항). 사외이사후보의 추천자격에 제한을 가하고 자격을 갖춘 주주가 추천한 이상 반드시 사외이사후보에 포함시킬 의무를 부과하는 한편, 사외이사후보의 추천시기에 관한 제한은 없다.

2) 문제점과 검토

가) 선택적 행사의 문제

증권거래법상 상장회사의 주주가 사외이사후보를 추천하기 위해서 주주제안권 또는 사외이사후보추천권을 선택적으로 행사할 수 있는가? 증권거래법상 6개월 보유요건을 갖추지 못한 주주가 상법상 주주제안권을 행사하여 사외이사후보를 추천할 수 있는지의 문제이다.

상법상의 주주제안권과 증권거래법상 사외이사후보추천권을 선택적으로 행사할 수 있다는 하급심 판례가 있다. 대전지방법원 2006. 3. 14. 선고 2006카합242 결정은 "… 상법 및 증권거래법상 주주제안권, 사외이사후보추천위원회제도 등의 입법 경위 및 그 취지 등에 비추어 볼 때, 상법상 주주제안권과 증권거래법상 사외이사후보추천권은 그 행사요건과 내용 등을 달리하고 있으므로, 소수주주들로서는 상장법인의 사외이사후보추천을 총회의 의제 또는 의안으로 삼고자 하는 경우에 상법상의 주주제안권 또는 증권거래법상의 사외이사후보추천권을 선택적으로 행사할 수 있다…"라고 판시하였다.

하급심 판례와 같이 해석하면 주주제안권과 사외이사후보추천권을 대체수단으로 활용할 수 있게 되므로 사외이사후보추천권의 존재의의가 반감된다는 비판을 받을 여지가 있다. 그러나 이 판례는 소수주주권 행사에 있어서 상법과 증권거래법상 권리를 선택적으로 행사할 수 있다는 대법원 판례의 연장선상에 있는 것이다.

나) 행사시기의 제한

특정 후보자를 사외이사로 선임할 것을 제안하는 의안제안권은 실질적으로 사외이사후보추천권과 같은 기능을 한다고 할 수 있다. 증권거래법상으로 양자는 각각 지분요건, 6개월 보유요건 등 권리의 행사요건이 동일하다. 그러나 행사시기에 관하여 주주제안권은 주주총회일 6주 전에 행사할 것이 요구되는 데 반하여, 사외이사후보추천권은 이러한 요건이 없으므로 양자는 차이를 보인다. 그러나 실질적으로 같은 기능을 가진 권리의 행사요건에 이같이 차이를 두는 것은 합리성을 결한다.

3) 2008년 상법개정안

2008년 상법개정안은 상장회사의 사외이사후보의 추천자격 및 요건은 현행법과 같게 하되, 총회일의 6주 전에 행사해야 한다는 요건을 추가하여 주주제안권과 행사요건을 같게 하였다.

(2) 이사후보의 공지와 관련된 문제

1) 현행 제도

상법상 주주총회의 소집통지(공고)에는 그 목적사항을 기재하면 되고(363조 1항), 결의의 범위는 이 목적사항에 제한을 받는다. 이사의 선임을 위해서는 '이사의 선임'이라는 의제만 기재하면 족하고 그 후보는 기재할 필요가 없다.[50]

증권거래법에서는 주주총회의 회의의 목적사항이 이사의 선임에 관한 사항인 경우에는 이사후보자의 성명 · 약력 · 추천인 기타 시행령이 정하는 후보자에 관한 사항을 통지(공고)에 포함하도록 한다(191조의10 2항). 한편 감사후보자에 관해서는 이러한 규정을 두고 있지 않다.

50 이철송, 앞의 책, 524면.

2) 문제점 및 검토

가) 공지되지 않은 이사의 선임의 가부

i) 문제의 소재

상장회사의 주주는 주주제안권의 행사나 사외이사후보추천권의 행사에 의하지 않고 주주총회장에서 이사후보자를 추천할 수 있는가? 다음과 같은 경우에 주주는 주주총회장에서 이사후보자를 추천하려는 동기를 가질 수 있다. 즉 총회일 6주 전에 주주제안권을 행사하지 못하여 자신이 원하는 이사후보자를 추천하지 못하였거나, 6주 전에 주주제안권을 행사하였지만 회사 측에서 동 주주제안을 무시하여 의안에 포함하지 않은 경우이다. 이들 경우에는 주주는 총회장에서 자신이 원하는 이사후보자의 선임안을 제안할 수밖에 없다.

이러한 제안이 허용되는지 혹은 주주총회 의장이 이 제안을 받아들여야 하는지의 문제와 이사선임에 관한 사항이 회의의 목적사항인 경우 이사후보에 관한 사항을 통지(공고)하도록 하는 규정과의 관계가 문제된다. 이러한 제안이 허용되며 주주총회 의장도 동 제안을 받아들여야 하는 것으로 해석한다면, 이사후보자에 관한 사항을 사전에 통지(공고)하도록 하는 규정에는 반하게 된다. 이와 반대로 해석한다면 주주는 자신이 원하는 자를 이사후보자로 추천하는 것에 제약을 받게 된다.

ii) 판례

하급심 판례 중에는 사전에 통지(공고)되지 않은 후보를 이사로 선임한 주주총회 결의는 소집절차 또는 결의방법이 법령 또는 정관에 위반한 것으로서 취소되어야 한다고 판시한 것이 있다.[51] 또한 사전에 통지(공고) 절차를 거치지 않았다는 이유로 주주의 이사선임 추천을 거절하는 것이 임원추천권을 과도하게 제한한, 위법한 것이라고 볼 수 없다는 판례도 있다.[52]

iii) 검토

이사후보자에 대한 사항을 통지(공고)하도록 하는 규정의 취지는 이사후보자에 관한 정보를 사전에 주주들에게 통지하여 주주들이 정보에 입각하여 의사결정을 할 수 있도록 함으로써 주주의 이익을 보호하기 위한 것이다.[53] 그런데 하급심 판례와 같이 해석하면 주주 이익을

51 쌍용화재 사건. 서울중앙지방법원 2004. 3. 18. 선고 2003가합56996 판결. 이러한 입장은 종래 재정경제부의 유권해석이기도 했다. 재정경제부 2002. 12. 10. 질의회신.

52 대전지방법원 천안지원 2005. 3. 25.자 2005카합159 결정.

53 고창현/박권의, 앞의 논문, 83면 ; 이창원/이동건/윤이진, 경영권 다툼과 관련한 위임장 대결에서의 실무상 제문제, BFL 제27호(2008. 1), 45면 ; 이철송, 앞의 책, 524면.

위한 규정이 역으로 주주의 이사후보추천권을 제한하는 규정으로 기능하게 된다.[54]

따라서 위 규정에도 불구하고 주주들은 사전에 통지(공고)되지 않은 후보를 총회장에서 이사로 추천할 수 있으며, 회사로서는 불가피한 사유가 없는 한[55] 통지(공고)된 후보 이외의 자를 총회장에서 추천할 수 없는 것으로 해석하여야 한다.[56]

그러나 상장회사에서 주주들이 직접 주주총회에 참석하지 않고 서면표결, 의결권의 위임에 의해 의결권을 행사하는 실정을 고려하면 사전에 공지되지 않은 후보를 이사로 선임하는 것은 바람직하지 않은 측면도 있다. 다른 한편 총회장에서 후보를 추천할 수 있다고 해석하는 경우에는 실질적으로 이사후보추천권의 기능은 주주제안권의 기능과 같은데, 주주제안권의 경우에는 총회일 6주 전에 행사해야 한다는 제한이 있는 반면에, 이사후보추천권은 아무런 제약이 없게 되므로 균형이 맞지 않는다.

나) 감사후보자에 대한 규정의 미비

이사후보자에 대해서는 사전에 후보자의 성명, 약력에 관한 사항을 통지(공고)하도록 하면서도 감사에 관해서는 동일한 규정을 두고 있지 않다. 감사의 선임에 있어서도 주주에게 의사결정에 필요한 정보를 제공하는 것이 바람직하므로 이사의 경우와 마찬가지로 파악하여야 할 것인바 이에 대해 규정하지 않은 것은 의문이다.

3) 2008년 상법개정안

상장회사에서 회의의 목적사항이 이사선임에 관한 사항뿐만 아니라 감사선임에 관한 사항인 때에도 그 후보자의 성명 · 약력 · 추천인 등 후보자에 관한 사항을 통지(공고)하도록 하였다(안 542조의4 2항).

상장회사가 주주총회에서 이사 또는 감사를 선임하고자 하는 경우에는 통지(공고)된 후보자 중에서 선임하여야 한다고 명시함으로써 총회장에서의 후보자 추천은 명시적으로 허용하지 않는 것으로 규정하였다(안 542조의6 3항). 또한 주주의 후보자추천권을 보장하기 위하여 의결권 없는 주식을 제외한 발행주식 총수의 0.5%를 보유한 주주는 주주총회일 6주 전까지 이사 또는 감사의 후보자를 추천할 수 있도록 하고, 정관에서 이보다 낮은 비율을 정할 수 있

54 고창현/박권의, 앞의 논문, 83면.

55 예컨대 통지(공고)된 이사후보가 주주총회 전에 사망하거나 사퇴한 경우 또는 예정된 수의 이사를 선임하지 못한 경우.

56 고창현/박권의, 앞의 논문, 83면.

도록 하였다(안 542조의6 1항). 주주의 후보자 추천권의 실효성을 위하여 주주에게 주주총회장에서 해당 후보자에 관한 사항을 설명할 기회를 주도록 하였다(안 542조의6 2항).

IV. 감사 또는 감사위원회 위원의 선임 · 해임과 집중투표제

1. 현행 제도

(1) 감사위원의 선임 · 해임권자와 3% 초과주식의 의결권제한

상법상으로는 감사위원의 해임권은 이사회에 있다는 명문 규정이 있지만(415조의2 3항), 선임권자에 관해서는 명문 규정은 없다. 그러나 감사위원회는 이사회 내 위원회이므로(상법 415조의2 1항), 감사위원의 선임에 관해서는 이사회가 권한을 갖는다고 해석할 수 있다.[57] 상법도 이러한 구조를 전제하고 있다(393조의2 2항 3항).[58]

감사위원의 선임 · 해임에 관해서는 감사위원이 사외이사인지 여부에 따라 규정이 따로 설치되어 있다. 증권거래법상 자산 2조 원 이상 대규모상장법인의 경우 감사위원회를 의무적으로 설치하여야 하고(증권거래법 191조의17, 동법 시행령 84조의23 5항), 이러한 법인에서 사외이사인 감사위원의 선임시에 3% 초과 주식을 가진 주주는 그 초과분에 관해서 의결권을 행사하지 못하므로(증권거래법 191조의17 2항→동법 54조의6 6항→상법 409조 2항) 주주총회에 선임권한이 있다고 볼 수 있다. 그러나 사외이사인 감사위원의 해임권자에 관해서는 명문의 규정이 없다.

그런데 위 규정과 별도로 사외이사가 아닌 감사위원의 선임 · 해임에 있어서 최대주주는 특수관계인의 지분과 합산하여 3%를 초과하는 주식을 가진 경우 그 초과분에 관하여 의결권을 행사하지 못하는 것으로 규정하고 있다(증권거래법 191조의11 1항, 시행령 84조의18).[59] 따라서 사외이사가 아닌 감사위원의 선임 · 해임권은 모두 주주총회에 있는 것으로 볼 수 있다.

57 김건식/강선희/고창현/김일섭/안영균(이하 '김건식 외'로 약칭), "좌담회 : 감사위원회의 법과 실무," BFL 제13호(2005. 9), 서울대학교 금융법센터, 9-10면(고창현 발언).

58 송옥렬, 앞의 논문, 97면.

59 시행령에서는 최대주주 또는 그 특수관계인의 계산으로 주식을 보유한 자, 최대주주 또는 그 특수관계인에게 의결권을 위임한 자를 규정하고 있다(시행령 84조의18).

(2) 상근감사에 관한 규정

상법상으로는 감사 또는 감사위원회를 두어야 하는 데 반하여, 증권거래법상으로는 자산총액이 1,000억 원 이상인 법인은 1명 이상의 상근감사를 두어야 하되, 증권거래법 또는 기타 법률에 의하여 감사위원회를 설치한 경우에는 그러하지 않는 것으로 규정하고 있다(증권거래법 191조의12).

(3) 집중투표제의 인정

한편 상법과 증권거래법은 이사선임에 관하여 정관에서 달리 정하고 있지 않은 한 일정한 지분을 가진 소수주주에게 집중투표청구권을 인정하고 있다(상법 382조의2, 증권거래법 191조의18).

2. 문제점 및 검토

(1) 감사위원의 선임 · 해임권자에 관한 규정의 혼선

상법상으로는 해석상 이사회를 감사위원의 선임 · 해임권자로 볼 수 있지만, 증권거래법에는 명문 규정은 없지만 대주주의 의결권제한규정이 있으므로 주주총회에 권한이 있는 것으로 전제하는 것으로 볼 수 있다.

사외이사인 감사위원과 사외이사가 아닌 감사위원의 선임 · 해임권자에 관해 규정의 차이가 있다. 사외이사인 감사위원의 해임에 관해서는 아무런 규정이 없으므로 사외이사인 감사위원의 해임권자를 상법 규정을 준용하여 이사회로 볼 것인지(상법 415조의2 3항), 아니면 사외이사가 아닌 감사위원의 해임규정을 준용하여(증권거래법 191조의11 1항) 주주총회로 보고 또한 대주주의 의결권제한규정을 적용할 것인지 의문이 있다.

(2) 이사선임에 관한 실무의 혼선[60]

증권거래법 규정의 해석이 애매모호하므로 상장회사의 이사선임에 관한 주주총회의 운영실무는 크게 세 가지 방식으로 갈려 있었다. 이사선임 방식이 크게 '분리선출방식'과 '일괄신

60 이 항의 서술은 김건식 외, 앞의 좌담회, 10면(고창현 발언)에서 많은 도움을 받았다.

출방식'으로 갈린다.[61]

분리선출방식은 감사위원이 되는 사외이사를 다른 이사와 분리하여 뽑는 방식이다. 예컨대 1호 안건은 일반이사선임건으로 하고, 2호 안건은 감사위원인 사외이사선임건으로 하여 1호 안건에서는 대주주의 의결권제한 없이 선임하고, 2호 안건에서는 대주주의 의결권제한을 하여 선임하는 것이다.

일괄선출방식은 다시 다음의 ①과 ②의 두 가지로 갈린다. ① 먼저 1단계로 주주총회에서 다수의 이사를 선임하고 다시 새로운 주주총회 결의로 이 이사들 중에서 감사위원이 되는 자를 선임하는 방식이다. 예컨대 1호 안건을 일반이사선임건으로 하여 5명의 이사를 선임하고 나서, 2호 안건을 감사위원선임건으로 하여 앞에서 선임된 5명의 이사 중에서 2명의 감사위원을 선임하는 것이다. 이때 감사위원 선임 후에 다시 이사회 결의는 거치지 않는다. ②는 ①과 같이 주주총회에서 감사위원이 될 이사를 포함하여 이사를 선임하고, 이렇게 선임된 이사들에 대해 이사회에서 감사위원으로 선임될 수 있는 자격을 부여하는 주주총회결의(감사위원 적격결의)를 하는 방식이다. 감사위원 적격결의 후에는, 감사위원회가 이사회의 하부조직이라는 상법 규정의 취지를 존중하기 위해서, 적격결의에 의해 감사위원으로 선임될 수 있는 자격을 부여받은 이사들에 대해서 다시 이사회에서 감사위원 선임결의를 거친다.

(3) 대주주의 의결권제한과 집중투표제의 취지

위의 이사선임에 관한 방식들은 상법과 증권거래법의 규정에 비추어 볼 때 다음과 같은 장 · 단점을 갖는다. 분리선출방식은 대주주의 의결권제한규정의 취지에는 충실하지만, 필연적으로 집중투표제에 의한 이사선임시에 있어서 소수주주가 추천한 후보를 이사로 선임하는 데 필요한 주식 수를 증가시키므로 소수주주의 이사선임권을 약화한다.[62] 이사선임시 감사위원이 될 이사의 선임인지 여부를 불문하고 "이사선임결의에 관하여 각 주주는 1주마다 선임할 이사의 수와 동일한 의결권을 가진다"라는 규정(상법 382조의2 3항)과 부합하지 않는다.

이에 비해 일괄선출방식은 집중투표제의 취지를 살릴 수 있다. 그러나 제1단계의 이사선임에서 대주주의 의결권이 제한받지 않으므로 대주주의 지지를 받는 자가 이사로 선임될 가능성이 크므로 다음 단계에서 대주주의 의결권제한을 가하여 감사위원을 선임한다고 하더라도 결국 대주주가 지지한 자가 선임되기 때문에 대주주의 의결권제한규정의 취지가 몰각될 수 있는 것이다.

61 김건식 외, 앞의 좌담회, 10면(고창현 발언) ; 대전지방법원 2006. 3. 14. 선고 2006카합242 결정.
62 송옥렬, 앞의 논문, 96-97면은 이 점을 수식과 더불어 자세히 설명하고 있다.

위와 같이 어느 방식을 취하든 상법과 증권거래법의 해당규정의 취지를 동시에 충족시키기는 어렵다.

(4) 감사위원의 해임규정의 문제점

상법상 감사위원의 해임은 이사 총수의 3분의 2 이상의 이사회결의에 의하는 데 반해(415조의2 3항), 증권거래법에는 사외이사인 감사위원의 해임에 관해서는 아무런 규정이 없지만 사외이사가 아닌 감사위원의 해임에 관해서는 대주주의 의결권제한에 관한 명문 규정을 두고 있다. 이와 관련해 다음과 같은 의문이 제기된다. 첫째, 사외이사인 감사위원의 해임권자에 관해서는 명문 규정이 없으므로 사외이사가 아닌 감사위원의 해임에 관한 규정을 준용하여 주주총회로 볼 것인지(증권거래법 191조의11 1항), 상법 규정을 준용하여 이사회로 볼 것인지(415조의2 3항)의 의문이다. 전자를 취하게 되면 증권거래법에서 사외이사인 감사위원과는 달리 특별히 사외이사가 아닌 감사위원의 해임에 관해서 명문 규정을 둔 의의가 없게 된다. 후자로 보게 되면 감사위원의 사외이사 겸직 여부에 따라 해임권자가 달라지는데 이렇게 구부할 근거가 박약하다는 문제가 있다.

둘째, 사외이사가 아닌 감사위원의 해임결의(증권거래법 191조의11 1항)가 감사위원의 자격박탈결의인지 일반이사의 자격도 박탈하는 결의인지 의문이 있다.[63]

(5) 대규모 상장법인이 아닌 상장법인의 감사위원의 선임 · 해임

상법상 감사위원의 선임 · 해임권한은 이사회에 있지만, 자산 2조 원 이상 상장법인은 감사위원회를 의무적으로 설치하여야 하며, 이때 사외이사인 감사위원의 선임은 주주총회에 그 권한이 있는 것으로 볼 수 있다. 자산 1천 억 이상 상장법인은 상근감사를 의무적으로 두어야 하되, 증권거래법 또는 다른 법률에 의해 감사위원회를 설치한 경우에는 상근감사를 두지 않아도 된다.

증권거래법상 자산 2조 원 이상 법인의 모든 주주는 사외이사인 감사위원의 선임에 있어서 3% 초과주식은 의결권을 행사하지 못한다. 상법과 증권거래법상 감사의 선임에 있어서 3% 초과주식에 대해서 의결권을 행사할 수 없으며, 나아가 상장법인의 경우 최대주주에 한해서 특수관계인의 지분과 합하여 지분비율을 계산한다. 증권거래법상 자산규모를 불문하고 사외

63 김건식, "법적 시각에서 본 감사위원회," BFL 제13호(2005. 9), 서울대학교 금융법센터, 39면.

이사가 아닌 감사위원의 선임에 있어서 최대주주에 한해서 특수관계인의 지분과 합하여 3%를 초과한 주식은 의결권을 행사하지 못한다.

이 규정들을 유기적으로 해석해 볼 때 다음과 같은 두 가지 의문이 생긴다. 첫째 자산 2조원 미만 상장법인의 경우 감사위원회의 설치가 의무사항이 아니기 때문에 상법에 의한 절차와 요건에 따라 감사위원을 선임하면 되는 것으로 보고 이사회의 결의로 감사위원을 선임·해임하면 되는가 하는 점이다.

둘째, 증권거래법상으로 자산규모를 불문하고 사외이사가 아닌 감사위원의 선임·해임에 있어서는 최대주주에 한해서만 특수관계인의 지분과 합산하여 3% 의결권제한을 가한다는 명문 규정이 있으므로, 2대 주주의 경우에는 특수관계인의 지분과 합산하지 않고 1인을 기준으로 3%를 계산하게 되므로 주주간에 차별을 하게 된다는 점이다.

(6) 하급심 판례

위와 같은 문제점과 관련하여 주목할 만한 판례는 KT&G 사건 결정이다. 사안에서 KT&G의 외국인 주주 측이 정기주주총회에 자신들이 추천한 사외이사후보를 사외이사 명단에 포함하고 이사선출방식을 집중투표에 의할 것을 요청하는 주주제안을 하였다. KT&G 측은 사외이사 선임건과 감사위원이 되는 사외이사 선임건을 각각 별개의 안건으로 하여 주주총회에 상정하기로 하자 외국인 주주 측은 이러한 처리는 자신들의 주주제안권을 침해한 것이라고 주장하며 주주총회결의금지 가처분 신청을 한 것이다. 그러나 법원은 현행 상법과 증권거래법 하에서 분리선출방식과 일괄선출방식 모두 가능하고, 어느 방식을 취할 것인지는 이사회에 있다고 판시하였다.[64] 그리고 감사위원의 선임권자에 관해 규정이 모호하므로 결국 입법에 의해 해결하여야 한다고 판시하였다.

(7) 검토

① 상법 규정과 증권거래법 규정의 조화로운 해석이 어려워진 것은 증권거래법에서 감사위

64 대전지방법원 2006. 3. 14.자 2006카합242 결정 : "…분리선출 방식에 의하더라도…상법 및 증권거래법상 집중투표제는 정관에 의해 배제될 수 있는 성질의 것이라는 점(상법 382조의2 제1항, 증권거래법 제191조의18 1항), 소수주주들로서는 사외이사의 선임방법에 관하여 일괄선출방식을 택하도록 제안할 수 있을 것이라는 점에 비추어 보면, 분리선출방식이 소수주주의 의결권 또는 집중투표제의 취지를 현저하게 침해한다고 보기 어렵다….
일괄선출방식에 의하더라도…제2단계 감사위원회 위원의 선임결의에서 상법상의 대주주의결권제한규정을 적용하여 감사위원회 위원을 선임하는 이상 이를 법률에 위반된 것이라고 보기 어렵다…."

원의 선임 · 해임에 관해 대주주의 의결권제한규정(증권거래법 191조의11 1항, 증권거래법 191조의17 2항→동법 54조의6 6항→상법 409조 2항)을 둔 데서 비롯된 것으로 판단된다. 대주주의 의결권제한규정과 집중투표제는 모두 소수주주의 권리를 보호하기 위한 것임에도 불구하고 현행법 하에서 이들 규정의 취지를 동시에 살릴 수 있도록 해석하기는 어렵다.

당초 증권거래법에 감사위원 선임 · 해임시 대주주의 의결권제한규정을 둔 것은 감사위원회가 종래 감사를 대체하는 것이라는 인식이 강하여서 감사의 독립성 담보를 위한 의결권제한규정을 그대로 적용하여야 한다는 논리가 작용한 것이라고 볼 수 있다.[65] 그러나 이러한 논리는 다분히 형식적인 데 지나지 않으며, 종래 감사가 의결권제한규정에도 불구하고 독립성을 기하지 못하고 기능을 못하였다는 점에 비추어 보면 대주주의 의결권제한규정이 중요한 요소는 아니다. 감사위원회의 독립성은 다른 장치를 통해 모색하는 것이 바람직하다.

② 한편 자산 2조 원 미만의 상장법인은 증권거래법상 감사위원회 설치가 의무사항이 아니므로 이러한 법인에서 감사위원의 선임 · 해임권은 이사회에 있다고 볼 여지도 없지 않다. 그러나 전술한 자산 1천억 원 이상인 법인의 경우 상근감사 또는 감사위원회를 의무적으로 두어야 하는 규정과 관련하여 상법상 감사위원회를 설치하면 상근감사를 두지 않아도 된다는 주장도 가능하다. 상근감사선임에 있어서는 3% 의결권제한을 받으므로 대주주가 자신에게 우호적인 자를 감사로 선임할 수 없는 반면에, 상법상 감사위원은 이사회가 선임하므로 대주주는 자신에게 우호적인 자를 감사위원으로 선임할 수 있기 때문에 상근감사를 선임하는 대신에 상법의 요건과 절차에 따라 감사위원회를 설치하려는 유인이 있다.

이러한 문제에 대해 재정경제부는 자산규모 1,000억 원 미만의 상장법인은 상법상 요건에 따라 감사위원회를 구성할 수 있으나, 자산 1,000억 원 이상인 법인은 증권거래법상 절차와 요건에 따라 감사위원회를 구성하여야 한다는 유권해석을 한 바가 있다.[66] 그러나 이러한 해석은 "증권거래법 또는 다른 법률에 의하여 감사위원회를 설치한 경우에는 상근감사를 두지 않아도 된다"라는 증권거래법 규정(191조의12 1항 단서)에 반한다는 문제가 있다. 실무계로부터 이러한 해석에 대해서는 비판이 있었으며,[67] 위 유권해석에도 불구하고 자산 2조 원 미만 회사들 중에는 감사위원회를 상법 규정에 따라 구성하려는 시도가 있었으며 소송으로 비화되는 사례도 있었다. 최근에 같은 날 내려진 하급심 판례는 유사한 사안에 대해 상반되는 판시를 보여 주기도 하였다. 두 건 모두 사안은 소수주주가 주주제안에 의해 자신이 추천하는 감사위원을 선임하려는 시도를 막기 위하여 이사회가 감사위원의 선임권을 이사회에 부여하는

65 같은 견해 : 송옥렬, 앞의 논문, 97-99면.

66 2002. 9. 2.

67 고창현/박권의, 앞의 논문, 86면.

취지의 정관변경안을 주주총회에 상정하기로 결의한 것에 관한 것이다.[68] 조일알미늄 사건에서 대구지방법원은 상법과 증권거래법의 감사위원의 선임 · 해임에 관한 규정들을 종합하여 유기적 · 목적론적으로 해석하면, 자산 2조 원 이상 상장법인이 아닌 경우에는 증권거래법이 아니라 상법에 의해 감사위원회를 구성할 수 있다고 하여 재정경제부의 해석과 배치되는 판시를 하였다. 반면, 일성신약 사건에서 서울서부지방법원은 자산총액 2조 원 미만의 상장법인의 경우에도 감사위원회의 설치는 주주총회의 권한에 속한다고 판시하였다.

증권거래법상 상근감사에 관해서는 자격제한이 있고 주주총회에서 3% 의결권제한을 가하여 선임하므로 대주주로부터 독립성이 있는 자를 상근감사로 선임하려는 것이 입법취지라고 볼 수도 있다. 이러한 취지에 비추어 보면 자산 1천억 원 이상 법인이 상법의 요건과 절차에 따라 이사회가 감사위원회를 구성하도록 하는 것은 허용되지 않는다고 해석할 수 있다.

그러나 전술한 것처럼 "증권거래법 또는 다른 법률에 의하여 감사위원회를 설치한 경우에는 상근감사를 두지 않아도 된다"라는 규정(증권거래법 191조의12 1항 단서) 중 '다른 법률'에 상법을 배제하는 명문 규정이 없다는 점을 간과할 수 없다.[69] 또한 재정경제부의 해석과 같이 자산규모 여하에 따라서 상장법인의 감사위원회구성권한을 다르게 취급하는 것은 합리적인 이유가 없다.

③ 사외이사가 아닌 감사위원의 선임 · 해임시 3% 의결권제한과 관련하여 최대주주의 지분은 특수관계인의 지분과 합하여 계산하도록 하고 있다. 더욱이 법문상 최대주주에 관해서만 의결권제한에 관해 별도의 규정을 두고 있기 때문에 최대주주가 아닌 주주에 대해서는 지분합산이 적용되지 않을 뿐만 아니라, 3% 의결권제한도 가해지지 않는 것은 아닌가 하는 의문이 생긴다. 이와 같이 최대주주와 나머지 주주를 차별하는 것은 평등의 관점에서 문제가 있다. 최대주주에 대해서는 증권거래법에 따라 특수관계인의 지분을 합산하고, 나머지 주주에 대해서는 상법에 따라 주주 1인을 기준으로 지분을 계산하도록 하는 것은 합리적이지 않은 차별이다.[70] 근래에 적대적 M&A 상황에서 한 외국계 헤지펀드가 여러 펀드에 주식을 분산하여 보유 지분 전부에 대해 의결권을 행사할 수 있었던 반면에 최대주주는 특수관계인의 지분과 합

68 대구지방법원 2007. 3. 15.자 2007카합166 결정(조일알미늄 사건)과 서울서부지방법원 2007. 3. 15.자 2007카합392 결정(일성신약 사건).

69 대구지방법원 2007. 3. 15.자 2007카합166 결정. 이 규정에 관하여 상법에 따라서 감사위원회를 설치하면 증권거래법의 상근감사를 두지 않아도 된다는 것이 법문에 충실한 해석이라는 견해도 있다. 김순석, 상장회사에 있어 지배구조관련제도의 입법적 과제, 상법특례법제정의 법적 쟁점과 과제, 상법 3개 학회 및 법무부 공동학술대회(2007. 6. 29), 76면.

70 이 규정에 관해서는 많은 비판이 있다. 고창현/박권의, 앞의 논문, 46면 ; 김병연, 감사(위원) 선임시 의결권제한의 타당성 검토, 상장회사감사회보 제81호(2006. 9), 2면 ; 이창원 외, 앞의 논문, 48면 ; 이철송, 앞의 책, 674면.

산됨으로써 역차별을 당한 사례는 이 규정의 문제점을 단적으로 보여 주는 예이다.[71] 또한 최대주주와 특수관계인의 지분을 합산하는 것은 최대주주와 특수관계인이 의결권을 공동으로 행사할 것을 전제로 하는 것이지만, 대림통상, 동아제약, 오양수산 사건에서와 같이 최대주주와 그 특수관계인 사이에 경영권 분쟁이 발생하여 의결권의 대립이 있는 사례도 빈번하다. 이러한 사례에서 최대주주와 특수관계인의 지분을 합산하게 하는 것은 의결권제한의 취지에도 부합하지 않는다.[72] 이들 사례에서는 특수관계인의 지분을 합산하지 않는 것이 바람직할 것이다. 그러나 공개매수와 대량보유보고의무규정에서와 같이 특수관계인이 의결권을 공동 행사하는 것이 아니어서 공동 보유자에 해당하지 않음을 소명하는 경우 특수관계인으로 보지 않는다는 명문 규정이 없는 한(증권거래법시행령 10조의3 3항 · 4항, 86조의3, 86조의10), 지분합산을 배제하는 것은 허용되지 않는 것으로 해석될 것이다.[73] 결국 이 문제는 입법을 통해 해결할 수밖에 없다.

3. 2008년 상법개정안

(1) 선임 · 해임권자

사외이사인지의 여부를 불문하고 감사위원의 선임 · 해임권이 주주총회에 있음을 명문으로 규정하였으므로(안 542조의12 1항), 선임 · 해임권자를 둘러싼 규정의 모호함은 해소되었다.

(2) 이사 및 감사위원의 선출방식

일괄선출방식에 의하여 이사를 선임한 후 이들 이사 중에서 감사위원을 선임하도록 함으로써(안 542조의12 2항) 선출방식에 관한 혼란은 해소되었다.

(3) 대주주의 의결권제한규정의 유지

대주주의 의결권제한규정은 감사 및 모든 감사위원에 대하여 두루 적용하는 것으로 규정하여 대체로 증권거래법의 특례규정을 그대로 답습하고 있다.

71 고창현/박권의, 앞의 논문, 90면.
72 고창현/박권의, 앞의 논문, 90면.
73 이창원 외, 앞의 논문, 48면.

먼저 감사 또는 사내이사인 감사위원의 선임 · 해임에 있어서는 최대주주와 그 특수관계인의 주식을 합산하여 3%를 초과하는 경우 초과주식에 관하여 의결권을 행사하지 못하도록 하고, 정관에서 3%보다 낮은 비율을 정할 수 있도록 하였다(안 542조의12 3항).

사외이사인 감사위원의 선임에 관해서는 3%를 초과하는 모든 주주에 대하여 초과주식에 관하여 의결권을 행사하지 못하도록 하되, 정관에서 이보다 낮은 비율을 정할 수 있도록 하였다(안 542조의12 3항). 사외이사인 감사위원의 해임에 관하여는 별도로 대주주의 의결권제한규정을 두지 않았다.

(4) 감사위원 해임과 이사의 해임

증권거래법상으로 사외이사가 아닌 감사위원의 해임결의(증권거래법 191조의11 1항)가 감사위원의 자격박탈 외에 일반이사의 자격도 박탈하는 것인지 의문이 있었다. 2008년 상법 개정안은 감사위원의 해임에 관한 규정과 이사의 해임에 관한 규정을 별도로 두고 있으므로 감사위원의 해임과 이사의 해임은 별도의 결의로 이루어지는 것으로 해석할 수 있게 되었다.

4. 개정방안

2008년 상법개정안은 감사위원의 선임 · 해임에 관한 종래 규정의 해석상 혼란을 해소하고 있다. 그러나 대주주의 의결권제한에 관한 규정을 그대로 답습함으로써 종래 증권거래법 특례규정의 문제점을 여전히 안고 있다.

2008년 상법개정안도 감사위원의 선임 · 해임에 관하여 여러 가지 구분기준에 의하여 선임 · 해임의 요건을 달리 정하고 있다. 즉 감사위원이 사외이사인지 사내이사인지의 여부에 따라 선임 절차를 구분하며, 대주주의 의결권제한규정을 적용함에 있어서 사내이사인지 여부에 따라서 최대주주의 경우 특수관계인의 지분의 합산 여부를 정하며, 회사의 자산규모에 따라서 3% 의결권제한 여부를 다르게 정하고 있다. 사외이사인 감사위원 해임에 있어서만 유독 3%의 의결권제한규정을 두지 않고 있다. 이와 같이 다양한 기준에 의해 감사위원의 선임 · 해임규정을 구분하고 있지만, 그 구분이 어떠한 근거에 입각한 것인지 분명하지 않다. 따라서 상법개정안은 다음과 같이 개선되어야 한다.

(1) 최대주주의 차별규정의 개선

최대주주에 대해서만 특수관계인의 지분을 합산하도록 하는 규정은 철폐하고, 모든 주주를 동일하게 취급하여야 할 것이다. 단기적으로 후술하는 것처럼 3% 의결권제한규정을 삭제하는 것은 어렵다면, 최소한 최대주주에 한해서만 특수관계인의 지분과 합산하도록 하는 규정은 개선하여 모든 주주에 대하여 동일하게 3% 의결권제한규정을 두는 것이 바람직하다.

(2) 3% 의결권제한규정의 개선

장기적으로는 3% 의결권제한규정의 존치 여부를 검토할 필요가 있다. 감사위원의 선임시에 대주주의 의결권을 제한한 것은 감사위원의 독립성을 담보하기 위한 것이라 할 수 있다. 그러나 감사위원회의 독립성은 반드시 대주주의 의결권을 제한하는 방법으로 확보될 수 있는 것은 아니며, 종래 의결권제한규정에도 불구하고 감사가 독립성을 기하지 못하였다는 점을 고려하면 대주주의 의결권제한규정이 실효성이 있는 것도 아니다.

감사위원회의 독립성은 사외이사의 독립성에 의존한다. 사외이사가 독립성이 있다면 사외이사가 3분의 2 이상 참여하는 감사위원회의 독립성도 확보될 것이다. 종래 증권거래법에서 감사위원 선임시에 대주주의 의결권을 제한한 것은 사외이사의 독립성이 약하더라도 감사위원만은 독립성이 있는 인사로 선임하려는 취지이다. 그러나 사외이사가 기능하지 않는 회사에서 감사위원만이 제대로 기능하는 것을 기대하는 것은 어렵다. 따라서 사외이사의 독립성을 확보하고 비중을 늘리는 것이 감사위원회의 독립성을 담보하는 데 보다 중요하다고 본다. 따라서 장기적으로는 감사위원의 선임 · 해임에 있어서 3% 의결권제한 규정은 삭제하는 것이 바람직하다.[74]

(3) 감사위원의 해임규정의 개선

단기적으로 사외이사인 감사위원의 해임도 사내이사인 감사위원의 해임 규정과 맞출 필요가 있다. 장기적으로 감사위원의 선임 · 해임에 관해서 3% 의결권제한규정을 삭제하게 될 경우에는 이와 더불어 감사위원의 해임도 감사나 이사의 해임과 맞추어 주주총회의 특별결의로 규정할 것을 제안한다.

74 김건식/최문희, 앞의 논문, 113면.

〈표 3〉 상법, 증권거래법, 2008년 상법개정안의 이사 · 감사위원의 선임 · 해임 비교

구분	상법	일반규정	특례규정	
			증권거래법	2008년 상법개정안
이사 선임	기관	주주총회	주주총회	주주총회
	결의요건	보통결의	보통결의	보통결의
이사 해임	기관	주주총회	주주총회	주주총회
	결의요건	특별결의	특별결의	특별결의
사외이사가 아닌 (사내이사인) 감사위원 선임	기관	이사회결의 (이사과반수 출석+출석이사 과반수 찬성)	주주총회	주주총회
	결의요건		보통결의+ · 자산규모 불문 (1) 최대주주 : 특수관계인의 지분을 합산하여 3% 의결권제한 (2) 기타 주주 : 제한 없음	보통결의+ · 자산규모 불문 (1) 최대주주 : 특수관계인의 지분을 합산하여 3% 의결권제한 (2) 기타 주주 : 제한 없음
사외이사인 감사위원 선임	기관		주주총회	주주총회
	결의요건		보통결의+ (1) 자산 2조 원 이상 법인 : 모든 주주에 대해 3% 의결권제한 (2) 기타 법인 : 제한 없음	보통결의+ (1) 자산 2조 원 이상 법인 : 모든 주주에 대해 3% 의결권제한 (2) 기타 법인 : 제한 없음
사외이사가 아닌 (사내이사인) 감사위원 해임	기관	이사회결의 (이사 총수의 2/3 이상 찬성)	주주총회	주주총회
	결의요건		보통결의+ · 자산 규모 불문 (1) 최대주주 : 특수관계인의 지분을 합산하여 3% 의결권제한 (2) 기타 주주 : 제한 없음	보통결의+ · 자산 규모 불문 (1) 최대주주 : 특수관계인의 지분을 합산하여 3% 의결권제한 (2) 기타 주주 : 제한 없음
사외이사인 감사위원 해임	기관		규정 없음	주주총회
	결의요건		규정 없음	보통결의 · 3% 의결권제한 없음

V. 주식매수선택권

1. 현행 제도

상법과 증권거래법의 주식매수선택권의 규제 내용은 대체로 동일하지만, 부여대상 · 부여한도 · 부여방법 및 부여절차의 세부요건이 다르다.

(1) 부여대상

상법상 부여대상은 회사의 이사 · 감사 · 피용자에 한하고 있는 데 반해(340조의2 1항 본문), 증권거래법은 주식매수선택권 부여회사의 임직원 외에 관계법인의 임직원(부여법인의 수출 실적에 영향을 미치는 생산 · 판매업무 영위법인과 부여법인을 위해 연구 활동을 수행하는 외국연구소, 금융지주회사의 자회사)도 포함하고 있다(184조의4 1항, 시행령 84조의6 1항).

(2) 부여한도와 방법

상법상으로는 발행주식 총수의 10%를 초과할 수 없으나(340조의2 3항), 증권거래법에서는 발행주식 총수의 20%의 범위 안에서 시행령으로 정하도록 하는데, 현재 15%로 정해져 있다(189조의4 3항 본문, 시행령 84조의6 5항).

상법과 증권거래법 모두 원칙적으로 정관 규정과 주주총회 특별결의(상법 340조의3 1항, 2항, 3항, 증권거래법 189조의4 2항, 3항)에 의해 부여한다. 그러나 예외적으로 증권거래법상으로는 부여대상자가 이사가 아닌 한 발행주식 총수의 10% 내에서는 이사회의 결의로 부여할 수 있고, 부여 후에 주주총회의 승인을 얻으면 된다(189조의4 3항 단서, 189조의4 4항). 이사회 결의로 부여할 경우에 부여한도는 법인의 규모에 따라 1～3%로 정한다(시행령 84조의6 6항).

(3) 금융위원회의 권고와 신고

증권거래법에 따라 금융위원회는 주식매수선택권 부여 회사에 대해 필요한 권고를 할 수 있고(189조의4 8항), 회사는 주식매수선택권 부여에 관한 주주총회 결의나 이사회 결의를 한 경우 금융위원회와 거래소에 신고하도록 하고 있다(189조의4 9항).

(4) 기타 용어의 차이

상법은 부여대상자를 이사 · 감사 · 피용자라고 하고 있으나, 증권거래법은 임 · 직원이라고 하고 있다. 상법은 주식매수선택권의 '행사가액'이라고 하고 있으나, 증권거래법은 '행사가격'이라고 하고 있다. 상법은 신주발행형이나 자기주식양도에 의한 주식매수선택권 부여에 관해 '발행' 또는 '양도'라고 하는 데 반해, 증권거래법은 '교부'라고 규정한다.

2. 문제점 및 검토

(1) 증권거래법 규정의 특례성 상실

주식매수선택권은 1997년 증권거래법에서 먼저 규정되었고, 상법에는 1999년 증권거래법의 주식매수선택권 제도가 도입되었다. 상법 규정에 증권거래법과 거의 동일한 내용의 규정이 중복 설치됨으로써 증권거래법은 특례로서의 의미가 상실되고 있다.

주식매수선택권을 부여하고자 할 경우 정관에 규정할 사항에 관해 상법과 증권거래법의 규제 내용이 동일(상법 340조의3 1항, 증권거래법 189조의4 2항)하며, 주식매수선택권 부여에 관한 특별결의시 결의 내용이 동일하다(상법 340조의3 3항, 증권거래법 189조의4 3항). 행사기간의 제한 및 주식매수선택권의 양도 금지 및 상속 가능에 관한 규정도 동일하다(상법 340조의4 1항, 증권거래법 189조의4 5항, 상법 340조의2, 증권거래법 189조의4 6항).

(2) 부여대상 확대의 문제점

상법상 부여대상은 당해 회사의 이사 · 감사 · 피용자이지만 증권거래법은 당해 회사뿐만 아니라 시행령에 의해 관계법인의 임직원에게도 부여할 수 있도록 하고 있다. 시행령은 당해 법인이 최다출자자로 있는 외국법인이나 외국연구소, 금융지주회사의 자회사와 손자회사의 임직원도 포함시키고 있다. 관계법인에 자회사인 외국법인이나 외국연구소는 포함하는 반면, 국내 자회사는 배제하여 차이를 두고 있지만 이러한 차이는 합리적이지 못하다.

(3) 부여한도 차이의 문제점

부여한도에 관해 상법은 10%로 정하고 있는 반면, 증권거래법에서는 20% 내외에서 시행령으로 구체적 범위를 정하도록 하고 있는데, 상장회사와 비상장회사 간에 부여한도에 차이를 둘 만한 합리적 근거는 찾기 어렵다. 증권거래법에서 20% 내외에서 시행령으로 정할 수 있게 한 것은 증권시장의 상황에 따라 주식매수선택권을 탄력적으로 운용한다는 취지라고 보이나 주식매수선택권은 기업 내부의 문제에 관한 것이므로 증권시장의 상황과 연계시키는 것은 타당하지 못하다.

(4) 부여절차 구분의 문제점

상법에서는 특별결의로 부여할 수 있도록 함에 반하여 증권거래법에서는 부여대상자가 이사가 아닌 한 10% 내에서는 시행령이 정하는 한도까지 이사회결의로 부여할 수 있도록 하되, 부여 후에 주주총회의 승인을 얻도록 하고 있다(증권거래법 189조의4 3항 단서, 189조의4 4항). 증권거래법의 특례는 부여대상자가 이사가 아니어서 주식매수선택권부여의 남용이 우려되지 않는 한 회사가 보다 용이하게 주식매수선택권을 부여할 수 있도록 하기 위함이라고 볼 수 있다. 그러나 주식매수선택권 부여의 결정권한을 10%까지는 이사회가, 10~20%까지는 주주총회가 가지는 것으로 구분할 필요가 있는지 의문이다. 시행령에서는 회사의 자본금의 규모에 따라 범위를 다르게 정하고 있으나, 자본금 규모에 따라 운용을 달리하는 것은 의문이다.

(5) 금융위원회의 권고 등의 문제

증권거래법에서는 주식매수선택권 부여법인에 대해 금융위원회가 권고를 하거나, 주식매수선택권 부여에 관한 주주총회 결의나 이사회 결의의 내용을 금융위원회와 거래소에 신고하도록 하고 있으나, 회사의 내부 문제에 관해 금융위원회가 권고를 하는 것은 타당성이 없다.

3. 2008년 상법개정안

주식매수선택권에 관한 규정은 재경부의 2007년 상장회사법률안에는 재무활동에 관한 규정으로 위치시켰으나(안 11조), 2008년 상법개정안은 이에 관한 특례규정을 마련하고 있다(안 542조의3). 일반규정과 특례규정이 모두 같은 2008년 상법개정안에 의해 규율됨으로써 앞서 살펴본 불필요한 중복 규제와 용어의 불통일 문제는 해소되었다. 2008년 상법개정안에서 집행임원제도가 도입됨에 따라 일반규정과 특례규정 모두 부여대상자에 집행임원을 포함시켰다(안 340조의2 1항, 542조의3 1항).

그러나 나머지 사항에 관해서는 증권거래법의 규정을 답습하였으므로 문제점을 여전히 안고 있다.

4. 개정방안

(1) 부여대상

2008년 상법개정안은 "대통령령이 정하는" 관계회사의 이사 · 감사 · 집행임원 · 피용자에게 부여할 수 있도록 하고 있다. 현행 증권거래법에서 관계법인에 외국법인인 자회사는 포함하면서 국내회사인 자회사는 포함하지 않은 것은 의문이다. 물론 증권거래법 시행령은 당해법인이 금융지주회사인 경우 그 자회사 및 손자회사 중 상장회사가 아닌 회사에 대해서 부여할 수 있도록 하지만(시행령 84조의6 1항 4호), 국내 자회사에 대해서도 외국회사와 동일한 기준에 의해 부여하는 것이 바람직하다.

(2) 부여한도

부여한도에 관해 일반규정은 10%, 상장회사 특례규정은 20%로 하고 있지만(안 542조의3 2항), 상장회사인가 여부에 따라 부여한도에 차이를 둘 합리적 근거는 없다. 특례규정은 20%의 범위 내에서 시행령으로 정하도록 하고 있는데, 이는 시장정책적 차원에서 융통성을 기하기 위한 것으로 볼 수 있다. 그러나 주식매수선택권의 부여는 회사의 자율에 맡기는 것이 바람직하므로 시행령으로 구체화하는 것은 바람직하지 못하다.

(3) 부여기관과 요건

특례규정은 선택권 부여총량이 10% 이상인지 여부에 따라 이사회와 주주총회로 부여기관을 구분하고 있으나, 이러한 차이는 합리적이지 못하다. 이사의 보수에 관한 권한이 주주총회에 있다는 점을 고려하면 상법에 일치시켜야 할 것이지만, 상법에서 선택권 부여에는 특별결의를 요함으로써 요건을 지나치게 강화한 측면이 있다는 문제가 있다.

상법상 이사의 보수승인은 주주총회의 보통결의에 의함에 반하여 주식매수선택권 부여는 특별결의에 의하는데 이러한 차이를 둔 것은 의문이 있다. 주식매수선택권 부여를 보수 지급의 문제로 보면서 일괄적으로 주주총회의 보통결의에 의해야 하겠지만, 직원에 대한 선택권 부여에 관해서도 주주총회의 결의를 요할 필요는 없을 것이다.

입법론적으로는 주식매수선택권의 부여는 이사회결의로 의하되 사후공시를 통해 주주총회의 승인을 받도록 하는 것이 바람직하다. 그러나 단기적으로 선택권부여의 권한기관을 변경하는 것은 어려우므로 현행 제도를 유지하되, 부여총량에 따라 부여기관의 차이를 둔 것은 시정해야 한다.

(4) 금융위원회 권고규정의 삭제

증권거래법상 금융위원회는 주식매수선택권 부여회사에 대해 필요한 권고를 할 수 있고, 주식매수선택권을 부여하는 경우 금융위원회와 거래소에 신고하도록 하고 있다. 2008년 상법개정안에서는 법무부 소관법령에 금융위원회의 권고에 관한 규정을 포함하는 것은 부적절하다는 판단 하에[75] 특례규정에는 금융위원회의 권고규정을 두고 있지 않는데, 타당하다고 본다.

VI. 자기주식의 취득과 이익소각

1. 현행 제도

(1) 자기주식취득과 처분

상법에서는 자기주식취득을 원칙적으로 금지하고 주식소각 등 특별한 경우에만 예외적으로 허용하고 있는 반면에(341조, 341조의2), 증권거래법에서는 원칙적으로 배당가능이익의 한도 내에서 자기주식을 자유롭게 취득할 수 있도록 하되 주주평등의 원칙을 고려하여 취득방법의 규제만 가하고 있다(189조의2 1항). 즉 유가증권시장 또는 코스닥시장을 통해 취득하거나 공개매수의 방법에 의해 취득하도록 한다(189조의2 1항 1호, 2호). 또한 상법에서는 자기주식의 직접 취득에 대해서만 증권거래법에서는 신탁계약 등을 통한 자기주식의 간접적 취득에 관해서도 규정하고 있다(증권거래법 189조의2 1항 2호, 2항).

한편 상법에서는 자기주식의 취득이 엄격하게 규제되므로 자기주식처분의 방법을 따로 정하지 않고 상당한 시기에 처분하도록 하는 규정만 두고 있지만(342조), 증권거래법에서는 시행령이 정하는 요건 · 절차 등 기준에 따라 처분 관련사항을 금융위원회와 거래소에 신고하도록 하고, 처분에 관하여 자세한 사항을 금융위원회가 정하도록 하고 있다(189조의2 3항, 시행령 84조의3 4항).

75 임재연, 앞의 발표문, 47면.

(2) 이익소각

현행 상법과 증권거래법은 이익소각의 방법, 주식매수의 방법, 이익소각 금액에 관해 다르게 규제하고 있다. 이익소각은 자본감소 없이 회사가 재산을 주주에게 반환하는 방법인데, 종래 우리나라에서는 회사가 주주에게 배당할 이익으로 주식을 소각할 수 있는 예는 상환주식의 상환(상법 345조), 원시정관에 이익소각이 규정된 경우(343조 1항 단서)에 한하였다. 그러나 2001년 상법개정에 의해 주주총회의 특별결의로 이익소각을 할 수 있게 되었다. 상법상 주주총회의 특별결의에 의하여 취득가액이 배당가능이익을 초과하지 않는 한 이익소각을 할 수 있고, 주식매수 방법에 관한 제한은 없다(343조의2).

한편, 증권거래법에서는 정관에 규정을 두어 이사회의 결의로 이익소각을 할 수 있으며, 소각방법에 관해서 자기주식취득의 경우와 같이 거래소에서의 취득이나 공개매수의 방법에 의해 가능하도록 하고, 소각기간을 3개월로 한정하고 있다(189조, 시행령 84조 1항 1호).

2. 2008년 상법개정안에 의한 변화

(1) 자기주식취득에 관한 규제완화

자기주식취득은 본질적으로 회사재산을 주주에게 분배한다(distribution)는 측면에서 실질적으로 배당과 다르지 않으며, 다만 일부 주주로부터만 자기주식을 취득하는 경우에는 취득가격 여하에 따라서 주주간 부의 이전의 문제가 생긴다는 차이만 있다. 이에 따라 증권거래법에서는 자기주식취득을 배당가능이익의 한도 내에서 자유롭게 허용하고 있다. 이에 반해 상법은 자기주식취득을 엄격히 규제하고 있는데 이러한 차이를 둘 논거는 없다는 비판이 있었다.[76] 다른 나라의 입법례도 자기주식취득을 허용하는 것이 대세적인 흐름이다.

따라서 2008년 상법개정안에서는 비상장회사에 있어서도 현행 증권거래법처럼 주주평등원칙을 유지하는 방법으로 자기주식을 취득할 수 있도록 하되, 배당에 있어서와 마찬가지로 재원규제를 하는 것으로 개정하였다(안 341조 1항 1호).

(2) 이익소각에 관한 규정의 삭제

종래 이익소각이 회사가 재산을 주주에게 분배한다는 점에서 배당이나 자기주식취득과 동

76 이 책 제10장 주식제도 I. (송옥렬 집필부분) 참조.

일함에도 불구하고 서로 다른 제도로 파악하여 결정권자나 절차를 달리하는 것에 관해서는 비판이 있었다.[77] 이익을 반환하는 방법으로서 주식을 소각하게 되면 채권자보호를 위한 자본은 그대로 두면서 이익을 반환하게 되므로 실질적으로는 자기주식취득 후 주식을 소각하는 것과 경제적으로 완전히 동일하게 된다. 자기주식취득을 현행법과 같이 엄격하게 규제하면 자기주식취득과는 별개로 이익소각제도를 마련해 둘 이유가 있지만, 2008년 상법개정안과 같이 자기주식취득을 자유롭게 허용하게 되면 따로 이익소각제도를 유지할 이유가 없게 된다.

2008년 상법개정안에서는 현행 이익소각에 관한 규정(상법 343조의2)을 삭제하고 "이사회의 결의에 의해 자기주식을 소각할 수 있다"(안 343조 1항 단서)라는 규정을 신설함으로써 자기주식취득과 이익소각 규제의 일관성을 도모하고 있다.

3. 문제점 및 검토

이처럼 2008년 상법개정안은 자기주식취득과 이익소각에 관하여 증권거래법의 규정에 맞추고 자기주식취득, 이익소각, 배당을 동일한 분배라는 개념 하에 포섭시켜 동일한 규제를 가하게 되었다. 이와 같이 비상장회사에 관한 일반규정의 규제가 변화함에 따라 종래 특례규정은 특례성을 상실하고, 심지어 특례규정의 규제가 보다 엄격해지게 되기도 한다. 재경부의 2007년 상장회사법률안은 현행 증권거래법의 특례규정(189조, 189조의2)의 내용을 거의 그대로 답습하고 있으므로(안 12조, 13조) 이 같은 문제점을 안고 있다.

2008년 상법개정안의 비상장회사에 관한 자기주식취득에 관한 규정(안 341조)은 증권거래법 규정(189조의2)과 2007년 상장회사법률안(안 12조)과 동일하게 변경될 예정이므로 특례규정은 그 의미가 없어지게 된다.

또한 2008년 상법개정안이 이익소각에 관한 규정을 삭제하고 자기주식취득과 마찬가지로 이사회결의에 의해 허용하도록 하였는 데 반하여, 증권거래법(189조 1항)과 2007년 상장회사법률안(안 13조 1항)에서는 원시정관에 규정을 두고 이사회의 결의를 거쳐야 하므로 특례규정이 더 엄격하게 된다.

77 이 책 제10장 주식제도 II. (송옥렬 집필부분) 참조.

4. 개정방안

(1) 특례성을 상실하는 규정의 삭제

2007년 상장회사 법률안 중 신탁계약을 통한 간접적 자기주식취득에 관한 부분(안 12조 2항 3호, 3항)을 제외한 나머지 부분은 특례성을 상실하므로 삭제되어야 한다.[78] 2008년 상법개정안에서 이익소각이 자기주식취득으로 재편되고, 이에 대한 규제는 현행 증권거래법의 규정을 거의 그대로 답습하고 있기 때문에 이익소각에 관한 규정도 대부분 특례성을 상실하게 되므로 삭제되어야 한다.[79]

(2) 자기주식의 처분에 관한 규정의 정비

자기주식의 처분과 관련하여 주주들을 불공평하게 취급할 가능성이 있고, 이러한 불공정에 대한 입법적 미비에 관해 비판이 있었다.[80] 또한 자기주식의 처분은 신주발행과 동일한 실질을 가짐에도 불구하고 주주의 신주인수권이 인정되지 않는다는 비판도 있었다.[81] 경영권 방어 목적의 자기주식처분과 관련해 다수의 분쟁이 발생하였는데, 하급심 판례 중에는 신주발행에 관한 법리를 유추하여 자기주식처분의 무효를 인정하는 것이 있는가 하면,[82] 신주발행의 법리를 적용할 수 없다고 한 예가 있는 등[83] 판례도 엇갈려 있었다.

당초 상법개정안에서는 신주발행에 관한 규정을 유추하여 자기주식처분에 있어서도 주주의 신주인수권을 인정하는 규정을 마련한 바 있다. 그러나 당시 상장회사가 보유한 자기주식이 54조 원에 이르는데 이를 주주들에게 안분비례로 처분하게 하는 것은 회사들에 상당한 부담이 된다는 경제단체의 건의를 수용하여 신주발행에 관한 규정을 유추적용하지 않기로 결론

78 다만 자기주식의 취득과 처분에 관하여 상세한 사항을 시행령과 금융위원회에서 정하도록 하고 있는바(안 12조 4항), 이러한 규정은 존치하여야 할 것이다.

79 현행 증권거래법(189조 4항)과 2007년 상장회사법률안(안 13조 4항)에 의하면 주식소각에 관한 이사회결의 후 정기주주총회에서 주식소각에 관해 일정한 사항을 보고하도록 하고 있다. 이 규정은 현행 상법상 이익소각이 주주총회에 의하도록 하고 있으나 증권거래법 이사회결의에 의하도록 하므로 주주총회에 의한 사후통제를 가하려는 취지라고 볼 수 있다. 그러나 2008년 상법개정안에 따라 상법에서도 이사회결의로 자기주식취득과 이익소각이 가능하게 되면 특례규정을 존치할 필요는 없다.

80 이철송, 앞의 책, 325면.

81 이 책 제10장 자기주식 I. 3. (송옥렬 집필부분).

82 서울서부지방법원 2006. 3. 24.자 2006카합393 결정

83 수원지방법원 성남지원 2007. 1. 30.자 2007카합30 결정 ; 서울북부지방법원 2007. 10. 25.자 2007카합1082 결정.

지었다. 그러나 차후 자기주식의 처분의 불공정성을 시정할 입법적 조치에 대해서는 심도 있는 검토가 필요하다.

VII. 배당제도

1. 현행 제도

현행 상법과 증권거래법은 정기이익배당에 관해서는 동일한 규제를 하고 있지만, 주식배당의 한도와 중간배당의 회수에 관해서는 다르게 규정하고 있다.

상법상 주식배당의 한도는 이익배당총액의 2분의 1을 초과하지 못하지만(462조의2 1항 단서), 증권거래법상으로는 시가가 액면가 이상인 한 이익배당총액까지 주식배당을 허용한다(191조의3 1항). 주식배당 한도에 관한 규제는 주주의 이익배당청구권을 보호하기 위한 것이라고 할 수 있는데, 상장주식은 시가가 액면가 이상인 한 주주는 배당받은 주식을 시장에서 처분함으로써 금전배당과 같은 효과를 거둘 수 있으므로 한도규제를 하지 않는 것이라고 볼 수 있다.

한편, 중간배당의 회수에 관해 상법은 연 1회로 한정하지만(462조의3 1항), 증권거래법은 연 4회 분기배당을 허용하고 있다(192조의3 1항). 중간배당제도는 원래 증권거래법에서 배당투자를 유도하고 결산기에 회사의 자금지급이 집중되는 현상을 완화하기 위해 도입된 것인데, 1998년 상법개정에 의해 상법에도 도입된 것이다. 이에 따라 증권거래법의 특례규정의 중요성이 줄어들었는데, 2003년 12월 개정시에 증권거래법에서는 분기배당제도를 도입하였다.[84] 분기배당에서는 금전배당을 하도록 규정하고 있다.

2. 2008년 상법개정안에 의한 변화

2008년 상법개정안은 정관규정에 의해 금전 이외의 재산으로 배당을 할 수 있다는 현물배당제도를 도입하고(안 462조의4 신설), 중간배당에 관해서도 금전으로 배당한다는 규정(현행 상법 462조의3 1항) 중 "금전으로"를 삭제하여 중간배당시에도 주식배당을 포함해 현물배당이 허용되게 되었다.

2008년 상법개정안이 입법으로 실현되면 상법상 현물배당이 허용되고 중간배당시에도 현

84 임재연, 앞의 발표문, 60면.

물배당이 허용되게 된다. 이에 반해 재경부의 2007년 상장회사법률안은 현행 증권거래법의 분기배당규정(192조의3 1항)과 마찬가지로 분기배당은 "금전으로" 배당한다는 규정을 답습하고 있는데(안 21조 1항), 이 규정에 의하면 상장회사는 분기배당에서 금전배당을 해야 하는 어색한 결과가 된다.

3. 개정방안

위와 같은 불합리를 피하기 위해서 분기배당에서도 현물배당이 허용될 수 있도록 분기배당에서 "금전으로"라는 문구와 금전의 지급을 전제한 규정(안 21조 1항, 3항)을 수정하여야 한다.

VIII. 사채제도

1. 사채의 종류

(1) 현행 제도

상법과 증권거래법은 사채발행의 종류에 관해 규제를 다르게 하고 있다. 상법은 사채의 종류에 관해 일반규정을 두고(469조), 전환사채(513조 이하)와 신주인수권부사채(516조의2)에 관해서는 특별히 발행규정을 두고 있다.

증권거래법은 상법에 규정된 종류 외의 사채의 발행에 관한 근거규정을 두고 있다. 즉 상법상 전환사채, 신주인수권부사채와 다른 종류의 사채로서 이익배당사채, 주식 기타 다른 증권과의 교환을 청구할 수 있는 사채를 발행할 수 있고, 기타 대통령령으로 정하는 사채도 발행할 수 있다(191조의4 1항). 이 규정 외에도 따로 유가증권의 지정에 관한 규정을 두어 신종 사채 발행의 근거규정을 두고 있다(증권거래법 2조 1항 9호).

(2) 현행 상법 규정의 문제점

종래 사채의 종류와 발행방법에 관한 상법 규정은 비탄력적으로 해석 · 운용되어 왔다.[85] 상법은 제469조의 일반규정을 두고 따로 전환사채와 신주인수권부사채에 관한 규정(513조,

85 이 책 제11장 사채제도 제1절(정순섭 집필부분) 참조.

516조의2)을 두고 있으므로, 사채의 종류에 관해 전환사채와 신주인수권부사채는 특별히 허용하되 다른 종류의 사채는 허용되지 않는다는 해석이 지배적이었다. 이에 따라 신종증권에 관해서는 증권거래법을 통해 해결을 시도하여 왔다.

그러나 현행 상법의 태도에 대해서는 사채발행의 유형 및 내용에 대한 통제는 이사회의 책임 하에 시장기능에 맡기는 것이 바람직하다는 점에서 비판이 가해져 왔다.

(3) 2008년 상법개정안에 따른 변화

위와 같은 문제점의 지적에 따라 2008년 상법개정안은 사채발행규정의 탄력적 · 무제한적 해석과 운용을 허용하는 안을 마련하였다.

즉, 제469조의 제2항과 제3항을 신설하여 증권거래법 제191조의4의 규정을 수용하고, 같은 조 제4항을 신설하여 이사회가 사채의 금액 및 종류를 정하여 1년 이하의 기간 내에 사채의 발행권한을 대표이사에게 위임할 수 있도록 하였다.

한편, 재경부의 2007년 상장회사법률안은 증권거래법 제191조의4를 그대로 답습하고 있는데(안 25조), 상법 제469조에 제2항과 제3항이 신설되면 안 제25조와 동일한 내용을 규정하게 된다.

(4) 개정방안

2008년 상법개정안에서 일반회사에 관해 종전 상장회사 특례규정과 동일한 내용의 규정이 신설되면 특례규정은 그 존재의의가 없어지므로 안 제25조는 삭제되어야 할 것이다.

2. 사채발행한도

(1) 현행 제도

상법과 증권거래법은 사채발행한도에 관해 규제를 다르게 하고 있다. 상법상 사채총액은 최종 대차대조표에 의하여 회사에 현존하는 순자산액의 4배를 초과하지 못한다고 하여(470조) 사채발행총액의 규제를 하고 있다. 이에 반해 증권거래법에서는 사채발행총액에 대한 규제를 일부만 하고 있고, 전환사채, 신주인수권부사채 중 주식으로의 전환 또는 신주인수권 행사가 가능한 금액에 관해서는 사채발행한도에 산입하지 않는다(191조의5).

(2) 현행 상법 규정의 문제점

은행대출과 사채발행이 부채에 의한 자금조달 수단이고 채권자에 미치는 영향이 같음에도 불구하고 상법에서 일반부채에 의한 자금조달액에 관해서는 제한을 하지 않으면서 사채발행 총액에 대해 제한하는 것은 논리적 근거가 없다는 비판이 있었다.[86]

(3) 2008년 상법개정안에 따른 변화

2008년 상법개정안은 사채발행총액을 규제하는 현행 상법 제470조를 삭제하고 있다. 이에 따르면 상법에서는 사채발행총액에 관한 규정이 삭제되는 반면, 증권거래법 제191조의5가 존치하면 오히려 증권거래법에서 사채발행총액의 규제를 엄격히하게 되는 결과가 된다. 재경부의 2007년 상장회사법률안도 증권거래법 제191조의5를 그대로 답습하고 있다(안 24조).

(4) 개정방안

2008년 상법개정안이 입법으로 실현되면 특례규정으로서 존재의의가 없어지는 안 제24조는 삭제하여야 할 것이다.

IX. 주식매수청구권

1. 현행 제도

상법과 증권거래법은 주식매수청구권의 인정범위와 청구권자, 청구절차에 있어서 동일한 규제를 하고 있다. 그러나 매수가격의 결정에 관하여 상법에서는 주주와 회사 간의 협의에 의하되, 협의가 성립하지 않으면 법원에 매수가격 결정을 청구할 수 있음에 반하여(374조의2 3항, 4항), 증권거래법에서는 협의가 성립되지 않을 경우 법원에 매수가격 결정을 청구하기 전에 법정매수가격, 금융위원회의 조정가격에 의하도록 하고 있다. 매수가격은 주주와 회사 간의 협의에 의하되, 협의가 성립하지 않으면 시행령(84조의9 2항)이 정하는 방법에 의하고,[87] 회사나

86 이 책 제11장 사채제도 제4절(윤영신 집필부분) 참조.

87 법정매수가격(시행령 84조의9 2항)은 유가증권시장(코스닥시장)에서 거래가 형성되는 주식의 경우에는 합병 등

매수청구 주주 중 30% 이상이 매수가격에 반대하면 금융위원회가 조정하는 가격에 의한다(191조 3항).

2. 문제점 및 검토

증권거래법은 매수가격의 결정에 협의가 성립되지 않으면 일단 시행령이 정하는 가격에 의하되(법정매수가격), 이것에도 이의가 있으면 금융위원회가 가격을 조정하도록 하고 있고, 법정매수가격에 의할 때에는 시장에서 거래되는 주식이 아닌 한 바로 금융위원회가 가격을 결정할 수 있다고 한다.

명문의 규정은 없지만 금융위원회의 결정에 불복하는 경우 법원에 제소할 수 있다고 해석할 수 있다. 그러나 위 규정에 의하면 가격 결정에 관해 협의가 성립되지 않으면 바로 제소할 수 없고 일단 금융위원회의 조정을 받아야 한다는 문제가 있다. 다만 하급심 판례 중에는 상장회사의 경우 금융위원회의 조정을 필요적인 것으로 보지 않고, 주주는 이러한 조정절차를 거치지 않고 바로 법원에 매수가격 결정 신청을 할 수 있다고 판시한 것이 있다.[88]

3. 개정방안

하급심 판례와 같이 매수가격의 결정에 관해 협의가 성립하지 않으면 바로 법원에 제소할 수 있는 것으로 규정을 개선할 필요가 있다. 재경부의 2007년 상장회사법률안은 매수가격 결정에 관하여 협의가 성립되지 않으면 증권시장가격을 기준으로 시행령이 정하는 방법에 따라 산정된 금액으로 한다고 규정하고 있다(안 16조 3항). 따라서 증권거래법에서와 같이 법률안에서 금융위원회의 가격조정권한을 명시하지 않은 것은 바람직하다고 본다.

을 위한 이사회결의일 이전에 유가증권시장(코스닥시장)에서 거래된 당해 주식의 2월간, 1월간 및 7일간의 평균가격(2항 1호)이고, 유가증권시장(코스닥시장)에서 거래가 형성되지 않는 주식의 경우에는 금융위원회가 정하는 가격(2항 2호)이다.

88 서울중앙지방법원 2005. 11. 3.자 2004비합151 결정.

제2판 21세기 회사법 개정의 논리

-2008년 법무부 상법개정작업 기초실무 자료(기업재무편)-

초판 1쇄 발행 | 2007년 3월 30일
2판 1쇄 발행 | 2008년 8월 30일

지은이 | 김건식 · 송옥렬 · 안수현 · 윤영신 · 정순섭 · 최문희 · 한기정
발행인 | 고화숙
발행처 | 도서출판 소화
등 록 | 제13-412호
주 소 | 서울시 영등포구 영등포동 7가 94-97
전 화 | 2677-5890
팩 스 | 2636-6393
홈페이지 www.sowha.com

ISBN 978-89-8410-316-0 93360

값 25,000원